無錫文庫

第二輯

無錫大觀名勝號
無錫指南（初版）
無錫指南（第十五版）
無錫指南（第十七版）
無錫風景
無錫導遊

鳳凰出版傳媒集團
鳳凰出版社

ISBN 978-7-5506-1384-3
9 787550 613843 >

圖書在版編目（ＣＩＰ）數據

無錫大觀名勝號等 / 徐振新等編. -- 南京 : 鳳凰出版社, 2012.6
（無錫文庫. 第2輯）
ISBN 978-7-5506-1384-3

Ⅰ. ①無… Ⅱ. ①徐… Ⅲ. ①旅游指南－無錫市－民國 Ⅳ. ①K928.953.3

中國版本圖書館CIP數據核字(2012)第113198號

責任編輯 王　劍
裝幀設計 姜　嵩
出版發行 鳳凰出版傳媒集團
鳳凰出版社(原江蘇古籍出版社)
南京市中央路165號　郵編 210009
發行部電話 025－83223462
集團網址 鳳凰出版傳媒網　http://www.ppm.cn
印　　刷 無錫市證券印刷有限公司
無錫市揚名高新技術産業園B區75號　郵編 214024
開　　本 889×1194毫米　1/16
印　　張 44.75
版　　次 2012年6月第1版　2012年6月第1次印刷
標準書號 ISBN 978-7-5506-1384-3
定　　價 580.00圓
(本書凡印裝錯誤可向承印廠調换,電話:0510－85435666)

無錫文庫工作委員會

顧問

黃莉新　朱克江　周和平　譚　躍　陳海燕

主任

王國中　王立人

副主任

華博雅　曹佳中　吴小平　佘江濤

委員

方標軍　尤文科　何承志　蔡文煜
金　政　須　儉　陳堯明　葉建興
施　展　嚴克勤　劉　川　雷群虎
李祖坤　瞿　敬　華瑞興　周興安
姜小青

無錫文庫編輯委員會

主　編

王立人

副主編

須　儉　姜小青

編　委（按姓氏筆畫排列）

王進雄　王賡唐　卞惠興　全　勤　吴　迪　沙無垢
金其楨　夏剛草　倪培翔　徐志鈞　浦學坤　陳文源
過旭明　過耀華　許墨林　張志清　程勉中　湯可可
蔡家彬　劉桂秋　錢建中　錢菲菲　顧文璧

執行編委

王華寶　王　劍　薛　飛　陳紅彦　林世田　謝冬榮
徐憶農　陳　立

編務人員

顧志堅　李躍光

無錫文庫學術顧問

（按姓氏筆畫排列）

朱玉麒　朱維錚　江慶柏　李文海

沈衛榮　武秀成　金良年　胡福明

莫礪鋒　徐中玉　陳熙中　許倬雲

張仲禮　張廷銀　彭　林　程章燦

馮　遠　馮其庸　楊天石　趙生群

劉玉才　錢　遜　錢中文　錢文忠

總序

七千年文明史，三千年建城史，江南名城無錫，襟長江依太湖，自古以來就是魚米之鄉，禮儀之邦。無錫文化自泰伯南奔以來，騰蛟起鳳，尚德崇文，在數千年的傳承發展中，教化常持，經世務實，人杰輩出，大家林立，文藻絢麗，錯彩鏤金。舍南舍北皆春水，欲與湖山作主人，數千年的人文傳統，賦予了風光秀美的無錫以獨特的文化魅力，鑄就了城市剛柔相濟、秀逸清麗的的文化品格。

無錫是中國吴文化的發源地。早在商代晚期，周太王古公亶父的長子泰伯三讓王位，携其弟仲雍奔吴，定居無錫梅里，建『勾吴國』，『端委以治周禮』，施以禮儀教化；興修水利，授以農桑，不數年而『民人殷富』。泰伯帶來的中原文化與無錫本地土著文明相結合，吴文化以及作爲其重要組成部分的無錫文化就此發端。晉室南渡，北方人群大量南遷，帶來了中原的文化技術，促進了無錫農業、水利、手工業和商業的發展，中原文明再度與吴文化進行融合互滲。在本土文化與异地文化的碰撞和交融中，不斷推動着無錫這座城市的文明進步。

無錫歷史文化『追歷七千餘載歲月滌蕩，遂經四大轉折而成其廣大深厚：泰伯西來，吴文化成焉；永嘉南渡，江左文脉振焉；宋室波遷，江南文風始焉；歐風東漸，錫邑占風氣之先，民族工商文化始焉。數百代鄉彦賢達智慧與創造累積，文獻足徵，無慮百千』（《錫山先哲叢刊》重版弁言）。無錫文化以兼容并蓄多樣化的形態不斷發展。

崇文尚教，以教促文。北宋嘉祐三年（一〇五八），無錫始設縣學；北宋政和元年（一一一一），理學傳人楊時在無錫創建東林書院，此後無錫出現了喻樗、尤袤、李祥、蔣重珍等一批知名的教育家。至明代，顧憲成、高攀龍等在東林書院講學，此後又有許多書院相繼而起。古代無錫對教育的重視，促進了『崇文』和『尚教』的風氣，也造就了大量的人才。自隋朝開創科舉取士到清末廢除科舉，無錫共出了五名狀元、三名榜眼、六名探花和三名傳臚，并有五百四十名進士，一千二百多名舉人；『一榜九進士』、『六科三解元』，自古傳爲佳話。近代以來，經濟的繁榮進一步帶動了教育的興盛。無錫籍國學大師錢穆曾説：『晚清以下，群呼教育救國，無錫一縣最先起。』此後無錫的實業家紛紛出資興辦文化教育事業。教育的繁興，在極大程度上促進了無錫的文化發展，出現了空前的文化人才崛起的高峰。

文脉綿延，後出轉强。歷來『文化』的概念有廣義和狹義之分，這裏的『文脉』之『文』，用的是狹義的概念，即指經史、文學、藝術等人類所創造的精神財富的總和。在無錫的歷史文化傳統中，自古及今，悠悠文脉，如瓜瓞之綿綿。必須指出的是，從文化發生學的角度來看，早期中華文化的中心是在黄河流域的中原地區，無錫在宋元以前，雖有像顧愷之、李紳、尤袤、蔣捷、倪瓚等一批人文英才，但在整體上，無錫的文氣是自明清以迄近現代達到巔峰。在整個江南地區文教昌明和無錫經濟繁盛、教育勃興的大背景下，無錫地區在經史、文學、繪畫、音樂等諸多領域中，建樹卓越，俊才雲蒸，真正呈現出『人文之盛，冠於南國；碩彦輩出，著述繁富』的局面。

求實務本、重工崇商。無錫自古爲江南富庶之地、魚米之鄉。明代東林講學者將士商并列爲『本行』，講求經世致用；近代早期維新的思想家、實踐家薛福成提出『黜浮靡，崇實學』，大力倡揚『工商爲先，耕戰植其基，工商擴其用』的觀念，這些都成了近代以來無錫人求實務本、重工崇商的重要的思想根源；兼以明清時期，封建自然經濟解體，資本主義開始萌芽，無錫經濟日趨繁盛。鴉片戰争以後，上海開埠，由於商品經濟的發展和商業資本積累的增加，逐步形成了一個以上海爲中心的，北接江陰、靖江，西連蘇州、無錫、常州的經濟區域。有布、米、絲、錢『四大碼頭』的無錫，被譽爲『小上海』。到了十九世紀末、二十世紀初，無錫許多有識之士積極引進西方生産技術，大力興辦工廠，形成了近代六大資本系統，無錫成了近代中國民族工商業的發祥地和蘇南經濟中心。經濟的繁盛，不僅爲無錫文化的不斷發展提供了堅實的物質基礎，而且也形成了無錫文化的主流形態之一的，具有鮮明特色和豐富内涵的『工商文化』。

文化源長，文獻宏大。在歷史上，無錫有過兩次較大規模的文化整理。一八九九年，《常州先哲遺書》是包涵無錫在内的第一次區域性文化整理集成。一九二三年，《錫山先哲叢刊》是無錫真正意義上從城市角度進行的一次文化整理。當時，國家積貧積弱，社會動蕩離亂，身處亂世的有識之士高擎文化的旗幟，以縱覽千古的魄力和毅力致力於城市文化傳統的繼承與弘揚，爲無錫地方人文教育提供了文化楷模，對增强無錫崇文興教氛圍發揮了重要的作用，爲無錫躋身江南名城提供了文化動力，其意義至今爲後人感念。

滄桑巨變，天上人間。經過近一個世紀的奮鬥探索，特别是改革開放三十多年來的迅猛發展，中華民族强勢崛起。國運昌隆，盛世修典。中共無錫市委、市政府高度重視地方傳統文化的整理弘揚工作。自二〇〇七年提出『建設文明無錫，打造文化名城』以來，無錫全面深入開展歷史文化遺産的挖掘、清理、保護和修復工作，傳承弘揚優秀傳統文化，彰顯城市人文歷史底蕴，掀起歷史文化名城建設新高潮。此後，市委、市政府在《無錫市文化大發展大繁榮行動綱要》中明確要求全面整理出版地方歷史文獻，市委、市政府在《關於深化文化體制改革加快文化强市建設的決定》中再次明確要求編纂《無錫文庫》，正式啓動迄今爲止無錫地區規模最大、綜合性鄉邦文獻集成的修編工作。爲確保《無錫文庫》的編纂工作順利進行，市委、市政府專門成立了『無錫文庫工作委員會』，由市委宣傳部牽頭，設立了『無錫文庫編輯委員會』，計劃用三年時間完成編纂出版工作。《無錫文庫》的編纂，將以嶄新的學術角度和現代學科框架對城市歷史文化進行全面梳理和弘揚，站在時代的高度，充分展示城市深厚的歷史底藴，彰顯先賢哲人的智慧創造，解讀無錫文化的獨特個性，提煉升華無錫的人文精神，光前裕後，古爲今用，以文化人，由人化文，以史爲鑒，開啓未來。

《無錫文庫》的編纂出版必將發揮重要的文化功能：首先是搶救文獻。無錫自古即有豐富的地方文獻，無論經史子集，都有重要著作流傳於世。然而無錫近代歷經戰亂，一些重要典籍已毁佚，僅有書名存留；還有一些珍貴的明清地方史籍，也以孤本存世，處於若存若亡之間。由於各種原因，一些代表無錫文化的典籍保存於國内外各大圖書館中，在無錫不易見到。從清末到民國期間，在文化上有不少重要成果，而這部分書籍因長期被忽視而處於毁佚的邊緣。《無錫文庫》的編纂就是爲了搶救文獻，保存文脉。其次是古籍整理。無錫先賢留下的載籍很多，但現存書籍，版本雜亂，良莠不齊，整體而言没有經過系統編排梳理，使用不便。《無錫文庫》的編纂，就是從版本目録學的角度加以梳理，每書皆撰提要，鈎玄指要，便於閲讀使用。第三是服務大衆。《無錫文庫》所收皆爲地方古史遺文，是研究無錫歷史沿革和文化傳承的必讀書目。《無錫文庫》的編纂出版，使這些書籍的使用更加便捷和廣泛，對無錫的文化建設、城市規劃、古迹保護、名勝開發都具有很高的學術價值和實用價值。

歷史唯物主義觀是《無錫文庫》編纂出版工作的重要指導思想。《無錫文庫》是一部具有社會主義新時代特點的典籍集成，編纂理念和選編觀念更加科學，注重學術性、實用性和經典性相結合，并且儘量收入古籍版本研究的新成果，廣泛收集流散在國内外的珍貴典籍。編纂工作中，始終堅持『尊重歷史、尊重科學、尊重規律、尊重專家』的原則，堅持『雙百』方針，對傳統文化中重要的不同學派、不同觀點的資料兼收并蓄，力求客觀、完整和全面。當然，《無錫文庫》不可能包羅萬象，而以文史哲爲主要内容，兼顧其他類别著述，整體呈現出無錫歷史文化的發展脉絡。强化編纂工作的學術規範，提倡實事求是的良好學風，對文庫的整體規模、體例框架、所收書目、版式裝幀等進行反復論證，反復比較，多方聽取意見，慎之又慎，力争使《無錫文庫》成爲一部真正代表無錫文化的綜合性鄉邦文獻集成。

編纂出版《無錫文庫》的盛舉，得到了海内外衆多著名的文史專家、學者教授的熱烈響應。許倬雲、馮其庸、楊天石、李文海、徐中玉、馮遠、胡福明等無錫籍文化名人和劉玉才、程章燦、江慶柏、張廷銀、金良年等專家學者應邀擔任《無錫文庫》的學術顧問，他們扎實的學術功底、嚴謹的治學風範、卓越的學術見識，爲《無錫文庫》提供了有力的支撑。

千年吴地文明，百年工商繁華，賦予無錫人聰慧和靈秀，創造了具有獨特品質的城市文化和城市精神。當我們手捧先哲留下的珍貴文化遺産，不僅滿懷感恩、敬畏之心，更涌動着不負前賢、勵志圖新的激情，去努力創造城市文化嶄新的輝煌，讓無錫文化大發展大繁榮的春天更加姹紫嫣紅、繽紛燦爛！

無錫文庫編輯委員會

二〇一一年一月

凡例

一、《文庫》所收爲無錫籍作家的著述和與無錫相關的歷代文獻，分爲《官修舊志》、《地方史料專著》、《年譜家乘》、《無錫文存》和《近現代名家名著存目》五輯。

二、無錫地域範圍以現行行政轄區爲準。《文庫》立足無錫市區，兼顧江陰、宜興，適當選收江陰、宜興具有代表性的著作。

三、《文庫》所收著作，以史料價值高、使用價值大爲原則，適當兼顧其版本價值。

四、《文庫》主要采用影印方式出版，《近現代名家名著存目》收入作家小傳和主要著述目録。

五、《文庫》所收著作，其編纂年代下限爲一九四九年；《近現代名家名著存目》則不受此限。

六、《文庫》所收著作，原書如有蠹損、殘缺、漫漶不清處，原則上以相同版本予以換頁、補頁，使全書清晰、整齊。

七、《文庫》對所收每種圖書，均撰寫提要，置於每種書扉頁之背面；每册均新編頁碼，自爲起訖。

八、《文庫》編制書名索引和著者索引，以方便讀者使用。

第二輯編輯説明

本輯爲《無錫文庫》之第二輯《地方史料專著》。這些書籍皆爲個人著作，它們是官修方志之外最重要的地方史料，是對地方歷史更爲精細的記録和闡述。其中保存了官志中看不到的材料，所以也是官志極其重要的補充。無錫自古以來人文薈萃，所以歷史上存留下來的地方史料專著也非常豐富。明清以來這些著述得到了長足的發展。作爲方志體裁的史書，這些著作所述史事已細化到一個鄉村，一座寺廟，一幢宅第，一座園林，一所學府，一項工程，一個專題等，從而爲後人保存了大量第一手的史料。進入民國後，隨着社會的發展，在政治、經濟、文化、教育等方面，出現了許多專門的出版物，這些具有時代特色的文獻，爲我們保存了民國時期原生態的歷史材料。從這些文獻中可以看到當時無錫向現代都市邁進的步伐。第二輯所收書籍，不少都是孤本，彌足珍貴。特别是一些藏於外地圖書館的珍貴書籍，這次也盡了最大的努力加以搜集。由於歷史的原因，一些地方史籍已失傳，僅有書名存留，不無遺珠之憾。一些民國書籍也偶有缺葉。敬請讀者見諒。從另一個角度而言，也更説明了這次文庫編纂的必要。

目録

無錫大觀名勝號

（民國）徐振新 編

《無錫大觀名勝號》，（民國）徐振新編，民國十年（一九二一）鉛印本。

徐振新，無錫人。民國初年從事教育工作。隨着民國初年無錫經濟的繁榮，來錫客商及遊人與日俱增。爲適應社會需求，徐振新在民國八年（一九一九）出版了他編著的《無錫大觀》，該書分兩個部分：《無錫縣最新志略》及《惠泉山遊覽指南》。過了兩年，徐氏對惠泉山部分大加擴充，撰成《惠山新志》，又加撰《湖濱遊記》、《市鄉地名録》、《無錫公園》等，重新出版《無錫大觀名勝號》。該書爲民國年間介紹無錫名勝古迹最有價值的一種。它詳盡記録了惠山包括所有祠堂在内的古迹。關於惠山祠堂部分，記録了所有祠堂的方位、祀主、聯匾、園林、碑刻，保存了許多有價值的資料。特别是那些已經遭到毁滅的對聯匾額，由於作者詳盡的記録，爲今天祠堂的修復保存了最重要的依據，例如顧端文公祠的對聯：『風聲雨聲讀書聲，聲聲入耳；家事國事天下事，事事在心。』末四字不同於後來被鄧拓訛傳的『事事關心』，而本書亦爲『事事在心』的最早的文獻依據，也是今天改正訛傳的唯一依據，因爲原聯已在『文革』中被燒毁。僅此一端即可見本書在今天保護文物、修復名勝古迹中的價值。本書的《湖濱遊記》介紹了當時五里湖及太湖周邊所有的名勝古迹，其中大多是民國初年新開發的，有的今天已不復存在，有的已重建。然而這裏保存的是珍貴的歷史定格。與當時無錫所有的旅遊書籍一樣，它在介紹名勝古迹的時候，同時介紹交通、飲食、娱樂、安全、購物等行情，並把物價一併寫入，這不能不説是一個突出的優點。在一本小書上體現了一個城市的誠信，而這個誠信正是建立在對自己經濟實力的自信基礎上的。

本書據民國十年（一九二一）原刊本影印。

（徐志鈞）

無錫大觀

名勝號

◉惠山新志之綱目○○游歷道路及訪尋名勝之指南針

綱	游道	目	名勝地	檢頁欄
一編	惠山寺之中央古華山門而西	甲	即古華山門香花橋等十三處	一下
		乙	即昭忠祠中金蓮池聽松石等七處	二下
		丙	即竹爐山房雲起樓等四處	四上
二編	寺中右，行之道昭忠祠前而南	丁	即觀泉路華孝子祠至德祠等九處	五上
		戊	即天下第二泉等九處	六下
		己	即黃公㵎等六處	八下
		庚	即忍草菴等二處	九上
三編	寺中左行之道昭忠祠前而北	辛	即聽松路邵祠等十一處	九下
		壬	即點易臺等四處	一一上
		癸	即北茅蓬等三處	一一下
四編	寺前右行之道古華山門而南	子	即春申里中九處	一二上
		丑	即青山嶴山大池等十處	一三上
五編	寺前直行之道古華山門而東	寅	即秀嶂街嶽廟等三十二處	一四下
		卯	即五里街大德橋等十二處	一八上
六編	寺前左行之道古華山門而北	辰	即寄暢園雙孝祠等十處	一九上
		巳	即龍山灣石門下等十三處	二一上
		午	即白雲洞及三茅峯等二處	二一下
七編	寺塘涇左右道背寄暢園而東	未	即河塘右李公祠等十六處	二三上
		申	即河塘左紫陽書院等十九處	二四下
		酉	即黃埠墩等五處	二六上
八編	錫山之前後道	戌	即龍光塔等六處	二六下
		亥	即石浪庵等三處	二七下
附刊惠泉山竹頭木屑（記載交通物產市況風俗等事）				二八上

◉湖濱游記之索引

鄉名	所	交通	檢頁
開原	開原路	船車馬	壹上
	梁溪	船	壹上
	仙女墩	船車馬	壹下
	河埒口	船車馬	壹下
	陸莊	船車馬	貳上
	東大池	車馬	貳上
	榮巷鎮	船車馬	貳下
	橫山	船車馬	貳下
	梅園	船車馬	貳下
富安	華藏寺	船馬	叁上
	閶江	船馬	叁上
揚名	管社	船車馬	叁下
	楊園	船車馬	肆上
	獨山	渡船	肆上
	充山	渡船	肆下
	寶界	船	肆下
	水居	船車馬	伍上
開化	石塘	船馬	伍上
	徐王廟	船馬	伍下
	路耿山	船馬	伍下
	雪浪山	船馬	伍下
	軍將山	船馬	陸上
	長太山	船馬	陸下

◉◉市鄉名地署◉◉誌聖廟梅里膠山神社公園等五十所○末頁

無錫寄暢園影

鄧元利
香煙雪茄
冬夏呢帽
皮夾包箱
化裝美品
五金雜貨
遊戲器具
陽傘扇巾
各種洋酒
香水香皂
洋皂洋燭
綢緞毛線
新式粉鏡
紅絨線毯
絲毛絨線
中外磁器
衛生襯衫
零躉批發
童叟無欺
開設無錫北門內打鐵橋南首第七家便是

貨眞

北大街市 本號開設 採辦國貨 挽回利益

歐美物品 種類千百 花樣新異 五光十色

名媛仕女 購者雲集 老少無欺 定價劃一

價廉物美 大衆曉得 來買來買 歡迎無極

價實

◉四季呢帽◉

◉衛生襯衫◉

◉綫絲毛襪◉

◉陽傘扇巾◉

▲皮夾箱包▼

▲中外磁器▼

▲五金雜貨▼

▲歐美時鐘▼

○各式燈鏡○

○化裝美品○

○洋燭洋皂○

○香煙雪茄○

△絨毡綫毯▽

△絲毛絨線▽

△兒童玩具▽

△煤油火柴▽

●開設無錫北大街壇頭街口●

惠山新志

徐振新編

無錫惠泉山在城西五里許有西神冠龍歷山慧山諸稱係湘楚東來天目之支脉峰凡九起故又曰九龍其峯自東迤邐而西下分九塢第一峯下爲白石塢惠山寺及第二泉在焉游人薈萃之所也第二爲桃花塢第三爲擔鉤塢第四爲王家塢第五爲宋塢第六爲馬鞍塢第七爲望公塢第八爲仙人塢第九爲火鴉塢過此則龍山盡處曰龍尾陵此山之正面梗概也若夫聯接之支隴有獨立狀者厥惟東峯之錫山龍光塔峙焉餘如迤南諸嶺若斷若續不可詳別略分之曰鞢山曰嶂山曰顧山曰唐山西向諸嶺亦如之爲小嶺爲蘇鏖爲飯羅統名曰嶧峒灣蓋全山形勢略如三角此山之左右兩面梗概也山之周圍約二十餘里高百餘丈登山以望太湖煙波浩淼近在咫尺而廣山姑蘇陽羨澄江諸峯亦歷歷如在目前宜乎有湖山第一及江南第一山之稱也東坡九峰詩曰踏遍江南南岸山逢山未免更流連獨攜天上小團月來試人間第二泉石路縈廻九龍脊水光翻動五湖天孫登無語空歸去半嶺松聲萬壑傳

◉編一　◎◎惠山寺之中央

◉◉◉古華山門　俗稱山門裏　○甲

古華山門　在惠泉山白石塢下係劉宋司徒長史鄉賢湛挺茂之歷山草堂之故址也門向東題榜雄偉草堂初改僧寮時曰華山精舍故有古華山門之額去今已千五百年矣湛挺歷山草堂有詩云閉戶守元漠無復車馬跡衰廢歸邱樊歲寒見松柏身慚雕陽老名忝梁園客習隱非市朝追賞在山澤離離插天樹磊磊間雲石持此怡一生傷哉駒度隙

過郡馬祠　在山門口祀宋郡馬過孟玉公尙迪遂郡主愛梁溪山水之勝遂家焉祠中有種德樓等

錢武肅王祠　在山門口祀吳越王錢鏐祠中頗

壯麗。有慶系堂御書樓見山樓光遠樓錫樹樓珠還
草堂等。又有金塗塔鐵券圖等刻石。
石幢　在山門口近過祠者唐乾符間物。上刻尊
勝咒。白鹿山人李端符書。近錢祠者宋熙寧間物。上
刻大白傘蓋咒。書法極佳。惠山之古物也
惠山寺門　在山門內。形如城樓。額曰惠山寺。
嵇留山先生祠　在寺門內。祀清鄉賢嵇永仁公
係閩督范承謨幕賓。殉耿藩之難。夫人楊氏茹苦守
節。故有坊曰忠節流芳。公子曾筠孫璜。乾隆朝同秉
國政。時人榮之。即清史中稱爲治河大家者也
張止齋先生祠　在嵇祠左。祀明義士鄉賢張翼。
高攀龍有聯云。胆繼汾陽單騎靖虎狼餘孽。功高廣
野片言拯城社生靈。明初張士誠就擒後。莫天祐在
無錫抗明軍尙烈。明軍已下屠城令。民懼死而守益
堅。公乃縋城說明軍入城毋得慘殺。民當懸燈歡迎。
明軍許之。闔城生靈賴以保全。時在七月中。故錫地
至今於秋初家家懸燈。以永誌片言救民之紀念焉。

鄒忠公祠　在張祠左。祀宋學士鄒浩。祠中有金
粟山房及靜齋等。池沼亭樹。佈置極雅。有碑曰會心
處不在遠。係鄒忠公所題云。◉祠中附有保墓局
李忠定公祠　在鄒祠左。祀宋太師鄉賢李綱伯
紀。有像。公於建炎初拜相。學行功名爲中興第一。晚
以汪黃沮去位。自號梁溪漫叟。著有梁溪集。祠中有
堂曰雍穆。聯云。望重三朝持亮節。壽陳十事秉丹心。
堂左有忠定遺筆之刻石。詩云。不愁芒屩長南滿
願靈旂助北征。酹徹一盃揩淚眼。煙雲何處是三京
香花橋　在寺門內李祠前。日月池之上。
貞節祠　在香花橋西北。雍正間祠前有坊。祠中
有秉禮堂思成軒䔥芬樓永思閣更上一層樓等。
張孝子祠　在香花橋西南。祀清旌孝張寅孫伯
玉。孝子因父拱明游桂林無音耗。乃行乞萬里以尋
之。至時拱明已死。遂扶櫬歸錫。◉祠左有張節婦祠
◉◉◉昭忠祠中　、　〇乙
昭忠祠大門　在惠山寺中天王殿古址。額曰濯

軍昭忠祠，祀咸同間中興有功之人。◉門之左有積書岩，爲清初顧與籍貞觀讀書處，今爲顧端文公祠。

金蓮池　在祠門內。有古橋跨其上。池中產金蓮花。相傳爲劉宋僧顯者所植。花似蓮而小，又如水仙。色黃，多幽香，無實。其蔓如荇。山姬漂紗於此，較他水特潔，故又名繡塘及浣沼。明鄉賢王達嘗題詩曰：芳池水綠魚翻藻，翠葉田田露華臙。花開萬朶出金蓮，玉澗朱欄互相繞。僧言此花天下無，宛如明鏡燦蓬壺。山中五月簫鼓寂，並傍薰風成畫圖。◉金蓮池後有碑亭，中鐫清高宗南巡之詩詞，俗稱曰皇亭。

聽松石　在金蓮池之西北，即惠山寺大殿前月臺之故址。東南各省著名古物也。唐皮日休詩云：千葉蓮花舊有香，半山金刹照方塘。殿前日暮風高起，松子聲聲打石床。即指此石。今石畔無巨松，有小亭覆焉。亭爲道光間李彥章觀察所建者。按此石質地堅硬，初未彎治。明成化間，嘗一徙於聽松庵。康熙中仍返原所。長約六尺，寬厚半之，上平可供偃仰，以形似，故名爲床。其平面一端翹起若枕，而外瀾其角。對唐李陽冰聽松二篆於左方，爲一行。篆右並列行楷十行，約百餘字，宋時鐫也。文向右讀云：松石相望於十步外，不知幾何時合而相從，理若有符。政和甲午，睢陽張回仲賢得而出之，可以磅礴，可以偃仰，遂爲茲山登勝臨處。至者自當得之，惟勿遷勿伐，俾勿壞。同來者六人：□州李永久中、廣陵俞光祖慶長、汝南何安中得之、□中將之寺僧奉仙。六月丙午。又平面有行書三行，行七字，亦宋時鐫，其文云：嘉熙己亥歲處暑日，止泓趙希袞攜家過此，與譚侍行。

銀杏樹　在石床旁，粗三四圍，數百年物，素不結子。惟寄生之柚樹一枝獨結實纍纍。清秦琳詩云：夫雄殿下綠苔滋，銀杏濃陰覆石墀。笑指樹頭新結子，靑靑多在寄生枝。

不二法門　在石床後。大僧寮也。明萬曆中奥澄時建，供眞武、地藏諸像，香客極盛。今慧山寺中之梵音僅此一椽矣。後園中闢有碧露泉，附許渾慧山寺詩云。排空殿堵倚巖巒。松韻經聲月裏寒。兩眼流泉清戶牖。九龍飛雨灑闌干。浣紗女弄金池影。聽法鳥啼施食盤。借問繡衣車馬客。幾時袜下脫儒冠。王禹偁詩云。吟入慧山山下寺。古泉閒挹味何嘉。好拋此日陶潛米。學煮當年陸羽茶。猶負片心眠水石。暫開塵眼識煙霞。勞生未了來還去。孤棹寒蓬宿浪花。

昭忠祠二門　在聽松石右。前爲石級。道後有碑亭。誌立祠之事略。碑亭右卽竹爐山房矣。

龍眼泉　在二門內數十步。梁大同間鑿。故又稱大同井。泉旁拾級而進。卽祠之廳事。古之白雲堂及護雲閣也。由廳事而更上。卽祠之饗堂。堂中今供奉李文忠鴻章主位。蓋紀元前原係程忠烈學啓也。按饗堂爲古之大悲閣。宋高宗嘗駐此。右卽雲起樓矣。

◉◉◉竹爐山房　〇丙

竹爐山房　在昭忠祠二門之右。按明時有慧山寺僧性海者。人極風雅。好與名流游。鄉賢王孟端嘗與往還。會湖州有竹工至。爲製竹茶爐一。時名流唱和之詩極多。此爐遂爲珍品。藏之松濤軒。後燬於火。今山房壁間所嵌之碑石。卽當日唱和詩及王氏之畫竹也。至竹爐山房之名。則爲萬曆時鄒迪光所題矣。竹爐山房之正門。爲南向闢。由此西上。拾級而登。可以直達頭茅峰。石級之下。卽第二泉云。◉竹爐山房右有樓三楹。曰寶翰閣。藏清皇南巡詩詞勒石之所。閣之右有小泉一。碣曰松泉。係王澍篆文。

隔紅塵　在山房右松泉之上。建築幽深。布置精雅。有崑山王之醇蘭亭集序刻石。旁有小閣懸聯云。我心如野鶴閒雲。爲試名泉登高閣。此處是洞天福地。每逢佳日集群賢。閣後卽昭忠祠中之饗堂矣。

羅漢泉　在隔紅塵旁。明僧興恩所鑿。泉上有閣。本名朱衣。蓋取羅漢本無我相。朱衣豈有名心之意。

雲起樓　在隔紅塵中拾級而上。是樓危立山半。園以雕欄曲楯。風景佳勝。爲惠麓名勝之冠。游人所不可不至者。巴江廖綸有聯曰。勝兩邑之觀。千村稻熟。據一山之勝。四照花開。附王武陵登惠山樓詩。秋老杰山悲客心。山樓晴翠散幽襟。一川紅樹迎霜老。數曲清溪遠寺深。寒氣急催遙塞雁。夕陽高送遠城砧。三年海上音書絕。鄉國蕭條惟夢尋。

◎◎惠山寺中之觀泉道　●編二一

◉◎◉觀前坊街　俗稱泉亭下　○丁

華孝子祠。在觀泉坊街。即昭忠祠大門之右。祠前有四面坊。祀東晉孝子華寶。今之祠址。係孝子手築。華坡之故里。孝子年七歲。父豪戍長安。沒於王事。臨行嘗語孝子曰。須我還爲汝冠。孝子念父臨別之語。終身未冠娶。有問者。輒號痛終日。蓋不忍答也。故祠中有童髻長鬚之像。後以弟寬之子爲嗣。祠門兩旁有磐陀石一對。形如瑪瑙。可吸銅錢。永錫堂後爲承澤池。溯源橋。遺蔭樹。成志樓等四景。有古碑廊。皆明鐫立祠之事畧。又文徵明書碧山吟社之刻石。紅羊後輾轉至此。今亦勒於壁間。饗堂前有龍池。池中有石蟾二。蟾吻則南者吐。北者納。◉春草軒在龍池右。祀元都事華銓妻陳氏。軒中有楊維楨撰文徵明隸之詩詞刻石。及待詔紡績督課圖等。

華節愍公祠　在華祠春草軒前。祀明攷功員外郎鄉賢華允成。汝立。甲申國變時。公講學里中。日以忠義激發士氣。圖謀恢復。後公因不薙髮。逮赴南京。兄孫尚濂隨之。均不屈。同殉焉。僕薛成朱孝聞訊。均號泣死。有聯云。三大可惜。四大可憂。慷慨萬言皆實學。身不可殺。髮不可降。從容一死得全歸。又云。膚髮無傷。忠臣繩孝子之武。死生不貳。文孫嗣節母之徽。

華貞節祠　在孝子祠前。內有瓣香齋傳芳閣等。

至德祠　在孝子祠南。爲吳姓宗祠。祀南方開化偉人吳泰伯及仲雍季札。有像。唐陸龜蒙詩。故國城荒德未荒。年年椒奠濕中堂。邇來父子爭天下。不信人間有讓王。蓋梅里泰伯廟之題也。按泰伯爲周太王長子。太王欲立季歷及昌。泰伯遂託言採藥。與弟仲雍同來邑之梅里。從之者衆。泰伯端委治之。蠻野之風。因以漸戢。祠中至德堂之上。有鍊石閣。一名枝峰閣。俯臨蓮沼。夏景殊佳。◉漪泉在鍊石閣前。有聯云。帶石月盈盈。帶漪泉花滿篩。泉之右有來雨亭及繩池館等。鄒愚公詠桐陰鋪石床。荷風扇瑤席之處也。

尊賢祠　在至德祠左。祀梁鴻湛挺李紳陸羽焦千之秦觀等百餘位。邵寶題詩云。千年祠宇此重開。獨爲諸賢酹一盃。澗石不隨龍化去。嶺雲還與鶴歸來。春風谷遠嚶嚶鳥。夜雨庭深點點苔。聽罷雅歌賓客醉。共教童子汲泉回。祠中有希隱樓來青閣及池沼亭橋等。玉蘭兩株。花開尤盛。

唐張貞節祠　在尊賢祠左。爲唐張兩姓之祠。祠前有坊。坊上聯曰。矢志青年女。代子職。名揚彤管。孝在貞操。按此祠址係清孝女唐素之故里。孝女工寫生。取潤資以養父母。至老不嫁。鄉賢顧光旭過此嘗詠有貞松慈竹丹青裏。門對南齊孝子祠之句。

蔡孝友祠　在唐張祠左。祀明旌表孝友蔡元銳元鐸。明倭亂時。銳脫父軫之厄。而見殺於賊。鐸未及知。備資贖兄。亦死焉。祠中有額曰。千古二難。聯曰。衛父救兄。千秋光史乘。成仁取義。百世植倫常。◉按孝子家居北塘。其墓即在通惠路惠工橋之西也。

貞節祠　在蔡祠左。道光間立。祠前有坊

胡文昭公祠　在貞節祠左。二泉門外。俗稱胡園。祀宋天章閣侍講胡瑗。神宗稱爲眞先生者。有像。祠中有天鈞樓。仰止堂。對山精舍。雲外天香閣等亭橋假山池沼。花菓莫不完備。古有詩云。天香歷亂與雲浮。小閣中央花四周。錫慧兩山排翠嶂。廣寒八月見瓊樓。蓋地處錫惠兩山之中央。別有一種山高谷深之佳趣。與至德尊賢等祠。皆明副使鄒迪光愚公谷之故址也。仰止堂前假山中有石公踏履處。餘如三疑嶺搔首閣等故蹟。今皆不可致矣。

◉◉◉二泉亭畔　俗稱金魚池旁　〇戊

二泉門　在胡祠左門內。有古樹一。蓋百年物也。

天下第二泉　在觀泉坊街二泉門內。唐陸處士羽。鴻漸。評水味爲天下第二。故又稱陸子泉。王禹偁詩云。甃石封苔百尺深。試茶嘗味少知音。惟餘半夜泉中月。留得先生一片心。泉分上中下三池。下池在漪瀾堂前。中池形方味澀。上池形圓味甘。即游人所日事汲取者也。華淑二泉紀略曰。泉有三異。兩池共亭。圓池甘美。絕異方池。一異也。一鏡澄徹。旱潦自如。二異也。澗泉清寒。多至伐性。此則甘芳溫潤。大益靈府。三異也。更有三癖。沸須瓦缶炭火。次銅錫器。若入鍋鐺薪。便不堪啜。一癖也。酒鄉茗椀。為功斯大。以炊飯作糜。反遜井泉。二癖也。木器止用暫汲。經時則味敗。入盆盎久而不變。三癖也。云云。蓋泉水含鉛錫質最多。如以銅錢投之。能旋轉。久而始下。或以盃滿盛泉水。可置錢數十文而不溢。若貯泉水於盎中。置以近泉石子。可久而不壞。如遠攜他方。味或小變。可以他水攪之。俟其凝定。傾出上浮之水。則仍若新汲矣。唐李德裕酷好此泉之水。為中書時。嘗置水驛傳遞不絕。而慧泉之名。遂日著於天下。皮日休有詩曰。丞相長思煮茗時。郡侯催發只嫌遲。吳關去國三千里。莫笑楊妃愛荔枝。又曰。馬卿消瘦年纔有。陸羽茶門近始開。時借僧廬拾寒葉。自來松下煮潺湲。◉邑乘曰。二泉於元時設稅。而泉竭。罷稅仍來如故。

泉亭　在上池中池之上。宋高宗南渡。飲泉而甘之。嘗築亭其上。牓曰。源頭活水。今亭已重建而牓則廢矣。壁間鐫清高宗詩曰。石甃淙寒乳。何從問來脈。摩挲幾千載。滌蕩合光澤。澄徹不受塵。豈雜溪毛碧。鴻漸真識味。高風緬疇昔。按泉亭左。即竹爐山房矣。

二泉刻石　在下池右。有元趙子昂書之天下第二泉五字。下池左亦有五字。係清初金壇王澍所書

漪瀾堂　在中池下池之間。即蘇東坡詩中還將塵土足一步漪瀾堂之處。今為游人啜茗之所。有聯云。試第二泉且對明亭暗竇。攜小團月分嘗山茗谿茶。面臨下池。其水由暗竇經螭吻而來。池中蓄大金鯉數十尾。投以餅餌。爭躍水面。殊可觀也。

觀音石　在下池東。正對漪瀾堂。若慈航普渡狀。正面下半。刻有八分書四言銘。稍上向右。刻有明人題名一通。下承者為鰲魚石。上刻有鰲極二字。又有

金臺玉女石分峙左右宛若善才龍女挾輔之像皆明顧可學慧巖小築之遺物

若氷泉　在泉亭後登山迤南數十武之地泉廣方丈唐僧若冰劚岩得之故名蓋惠泉之別源也若冰詩云石脈綻寒光松根噴曉涼注瓶雲母滑漱齒茯苓香野客偸煎茶山僧惜淨床安禪何所問孤月在中央泉旁有若冰洞高數尺廣倍之古傳可通宜興之張公洞洞旁有瀑雲漱酣兩亭然今皆不可致矣洞北有淸高宗詩文勒石曰石甃方圓引側注攀躋更上小雲梯討源直到眞源處冰洞翻花萬古寒

文昌閣　在泉亭上數十石級係登山大道旁

玉皇殿　在文昌閣後爲羽士所居有聯曰兩山之間居高望遠城鄉景物一覽無餘夏歷三月間來此進香者不下數十萬人亦著名之殿宇也玉皇殿右有三官殿三七兩月之望舉行迎神賽會之事頗稱熱鬧殿後有道可達山巔之頭茅峰等處云

◉◉◉春申澗畔　俗稱胡園（衍）　〇己

尤文簡公祠　在二泉門右胡祠之左祀宋禮部尙書鄉賢尤袤遂初公嘗從楊龜山先生游以書法名天下又藏書至三萬卷歷仕高宗孝宗光宗朝頗著政聲祠中有錫麓書堂依山建築可以遠眺◉遂初堂壁間勒有文簡手牘之石亦云珍品

牧雲庵　在尤祠右一稱堵園後有瘞僧骨之塔

國民學校　在牧雲庵右係無錫市立之第八校即碧山吟社故址明成化間邑中耆老觴咏之地也◉公有林在學校後牆外係無錫市教育團所立

龍縫泉　在學校內一稱龍淵水自石縫中出深廣可三尺泉旁有涵碧池及碧山吟社之刻石

春申澗　在學校右楚考烈王徙封春申君黃歇於江東城吳墟爲都澗其飲馬之址故號春申澗或稱黃公澗每逢大雨澗水狂瀉之際奔騰澎湃殊無異廬山瀑布也澗旁本有春申廟唐張繼有詩曰春申祠宇空山裏古柏陰陰石泉水日莫江南無主人彌令過客思公子蕭條寒景傍山村寂寞誰知楚相

會。當時珠履三千客。趙使懷慚不敢言。明鄒愚公迪光兩際上春申澗詩云。振策春申澗。松門吼亂泉。出雲穿彘壑。帶雨下諸天。蠟屐沾流進。絺衣避瀑懸。濯纓情未已。洗耳欲高眠。今澗下有廣道通春申里。中

臥雲石　在春申澗上。流石上刻臥雲二字。明邵文莊寶學窠大書也。◉山泥色黃。爲蒔蘭之珍品。

◉◉◉南茅蓬路　○庚

忍草庵　在山南章家塢。此塢不在九塢之列。自春申澗由新關小石道越坡而南。約半里餘即可抵庵。前庵負山面野。虬松四列。怪石眠空。亦爲幽深之所。按忍草庵一稱南茅蓬。起於宋時。建於明萬歷間。三百年來。常有名流結詩社。賦詠於中。亦惠麓之名地也。庵中原有貫華閣。松雲閣。伽盆堂等。明僧洪恩嘗留題云。樵唱纔回林下。梵音忽度松間。重重白雲盡鎖。不教輕叩柴關。茶煙傍午縈榻。芋火經宵滿爐。大好山前一片。從此運鑁揮鋤。又菴中於民國八年春間得一隕石。今俗呼曰飛來石云。◉菴前南麓有松苓泉。以泉畔產茯苓而名。泉之東二三百武。又有盤眼泉。雙圓並列。終年不涸。味亦甘美云。

魏墓　在庵前。宋贈節度使宿遷魏勝墓。係拒金殉難。賜葬惠山者。然今荒塚纍纍。不可攷矣。◉山中產野獐。春夏之交。則多獵者。蓋獐乳爲藥中補品云。

◎◎惠山寺中之聽松道　◉編三

◉◉◉聽松坊街　俗稱秦園後　○辛

顧端文公祠　在聽松坊街。即昭忠祠大門之左。祀明光祿寺少卿鄉賢顧憲成涇陽公。持躬甚正。多所建白。與高攀龍講學東林。世稱爲東林八君子之冠。聯曰。泰伯來而梅里片墟。開東南之草昧。先生出而涇皐蕞士。萃宇宙之文明。又云。風聲雨聲讀書聲。聲聲入耳。家事國事天下事。事事在心。祠中有新詠堂。芙蓉亭等遺跡。

邵文莊公祠　在顧祠左。祀明禮部尚書鄉賢邵寶。國賢有像。祠址即公講學之二泉書院。故斷碑殘

惠山新志

碣。極爲衆多。祠中有端潤野櫺易情軒君子堂靜清深處遜名泉等。按公三歲而孤。事母至孝。居官有政聲。不畏權貴。學以洛閩爲宗。嘗曰。願爲真士夫。不願爲假道學。學者尊之曰二泉先生。

猛將廟。 在邵祠左。神劉姓。相傳爲治蝗者。廟本狹小。道光間賜福佑康年之額。不能容。遂建今廟。云

五中丞祠 在猛將廟左。祀蘇撫周忱海瑞周孔敎湯斌李星沅等。聯云。四百年來五開府。九龍山下一祠堂。祠中有香積池。祠外本有朱雀橋。今無攷矣。

張祜題處 在中丞祠前。今牆間嵌碑曰。小洞穿斜竹。重階夾細莎。唐張祜題處等字。係明鄉賢談修所書。附張祜題慧山普利院云。舊宅人何在。空門客自過。泉聲到池靜。山色上樓多。小洞穿斜竹。重階夾細莎。殷勤問城市。雲外暮鐘和。

白衣殿 在中丞祠左。大僧寮也。中有清涼泉。

單姬祠 在白衣殿左。祀明貞義單姬。有像。姬許於沈昇。未嫁而昇沒。姬即剪髮不再適。後有委禽者。姬聞之。自盡。幾絕。後救始免。年八十五卒於家。周子義額曰。人倫正始。裴大中聯曰。矢志在髫齡。八十年操凜冰霜。信閨氣獨鍾巾幗。誦芬垂累葉。五百載光爭日月。問幾家有此門楣。◉祠之後。即單姬之墓。

周文恪公祠 在單祠左。祀明禮部尚書鄉賢周子義。敬庵有像。當張江陵奪情議起。九列競疏留公獨戟手向堂上指曰。彝倫者何。卒不疏留。故世人匾之。祠中有忠孝堂聯曰。太上立德。其次又立言。偉東林正學。重興易世稱爲談道。祖江陵奪情。惟公不奪節。指南監明倫二字。登堂愧殺署名人。

觀墩 在周祠前。原稱案墩。明周忱以寺缺青龍而築墩。前有道通寄暢路之通惠路。口墩下之田約十八畝。所產荳莢味甘而嫩。較他處尤爲著名焉。

王文靜祠 在周祠左懷先閣古址。祀明廣東僉事鄉賢王問仲山。祠中有池沼石罅。即懷先閣遺物也。公嘗監倉徐州。大減羡耗。父沒不復仕。工書善畫。惠泉各景多有公之題詠。又築室於浤塘之濱。天闕

一〇

峭壁等字即公之手筆。文靜二字。門人之私諡也。祠聯云孝弟仰貽謀。合循吏儒林隱逸爲一傳。湖山成勝蹟。柄國史邑志家乘以千秋。

貞節祠　在王祠左。嘉慶間立。祠前有坊。祠中有聯曰聽松石畔留名蹟。點易台前爇瓣香。

◉◉◉點易臺　〇壬

點易臺　在聽松坊街之山麓。由邵祠後。或觀墩王祠左。均可至臺前。臺上有點易巨石。如榻几之狀。可臥可坐。可讀書。可飲食。風景極佳。東北諸山歷歷可指。相傳爲邵文莊研究易理之處也。

滴露泉　在點易臺。邵文莊闢。銘曰。一滴一滴。有竅無竅。雲自地生。月從天照。青海未枯。黃河未倒。薰風南來。發我長嘯。泉旁有太極鑑水逢源等石。有瘞卷邱。爲文莊督學江西試卷之埋藏處。◉泉上爲松擴。有研朱石。由擴而上。稱登岩道。有巨石三。一刻靑壁丹崖人間天上。一刻風塵之表。一刻山水之間。皆文莊所題。然大都在荒煙蔓艸間。不易認識矣。

唐孝女墓　在滴露泉右。雲階之旁。孝女即唐素。

海天石屋　在點易臺巨石之上。屋中有石刻五賢遺像。石屋之上。有望闕岩新月岩南崖刻石等。

◉◉◉北茅峯路　〇癸

媧皇廟　在觀墩王祠左半里許。有磚道可達。是地屬桃花塢下。廟四周徧植栗樹。係明成化間馮泰求嗣還願而建。今修葺方竣。尙稱幽深。近則求嗣者常至。是廟故一稱娘娘堂云。◉廟前栗樹。秋間結實。芬芳甘美。即桂花杜栗之珍品也。廟南有讀書臺者。係唐左僕射鄉賢李紳之讀書處。今古蹟全泯矣。

邵墓　在媧皇廟北磚道旁。係尙德書院綉嶺之故址。爲邵文莊之母過太君墓。墓前有王鏊撰文之貞節碑銘。建築甚爲雄偉。然保守乏人。野塚濳佔。徒令巨大翁仲。卧立道旁。使游歷者增一番感慨而已。◉邵墓旁又有明布政秦夔之墓。規模與邵氏等。按山麓一帶。名墓殊多。限於篇幅。僅擇最著者記之。

覺聖寺　在媧皇廟北。循磚道而進。約里許可至寺。前寺一名奇緣禪林。俗稱茅蓬庵。山塢環列。蔥蔚如椅。寺中點綴尙佳。亦勝地也。又寺後有龍腰泉。天生石穴。水甚潔。春冬不增減云。◉忽晴忽雨之候。山中產紅色之朱血菌。爲惠山著名特產之一。

◎◎惠山寺右之南行道　◉編四

◉◉◉春申里　俗稱廟巷　〇子

春申君廟　在春申里中。卽古華山門外南行之道。春申里之古號曰名泉里。廟本在黃公澗上。唐垂拱間徙此。祀春申君黃歇。今爲里社。俗稱忠安大王廟。夏歷八月初五日常舉行演劇酬神等事焉。明王士珍過此有詩曰。碧澗亭邊野望新。明流秀嶂石鄰鄰。青山終古連秦塢。珠履何年問楚人。冰雪倒懸三峽水。風煙遙接五湖濱。李園已事成荒草。太息空祠一愴神。按廟後卽錫山西麓之秦皐塢。相傳始皇東游。望氣者以金陵太湖間有天子氣。故掘而厭之云。廟後有石道。可直達錫山頂。

節婦坊　在春申廟對門。一旌節坊。爲錢琬森妻朱氏立。一形史流芳坊。爲錢文衡妻翁氏立。

義塚　在廟後。壅庚申殉難之軍民焉。◉義塚後有石作公所。正籌建中。是地有石道通黃公澗。

石林庵　在春申廟南行百餘武之村中。清初道人榮璉嘗賦詠於此。當時有竹池等八景。今亦廢矣。

俞行人祠　在石林庵對門。祀明粵西殉節行人使鄉賢俞德惠公。係奉檄往諭龍州土同知。抗命而受害者。有聯云。明經修行無雙士。抗節捐軀第一人。

朱祠　在石林庵右。

張墓　在村南沈倉河之後。古碑極多。係明錫谷四諫張選舜舉之墓。張墓之南曰余巷。距古華山門約一里餘。係春申里最大之村落也。有指路碑曰。東西城。南蔣巷。西青山。北惠山。附近有榮氏公益國民學校一所。居民多以織毛巾爲業云。

雙塔寺　在張墓東玉巷左。面臨龍山。風景尙可。原稱禪悅院。宋紹興中立。寺前有雙石塔及化骨池。

相傳古有三塔。爲士庶僧道火葬水瘞之所。寺中本有寒翠松風竹月諸軒。代有名流賦詠於此。今則僅存基址而已。◉寺南有福隆亭。爲樵牧憩息之地。

慶雲寺　在雙塔寺後之村梢。錫山脚之僧寮也。寺之西有明憲副吳學讀書臺之故址。

◉◉◉惠南大路　俗稱山南　〇丑

青山庵　在頭茅峯南面之山半。嶸峯前屏嶂嶺右峙。具區波光可見一角。亦勝地也。舊祀水帝。今塑五百羅漢及佛像。故又稱青山禪寺。季秋之初。香客極盛。庵前有廣道左通春申里。右達河埒口。庵中後園有壽蓮臺。古人詩云。踏月青山路。青山半白雲。千峯如速客。數月已期君。林籟隨風息。湖光隔渚分。登台問泉水。滴滴細還聞。

高墓　在青山庵嶸山之麓。明高攀龍先生墓也。

明陽觀　在嶸山南麓。距河埒口僅百餘武。觀係道院。宋紹興間。盧至柔建。立內有三茅殿。殿中有宋大觀時敕賜額牒之勒石。又紹興時建觀記事之碑文。觀之前。有池沼石梁。觀之後。原有止臺中臺橫翠亭半山亭望湖閣等。今皆廢矣。惟杜石之基略有一二存在者。陸羽記云。洞陽觀下有穴。潛通太湖之包山。故以名觀。創於蕭梁。廢於隋末。或曰即今明陽觀址也。◉洞酌泉在觀中。古詩云。杖策間尋物外天。攬衣欲上翠微巔。虛亭坐愛雲深處。石鼎茶烹洞酌泉

顧墓　在觀之右。明顧洞陽父榮章之墓也。

大澗　在二茅峯南嶂山之陽。以有大澗橋而名。嶂山一作張山。因山中有明義士張止齋墓之故。大澗橋有庵一所。距顧墓約里許云。

東大池　在二茅峯西南之大池也。處嶂顧兩隴之凹。接處山高谷深。澗清林密。本天生勝境。公益家陸培之君近又於此設學校。闢廣道。築池岸。建茅亭。植桃柳。鑿白沙泉等人工。又臻絕妙。故旅行過此者每流連不忍去。誠山南唯一之游覽地也。自開原路張巷而北。走啓明路。至此約一里餘。云明南太僕鄉賢施策嘗築別業於此。自題曰。山村一曲枕清溪幽

厦偏宜長夏栖。芳沼雨餘泉自漲。新篁晴後鳥初啼。門無車馬翻嫌僻。座有琴書覺未淒。更上崇臺堪遠眺。萬峯深處夕陽低。

萬年庵　在大池之東。庵前數十武又有萬福庵。

秦墓　在二茅峯下萬年庵之上。路極崎嶇。宋秦觀少游之墓也。俗稱龍關墳。有詩曰。九龍朝暮雲搖落。少游墳野蔓碑全沒。晴庵聲亦聞。洞偏泉路細。松折鶴巢分。高視太湖近。雲濤鷗起群。

西大池。　在三茅峯西南麓。顧山唐山之凹接處。池畔爲陳巷。有聖帝廟井亭庵等。此地係惠麓西南角之盡處。離古華三門約八九里之譜。

附嶂嶼灣　在龍尾陂西南。西大池西北。即龍山西麓。舜柯山之東面也。長八九里。有村巷四五處。有龍泉舜龍長慶等庵院。游歷者幾無人過。此名勝古蹟亦不多見。◉柯山吳仲雍六世孫柯相所治之地。

◎◎惠山寺前之東行道　●編五

◉◉◉一秀嶂街　俗稱直街　〇寅

楊忠襄公祠　在古華山門東之秀嶂街。係明顧榮僖慧巖小築舊址。祀宋殉節通判徽猷閣待制吉水楊邦乂。及子璿再興孫宗達曾孫震發濟良等。璿始遷邑之鴻山。當元相伯顏督軍至常州時。宗達語二子曰。常州與臨安爲唇齒不可失。吾家世宋臣。仇虜之心未嘗一刻忘也。遂遣震發詣平江文信國乞師。已率濟良募鄉勇赴常拒敵。皆遇害。迨文信國援軍至已無及矣。祠中有忠愛堂等。佈置整潔。

秀嶂庵　在楊祠對門。◉庵左有山貨公所。

朱祠　在山貨公所左。

先賢施子祠　在楊祠右。祀聖門弟子施恆。

浦長源先生祠　在施祠右。祀明晉府引禮舍人鄉賢浦源。聯云。慧業千秋傳閩社。丹心萬古照淮流。公爲倪瓚門人。工詩善書。與王達王紱稱錫山三傑。

費懿恭先生祠　在朱祠左。祀宋鄉賢費肅。公舉大觀間進士第。復以薦除秘書正字。紹興初大臣舉其賢行。與張簡實陳與義同召赴行在。獨公抗節引辭。不起。祠聯曰。志在林泉。不共張陳趨魏闕。禮隆湮祀。宜偕朱鄧享名山。

楊觀察祠　在浦祠右。祀清鄉賢楊夢槎。再賽乾隆征金川時。公隨營司火炮事。兵潰被執。賊叩以放炮法。公爲之過度裝藥。砲裂斃賊甚衆。公亦殉焉。◉祠中有九龍禪院所遺之宋明殘碑。

倪雲林先生祠　在費祠左。係明王大益之園址。祀元處士鄉賢倪瓚。元瓚。聯曰。心潔身潔名亦潔。處濁世偏能潔己。學高才高品更高。問當時孰並高風。公著之西神山行曰。昔住九龍雲霧中。泉邊蠟屐遍行踪。南樓明月看時好。西澗故人行處逢。亂後不聽鷲鶴。錫夢回猶憶下堂鐘。休兵即欲幽棲去。見說禪房膝可容。按公爲邑之長大廈人。明初召之不起。人稱之無錫高士。善畫山水。以天眞幽淡爲宗。家饒於貲。好學輕財。性喜潔。深自晦匿。常獨乘扁舟。混迹五湖三湘間。家有清閟閣。藏法書古物名畫極多。祠中思敬堂左。有寒舫及池沼假山諸建築。尚可游覽。

清孝里　在倪祠對面。係申明亭故址。◉里中有明贈尚書顧懋章芹軒之墓。

陸宣公祠　在倪祠左。祀唐相陸贄。有像。

范文正公祠　在陸祠左。祀宋相范仲淹。有像。祠中有敦叙堂。湊泉亭等。蓋明談愷讀書小圃故址也。

袁公祠　在陸祠對門。祠前有坊。坊後有橋。下即錫山澗。祀南宋右司諫龍圖閣學士鄉賢袁植。材世有像。祠前文天祥聯曰。獨疏劾汪黃。不避權奸。高氣節一官貶池岳。猶從塗炭拯生靈。祠中有維則堂等。按崇寧間。公爲監察御史時。陳邊防十三事。以誅佞臣爲先。不納。引疾致仕。建炎初。召爲右司諫。直言忤宰臣。出守岳州。會叛臣李允文據鄂州。大剽荊湖。公疏其奸。允文路中得疏。怒以兵趨岳州。公仍力詆其惡。遂見害於武昌。◉祠右有鄒姓之祠。

嶽廟　在袁祠右。五代時建。俗稱聖帝殿。規模宏壯。香火極盛。夏歷三月十四廿八等日。有迎神賽會之事。游客達數萬人焉◉殿左有道可登錫山。
靈泉　在嶽廟東廡通張中丞廟處。即古忠靖王之廟前也。宋政和時道士盧至柔符甓而甃之有疾者汲飲輒有驗。一名聖水井壁間嵌有明王逵孟叔敬李孟昭陸勉等之靈泉記事碑

王靈護碑　在嶽廟東廡靈泉之北。鐫宋紹定間。尚書省建王越祖廟之牒文書法格式均稱古奇。

利濟惠民侯廟　在秀嶂街嶽廟右。祀宋鄉賢王越。祖有像神係開化鄉人相傳爲邑之土神。屢著靈護者廟中兼祀宋相王文正公旦故一稱王文正公祠。祠前對史家衖赴寺塘涇之捷徑也。

耍貨公所　在惠民廟前史家衖。其後有廣公祠。

顧洞陽先生祠　在耍貨公所左一稱江東顧宗祠。祠前有四面坊祀明廣東副使鄉賢顧可久嘉靖中與楊淮張選黃正色等共稱爲錫谷四諫。公嘗一諫南巡。再爭大禮皆受廷杖臀肉盡脫門人海瑞額曰抗疏忠臣。又有祠詩勒石於旁曰兩朝崇祀廟謨新。抗疏名傳骨鯁臣。志矢回天曾叩馬功同浴日再批鱗。三生不改冰霜操萬死仍留社稷身。世德尙餘清白在承家還見有麒麟云云。寶忠堂後有閒居賦刻石係洞陽先生之手墨。祠前照壁上勒有忠君愛國等字係公之裔顧光旭所書◉竹素園湖石在洞陽祠之拜石山房頗著名。園本漪姓後屬顧氏始移於此古人詠有百年風力誰能輓萬古靈根我更培之句今俗呼曰小惠山石。

顧太僕祠　在洞陽祠左祀清黔令殉苗匪難鄉賢顧鼎揚

惠司業祠　在太僕祠左。祀宋國子司業惠元祐。

長壽庵　在惠祠左庵後即涇南路李公祠矣。

浦節孝祠　在秀嶂街惠民侯廟之右祠前有坊。祀明旌孝浦邵節婦過氏等明倭亂時孝子父應廣被擄旋釋孝子未及知仍嚴詞以父蹤詰賊賊怒遂見害身分七段妻過氏號泣覓夫尸而瘞焉時一子尙幼一子方娠茹苦守節而終

浦烈女墓　在浦祠後園。有碑曰。明故前澗浦氏烈女之墓。烈女好讀貞女傳。聞未婚夫陳毓華卒。卽懷聘物投水死。

松滋王公祠　在浦祠右。祀湖廣松滋王其勤。時敏。係明嘉靖三十三年築城禦倭有功民祉之賢邑侯也。兩廡附祀有功禦倭之苗子白鉞從韋張守經張守約潘海以及陣亡之何五路等三十六人。祠中益詠堂之右有王公泉。

王孟端先生祠　在松滋祠右。祀明中書舍人鄉賢王紱。公自號九龍山人。寫山水竹石。妙絕一時。而品節尤爲高尚云。

馬文肅公祠　在孟端祠對門。祀明鄉賢馬世奇。君常。有像。初公愛九峰二泉之勝。購王園爲讀書地。而未果。後登進士。授編修。掌司經局。印甲申三月。明室鼎革。公肅衣冠北拜辭主。南拜別母。誡子壬玉善事太夫人。遂與妾朱李二儒人闔戶自經。歸櫬後。壬玉購王園太虛閣傳焉。從公之志也。後卽以閣爲祠。壬玉護櫬歸。後請郵南都。憂國痛父。得嘔血疾。卒於虎邱舟次。李儒人弟士安在京。迓殯後投御河死。櫬許逵護櫬歸葬畢。觸墓樹死。忠孝節義萃於一門焉。

薛三義祠　在馬祠左。祀明嘉靖間築城禦倭。輸金助役之義士鄉賢薛旦薛灝薛祖。祠中有述德堂聯曰。偉績佐松滋。想當年百雉程功棠棣聯輝昭舊德。清芬衍苗裔。看此地九龍環繞蘋蘩告潔妥明禋。

司馬溫公祠　在薛氏對門。祀宋相司馬光。有像。

張中丞廟　在秀嶂街司馬公祠右。規模壯麗。氣慨巖肅。係淸微精舍之故址。亦惠麓之著名地也。祀唐時保守睢陽殉安史難之張巡。神像靑面赤鬚。從其發憤語。當爲厲鬼擊賊之意也。昔祀於嶽廟靈泉之東。遼宋封稱忠靖王。廟明成化間始遷於此。然故廟之址。仍供有銅製之像焉。附祀者太守許遠。有聯云。國士無雙。雙國士。忠臣不二。二忠臣。又云。一城捍天下。兵丹心。貫日片言留身後。誓鐵面凌霜廟前。照壁下有萬曆時闢之雲泉。廟中有顯忠坊及建廟之

惠山新志

碑石○殿樓前有贓足二○所以表示賢邇明之奸使
其永久跪於神前也○今俗稱此廟曰大老爺殿陰靈
五月廿九日賽行祀許典禮○七月廿五日賽行祀張
典禮○有演劇酬神諸事頗形熱鬧云○
呂成公祠　在秀嶂街東段祀宋儒東萊呂祖謙○
葉司空祠　在呂祠對門中丞廟右祀明工部侍
郎顧賢葉茂材○朋遊聯曰○旁贊止貫東林○稱八君子○
權殺減稅天下第一清官○公權關龔湖時嘗請以課
萘飭邊○且言久旱始通○不能爲例○後以剝輔臣疏屢
而創緒○錫講東林○衞道甚力○
陳文範先生祠　在蕉祠右祀漢太邱令陳實此○
祠○一稱三忠祠○蓋以三忠配○約鄉賢○南唐太常陳
喬宋末常州通判陳炤及炤子應奮云○
◉◉◉綺塍街　俗稱五里街　◯卯
五里香塍坊　在秀嶂街之東俗名閶門口過此○
則爲綺塍街○坊上有額曰九峰翠嶂○係邵涵初篆◉
古謠云○惠山街○五里長○踏花歸○鞵底香○

龍光寺門　在香塍坊外◉對門有龍祠○
孝貞女坊　在綺塍街錫山之麓爲邑人侯牧女
施仁宋聘妻立○◉坊之對面有祭貞烈祠○正龕中
惟古時本有祀嚴萬聘妻祭碣雷女氣休於此○
烈士墓　在孝貞坊左○救火會員趙宗元之墓○
八年秋節車站失慎○蘇軍構田致烈士溺水身殉云○
女中節孝坊　在綺塍街清吳鍬立○邑人朱子達
甫婚即卒○妻陳氏○因有以再嫁勸者○即自刎而殉
龔節愍公祠　在綺塍街祀明中書舍人龔
延祥○佩[illegible]公[illegible]節愍同師殉節○時[illegible]世稱爲明末[illegible]
山三忠祠師衞下時公官金陵○曰吾不可負吾師○遂
具衣冠投秦淮○恐有救者○躍出水面搖手者三而沒○
徐孺子先生祠　在龍祠左距大德橋約里餘○祀
東漢南州高士徐穉○◉附近田中產香粳米○頗著名○
詩塚　在徐祠前之山麓○碑曰詩塚○顧光旭題○
貞節坊○　在詩塚右臨關刀河者有二○一爲
永盟心坊○係周鼎妻蔡氏之節孝坊○一爲馬貞女坊○

一八

後即貞女墓。有碑銘。楊宗濂撰文。誌貞烈事蹟甚詳。在徐祠左者。爲節孝坊。係文壹秦兆牲妻周氏之坊。

◉大德橋　在綺腮街中段。係元大德中所建。故名。橋畔居民多業農桑。有一番田家風景焉。按綺塍街俗名五里街。曠野風景。彷彿西子湖之蘇公堤。有謠云。一枝楊柳間枝桃。紅綠相映五里遙。而元明之際則最繁盛。夾路喬木古藤。飛樓連閣。浦長源詩中所謂出郭樓臺三四里。游人不得見山色者也。◉橋之東堍有三義庵。祀桃園三傑。

白蓮華庵　在大德橋東。蓮華橋之南。係清鄉賢殿培華希閔等北學山居之故址。

萬善庵　在五里街東段。自西城游山至此爲半途。覆屋街中。以憩行者。庵東即興隆橋矣。

◉編六

◎◎惠山寺右之北行道

○辰

◉◎◎寄暢園街　俗稱橫街

寄暢園　在寄暢園街古華山門之左。前明千人報德坊園。初名鳳谷行窩。後稱寄暢。面積極廣。屬秦雙孝祠。故又稱秦園。明時有雲間張漣善疊石作層巒幽壑。技重天下。此園佈置悉出其手。前清聖祖高宗南巡。皆駐蹕於此。嗣經紅羊之役。亭榭花木全付浩劫。民國以還。秦姓後裔屢加修葺。幽雅秀美。實惠麓園林之冠也。明王穉登詩云。十畝清池在澗濱。泉聲淙淙石鄰鄰。山常錫去仍名錫。松豈秦封却姓秦。牆隔白雲鄉古寺。樓藏綠樹見游人。嶮巇世路何須問。且臥巖阿作隱淪。今園之入門處。有歐式之崇樓三層。河山美景。包孕於中。係就凌虛閣所改建者。知魚檻在園中崇樓之右。由此西望龍山九峰。屏列園中。幽奇清雅。於此嘆觀止矣。檻廊南面有王穉登園記之。刻石園中之大池曰錦匯漪。面積約十畝。漪之西濱曰鶴步灘。隔漪即知魚檻。漪之北檻之右有石梁曰七星橋。逾橋而西。進假山之谷。則有懸淙澗。係二泉別流入園處。聲有緩急疾徐。宛同奏樂。故又有八音澗之稱焉。◉美人石在寄暢園中之南隅。昂藏卓立。風緻天然。清高宗嘗更名曰介如峰。題詠甚多。又繪圖勒石。今覆有小亭焉。亭之東有方池及石蟾等物。其後即嘉樹堂之古址。置有清皇題詠之刻石堂基之左。湖石極多。堆砌如九獅云。

千人報德坊　在寄暢園之前。明鄒迪光建。西面有人傑地靈四大字。東面有巖壑夔龍四大字。皆迪光子德基所書。筆力甚爲雄偉。德基即世稱之二樽先生也。坊之東。即寺塘涇之源。俗稱龍頭口。有石螭一。口中吐水。終年不竭。係惠泉諸水入河之所也。此河俗稱惠山浜。文徵明詩曰。幾度扁舟過惠山。空瞻紫翠負躋攀。今來坐探龍頭水。身在前番紫翠間。

孝友傳家坊　在寄暢園左。清高宗爲秦瑞熙立。

潛安宮　在孝友坊下。係藏儲救火器械之所。

貞節祠　在潛安宮右。道光年建。祠前有坊。

楊四褒祠　在貞節祠右。祀清鄉賢楊延俊公。嘗爲肥城令。子宗濂。於紅羊之役。功蹟卓著者也。

許文懿公祠　在楊祠右。祀宋顯謨閣學士鄉賢許德之。振叔公。初爲揚州法曹。有政聲。侍臣薦於徽宗。召見便殿。公對以治道無多術。惟進賢退不肖。有賢不能用。與非賢而遽信。雖勤不治。何徽宗嘉而擢之。祠中有孝德堂聯云。早歲擢科名。召對時爲治數言。不愧傳家有經學。實心維國。是紹興間綸奸一牘縱然解組戀君恩。

張明公祠　在許祠右。祀宋儒橫渠張載。

秦雙孝祠　在寄暢園內。祠門對張明公祠。祀明旌孝秦旦。秦奭。孝子之母傷膝創潰。二子爭以舌舐之。又父旭患心疾。醫云人之胸血可療。二子爭剜血和酒以進。父疾竟愈。祠左向山西行。即聽松坊街矣。

通惠路工碑　在寄暢園街秦祠左張祠右。俗名水溝頭之處。碑係主事者秦毓鎏先生撰文。誌路之始末極詳。南距古華山門約半里。如由通惠路東行。經惠通橋。吳橋。惠商橋。惠工橋。惠農橋等。即抵通運路及滬寧車站。或循山麓北行。可至石門下。錢橋鎮等處。即惠北之大路也。

◉◉◉惠北大路　俗稱山北　〇己

小荷花庵　在桃花塢下之強巷。俗名小觀音堂。由通惠路工碑循山麓北行。至此約半里許。

土地堂　在任巷。即擔鈎塢下。

論塋　在三周巷。即王家塢下。係明周子義之墓。塋之北有樹寶庵。均在大路旁。距通惠路約二里。

古錦樹林　在樹寶庵前三周巷之村梢。昔之錦樹庵。僅有池基等。尚隱約可指。清初玉京道人卞賽葬此。吳偉業詩中所謂葬惠山祇陀庵錦樹林者也。

嚴家棚　在宋塢下之大村落。明秦燮嘗築五峰草堂於山中。內有涼棚石獅子石天公足跡等。今草堂久廢。而古石尚在。即是村西進之山半也。◉宋塢中有鏡光石。闊四五丈。天雨如銀。天晴如鐵云。

祝墓　在嚴家棚。明祝秀一代。父戍湖廣永樂中積功至懷遠將軍。後征蒲東殺賊陣亡。此衣冠墓也。

圓通庵　在馬鞍塢下路旁。係過氏守墓而建。

過墓　在庵前山麓。係宋過孟玉郡馬之墓。

石門指路碑　在望公塢下路旁。◉碑之北百武外。有村曰張鏹巷。巷中有關帝殿等。

送子殿　在龍山梢。即仙人塢之下。殿旁有石砌道。可達錢橋藕蕩等鎮。如循山麓小道而西南。即可至舜柯山及嶂峒灣西大池等處。◉此地有回龍澗轉轆至龍尾陵而東入於運河。

秦世墓　在火鶏塢下送子殿後。秦燮孝之墓也。

龍尾陵　在秦墓之北數十武。峰形下垂。廻環如掉尾。相傳春申君闢以通黃城者也。陵上有深不可測之白龍潭。陵下有宋鄉賢蔣重珍之雲龍小隱。然時代變革。怪石聳峙。遺址所在。不可攷矣。此地為惠麓西北角之盡處。距古華山門約五里之譜。

附李夔墓　在湛峴山錢橋附近。距龍尾陵約三里。地係宋李綱父母之塚也。楊龜山為墓銘。綱嘗廬墓於此者三年。手植松柏至數十萬株云。

◉◉◉石門路中　〇午

青墩　在望公塢下山北大路旁。由石門下指路碑西進之地距古華山門約三里餘。

觀音庵　在石門下指路碑向山西進里許之處。庵東朱藻之後有玉皇殿◉附近澗中產形如牙牌之草葉上有寄生蟲斑紋故也。

離垢禪院　在觀音庵之上庵中有泉二巨石爲隔一曰洗心一曰洗足是地轉灣極多均石級道直達山巔即俗稱七十二搖車灣之處

九陽宮　在離垢院偏西稍上之處宮後怪石之右有鳳泉以石上有青質之鳳形而名。

張仙殿　在九陽宮偏西稍上之處俗稱白鶴道院殿中有栖雲處松竹森鬱朝霏夕陰亦佳地也

珠簾泉　在張仙殿後石壁之中飛瀑濺激下垂如珠志乘稱曰珠簾泉俗稱爲水簾洞。

雷尊殿　在張仙殿後偏東稍上之處殿後有奇石鵠立小峰之巔俗名曰飛來峰

紫薇宮　在雷尊殿之上宮後有筆架形之巨石

白雲洞　在宮後石級之上洞爲天生小石龕龕中奉呂祖之像相傳求籤奇靈龕下有呂祖降乩文及榮璉白雲洞記之碑碣洞外怪石林立危峙若城垣俯望蓉湖帆影歷歷可數亦惠峰之勝地也

石門　在白雲洞後峭壁懸崖孤絕奇險巨石翼峙中虛一隙明邵寶摩崖所書之石門二字及清廖綸之疊峰棲雲等字皆在焉石罅中常流微水承以小潭曰悟空泉蓋元趙次鈞嘗築悟空精舍於附近也明俞憲有詩云地脈逢溪斷雙門據險開朝昏常不掩疑有至人來◉自山北路中石門下指路碑至此約二里餘由此而上道愈險峻石尤怪奇約半里而至三茅峰庵道中有著名之映風石仙人石等

古人題句石　在三茅峰庵前百步怪石之巔一面西南者刻石路縈廻九龍脊水光翻動九湖天等字一仰天者刻三吳第一山萬歷秦某等字◉春夏之交來此採藥者甚衆蓋山中產藥材有五十種云

山巔庵院　在第一峰白石塢桃花塢之山頂者曰頭茅峰有庵二第四峰王家塢宋塢之山頂者曰

二茅峰。有庵一。第七峰曰公塢仙人塢之山頂者曰
三茅峰。有庵一。皆騎龍脊。游人可以休息。自頭茅峰
循山脊西行。曲折而至三茅峰。約有四里之程。蓋九
峰之高者。推此三處。而三茅峰則爲最高。欲登極頂
窺全景者。每自二泉而上。歷三高峰下石門而返云

◎◎惠山寺東北之寺塘涇　●編七

◉◉涇南路　俗稱河塘右岸　○未

鄧祠　在寄暢園前千人報德坊之右。一鄧氏宗
祠。一宋南陽侯鄧及、鄧騭之祠。

江助教祠　在鄧祠右。祀宋歙州助教江元慶。

高忠憲公祠　在江祠右。祀明左都御史鄉賢高
攀龍景逸公。講學東林。垂三十年。彈劾權貴。無所顧
忌。卒以劾魏閹落職。後黨禍作。逮問詔至。而公已先
一日自沉於止水池。殉矣。聯曰。君子無所爭。立綱常。
扶名教。大臣不可辱。感天地。泣鬼神。◉高祠壁間勒
有遺表石文云。臣雖削奪。舊係大臣。大臣受辱則辱
國。故北向叩頭。從屈平之遺。則君恩未報。結願來生。
臣高攀龍垂絕書。乞使者執此以報皇上云云。尚有
別友人書不備錄。葉茂才黃宗周等俱有跋。

王武愍公祠　在高祠右。祀清鄉賢王恩綬。樂山
門聯曰。抗志殉危城。如顏常山張睢陽矢志不二。易
名邀曠典。與鄒忠節李剛烈鼎足而三。蓋公以龍用
知縣至武昌時。粵匪圍城已久。仍縋城入。次日即城
陷。父子主僕同殉難云。祠中介福堂前有池亭假山。
佈置極佳。祠左有樂善二木坊。祠右即史家街矣。

虞薇山先生祠　在王祠右小街內。祀宋儒林鄉
賢虞薦發公。入元嘗爲教官而不受祿。明邑令劉五
緯額曰。宋季完人。祠中有誦芬軒鹿野堂等。

修正庵　在王祠右瀕河之處。菴中尼姑尚守清
戒。昔名映山。時尼姑則多帶髮焉。

張文貞公祠　在修正庵右。祀唐相張東之。

楊祠　在張祠右。一所祀清鄉賢楊宗瀚藕芳。一
所稱楊氏宗祠。祠中有子午泉。

黃斗南先生祠　在楊祠右。祀明太僕寺正卿鄉賢黃正色。嘉靖中公以劾太監鮑忠不法。狀爲所誣陷。受廷杖。戍遼東衛。係錫谷四諫之一。聯云浩气震乾坤。肅法懲貪觀史。猶寒權貴胆。精忠昭日月。彈章抗節還朝。終格帝天心。

光霽祠。　在黃祠右燒香浜口。祀宋儒濂溪周惇頤。有像。清高宗賜額曰光霽。

迎神橋　在光霽祠右李公祠前。跨燒香浜之上。

李公祠　在迎神橋畔。祀清觀察合肥李鶴章。祠中規模壯麗。花木繁多。假山池沼。樓閣堂榭。應有盡有。可以游觀。亦惠山之著名園林也。祠前有一臥形之古樹。樹旁有道通秀嶂街。即長壽庵之旁矣。

貞節祠　在李公祠左。清康熙間立。祠前有坊。

陶文憲公祠　在李祠右。祀明江西參政陶安。

趙宗白先生祠　在陶祠右寶善橋畔。祀宋末殉節招討趙時賞。祠右。鄰啤酒廠。有道可通五里街。

寶善橋　在趙祠前。跨惠山浜。聯絡寺塘兩岸之橋也。橋洞西對報德坊。相距半里許。東對黃埠墩。相距二里許。風景甚佳。云◉橋畔田泥。微帶青色。柔韌細膩。可爲泥人之原料。又製造鍋鑊者。必需之品也。

◉◉◉涇北路　俗稱河塘左岸　○中

留耕草堂　在寄暢園前千人報德坊之左。係楊四褒祠後園也。有樓閣亭榭池沼假山等。點綴極佳。

先賢廉子祠　在留耕草堂左。祀聖門弟子廉潔

一梅園　在廉祠後。已荒蕪。惟古樹尚多。一梅池及石嶼尚存。數武外即通惠路矣。

朱樂圃祠　在廉祠左。祀宋樞密院編修吳郡朱長文。祠中有敘倫堂等。

張祠　在朱祠左。一節孝祠。一義莊祠。有樂善坊。

薛中丞祠　在張祠左。祀清鄉賢薛福辰。撫屏祠中有宸翰樓。聯曰。仰京兆尹之風裁無愧。神羊秋準是儒林傳中人物。漫云扁鵲倉公。公精岐黃術。嘗爲順天府府尹。弟即福成。叔耘以文學而兼政治外交。名重一時。所著治平十策。籌洋芻議。出使日記。庸盦

筆記等。爲世所傳誦云。

蔣祠　在薛祠左

紫陽書院　在蔣祠左。一名鱧務公所。祀紫陽朱文公。院址係明賈應璧之栖隱園。爲惠山名地之一。池亭假山佈置極佳。瀕河有溪山第一樓。風景尤爲佳勝。詩曰。第一樓前第一峰。西神繡出金芙蓉。薇蘅檻外半輪月。類覩溪南百尺松。黃鶴留題須太白。大牀高臥學元龍。主人恬退懸車早。日日登臨樂素封。

忠節祠　在書院左。係明黃搢之故園。祀紅羊時邑之紳民士女殉難者。鄒鳴鶴李福培等爲主位。祠中有崇德堂。曾國藩聯云。正教秉日星河嶽。豹皮共顯。馬革長埋。忠義重千秋。大丈夫當如此矣。隆儀邀綸祀。烝嘗鳳闕承恩。龍山作鎮。馨香昭百世。古名將何以加茲。鄒公諡壯節。嘗任桂撫。後在金陵襄辦軍務。城陷殉節。李公諡剛烈。宰粵東花縣。城破殉節。血濺堂石。久而益顯。花人護以石欄。爲之紀念。

潘旌孝祠　在忠節祠左。祀清孝子潘志道。嗣安。潘稷。稷。先志道喜周人。急性至孝。母病目。舐之復明。稷父果官永順同知。以事下獄。稷馳六千里省父。以瘁嘔血死。父獄罷。檢遺篋得草代父死疏。語極哀痛。

孫大宗伯祠　在潘祠左。祀明吏部尚書萬曆狀元鄉賢孫繼皋。以德公累陳朝政得失。又當太后山陵。帝不親送時。復上疏極諫。梁山舟聯曰。一疏植綱常。歸里洵能爭去就。萬言陳利弊。立朝眞不愧科名。

徐祠　在寶善橋北堍。孫祠之左。籌建中

祝祠　在寶善橋外之左岸。祀漢九眞太守祝良。有樂善坊。坊後有軒。風景曠野。額曰飲福

唐襄文公祠　在祝祠左。祀明御史武進唐順之。

徽國文公祠　在唐祠左。祀朱元晦。係徽州會館

龔祠　在文公祠左。祀

李閑學祠　在龔祠左。祀清鄉賢李金鏞。秋亭公在東三省任觀察時。辦理鑛政。極著成績

唐桐卿先生祠　在李祠左。祀清鄉賢唐錫晉。公辦理賑務。有年活人甚衆。袁項城黎黃陂馮河間徐

東海等均有題額祠後有思園蓮沼假山點綴極佳

黃泥橋　在唐祠左百武外與惠通橋作並行綫由此瀕河而東約里餘即寺塘涇口之繭業公所

◎◎◎寺塘涇口　俗稱黃埠墩旁　○酉

繭業公所　在寺塘涇入運河之處距古華山門約二里左右規模宏偉爲無錫各業公所之冠

水月庵　在公所左瀕河正對黃埠墩◉附近爲工業重要地有源康繅絲廠及九豐茂新等麵廠

黃埠墩　在運河中流風景甚佳原名小金山係吳王夫差濬芙蓉湖後樓船鼓吹游讌之所也清聖祖高宗南巡相繼駐蹕於此賜其名曰蘭若並詠有爾水廻環抱一洲不通車馬只通舟到來俯視原無地攀涉遙吟恰有樓之句墩小而圓中楹爲佛殿周廊四匝有文昌宮水月軒環翠樓小金山等每逢競渡登高等節游船香客麕集於此焉文天祥過此有詩曰金山冉冉波濤雨錫山茫茫草木春二十年前曾去路三千里外作行人英雄未死心先碎父老相從鼻欲辛夜讀程嬰存國事一回惆悵一霑巾

蓉湖　在黃埠墩四周屬運河之一部帆檣林立錫邑米市最盛之區也按蓉湖古名無錫湖周萬五千頃宋時漸湮爲田明周忱撫蘇大治圩田而湖始盡湮今則僅存此數方里爲歷史上留一紀念而已

吳橋　在通惠路中跨運河之上黃埠墩臨於下流風景奇佳係皖商吳子敬旅錫時捐助巨資於民國五年囑上海求新廠建築者也橋之西北即通武進之驛道橋之東北即三里橋等商業繁盛處矣

◎◎惠山寺東南之錫山峯　●編八

◎◎◎錫山前路　○戌

錫山峯　在古華山門之東南惠山之東峯也是山本多鉛錫周秦時大產鉛錫主客相爭禍亂迭作未久錫盡民亦安寧遂以山之無錫幷爲地方之名稱焉◉漢時有樵者於山下得銘云有錫兵天下爭無錫寧天下淸有錫天下沴無錫乂天下濟

龍光寺　在錫山頂。由香陞坊或嶽廟後。自石級路。蜿蜒而登。均可直達山頂。路中每隔數十武。均有石凳可資憩息。大殿前有井。清秦眞茹題曰定心泉。寺外風光甚佳。倚欄遠望。則錫市全景瞭然在目。漆湖波光。運河帆舟。在在足供騷人之資料云。◉潭字石在寺門內左壁。係清初聽松山人榮璉之滌硯潭。

龍光塔　在寺後。本係石塔。古人以爲象龍之角。可以振邑之文教也。明萬歷間始改磚塔。當時可梯而上。良辰佳節。窗懸一燈。明星點點。亦謂佳景。惜乎頹廢過半。形同虛設。今由僧人拆卸重建。尚未竣工也。◉望遠亭　宏治間立。今亭基尚在。卽錫山之最高處也。

于忠肅廟　在山半嶽廟後。距石級路數十步耳。祀明少保于謙。萬歷中建。爲春秋二仲邑人祈夢休咎之所。故俗稱曰夢神殿。明莊烈帝有親書之對聯曰雨過山林競秀。月移庭額無聲。今無有矣。

史祠　在于廟左。祀江蘇觀察史保悠公。係紅羊之役。督師陣亡於本邑之北塘者。◉祠左有三官堂。

紫竹庵　在史祠前石級之下。明時建立。庵中有本靜精舍。庵前有順親閣。魯班殿等。卽東嶽行宮之大殿旁也。◉庵右有錫善堂。係戒煙酒之社

◉◉◉錫山後路　〇亥

石浪庵　在龍光寺之西南。相距不足半里。如由春申里而上。尤爲近便。山半巨石數百。聳峙起伏。如層波疊浪。故以名庵。是庵創於前明。代加修治。常得名流題詠於此。山影湖光。亦惠泉勝地之一。◉庵後有三官殿。殿後道旁有巨石。篆一佛字。書法甚佳。

仙姑池　在石浪庵前石級下。俗傳仙人洗面處。

錫泉。在西北面山半。春申廟之上。乾隆間邑令吳鉞所闢。旁有石螭。今移置城中公園中矣。

◎◎惠泉山竹頭木屑◎◎

惠山交通之事。河塘兩岸。可自由停船。而晝舫則多在寶善橋外。轎行在龍頭口。乘轎登至山者。每乘約二元之譜。騾馬到惠山時常駐昭忠祠前。車輛惟通惠路可行馬車。其餘祗可人力車而已。停人力車處廟巷口及寄暢園前。價值至梅園約二角。車站角半。錢橋一角。西城五十。春秋畧貴。郵務則山門口設有代辦所。係錫局投遞界內者。電話則私家裝設者有之。公共電話尚未備也。銀錢情形則與蘇常仿彿。警察有派出所。設在張中丞廟內。

惠山物產。大半有名。如媧皇廟杜栗。五里街香粳。觀墩蠶荳。茅蓬鮮菌。胡園菓品。惠泉黃酒。其尤著者也。餘若山門口燒餅。雙河鎮竹籃。大孫巷四角菱。蓉湖莊乳腐。亦莫不受旅行家之歡迎焉。惠泉泥人。名聞環球。業此者百餘家。歲出逵十萬金。美育館製法精美。工細。尤著名於世。

惠山照片碑帖等物。竹爐山房及二泉亭畔。有備旅客之購置者。飲食煙紙諸店。多在秦園左右。茶坊各處皆有之。春季尤多。間有附設評話場者。泉水浴極著名。有盆湯浴鍋之別。大半附於茶坊中。若旅館則尚未有也。醫院係管趾卿創辦。在通惠路之洗心軒云。

惠山諸祠致祭之期。春秋上丁翌日舉行之。是日男女老幼之過惠山者。不知萬幾。亦例有之盛舉也。山中墳墓甚多。春秋來山祭掃者。日恆數十起。故山村藉增無限之熱鬧焉。惠麓丙舍有聽松山莊者。在強巷之北。建築完美。鄉農稱之曰黃泉新世界云。

迎神賽會。爭奇鬥研。舉邑若狂者。以三月十四廿八等日為最盛。次則中丞廟三官廟等會期。餘如清明上巳端午重九等節。雖無迎神之事。然亦游人麕集焉。又寺廟中有集多數婦嫗。作坐夜之舉。香煙繚繞紅燭輝煌。叮咯音南無聲。通宵達旦。如是者歲恆數十起。亦迷信界中特異者也。

感謝蔣念椿

無錫鳳光橋疔喉蔣醫高秦權秦金鑑謝忱同此表

橡皮章

橡皮小圖章徐眉孫專長影刻勿走樣錫成印刷廠

翰緣社

翰緣雜誌良文人捋稱詳每期三角洋代售錫成廠

贈珍品

年刊南社集本本部要拔錫成王秋魂徵求甚盼切

協成電襪廠

價廉出品高顏色式樣妙營業北大街工場惠工橋

無錫 錫成印刷公司 廣告

印刷事業爲輔道文明之利器本公司有鑒於社會之需要於光復後創設至今已閱八載營業日益發達內部一再擴充去歲自建發行所印刷所於無錫城中書院弄房屋五十間手民百餘名購用新式印機自備發動引擎出貨迅速約期不誤不出品之精良價目之低廉歷荷各埠惠顧者之推許本公司爲發展營業起見嗣後當更加勵精益求精以副雅意茲將本公司出品之特色分列於下倘蒙照顧不論本埠外埠光任歡迎

一 鉛印部份本公司備有各號鋼模自鑄鉛字故筆畫清楚無舛魚亥豕之弊承印書籍報章籤冊表格傳單仿單招貼包紙發票禮帖證券名片以及銅版鋅版等一切精細印件無不力求精美取價則格外克己

一 石印部份特備五彩大石印機專印彩色地圖文憑股票商標月份牌美術畫風景片等設色鮮艷花樣精巧

一 發售部份本公司除承印鉛印石印各件外又有自鑄各號鉛字各種花邊並各色油墨中西紙張各式名片以及信箋信封五彩結婚證書各種禮券禮票等自製品物廉價發售名目繁多不及備述

苦命鴛鴦

書爲佘山忍庵所著述一女子爲其父母鬻於富豪中途得其未婚夫所刼歷盡萬難卒成伉儷忽爲乞丐忽爲盜匪忽爲慈善家忽爲宦家坦腹迷離惝恍大有可觀而於災區狀況尤三注意焉每册一角各大書坊均有寄售書賈助販

簡單編評社啓

湖濱遊記

（振新）

無錫西南境有五里湖。一名漆湖。亦曰小五湖。漆湖之西有太湖。浦嶺獨山。其分界也。南流則經長廣澤而至太湖焉。太湖者。卽古之震澤笠澤具區五湖。跨江蘇浙江之交。周六百里。面積三萬六千頃。吾國之第三淡水湖也。湖中島嶼殊多。著名者七十二峯。水石之勝。天然入畫。世稱之謂洞天福地。湖水深且廣。巨舟可以往來。既便轉輸。又利灌溉。故濱湖之地。水草肥美。收獲常豐。而魚蝦之屬。居民咸取給焉。錫邑濱湖之地。約五十里。據富安開原揚名開化新安五鄉之地云。

○開原路　游湖濱者。必先言開原鄉之開原馬路。路自西郊太保墩南之迎龍橋起。經河埒口榮巷鎭繞五頂山。達梅園。又徐巷鎭石埠村華藏寺而止焉開原鄉自治成蹟。大有可觀。徵之此路。可見一斑矣。

○梁溪　太保墩者。以明時爲秦太保之別墅而名。墩之南。有大橋跨其上者。曰西新。越數百武。西林廠在焉。蓋明嘉靖卅三年錫邑鄉團禦倭鏖戰之場也。橋之東南岸。今有振新申新茂新等廠。爲工業重要地。橋下南流之水。卽稱梁溪。一曰梁清溪。以漢梁鴻偕孟光居此而名。或謂梁大同間常重濬。故也。錫邑別號之梁溪二字。亦原於此。溪之廣處約十丈。深三丈。風帆點點。清景入畫。按此溪與開原路西向。作並行綫。至後溪港入於湖中。間有蠡港及小渲大渲等三支流。均可駛行小汽船。溪中有鱔魚一經名廚烹調。稱優美之肴云。

○仙女墩　仙女墩卽仙蠡墩。勝地也。距西新橋約三里許。在梁清溪畔。相傳范蠡嘗偕西施過此。隔溪而東有蠡港。係吳人嘗范氏之所也。東西兩岸均通馬路。在西者稱仙蠡路。爲開原之支路。在東者稱揚名馬路。可通中橋南橋東港青圻等處。

○河埒口　迎龍橋西約五里而至河埒口鎭。鎭之北有燦山。明陽觀等古蹟。通惠泉山之支路。亦起點

湖濱遊記　貳

於此。鎮之南有蘇公津。蘇平嘗居此。今蘇公祠在焉。鎮中多蔣姓。故又稱蔣巷。開原路工局近駐於此。

○陸莊　河埒口歷丁巷而西約三里許曰錢橋頭。其南有道坊曰陸莊。由此南行。約半里而至鎮綸絲廠。廠之後有園林一所。即陸莊是也。莊爲實業家陸培之先生就家祠而闢。風景極佳。游客亦多。園內之池沼假山建築尙稱精雅。花草樹木栽植亦屬得宜。有憩廬九家亭湖山草堂等爲之點綴。山色溪光鳥語花香。亦湖濱之勝地也。培之第二國民學校附於園中。其園外即梁淸溪矣。秋中溪畔盛產四角菱。味甘而嫩。熟食之尤美。稱邑地名產焉。

○東大池　開原路張巷中有北行之支路。曰啓民路。路盡處即東大池也。池廣數十畝。龍山嶂山顧山三面環列。淸庵古墓。屏列山麓。茂林修竹。分峙溪畔。新闢之廣道。則蜿蜒於池左。池之源。陸培之先生所濬之白沙泉及茶廬茅舍等在焉。池之口。有巍峨高峙之培之第一國民學校。此地山高谷深。風淸浪平。亦湖濱特異之勝地。游客所不可不至者也。

○榮巷鎮　河埒口之西四里有張巷及榮巷。大鎮也。頗熱鬧。普通商店皆備。鎮中以榮張二姓爲多。榮宗敬宗銓二先生即此鎮人也。先生慷慨好義。獨資創設之大公圖書館農事試驗場工商中學校公益小學校競化女學校等。皆在於此焉。

○橫山　自榮巷而西曰楊巷。有高坡自平地突起。南北橫亘者。是爲五頂山。一稱橫山。上有五高阜。前淸防湖戍兵之蹟也。楊巷之後。榮氏建立未竣之桃園在焉。山之西南聳起者。又名東山。梅園即闢於此。又楊巷之間鎮龍庵前有小山一。俗呼曰鎮山。

○梅園　梅園係榮宗敬宗銓二君所經營。廣約六十餘畝。園以短牆。園中廣植花菓。而以梅樹爲多。揭石於入口處。勒梅園二字。石之東南隅有泉曰洗心。由泉循路北上。曲折達荷軒。軒前闢池。中植荷花。曲橋橫臥。池周叠石。頗爲古緻。自軒右上。爲香雪海。階前有研泉。由此南望太湖。五里湖風帆上下。往來不絕。而鎮山獨月山分列左右。管社臨其前。龍山峙其後。風景之勝天然入畫。香雪海之後。通誦豳堂。堂中名聯極多。有七十二峯青未斷萬八千株芳不孤等句。堂之北有八角亭。亭北有場。爲全園有之最高處。場北豎大石。曰小羅浮。背摩古梅。題有疏影橫斜四字。八角亭之右。爲游人品茗之所。香雪海之右。倚牆爲榭。與荷軒相對。壁上嵌有九成宮石碑。香雪海之前。鑿石成渠。中建一臺。曲橋通之。由石隙中拾級而登。適踞全園之中心。滿園景物。無不一一收入眼簾。由台下西南行。有池一。作螺旋狀。水清可汲焉。

○華藏寺　自梅園歷徐巷大鎮而西。經石埠鷄坑姚灣等村巷。約十里而達富安之華藏寺。寺背山而建。面臨太湖。上有蓮花峰。宋太師張俊嘗葬於此。蓋寺之肇建。亦因守墓而來也。後人嘗於山前建有雲海亭。以覽湖中夫椒洞庭諸勝。景然不久即毀。故游人遂少。惟每年四月八日浴佛會時。有寺僧舉行放生之事而已。寺中有池。池內產無底之螄螺。相傳係將螺底剪去後。復放生而成者云。

○閶江　華藏而西。道路較狹。游客亦少。有韓灣、楊灣、孟灣、大雷、小雷、盤塢、夏墓等地。皆面湖而背山。風景均佳勝。約十五里而至閶江。江上有月牌山及章山。風景尙佳。山下有村。居民皆吳姓。有泉終年不涸。史乘稱之曰天井泉。有里社額稱伍相祠。係吳大夫子胥之廟。章山西有胥山。山巓平而圓。蓋子胥嘗屯兵於此。江之西有故城基。即吳王闔閭之城。因閭城而有閭江之名稱也。江昔甚廣闊。今爲小河。且屢經改道。不可詳攷矣。南望夫椒如在足下。荒草迷離。僅見湖山之景色。然回想當年種種紛爭。皆成陳迹。不禁有無限之感也。章山中俗傳有孫伯符之墓。胥山旁有漢僕射劉昌葬處。今爲里社云。

○管社　由梅園西南走開原支綫北犢馬路。即至管社山。山與獨山相對峙。距城十七里。屬揚名鄉。屹立湖畔。風景絕佳。游人至此。胸襟頓開。山光水色。林巒怪石。隨在足供玩賞。眞若別有天地焉。山下有項王廟。明志謂項羽避仇吳中。卽此地云。廟之東爲湖神廟。距楊園之西僅百餘武耳。中有萬頃堂。係邑人楊翰西築。瑞馨二君鳩工新建。風光尤佳。足稱湖濱勝景之冠。堂中有聯曰。天浮一黿出山挾萬龍趨其旁有紫蓋松及虞美人崖。勢甚嶙峋。均稱奇觀。

○楊園　管社東南麓有淸初隱士楊紫淵公維寧之園墅。先生性剛直。膂力絕人。然終未嘗與人言武事。園中築堤植柳。規湖爲池。養魚種荷菱芡不絕。復開鑿岩壑。建置樓亭。率妻子居之。名管社山莊。治生之暇。讀書賦詩。布袍草履。與漁樵爲伍。客至非意所欲。顧見者輒拒弗納。意所可則延款之。因亦無俗客至焉。園中原有柳堤蓮沼石天眠蝸諸勝。峭壁流泉。碧梧翠竹。風景尤擅幽絕。今已荒廢。不可見。然殘垣斷壁。古屋無人。幽谷雖荒。奇景猶存也。近年楊公族人築室以祀先生。故已稍復舊觀矣。楊園之蓮實味美而甘。遠勝閩湘云。

○獨山　獨山居太湖漆湖之交。在縣西十八里。矗峙湖中。北對管社。稱浦嶺門。俗稱廟門。南對充山。爲獨山門。漆湖之水。自二門西流太湖。是山實當其衝。山中有蠶神廟等。春間香船極多。風景亦絕佳。獨山門外有三山。鼎立洪濤中。東鴨西鴨及大雞小雞也。湖畔白魚甚著。仲夏爲多。觸箸紛解。鮮美冠時。濱湖諸邦。獨錫邑有之。次則吳江。亦不及云。

○充山　充山卽衡山。麓有曹灣。下皆平壤。有巨石突出。俯瞰湖流。作半島形。如黿頭然。名之曰黿頭渚。與管社山隔湖相望。風濤澎湃。奇石壁立。气像萬千。誠勝地也。巴江廖綸摩崖書橫雲及包孕吳越等大字於此。現楊翰西先生闢有族實植菓場。試種桃李焉。並建屋數楹。開軒面湖。額曰橫雲小築。又涵虛落霞等小亭。由萬頃堂至此。僅一衣帶水。現有渡船往來。極便。又山中有一勺泉。泉上有天開峭壁源頭一勺等題語。係明鄉賢王仲山問所書也。

○寶界　充山東南有朱山寶界等。皆西浸太湖。東臨漆湖。然非好游之客。則不此矣。朱山者。漢虞俊葬

湖濱遊記

伍

處。王莽拜俊爲司徒。俊不屈。死之。後光武以朱旛表其墓。此朱山之名所由來也。寶界即漆塘山。漆湖之塘岸也。王仲山嘗闢三十五景於此。又有慧味伯仲之通慧泉等。然今難完全攷矣。是地現有僧庵一所。斷碑殘碣間有存者。至風光之好。罔無異管社山也。寶山界中。以產枇杷楊梅等馳譽各處云。

○高子水居　明高忠憲公攀龍之別墅。在漆湖之東濱。棲遲其中者垂三十年。自言几席湖山。衣被風月。飲食圖史。皆此地也。按公之別墅稱高子水居。可樓一角。風景入繪。在揚名鄉之南湖口。距城十里。自仙蠡墩渡河。走揚名馬路。最爲便利。此處西望寶界。成一直綫。約距八九里。西南爲石塘及長廣溪矣。

○石塘　自寶界循漆湖。逾山門嶺而南。則爲開化鄉之石塘山。山下有石塘鎮。及石塘橋等。橋跨漆湖南流長廣溪之處。要害也。距城南約廿五里。左右元末莫天祐嘗拒明軍。毀橋塞口。劇戰於此。橋南有旋水潭。三深不可測。橋門水勢。每與風勢相左。蓋南風盛。則驅湖水入獨山門。故橋門水流。自北而南。北風盛。則驅湖水入吳塘門。故橋門水流自南而北也。吳塘門係長廣溪下流入太湖之處。與獨山門並以要害著稱焉。長廣溪約長三十里。廣里餘。係孫吳校尉陳勳鑿以通姑蘇者云。凡游開化鄉者。以僱船爲適宜。不若開原揚名有馬路之便利矣。

○徐王廟　石塘橋西有徐偃王廟。祀周諸侯嬴誕。蓋穆天子西游忘反。時諸侯交贄朝徐。穆王馳歸伐徐。王不忍其民而去之。後子孫散處徐揚者多。故立廟祀之。今年年八月初二日。仍舉行演劇等祀典焉。廟旁有石塘庵。元至正間立。風景尚佳。亦稱名地云。

○路耿山　錢武肅之侵南唐也。嘗夜半裹甲迷路。於石塘之南許舍之北。驚謂軍士曰。路耿了。路耿了。蓋即今之路耿山。山中也。山脈自石塘南來。岩巒重疊。山石嶙峋。上有石池。不盈不涸。龍王祠臨焉。故是山又有龍王山之稱。祠中風景極佳。亦邑中之勝地也。

○雪浪山　石塘而南。循長廣溪之西。繞路耿許舍

湖濱遊記

陸

諸麓。約七八里而至五浪山。以峯上有五高阜而名。其東有洞山庵。更東卽著名之雪浪山矣。山之東麓橫山祠在焉。是地距城約三十五里。係宋鄉賢蔣一梅先生重珍之故里。山巔有雪浪庵。卽先生之讀書地。今蔣子閣在焉。登閣而望太湖。煙波浩渺。秀色可餐。亦邑中有名之處也。庵前多茶樹。清香馥郁。美冠全國。菴下有仙人洞。門臨深澗。口僅容一人。出入進愈深而愈廣。當紅羊之役。鄉民多避匿其中。匪知之蛇行而進。爲有力者所殪。匪乃以引火物積於洞口而焚之。匿其中者皆死焉。今有碑曰石資叢骨處。邑人楊壽楨所題云。

○軍將山　軍將卽軍嶂。在雪浪之西南。距城約四十里。視湖上諸山爲高。南唐嘗屯重兵於此。以備吳越而名也。南北二象山。分峙左右。頂峯直趨而下。如大鵬展翅。層層雙撲。形勢甚爲險要。北有甲仗塢。西有箬葉塢。南有官圭塢。而山巔建有眞武廟。三月上巳爲眞武誕辰。鄉民多上山進香。游人麕集焉。自殿南下。峭壁深谷。有一龍湫。湫旁有成姓寺。一稱龍寺。宋淳熙間知縣王大可創之。以祀龍神者。石潭石井之畔。有宋開禧二年碑石。文中又稱宇澤廟云。澗中產龍竹。幹細葉大。可云珍品。寺中有大圓滿興之額。相傳明建文所書。覺字未及全書者。因追兵至。急爲避匿之故也。今每年三月。既望。爲鄉民舉行迎神之會期。軍將之西。卽爲太湖。北有羊祁等山。南有白茆等山。皆山深林密。游人罕至。猛獸之窟穴在焉。

○長泰山　軍將之南。近吳塘門者有吳塘等山。吳塘之東。又有小山曰長泰。古刹長泰寺在焉。原有異僧寄寓之留笠閣。爲雀不至之畫貓壁。雨後現形之羅漢跡。及蘇東坡書金剛經等名蹟。然在今日僅金剛經尚勒石於壁間而已。山麓居民善製黃草夏布。疏爽輕涼。暑用之要品也。又太湖中之鱭魚。身長鰭小。在吳塘門者尤稱美味云。

大雙喜香煙

中國南洋兄弟煙草公司

雙喜香煙
風行有年
煙枝加大
味更香甜
茶餘酒後
大好消遣
同胞愛國
共挽利權

大愛國香煙

中國南洋兄弟煙草公司

本廠新出
大愛國煙
裝璜華麗
製法精研
煙枝絕大
煙味香甜
愛國君子
幸勿忽焉

市鄉名地畧

聖廟　錫市學前有大成殿虹霓橋有武聖廟○武廟左有古三皇廟及縣城隍廟。

梅里　北下鄉梅村鎮古有泰伯城今有至德廟。

皇山　南延市鴻山西嶺有太伯墓又漢梁鴻隱於此今有鐵山寺○皇山之西有嵩山寺留雲洞等。

陽山　富安鄉陸區橋周安陽侯䝉封地旁有朝陽清水等洞南麓有梁中書陸襄宅今爲翠薇寺。

歸山　富安鄉吳人哀伍胥處○下有資福菴宋碑。

膠山　懷下市南嶺有商賢膠鬲墓北嶺有宋相李綱讀書地又有膠山寺寶乳泉靈趵泉等。

西高山　天上市堰橋鎮東漢高倄墓地有靈龜鳳凰等峯上巳辰有迎神賽會事。

芙蓉山　天上市東北塘有龍井天乙等峯又有古刹及龍潭又元倪雲林讀書地及其墓夏歷三月十八日有迎神賽會事。

金匱山　錫市師古河秦氏園中係晉郭景純埋金符匱處前清分縣之名以此。

金娥墩　泰伯市大牆門口南唐李煜之妃墓。

范蠡湖　泰伯市漕湖范蠡伐吳而蠡又名蠡瀆。

止水池　錫市水缺巷明高攀龍自沉處。

洗袍池　錫市公共體育場俗傳明常遇春洗袍處。

古城　錫市笆斗衖明初莫天祐所築之外城。

鴨城　北下鄉鴨城橋吳王西施豢鴨游樂之所。

鱄諸塔　錫市大婁巷塔下即專設諸墓。

妙光塔　錫市崇湖門梁建之南禪寺中。

開利寺　萬安市洛社鎮即王羲之宅有滌硯池等。

崇安寺　錫市公園路古名祝聖都道場有王右軍洗筆之墨泉及唐刻尊勝咒之石幢等陰歷新春百戲雜陳游人麕集。

保安寺　錫市清名橋梁時建有穢跡金剛等神夏歷十月十三日會辰○寺旁有邵文莊東林庵基

北禪寺　錫市中市橋唐時建有宋鐫碑石。

市鄉名地略

靜慧寺　新安鄉宋時建。夏歷二月十九日會辰。〇寺外有明儲福貞義祠。

祠山宮　錫市定勝橋。祀漢張渤。有宋製石籤筒。夏歷二月初八日會期。有凍狗肉大蠟燭等事。

賢侯廟　錫市清名橋有南殿。祀築城禦倭明邑侯王其勤。夏歷三月初七日舉行祀典。西墩有西殿。祀甃築圩塘明邑侯劉五緯。六月十一日祀典。

神社　錫市最著者。延聖殿祀漢張巡。在梨花莊。夏歷五月十八日誕辰。府殿祀漢紀信。在硯均橋。四月十五日誕辰。斗宮祀南斗星。酒仙殿祀杜康。均在西村裏。八月十八日誕辰。雷尊殿祀雷神。在公園路。六月二十四日誕辰。祖師殿祀華陀。在新廟前。烈帝廟祀隋陳杲仁。在旱橋弄。希夷道院及小南海。均在便民橋。觀音廟在大市橋。鐵索觀在江陰巷。斗姥閣及小雲棲在進士坊巷。餘略。

清秘閣　懷下市長大厦祗陀寺旁。即元倪瓚故里。

芙蓉尖　錫市魟尖渚。蓉湖中之大島。相傳有孝子因尋父輾轉於此。夏歷七月晦日舉行地藏香點塔燈等事。

西林　懷下市堠山之麓。明安國之別業。

望亭　泰伯市。吳大帝之御亭。

東亭　北下鄉。地形龍舌。一名龍亭。有明華察之宅。

涇皐　懷上市張涇橋。明顧憲成故里。

亦園　錫市映山河。明侯杲別墅。

將軍堰　錫市西溪。相傳唐單雄信以槍止水處。

周帥府　錫市玉帶河。明水軍都督周遇吉駐兵地。

克保橋　錫市熙春街。相傳明邑侯王其勤斬子處。

古戰場　青城市五牧。宋末麻士龍尹玉戰死於此。

錫山驛　錫市西門外城脚附近。有皐華館。今廢。

校武場　錫市南市橋巷。

東林書院　錫市蘇家衖。宋楊龜山講學於此者十八年。又明季顧憲成高攀龍主盟之地。今有道南祠。現爲縣立高等小學校。

二

（無錫公園） 在崇安寺左。係洞虛宮道院舊址。民國紀元前七年開闢者也。前通馬路。直達惠山及滬寧車站。面積約四十餘畝。徧舖細草。間蓋花棚。且備有鐵椅。供游人之休憩焉。中央為廣場。有高樓一。額名多壽樓。樓之後有小池一。即隨水成池處。為鵝湖華氏所闢。有茅亭六七座。建築新奇。式無重複。分置於千紅萬綠叢中。令人坐而忘倦。東南隅有大池一。其源自白水蕩來。明嶠冰壑先生題之。後樂園也。溯源而西北。有池上草堂。清風別墅。及速成師範校友會之西社在焉。跨大池之源者。有小橋一。鐫冶春及涵碧等字。橋之西南。高崗瀕於水濱。若臥龍然。綿亘至園門繡衣峰而止。巍立於高崗之上者。錫金師範同學會之紀念塔也。西北隅植桃樹千百株。有桃林之號。林之外。碧雲深處臨焉。天繪之南。復有一高且大之千孫樹。矗立於歸雲塢中。枝葉茂盛。陰蔽極廣。夏日納涼其下者。有捷足先登之概。侯官林傳甲嘗游此。名之曰秦伯樹。更字桃林曰徐霽村大池曰華若汀。蓋為社會作紀念鄉先賢之意耳。園之主任管理者。無錫市公所云。

無錫東帶河之孔子廟

本書遺誤之處在所不免務望閱者不吝指示為幸徐振新啓

無錫大觀名勝號（惠山新志 湖濱游記）市鄉名地略

中華民國十年一月一日印行○編輯者無錫徐振新珠冰○印刷者無錫書院弄錫成公司○發行者

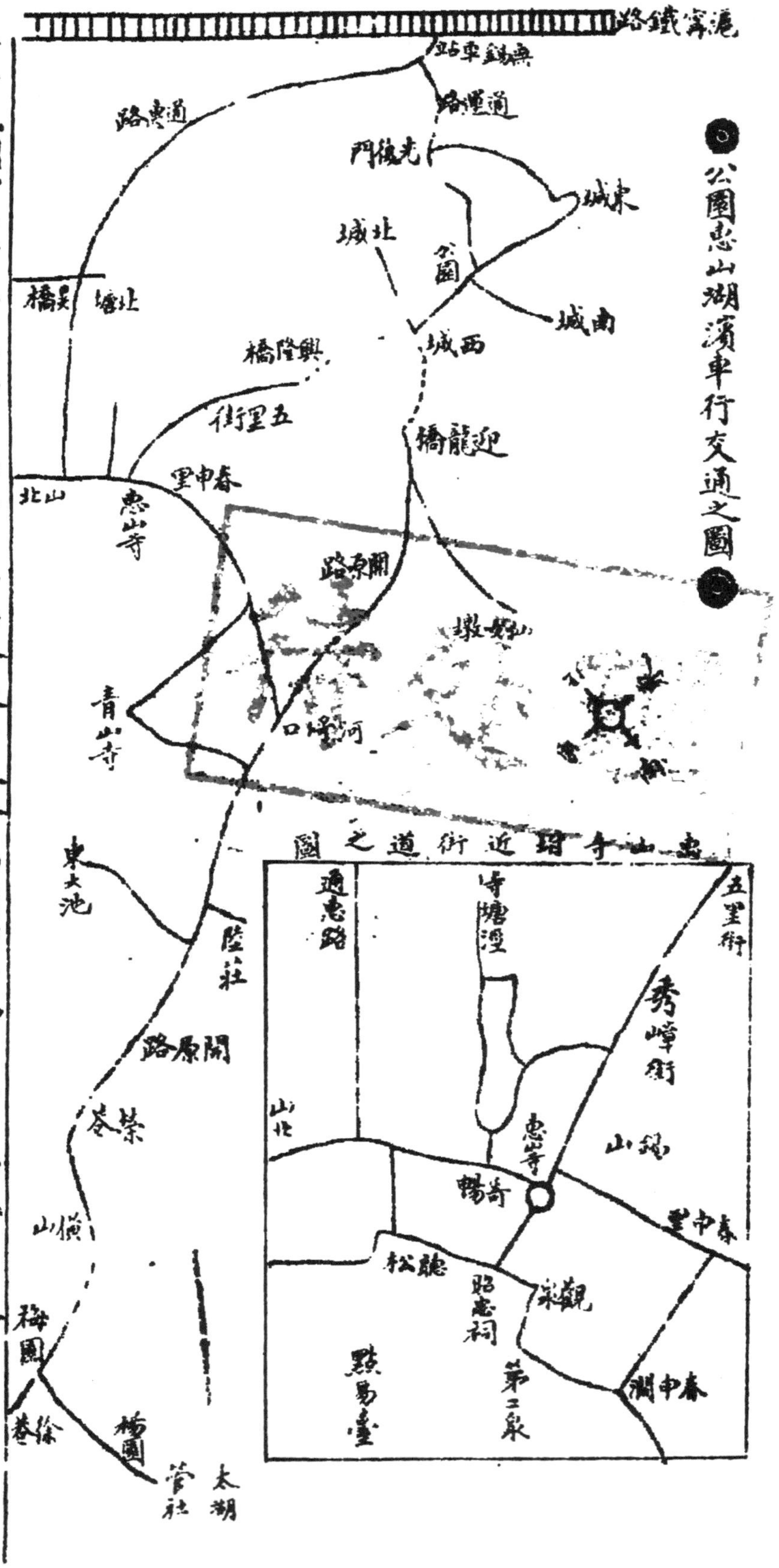

無錫指南（初版）

（民國）薛明劍等 編

《無錫指南(初版)》,(民國)薛明劍等編輯,李逸民等校正。民国八年(一九一九)七月無錫錫成印刷公司印行,二十四開,四號鉛字排印。

《無錫指南(初版)》,封面書名下方印薛明劍繪『無錫縣全圖』,書中插頁印『無錫縣城圖』及『惠麓湖濱圖』。書前載『目録』,錢基厚、薛明劍等『序』五篇。内容分『沿革』、『形勢』、『古迹』、『名勝』、『交通』、『公署機關』、『慈善事業』、『教育』、『實業』、『食宿遊樂』、『著名物産』、『風俗』十二章;其中『風俗』一章,轉載李鍾瑞發表於一九一七年《國民報》和《婦女新報》的文章,介紹了自農曆春節至除夕錫地的風俗禮儀。

《無錫指南》爲近代第一本無錫旅遊指南,也是内容最全面、延續時間最長、發行數量最多、影響最大的一本無錫旅遊指南。自一九一九年七月至一九三七年二月先後印行十六版。而一九二五、一九二六兩年,連續刊印四版。一九二八年九月,將初版、四版、五版、十版合在一起,出版『匯訂本』。各版内容基本相同,略作增改。抗日戰爭時期,中斷八年,一九四七年四月刊印第十七版。其中第一至第五版,由張謇題寫書名。一九二二年十二月,孫中山應薛明劍之邀,爲《無錫指南》親筆題寫書名。《無錫雜志》創刊後,《無錫指南》自一九二五年第六版起,即以無錫雜志社第三種增刊名義出版,並使用孫中山題寫的書名。本書依據無錫現存的十個版本,影印初版、第十五版、第十七版。

本書據民國八年(一九一九)初版原刊本影印。

(陳文源)

無錫指南

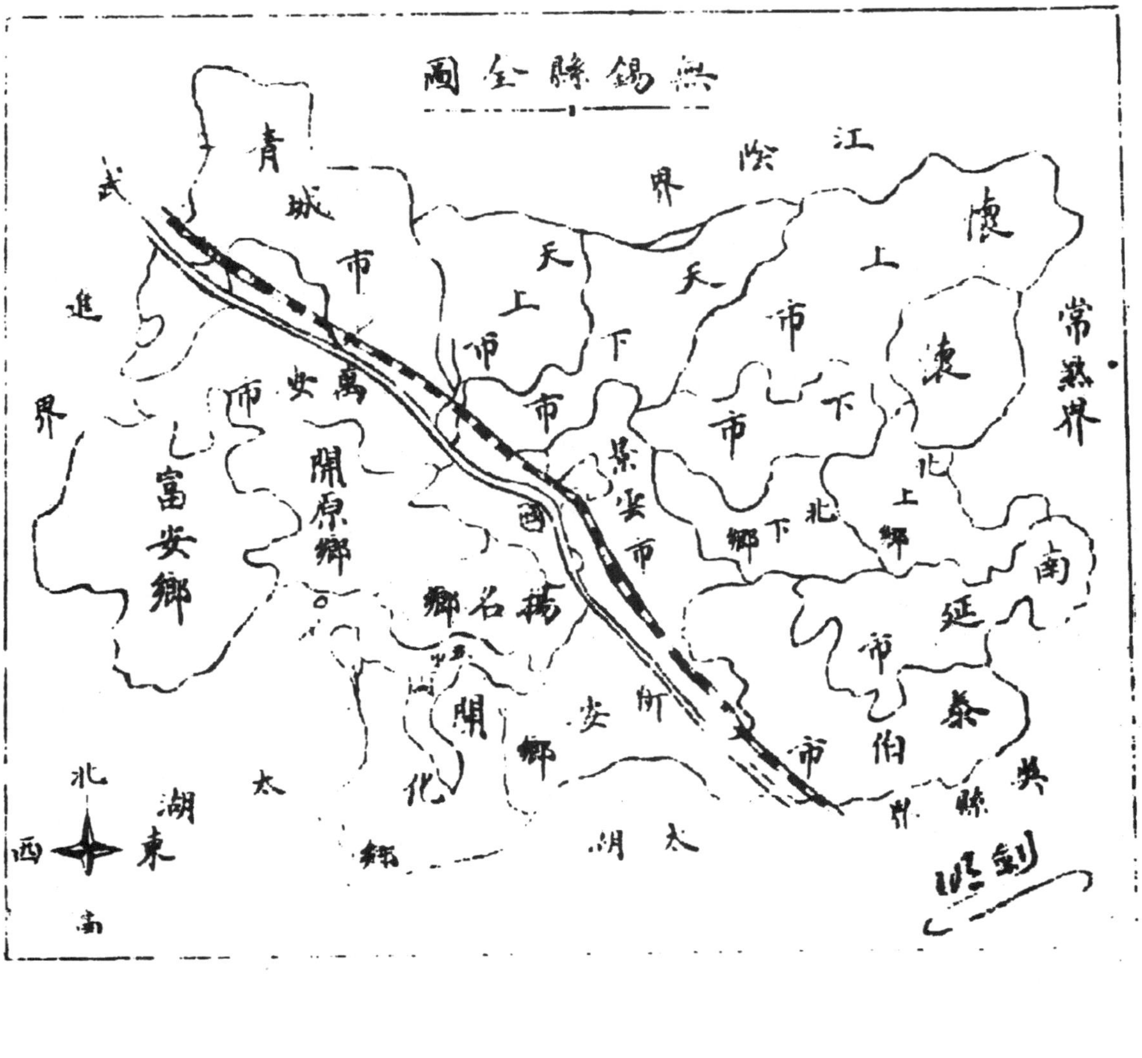
無錫縣全圖
江陰界
武進界
常熟界
吳縣界
太湖
青城市
天上市
天下市
懷上市
懷下市
萬安市
開原鄉
富安鄉
景安市
北下鄉
北上鄉
南延市
泰伯市
揚名鄉
新安鄉
開化鄉
北
南
東
西

無錫

（六友公司國貨商店）

專售精良國貨

兼辦婚喪禮票

抵制外貨莫如提倡國貨本公司有鑒於此而設剔選適用之品酌定低廉之價但求銷路發達不敢厚利自圖計分日用品化裝品文具類食品類藥品類集有數百種皆人人必需之物苟爲能力所及無不悉心徵求以供採擇再各埠有製造國貨者如願委銷請先惠寄樣品或說明書並示代銷辦法自當竭力推廣以副 雅意倘承訂批亦可代勞格外克己冀稍杜無窮之漏卮亦藉副各界提倡國貨之盛意謹布區區伏希公鑒

開設在無錫城中倉橋下北首

另備詳細目錄函索請附郵票

無錫 書院衖

錫成印刷公司

電話六十四

本公司自開辦迄今營業日益發達原租房屋不敷應用特在書院衖劉府園基地自建新式洋房數十間業於新歷五月工竣遷移所有大小印機各號鉛字以及一切關於印刷上之應用品悉已置備齊全茲為力求完善精益求精起見更出新資購置筆畫清朗之一二三四五等號新銅模全副俾得隨時自鑄鉛字以期印出各件字字清楚筆筆完好藉副委印諸君之雅意本公司專印書籍報章五彩文憑股票證書商標簿册傳單仿單發票禮帖各種證券各式名片自製各種信箋信封精印五彩結婚證書新式禮券禮票等發售並加木刻活板各色水印各項賬簿書册以及舊式套色大字訃聞等均可承印其餘一切新奇特異之鉛印石印木印銅版鋅版等各種精細印品一應俱全如蒙惠顧不論本埠外埠價目格外克己出貨迅速訂期不悞謹佈區區即希

公鑒

民國八年七月

錫成印刷公司謹啓

發售蠶種廣告

本所現有無毒之春蠶種（一化性）夏蠶種（二化性）桂花蠶種（四化性）菊花蠶種（五化性）等出售

各種蠶種每張售大洋二角約有蟻蠶錢可結繭二十餘觔

每張蠶種約有蠶一萬餘條自小蠶至上簇須食帶梗桑葉三四擔

本所所售蠶種繭身絲量均甚優美

外埠欲購此項蠶種者隨時可將種價與寄費寄至無錫西門外本所即將蠶種寄奉不誤

江蘇省立育蠶試驗所謹啓

上海

先施有限公司

本公司資本雄厚信用昭著貨色齊全價廉物美久為同胞所稱許亦即本公司營業以來所得之成績茲更力圖擴充務求有以饜　惠顧諸君之期望故特注重本國精華土產廣為搜羅以盡提倡之義務其餘歐美各國貨品為日用之所需則應有盡有足令閱者目為之眩而嘆觀止倘蒙　賜顧當格外克己以廣招徠幸祈垂意

附設

東亞旅館　東亞理髮
東亞酒樓　南貨茶食
屋頂樂園　先施茶樓

先施保險置業有限公司

THE SINCERE INSURANCE & INVESTMENT CO., LTD

〔實備資本一百二十萬元〕

本公司向抱富國興工之心為利商便民之計因以水火為無妄之災思患設預防之策故厚集資本選擇人才專辦水火保險使各界免損失之痛苦為華商立信用之規模且於商務則互相提攜於利權則挽回外溢除香港粵東上海設有總局外其餘通商口岸內地城鎮均設分局或代理如蒙　惠顧請就地接洽無任歡迎

總理　陳少霞　夏從周　鄭卓如　高啓和　馬應彪　鄭幹生　馬永燦　馬祖金　馬煥彪　鄺明覺

滬局　正司理　歐彬
副司理　黃澤生　林瑞書　謹佈

浙江路一字六百零三號
電話中央一千九百十一號

(無錫經理處通運路永興棧電話四十一號)

無錫

啓泰棧廣告

本棧向在外黃泥橋東堍開設已歷十載深蒙各界惠臨以招待周至信用無虧幾至求過於供爰於民國四年擇定**光復門外通運路漢昌路轉角**建設**高大洋房**臥室清潔空氣充足器具精良純用紅木茶房誠實悉係熟手紅綠香茗隨時聽用**概不取資**並備有**大廳花廳**四座以應旅客宴會之需另闢**花園**一座雖地址不廣而奇葩異卉四時皆香假山亭橋悉臻美備如**公餘之暇任憑遊憩**涉足其間者莫不**流連傾心**焉至於**房間價目**今爲優待起見一律**照碼對折**自二元四角至五角止如蒙惠顧無任歡迎

啓泰棧主人謹識

本公司自造高大五層樓洋房分三種營業於第一二三層樓設西式旅社自向外洋定造新式銅床鐵床柚木紅木各種器具綢縐被褥清潔床帳房間空氣充足侍者應酬週到價目每間每天自三角五分起至二元五角止任憑揀選另派接客於車站輪埠專接往來客商開辦至今已歷數載荷蒙　官商贊許有口皆碑於四五層樓設屋頂花園劇場影戲場書場博物院西餐室每位收游資小洋二角如住本公司旅社者另設優待旅客劵遊資減半於西南隅設樓上盆湯樓下磁磚浴池均仿照歐西式樣盆湯有一角二角三角三種浴池六十文如蒙　諸公光顧毋任歡迎

無錫興業公司新世界謹啓

文華書局廣告

〔開設無錫北門內倉橋下〕

本局專售各種書籍儀器文具等類花色齊備應有盡有價值低廉公道無欺尚希惠顧諸君不我遐棄源源賜教毋任欣幸

珂羅版精印　唐李北海眞蹟　定價三元六角

周得元堂發售各種筆墨廣告

本堂開設北門內書院衖南首三十餘年矣本主人不惜重資潛心研究剔選良材所有自製純紫毫純羊毫狠毫兼毫等大小百有餘種以及各種徽墨松煙無美不備久蒙　紳商學界所贊許踵門購試無不得心應手文人墨士有口皆碑茲特添請名手加工選料精益求精以答　各界推崇之雅意定價格外從廉畫一不二童叟無欺倘不合用儘可退換如蒙　惠顧請認明本堂牌號庶不致誤

得元堂主人謹識

前清南洋勸業會民國農商部全國出品展覽會各給三等金銀獎牌

上海棋盤街分錫

楊慶和發記銀樓

本樓自炌甲字足赤條錠葉金精製金銀時樣首飾兼收各路鑽金珍珠鑽石自甲寅年由上海分錫以來又在北大街開設新慶和分店出品之精美貨價之眞實早已名馳遐邇荷各界稱許近復精益求精所出各種金銀首飾特別玲瓏精巧價尤按市克己以副惠顧諸君之盛意賜顧者請認明和合商標庶不致誤

開設北門內打鐵橋大街　電話五百零三

無錫指南目錄

慈善事業

教育

實業

食宿遊樂

著名物產

風俗

無錫指南

敍言一

指南一書以吾邦全土言之則有中國指南以一地言之於京則有北京指南於滬則有上海指南於杭則有西湖指南是則遊覽指南一書已不一而足吾無錫雖非通商大邑然自汽舟通旅客漸增汽車通旅客益多光復以還地方改觀建馬路興人力車闢遊戲場旅客數倍於前其惠然而來者莫不交口稱譽曰無錫風土何一變至是彷彿一小上海矣足徵地方人士競進之速也竊聞之不覺有抱缺憾缺憾維何即此無錫指南一書不謂吾友已先見及之矣披覽之下實獲我心時排印將告竣遂亟書數語于端民國八年七月獨秉廬主人叙耑

敍言二

楊君翰西薛君明劍等輯無錫指南既成書余受而讀之計分沿革形勢古蹟名勝交通慈善事業教育實業食宿游息著名物產風俗十一門作而歎曰人之稱我無錫者曰文物優美事業發達余就楊君等所輯綜而論之則沿革古蹟名勝者已往之陳跡形勢著名物產者天然之勝境惟人事足以維繫人之事維何即此外所舉諸端而可括以兩事曰教育曰實業交通食宿游息者關於實業者也慈善事業風俗者關於教育者也吾邑近年教育若何實業若何昭昭在人匪可緣飾就其最近者論之則教育自歐戰既停思潮日變非具有世界之觀察不足以言一國之教育又非具有全局之規畫不足以言一地方之教育吾邑教育於江蘇號爲先進應如何首事變計以適應此世

界潮流尤在吾教育界中自身之覺悟而其要在吾教育中人人具有研究心時時思求世界觀勿以故步自封勿以一得自矜余雖不敏竊願與同人共勉之至實業商務爲盛茲者適値商會改組頗爲邑人士注目余匪個中人亦難參詳其得失然世人動云改進竊願其進而益上不願其每況愈下商會爲商人之集合體其禍福利害惟商人自受之斯不可不愼也今日者國事已矣然地方者國家之基也而教育實業者尤地方之命脉也余在地方言地方竊猶願以改進地方者庶幾改進國家斯言也當亦閲是書者所樂聞者也用書之以弁簡端民國八年七月邑人錢基厚謹序

敍言三

無錫爲江蘇之一縣長江襟帶於左衆山屏障於右邑南更有太湖爲沼故數千年來人文之多物産之富甲於全省光復以還教育實業更有蒸蒸日上之勢其他名勝古跡足供旅客遊覽者不勝枚舉惟地方雖不遼闊道途殊覺縱横來錫遊覽者每有臨歧彳亍之歎爰約同志顧君藹人編纂無錫指南以備遊客來錫之鄉導繼復得楊公翰西楊公少雲李公聞三等之助不一月而成書計分地圖沿革形勢古蹟名勝交通公署機關慈善事業教育實業食宿遊樂著名物産風俗等十二門正擬付梓適圖書館主任劉君書勳過我云曩亦曾輯無錫旅行指南因事中輟乃將已成之稿授余同時李君繼曾秦君惜華亦有錫勝導游錄之輯並謂余曰指南也導游錄也一時駢出在遊者反有吾誰適從之苦不如合刊爲宜余即商之顧君等頗表同情計是書之惠麓古蹟大都采自導游錄食宿遊樂亦多半採自旅行指南更得孫鶴卿榮德生錢子泉錢孫卿畢瑞卿吳啓楓李柏生吳士枚孫克明胡吾千等先生之校正明劍不敢掠人之美因敘巓末而爲之序

民國八年七月薛明劍序於無錫縣立公共體育場辦事室

敍言四

余酖情山水遂好漫游十餘年來奔走天涯苟其地有一邱一壑之勝百忙抽暇必登臨而後已而流連感慨之餘每恨筆墨蕪陋不能爲山水潤色然石頭城下西子湖濱虎踞龍蟠之勝山明水秀之形身臨其地豪興頓發有不能已於言者偶成記遊之作藏之篋笥聊以自娛豈知檮昧弄墨天亦厭惡去秋于役粵東竟盡付刧火自是不敢復着一字以取罪戾矣今者里居家食悒鬱無聊遂借山水以自遣吾邑景物夙著名勝惟年湮代遠物換星移園亭之錯落已非舊貫則湖山之點綴頓易新粧不有以記載之恐生長是邦者亦難識其淵源不僅遊客之來自遠方無從問津而已也李君繼曾慨焉抱此深心因以編輯錫勝導游錄商於余且先草東林書院高子水居惠山寺梅園等稿數十則見示於是故技復癢侈然於考古收今之不容緩志景載物之不容辭而妄爲操觚期有以副李君之雅意然導游之作必門分類別而後眉目能清否則無紀之師散沙之盤耳因於編輯之始將吾邑之勝跡分爲城區惠麓湖濱四鄉四門每門復分名勝風景古蹟建築四類其馳名宇內見於志傳而山水之勝依然如故者列入名勝並以稱謂猶是景物已非如城區之崇安寺聖廟東林書院等附焉其風景優美足供觴咏或新其構而未傳其名者列入風景並以名見邑志而故址罕存如惠麓之石浪庵忍草庵各祠宇等附焉其昔號勝地今已改觀而在人口頗尚有鴻爪增尋者列入古蹟並以物象依舊要不足供人遊賞且無名勝可言如惠麓之不二法門等附焉其經人工之構造雖無奇勝可觀而工程較大有關民利者列入建築並以設置尋常而於民智有益爲一方所僅見如各區之學校及四鄉之圖書館等附焉且導游錄之旨重在游覽故首名勝次風景次古蹟次建築此其大概也至於路徑之方向地點之連絡亦詳細說明順序編列不使遊人有

迷離摸索迴旋奔走之苦賴王君蓀耦以其祖崇巖公所著錫山景物略見假得有所依據故篇中考證以景物略爲多其或載於志書流傳人口而余未嘗親歷者必挈書尋訪求無誤而後下筆蓋取事實之眞確不計詞句之工拙也夫地稱名區必稽其沿革鄉多勝景咸樂乎觀游而怡情山水寄慨時艱弔古成吟徵今記事則又人情之常也況乎陵谷變遷世事滄桑不有記述之文何來考據之書自維不才豆馬小術何敢妄擬信史聊爲同好諸君子備考之書耳編成將付刊會薛君明劍有無錫指南之輯以合刊商之李君無錫指南者邑彥楊君翰西顧君藹人劉君世勛等編纂而薛君總其成者也余以草茅下士得附驥尾欣幸何如且以錫邑之範圍而所謂導游錄所謂指南者一時駢出在游人反有吾誰適從之苦遂表同意於李君將稿之城區惠麓二門併入指南刊行焉是爲序中華民國己未之夏秦惜華謹識於邂庵

敍言五

無錫指南一書由薛君明劍成之而錫勝導游錄則肇端於余實秦君惜華總其成者也其纂輯之大旨與合刊之原因秦君已言之詳矣何喋喋爲雖然爲收集邑勝而化除畛域之見故有不能已於言者吾邑自泰伯端委以來文明日啓景物亦日著游人士女翩然戾止爭以登臨山水飽領佳景爲快萃奇勝於一篇爲游觀之引線亦邑人分內事然若閉門造車各行其是彼此以居奇爲念炫寶爲能則市道而已矣會是一邑之勝跡而可作財貨觀哉此錫勝導游錄所由與無錫指南合刊以符君子無所爭之旨也至二者之編纂取材之異同當各有所指而指南則範圍較廣似合社會應用吾知此書之出來遊吾邦者無望洋興歎之憾矣歲次己未仲夏繼曾李湘序於孟里六校講舍

無錫縣城圖

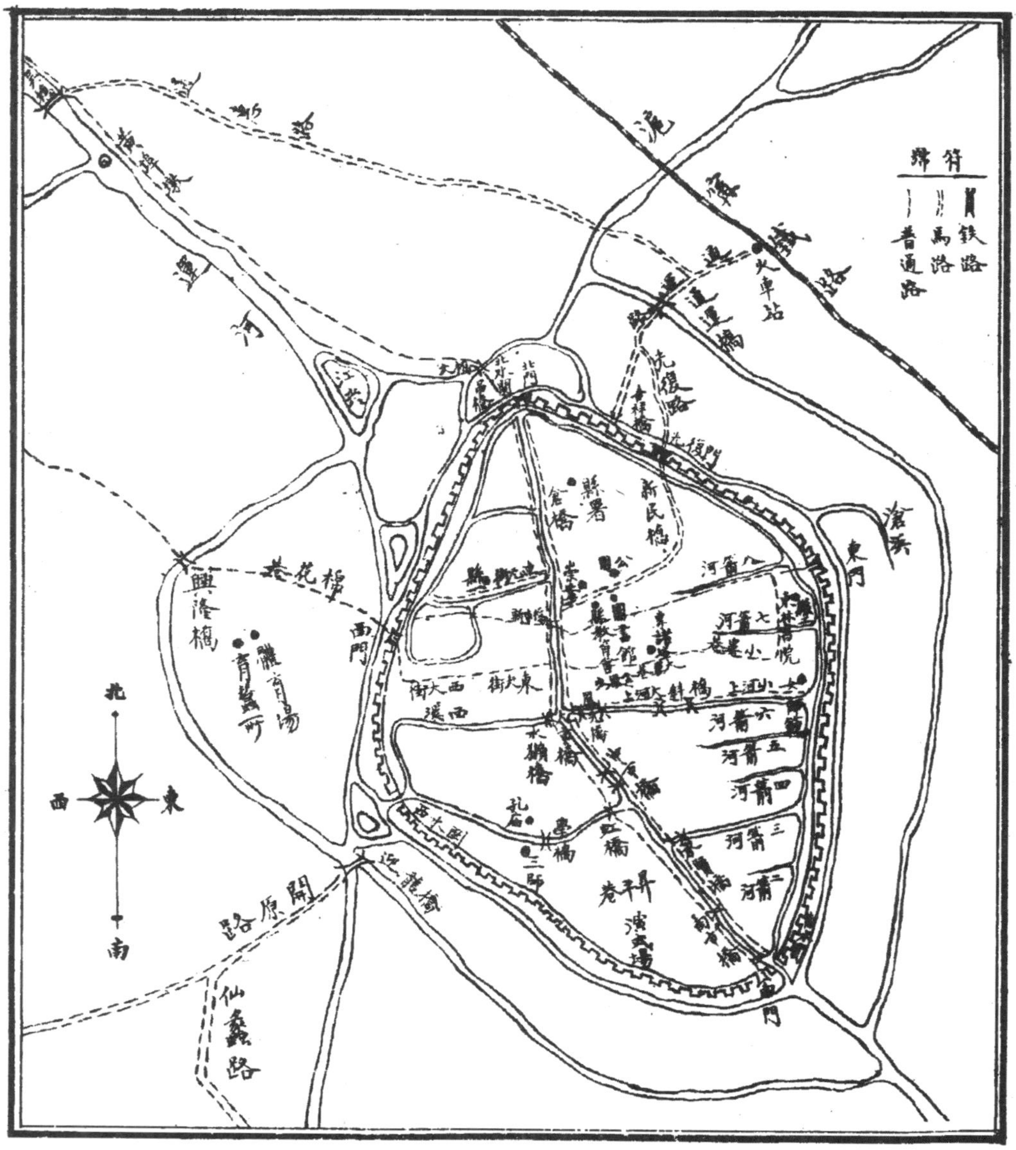

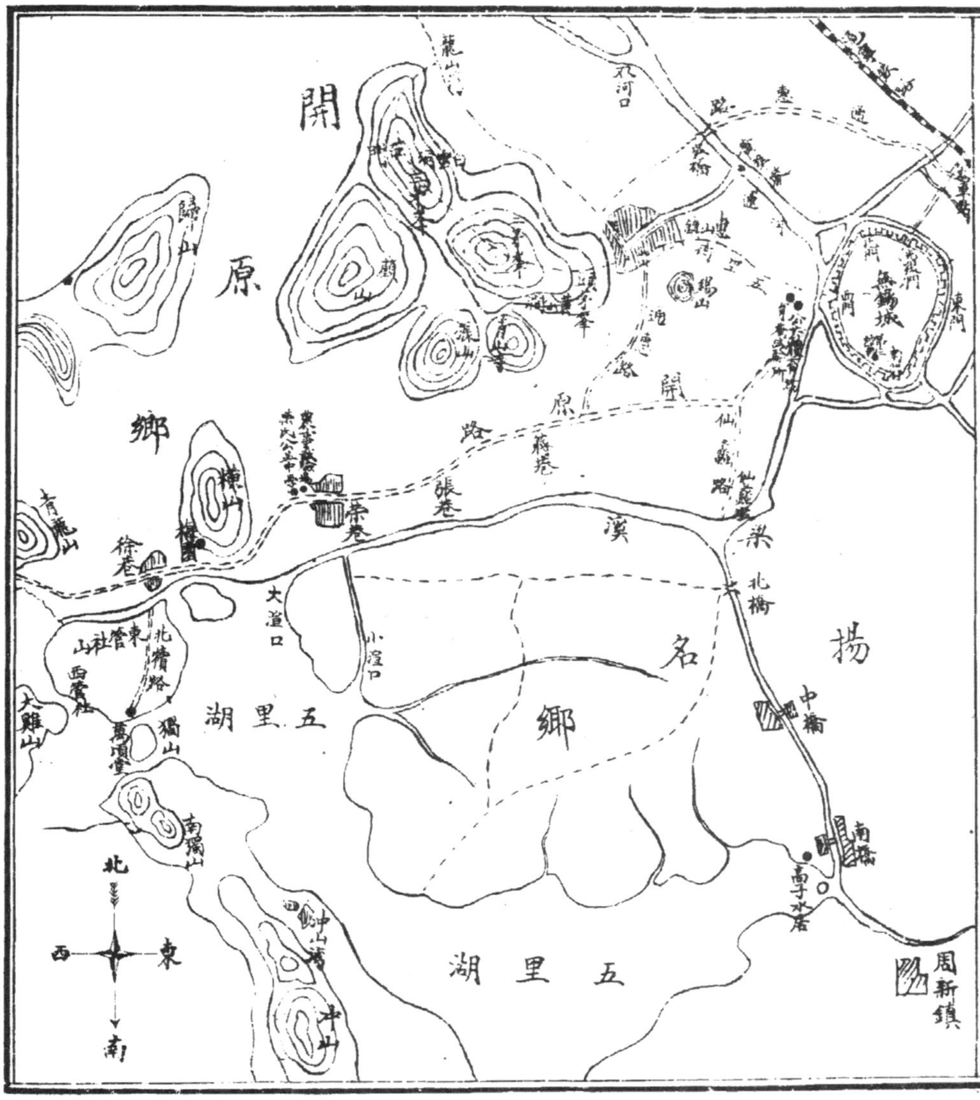

惠麓湖濱圖

無錫指南

沿革

〔名稱〕　無錫舊名錫山。戰國時爲春申君城。漢高祖五年。始名無錫。緣邑之西城外有山曰錫山。山多錫礦。周秦之時。採掘之人日多。客民與主民爭利。禍亂相作。繼而錫盡。亂民亦安。以山之無錫故名。無錫。新莽時改名有錫。後漢復爲無錫。元升爲州。明初降爲縣。清雍正四年。分無錫之東境爲金匱縣。（城中六箭河畔有金匱山、宋元時山多寶石、分縣之名即得於此、）民國成立。金匱復併於無錫。

〔邑城〕　邑城之修築。宋以前。無可考。乾興時李晉卿重築子城。其外城蓋未遑及。自後皆即外城而修之。子城遂無有及之者。元至正十五年重修。明洪武初復加繕治。嘉靖三十三年知縣王其勤築城禦倭。七十日而成。定四門之名。北曰控江門。南曰望湖門。西曰試泉門。東曰靜海門。清康熙七年。知縣吳興祚。又十九年知縣曾子駒。徐永言相繼修之。光復時又於東北兩門之間。闢新北門曰光復門。

形勢

〔地勢〕　全邑東西相距約八十餘里。南北相距約九十餘里。面積約有三千九百二十五方里。邑城居中。東西相距二里許。南北相距三里許。城境七方里有奇。縣之東南接常熟界。略接吳縣。北與東北接江陰界。自西北至西南接武進界。地勢西南多山。龍山爲諸山之脊。南有太湖。爲邑中河灣諸水滙集之區。陸有滬寧鐵路。水有運河。交通頗爲便利焉。

〔市鄉〕　邑之全境。舊分二十二鄉。民國成立。分爲十七市鄉。曰無錫市。曰天上市。曰天下市。曰青城市。曰萬安市。曰泰伯市。曰懷上市。曰懷下市。曰景雲市。曰南延市（共十市）曰開原鄉。曰富安鄉。曰開化鄉。曰新安鄉。曰揚名鄉。曰北上鄉。曰北下鄉。（共七鄉）

古蹟

〔崇安寺〕　在邑城之中。距光復門約三百餘武。車行可直達。今邑之菜市場在焉。昔爲名刹。考錫山景物略。（晉興寧二年、右軍王羲之舍第宅爲招提。宋太平興國初錫今額、迨後頻有興廢、）有清光緒中。其一部分劃歸公有。改無量殿爲學校。及勸學所。以金剛殿招粵人設商店。於山門內之兩旁隙地。架屋擬設小菜場。卒以當時風氣尚塞。小販多不奉遵。且地步狹小。未得結果。改革以還。闢佛之風。靡於國內。遂將皇亭。拆建。收容。小販。菜市。場。乃。重。復。集。合。而寺。基。之。空。曠。者。及寺。院。之一。

部分均割歸公家建商店改校舍今碩果僅存者惟大雄殿松隱院萬松院之一部分及北院數楹供寥寥佛像以與僧徒唪經燒香而已然此中僧徒均葷酒嬉戲是務罔顧清規恐終難免天然淘汰也佛也有靈亦將興道衰之悲矣又考景物略（宋時寺中以六月十九爲集、四方商賈咸輦貨物來市、踵趾相接、月餘方罷、後漸衰、明時每逢元宵節日放爆竹、夜燃火花、以觕否多寡爲賭賽、百戲雜陳、曰鬧元宵、）今則公園近在咫尺凡遇佳節游人均趨園中若寺內僅幾簇飲食攤頭以飾熱鬧耳而新年中則有要百戲者賣雜貨者點綴其中熙熙攘攘殆猶有昔時景像焉

（金匱山）吾邑以山爲名。如今無錫之於錫山前金匱之於金匱山也考縣志（山高踰三仞周三十丈。隆然中峙。四望道中均適土中石玲瓏黑白亞於昆山。元以後取石殊盡。而土亦耗減。塊若覆釜。）考錫山景物略（金匱山實負土而成、在六箭河上相傳晉郭景純曾埋黃金符匱於山下、時有紫氣騰空、又名紫金山、元時爲豪氏所占、立致萬金、明永樂時邑令盧克敏復之、培土種松、松下搆亭、四週咸植巨竹、萬姓頌之、自此人才頓昌、民力漸裕、）改革後廢縣治之騈枝者。遂裁金匱縣而金匱山久已廢圮其地爲秦氏闉闍中物者百餘年矣

（妙光塔）在邑之南門外南禪寺之內負廓而立考錫山景物略。（宋雍熙中所建、以佈神蛟、明萬歷中、有光自塔頂出、直干雲霄、又更名曰放光塔、）今里人稱曰南禪寺寶塔。亦錫山八景之一也年久失修鳥啄鳶剝風雨侵蝕而有清光緒中塔頂忽燬於火現惟六級荒塔頹然孤立邑人漢

焉視之而游歷者亦尠履其地則又蛛網鳥糞遍地塞戶噫、千年古物淪落也如此恐風雨飄搖日月侵蝕終至傾頹而後已耳

〔專設諸塔〕　在邑城中之大婁巷距光復門約一里許人力車可通當春秋時吳公子光使專設諸刺殺王僚專設諸爲甲士所醢今巷中三椽瓦屋堊丹之壁內有磚塔供專設諸位相傳其下即瘞其尸者云俗以七月七日爲其誕日以其工魚炙也邑中庖人奉之昔時每醵資演劇香火甚盛今則人心漸懈幾等無事冷落不堪矣

〔東林書院〕　在車站東三里城內東隅蘇家街口宋名龜山書院元廢爲僧居名東林菴神宗萬歷三十二年顧憲成顧允成兄弟復構爲書院憲成歿高攀龍主其事榜其門曰東林當時海內講學者咸以東林爲歸天啓（熹宗年號）間黨禍作詔毀天下書院東林實居其首崇禎初有詔修復清咸豐十年毀於兵同治光緒兩次修葺稍復舊觀清末葉改爲東林學堂即今之第二高等小學也

〔高公止水〕　在車站南三里城內水缺巷明進士高攀龍（字存之）自沈之處其地後歸他姓清康熙初高公從子世泰贖還置祠其上名止水

〔黃埠墩〕　在車站西五里居北塘運河中流清高宗駐蹕於此有兩水迴環抱一洲不通車馬只通舟到來俯視原無地攀陟遙吟恰有樓之句墩小而圓周約半畝墩上瓦屋數楹小樓不高而甚

雅。中立神龕。四面闢窗。東曰文昌閣。西曰環翠樓。南曰小金山。北曰水月軒。東望北塘。自南迤北。市廛櫛比。囪烟星羅。河中帆檣林立。舳艫啣接。西矚惠麓。則峯巒疊翠。樹木陰翳。九龍靈秀。彩生眉宇。繞廊綠楊。婆娑波光。照映又足。怡神悅目。相傳春秋時。吳王夫差濬芙蓉湖。樓船鼓吹。游讌其間。按黃埠墩址。及其四圍水流田野。均芙蓉湖舊跡也。然則此景殆有由來矣。

〔芙蓉湖〕　一名無錫湖。周萬五千頃。其一千三頃。昆陵上湖也。一名射貴湖。南控吳縣。東洞江陰。北掩武進。東西四十五里。深五丈。東流爲五瀉。西北入揚子江。晉時張闓始塞湖爲田。明嘉靖時並低田科賦。當年洪洪湯湯。今悉東南其畝。無復舊觀矣。

〔梁清溪〕　即梁溪。一名梁鴻溪。廣十丈。深三丈。在邑之西南。梁大同（梁武帝年號）中重濬。故名。或曰高士梁鴻曾隱於此。溪流淼淼。溪光閃閃。北通運河。南洩太湖。溉田數十百頃。有西定橋跨其上。洞凡五。建於明嘉靖中。

〔太保墩〕　在邑之西門外。舊爲秦氏別業。以落成時。適主人晉太保。故名。月光梅形。擅西關之勝。後改建關帝水仙二祠。而西水仙之稱。因以流傳。今祀明邑侯劉公五偉。侯有功於邑。歿後又著靈異。致祀典。今猶弗替。

〔仙女墩〕　在邑之西。梁溪中流。一名仙蠡墩。高出水面數尺。周圍三四丈。相傳范蠡載西施泊於此。其上舊有伍相祠。今廢。

〔開利寺〕在萬安市洛社鎮。通火車。舊爲晉右軍王羲之宅。梁太淸初改建曰興福寺。宋景祐三年賜今額。其後廢而重建者再。內有滌硯池、觀鵝亭等。淸嘉慶間燬於火。今係重建者。故不復如前之雄壯矣。

〔泰伯舊都〕在車站東南四十里。南延市梅村鎮。春秋時吳泰伯所築。後改爲廟。宋元祐七年詔以至德額其門。內有泰伯宅。泰伯井。今爲縣立第四高等小學校校舍。

〔淸秘閣〕亦在梅里鎮。元高士倪雲林故居。有雲林堂、朱陽館等。而以淸秘閣爲最勝。

名勝

（甲）慧山諸勝景

〔惠山〕在邑之西北五里許。考錫山景物略。（開山禪師名慧照、慧惠也、以僧名名山、故名惠山、宋時名歷山、郡國志名九龍山、又名冠龍山、吳地志名華山、老子枕中記名西神山、陸羽記山有九龍、故名九龍山、隋大業時有龍鬬於山、故又名鬬龍山）又考慧山記。（東晉時有家於山下者、妻妊三年、生龍色如銀、七日昇天去、龍母死、葬於山巔、即地成潭、因名龍潭山）今日通稱曰慧山。間呼九龍山。有九塢。曰白石塢。曰桃花塢。曰擔鈎塢。曰皇家塢。曰宋塢。曰馬鞍塢。曰望公塢。曰仙人塢。曰火鴉塢。峯巒起伏。神勢矢矯。周圍約四十餘里。高約百餘丈。登山之道。由二泉亭後。歷級而上。經文昌閣。三官殿。轉折而西。直達山巔。其上殿宇。有頭茅峯。二茅峯。關帝殿。三茅峯等。皆緇流所居。登頭、茅峯即見太湖浩浩淼淼萬頃烟波湖中諸山若洞庭、夫椒、縹緲隱約如蓬萊三神帆檣點點舟小如葉載沉載浮如鷗鰭之出沒波光一碧水天相連回首東顧則平疇綠野林烟蒼藹一望無際其第五峯巔宋塢之上俗呼曰白鰭灣巨石盤錯有鏡光石、涼棚石、天公足跡石、獅子石等名惟歲久字湮不復能識別矣交互成臺形春秋佳日士人携村釀待沽其旁并售果食苟踞其上一杯在手唱大江東去增人不少豪興也游人歷全山者多自石門下石門在第七峯下望公塢上峭壁懸崖孤絕奇險兩巨石翼峙中一罅如門戶故名石門上有流泉下注飛瀑濺珠曰珠簾泉有洞窅然曰白雲洞供呂純陽像山勢壁立路窄澗深石級蜿蜒而下人以其盤旋曲折也呼曰搖車灣游山至此幾視蜀道之難道旁有九陽宮、離垢庵、紫薇宮、張仙殿、眞武殿、雷尊殿等過眞武殿以下路漸平坦澗流淙淙松濤聲聲野草萋菲山花歷亂可以忘先時之險也叢林中行凡百餘武即出山磚衢南行直達龍頭口山盡處爲龍尾陵俗呼龍山梢有白龍潭在焉按此山爲天目支脈由九華穹窿迤邐而東至此崛起數百里內山嶺悉歸宗焉西北如嶂崊、大穹、青山、峨嵋、回抱、獨山、石塘、軍將、蜿蜒盤礴東西如鴻、堠、膠、顧、芙蓉、石室諸山峯嶺相望又有拱輔之意若璨山錫山則巍巍對峙如守衛然其占天下名勝也宜矣

〔第二泉〕　入古華山門約三百武華坡之盡處有門闥焉假山掩蔽穿山而入豁然別有天地亭榭池沼花木泉石之勝無乎不具兩壁有天下第二泉額右爲元儒趙孟頫所書左爲王吏部所書

考錫山景物略。（泉在第一峯白石塢下、本名惠山泉、經唐人陸羽品定、置天下水之第二、始名第二泉、又名陸字泉、唐李德裕在中書時、酷好是泉、水置水遞餉轉不絕、泉山以是奔馳天下、源出若冰洞、伏流入方圓二池、曰上池中池、又伏流從螭吻出、匯於下池、曲匯斜分、迤邐暗流、入西溪雙河、溉田數十百頃）下池蓄大魚五色。兼有游人投以餅餌。則爭躍出水面。攫食唿喇有聲。其上曰漪瀾堂。宋時曰貞賞亭。明嘉靖初改今名。當時之名流達官。多集觴會餞於此。冠裳濟濟。詩賦唱和。極一時之盛。今則爲茶肆。游人多游息其中。然背山面泉。觀游魚泅泳。亦一樂也。中池味澀不可飲。上池占泉之上流。含礦質最足。游人戲投以錢。迴翔而下。爭呼爲奇。實則水質厚密故耳。宋高宗南渡。飲其水而甘之。築亭覆其上。牓曰源頭活水。今此泉雖在。然亭經毀後。而復建。故牓額已廢。壁間嵌石碑。鐫清高宗之詩。今邑人統名其地曰泉亭。

〔惠山寺〕　考諸家記載。惠山寺建自劉宋時。係長史湛茂之歷山草堂改建。初曰華山精舍。殆後數經更改。至明初始名惠山寺。經五里街至九龍峯門。又一里許爲山門。山門左右有石幢二。近過郡馬祠者、爲唐時物。上刻金剛經。近錢武肅王祠者、爲宋時物。上刻楞嚴經。山門之內有日月池。池上有香花橋。當年自古華山門至山麓一帶。莫非寺基。其規制之崇宏。殆難擬比。今則全廢。惟山門左右之二石幢。及香花橋下之日月池。昭忠寺內之金蓮池。略得窺一斑耳。他如佛殿僧房。已爲昭忠祠或宗姓等祠所占去矣。

〔昭忠祠〕祠係祀淮軍將士歿於紅羊之亂者。故名曰昭忠。當髮匪騷擾東南。皖人李鴻章率淮軍轉戰江浙間。亂平。請於當道建祠焉。祠爲惠山寺改建。春秋二祭。掌於地方有司。今日過香花橋。即見煌煌金字。赫然眼簾。曰淮軍昭忠祠。左曰報功。右曰崇德。入門爲金蓮池。池中有金蓮花。亦特產也。池水漂紗。最潔。故又有漉塘之稱。惠山寺。舊制也。石梁跨而過。爲御碑亭。鐫清高宗惠山寺詩。拾級而上。有巨石橫臥亭中。曰聽松石床。緣甬道更拾級而上。又有碑亭。鐫建祠諭旨。再上爲享堂。廣廳三楹。設諸將士位焉。改革後。議有將祠廢歸公用者。經祠裔力爭。不果。然神位已被毀棄矣。壁間嵌石。記建祠始末。享堂爲舊白雲堂址。後改護雲關。宋高宗南渡駐蹕於此。庭中。花木甚多。假山錯峙。古樹杈枒。老籐攀緣。鳥鳴。清麗之聲。煙雲。縹緲之象。亦足供觴咏者也。

〔聽松石床〕在餘蓮池之上。橫置亭內。石長八尺餘。闊厚半之。盤偃。有古色。爲東南。各省。著名之石床。有唐李冰陽篆文聽松二字。唐皮日休所謂松子聲聲打石床。六千餘年前之古物也。後幾經遷移。荒棄草野。清康熙中。邑令某蓋亭覆之。今壁間有碑。即鐫其始末者。石床之前。有數百年前古樹。大有三四圍。

〔不二法門〕在昭忠祠內石床之右旁。舊惠山寺於明萬曆間改齋堂。爲之供眞武地藏酆都諸像。昔有村嫗。鄉婦。來焚香。叩禱。而木魚。清磬。間亦有聲。惠山寺。毀後。一線梵音。微此地。其無續矣。魯殿靈光。靡可寶也。今後園有碧露泉。

〔竹爐山房〕在昭忠寺後按明時惠山寺僧性海者風雅多與名流遊王中秘紱寓聽松庵常與過往會湖州有竹工至爲製竹茶爐一時名流唱和之詩極多此爐遂爲珍品藏之庵中松濤軒後燬於火僧人遷之彌陀殿改稱聽松山房此爐幾經過渡終得復其所並將當日唱和詩及王紱畫竹刻於壁間明萬歷時鄒副使迪光更今名曰竹爐山房乾隆間燬於火重建後復將搨本刻於壁御賜頓復舊觀額今廳事懸之庚申又燬於紅羊同治間再建之今王紱畫竹名人題咏及頓復舊觀之額仍復存在廳後有羣賢畢至圖則庚申後重建之物也今則游人罕至蓋個中人常將廳事閉扃秘守其刻石書墨以爲牟利地殊可憎也。

〔雲起樓〕在二泉亭上昭忠祠後舊日惠山寺之一部分。天香第一樓之故址也。清康熙間。無錫令吳興祚建於若冰泉左後移今地危樓一角聳出山麓隔絕塵囂之氣入門迴廊曲折緣山勢高下有名曰隔紅塵拾級而上曰聽松亭舊名曰朱衣閣杉柏毵毵亭下有泉曰羅漢泉又曰朱衣泉蓋取羅漢本無我相朱衣豈有名心之意明僧眞恩所鑿也亭對面爲名山敬業堂舊址最高層即雲起樓四面開窗風景幽蒨若山色之蒼翠峯巒之崇峻水光之蕩漾河渠之迴帶林木庵宇凭高歷歷綠陰婆娑朱暉掩映不在几案中即逼眉宇間而鳥語松濤譜來清韻彩霞蒼煙飛入雲際隣寺木魚金磬之聲梵音繞耳不禁悠悠而動禪心矣樓下假山委蛇通昭忠寺享堂羅漢泉之前有敞軒當係舊日之養靜軒惟入門有春水草堂之碑。嵌於壁間。不識其所自。姑待後日考補焉。

〔若冰洞〕在泉亭之上。歷級自皇亭南行數十武。有洞廣方丈。而不甚深。窅石上鑿若冰洞三字。唐僧若冰劚而成之。故名。右有若冰泉。二泉之水所自出焉。

〔點易臺〕在惠山麓昭忠寺後之西偏。舊聽松庵竹罏之故址。明邵文莊公寶建尙德書院。祀李忠定公。堂前疊石爲臺。象八卦形。故名點易臺。今惟亂石數堆。峙碑於前。刻點易台三字而已。尙德書院創自邵文莊。有十五景。既燬於火。文莊孫涵初就原址復建之。增至二十三景。然亦已不能如原來之位置焉。歲歷既久。荒草叢茸。且地址多半由右族佔爲祀墓。按圖索驥。惟於斷碣中剔苔細辨。始知孰爲點易台原址。孰爲太極石。而滴露泉、瘞卷邱、登巖道、松壇、研朱石、點易台石等。亦須撥荆搜尋。始得之矣。上有海天石屋。中刻石像凡四。爲李忠定公綱。李文肅公紳。邵文莊公寶及文莊曾祖存一公。然被蠢俗傖夫塗沒剝落。漫滅殆難辨識矣。

〔黃公澗〕在二泉亭之右。惠山與錫山之間。考錫山景物略。（楚考烈王徙封春申君黃歇於江東、城吳墟爲都、澗●其飲馬澗也）又名春申澗。澗水自山腰下迤合錫山澗。注於河。春秋間山水漲。時其流湍急。衝決而下。如瀑布。如晶簾。轟轟之聲。如萬馬奔騰。游人均蹇裳跣足。陟其間以爲樂旁有巨石。鐫臥雲二字。邵文莊手書也。澗流至是曲而下。匯成小潭。水流於平時。澄清可數。水底石濯纓。濯足。靡所不宜。苟散髮披襟。石上高臥。則俗塵盡捐。飄飄乎有御風之慨。奚啻在白雲間也。惟水流急時。則擊石起波。浪花四濺。如飛霰射矢。逼人難近。而此石砥柱澗流。歷經沖擊。悍然不爲少

動亦難得者也

〔忍草庵〕在惠山第一峯白石塢東章家塢之上入庵之道自泉亭東南行經學校前跨黃公澗越山坡折而西循山徑右行不二百武庵門見矣庵於明時即建背倚崇巖面俯絕澗石壁峭立古木拱抱幽境清涼空谷闃寂極目數百里氣象萬千虬松謖謖不風自濤積翠如屏孤塔懸影殆以僻處峯背擅清幽之勝者也昔日每有風雅之士觴咏其中今則寥寥無幾矣（按）章家塢在第一峯之背白石塢東南以其獨當一面故不與九塢之列

〔胡園〕在泉亭之前尊賢祠之旁祀宋天章閣侍講胡瑗邑中胡姓之宗祠也細莎綠苔曲徑斜坡有雲外天香之閣在廳事右廣僅方丈聳削四敞左望龍山右挹錫嶺園中桂樹甚多花開香溢四周望之如黃雪瀰漫逸趣可愛幷有假山蓮池假山中有石公墮履處

〔尊賢祠〕在至德祠左昔在泉亭上曰十賢祠初僅就陸子祠增祀宋長史湛茂宋文肅公紳爲三賢祠明正德時續祀宋邑侯焦千之及邑先正秦少游尤袤錢顗元倪雲林張翼王紱等合爲十賢嘉靖間重修又增祀邵文莊公寶及秦敬旭合十二人始改稱曰尊賢祠康熙間縣令吳興祚遷祠於若冰泉右改原址建雲起樓厥後幾經遷移至於今祠後又增祀梁鴻等紅羊之亂燬於火光緒丁未重建露台石梁朱闌畫楯華麗異常傍有報忠祠祀有功德諸先正焉

〔至德祠〕在惠山寺右前清中葉吳鉞奉檄特建祀無錫開化偉人泰伯及仲雍季札等祠內有

瀘泉、蓮花池等。風景較尊賢祠爲勝。

〔華孝子祠〕　祠在至德祠對面。爲齊孝子華寶所居舊址。地名華坡。晉義熙末。父豪戍關中。時孝子方八歲。臨行謂寶曰、須我還爲汝冠。後長安陷。豪死。孝子七十不冠而不娶。或問之。寶輒號痛彌日。蓋不忍答也。唐時爲之立祠。並塑童髻長鬚之像。饗堂之前有承澤池、溯原橋、成志樓、遺蔭樹等古跡。又有黿池。有石蟾二。一吐一納。壁間有文徵明之隸書石刻。祠門前有瑪瑙之盤陀石二塊。可吸銅錢。

〔積書巖〕　積書巖在昭忠寺門左。清初康熙時有顧貞觀者。爲秘書典籍。晚年於顧端文公祠右芙蓉亭址。構軒曰暢詠堂。積書萬卷。吟誦其中。開軒面金蓮寺。今軒仍在。而積書巖則已徒有其名矣。

〔五中丞祠〕　在聽松坊街。祀蘇撫周忱、海瑞、周孔教、湯斌、李星沅等。祠外有碑。上刻小洞、穿斜竹、重階、夾細、莎十字。爲唐張祜題跡。祠內有香積池。蓄魚甚多。

〔寄暢園〕　秦氏之園墅也。故稱曰秦園。在河塘上。元時爲僧房。明正德初。秦端敏公金。改建曰鳳谷行窩。數轉而屬秦中丞舜峯公。大事佈置。更名曰寄暢園。昔人記其勝曰。（古木輪囷離奇、計數十百。章長松偃蓋。作虬龍攫舞勢。有泉從惠山、淙淙瀌瀌。注爲清渠。日夜流不涸。小水澄泓。分爲細澗、井涓潔可愛。大池一望浩淼、上爲飛梁、蜿蜒曲折、朱闌畫楯、下映綠波。緣堤行。草樹蒙茸。至山窮水盡處、謂無復通、忽折而別開一徑、景物儼然、至於峯巒之奇拔、巖洞之深靚、林樾之葱蒨、田野之蒼莽、花竹之秀媚、廳堂之華敞、樓榭之疎峙、杖履所之、無乎不具）云云。想見當年幽美高雅之致矣。迨後屢經更制、至有清時、聖祖高宗相繼南巡、公裔清司馬介庵公修葺之、以駐聖駕、題詠甚多。故園中碑碣疊疊、今半付殘斷矣。數百年來、園政漸廢、塲圮幾盡、斷磚頹垣、荒草蔓烟、蒼凉之景、不堪寓目。改革後、族人議興修之、四五年來、已楚楚可觀、即舊凌虛閣翻造洋樓、重屋三層、控河塘之衝、俯瞰游人、凭眺青山、景物在望、秀色可挹。園中有大陂、一名錦滙漪。陂上有知魚檻、舊制也。素壁綠波、相映成趣、迴廊宛轉、石梁屈曲、古樹蓊鬱、清泉狂瀉、幽靜修美、允爲惠麓園墅之冠。惟亭樹之結構、泉石之佈置、終不能如昔日之典雅耳。假山後有複道、澗流鑿鑿、殆即舊制之懸淙也。凌虛閣後、有石巍峙、本曰美人石、清高宗更名曰介如、石昂藏卓立、風緻天然、亦奇物也。

〔龍頭口〕　在寄暢園前、臨惠山浜、有一石龍頭、終年吐水、爲惠泉諸水入河之處、俗名龍頭口。上有石坊一座、名千人報德坊、建于明時、西面有明鄉賢鄒迪光書人傑地靈四大字、東面有巖壑夔龍四大字。前行數百武、有寶善橋、跨惠山浜之上、遊客之船、多泊于附近。左有嵯務公所、一名紫陽書院、院中風景尚佳、又有先賢廉子祠、後有梅園、近已荒蕪、惟一梅池及石螭、尚在。右有高忠憲公祠、祠內有攀龍公之遺表、爲公自歿於東林書院前一日所書者。又有王武愍公專祠、祠中有池亭、假山佈置尚佳、又有李公祠、祠極壯麗。

〔春申君廟〕　俗稱大王廟。春申君黃歇。徙封於江東城吳墟爲都。此廟蓋後人所立也。舊時在惠山麓黃公澗之上。迨後遷於今祠。味唐人張繼詩。（春申祠宇空山裏古柏陰陰石泉水。）可爲證焉。考錫山景物略。（唐狄梁公毀淫祠。土人慮之、改爲土神廟、宋初封忠安王、）今爲里社。鄉人祀之惟謹。進秀嶂街不數步即見朱門堊壁。廟額忠安大王是也。

〔張中丞廟〕　離五里香塍百餘武。有廟曰張中丞廟。祀唐張巡。明成化間建。舊淸徽精舍故址也。初曰忠靖王。遵宋封也。淸道光間始名曰張中丞廟。曾毀於火。後重建。復祀許遠於廟右。高臺峻宇。廟貌堂堂。面青色。從其死爲厲鬼之說也。殿前有鐵脚。所以鑄賀蘭進明之奸。以報不救之憤也。游人至此每踐之。而一般鄉愚。又妄謂踐之可市利。故鐵脚光澤異常。

〔松滋王侯祠〕　亦在秀嶂街。祀明萬歷間禦倭有功之知縣王其勤。兩廡並祀死難烈士何五路等三十六人。

〔錫山〕　在惠山之西。廣三里許。高僅數十丈。無錫之主山也。當周秦間。山中產錫。故名。登山之道有二。一自五里塍曰前山路。一自秀嶂街曰後山路。現有龍光寺僧募貲修前山路。石級嶄新。蜿蜒直達山頂。登臨大便於昔日。且每行百餘武。即有石櫈可資憩息。山半有于忠肅公祠。俗呼夢神殿。每逢春秋二季。邑人多來祈夢。以占休咎。山頂有龍光塔。在龍光寺中。寺供天王等像。僧寮淸潔。了無塵垢。主持多淸高之僧。禪房內鉛丹滿壁。牙籤琳琅。風雅可概見也。寺外峯巒疊翠。石闌圍繞。踞闌縱目湖光瀰漫白雲變幻山風獵獵鳥語嚶嚶令人襟懷開暢心境清淨而北塘炊烟運河檣舟城堞如犬牙錯差屋宇如鴿房排列綠林青草碧水蒼天無一不足供騷人之詩料也後山路亦平坦可行有錫泉石浪庵諸勝蹟

〔錫泉〕　在錫山北面半山中清乾隆時無錫令吳鉞掘地得之

〔龍光塔〕　在錫山巔龍光寺內明正德初建石塔以鎮風水所以像龍山之角萬歷間改建磚塔題今名曰龍光塔當時可梯而上每逢佳節宵懸一燈燈光點點落芙蓉湖中凭艇一望眞如火樹年久失修荒草蔓生蛛網徧佈鳥糞堆陳游人不堪涉足矣茲由持住僧印禪捐募重修云

〔石浪庵〕　在錫山之陰門向西關自秀嶂街登循石級而上逕抵庵前或自前山路來亦通距龍光寺之背僅三百餘武庵前石坡起伏嶙嶙峋峋如風翻浪登小閣凭窗遠眺野色瀰漫林烟蒼藹一角湖光渺茫如烟半壁斜暉掩映若畫鳥語松風時相嚮答絕無市喧俗籟之聲栖霞客也者其住此間乎

附錄劉繼增先生惠山竹枝詞

儂家生小二泉東屋後香塍五里通鎮日看山看不厭雲烟變幻畫難工

小金山小浸芙蓉纔撥船頭見九龍石徑游人渾似蟻行行遠過二茅峯

水月庵前疊石矼漁舟繫處柳成樁喧聲忽起人爭渡驚醒鴛鴦夢一雙

結伴登舟姊妹隨，琉璃窗亮儘人窺。心知寶善橋邊近，手鏡親持再畫眉。

繫纜河塘畫換衣，龍頭爭看吐珠璣。崇祀兩岸輝金碧，一座牌坊隔翠微。

暫到山門列肆居，轉因擁擠步行徐。路旁買得甜燒餅，要向泉亭去飼魚。

乘輿登高不用扶，半空鈴語在浮屠。錫山更比龍山近，石浪庵前望太湖。

瀹茗當爐各品題，腰如楊柳手如荑。狂蜂浪蝶閒徵逐，繞過桃溪又李溪。

紅羅新換踏青鞋，郁婦燒香少女偕。攜得金剛肚臍去，寺門大佛笑當街。

熱鬧場中戶不開，天鈎道院少人來。一池清水闌干外，只許詩人看綠梅。

漪瀾堂外碧粼粼，堂上千秋御筆新。品茗竹爐尋舊迹，當年盛事說南巡。

遠客都來廣見聞，二泉汲處水沄沄。滿而不溢堆茶椀，更可投錢數十文。

陰陰喬木鳥聲喧，傑閣凌虛寄暢園。山色溪光渾一色，不知戶外有牆垣。

若冰洞裏露珠團，點滴能生六月寒。却怪淋漓垂滿地，出來總不濕衣冠。

宿雨初晴露曉巒，遙看飛白破青山。幽人掘得天生朮，道自黃公澗裏還。

映山上下好開筵，帶髮尼姑各逞妍。時樣衣裳新樣髻，鑲鞋高底露裙邊。

叢坟纍纍碧山腰，吟社風流迹已消。日暮誰家作寒食，紙錢灰起隔林飄。

點易臺荒古硯照，海天石屋掩蓬茅。游人到此無聊甚，石上縱橫畫卦爻。

桂花。杜栗。松花。菌。湖水鮮。菱泉水。醪更有。青青蠶豆子。山家風味勝羊羔。

早起梳頭爽氣多。汗衫當換雪青羅。泥金團扇遮朝日。至德祠中看白荷。

石堆苔蘚樹藏鴉。秋至故園有桂花。結個球兒隨手插。濃香低壓鬢雲斜。

魚貫肩輿上玉皇。輿中婦女信陰陽。年年長線穿元寶。燒盡全山十廟香。

暮春天氣袷衣輕。各廟齊將勝會迎。茶客到來無坐地。家家門外搭松棚。

求籤都說石門靈。山路崎嶇喘不停。携得一枝甘蔗杖。繡鞋踏破草青青。

連朝香會接香塍。大德橋頭月未升。無數佳人爭上岸。夜來要看肉身燈。

珊瑚鞭子玉籠頭。清脆銅鈴韻自悠。試馬香花橋上過。金釵忽墮誦芬樓。

天道人倫自古今。賀蘭鐵脚跪庭心。雙忠廟接于公廟。宿夜還將好夢尋。

秀嶂街橫樹色參。鐘聲塔影落層嵐。只因地僻遊人少。香火寥寥忍草庵。

一籃土產客中添。五彩泥人巧樣纖。要貨招牌高掛起。兒童歡喜價難廉。

馬鞍塢上夕陽銜。雙艣何須掛錦帆。要向蠡園浜裡去。酒濃露重濕衣衫。

(乙)湖濱諸勝景

〔太湖〕　太湖即古之震澤、笠澤、具區、五湖也。距邑城之西南。俗稱十四里。實祇十里耳。往遊者。陸路可出西城、過吊橋、左轉灣、至迎龍橋。僱人力車。經河埒口、張巷、榮巷、過梅園。而至湖浜。約行三刻鐘。車價小洋二角又錢五十文。水道與陸路不相上下。可由西水關外西新橋。出梁溪西南行。經小渲。大渲。沿五里河浜直達湖濱。如遇順風。進程甚速。通常則遠不及陸行之便也。湖之面積三萬六千頃。周約六百餘里。跨江浙兩省之交。邑之富安、開原、揚名、開化、新安五鄉。皆濱斯湖。臨湖之地。計有四十五里。我國第三淡水湖也。水量因時季而異。冬季。水量最少。猶深於運河。故湖中之水。出注於運河。夏季。西南諸水。多由運河。而歸於湖。故水益深。湖面。洋洋如海。沿湖之區。土壤肥沃。溝渠交錯。農桑水產之利。甲於他鄉。湖中島嶼。點點著名者。有七十二峯。水石園林之勝。天然入畫。故有洞天福地之稱。

〔五里湖〕　太湖之內有五里湖。一名漆湖。亦曰小五湖。跨揚名、開化二鄉。浦嶺、獨山二門。其出口也。湖濱之西。有項王廟古蹟。東有高子水居之遺址。明高忠憲公曾築別墅於此。光緒中葉。邑人裘廷梁。即其遺址。醵貲修建樓宇數楹。勒高公遺像於石。遊人每觴詠其間。惜燬於火。近則居民多就湖濱築漁池。湖面日形縮小矣。

〔橫山〕　湖濱諸山。列若屏障。而以橫山、管社山、獨山、三山、充山、燦山、青山等。最爲著名。橫山起於平原之中。南北橫亙。故名橫山。以山頂上有五高阜。故俗名五頂山。聞之土民。五頂係前清防湖據兵之遺跡云。山之西南有東山。即其餘波也。今梅園(詳後)闢於此。

〔管社山〕　管社山與獨山相對。奇峯怪石。溪谷幽深。遊人至此。胸襟頓開。下有項王廟。或云本爲夏王廟。相傳獨山門爲夏禹所鑿。故祀於此。後乃訛夏爲項也。廟左有萬頃堂。（詳後）由邑紳楊翰西等集資就湖神廟舊址所改建。東南有楊園。（詳後）

（獨山）　獨山居五里湖太湖之交。北對管社山。爲浦嶺門。俗名廟門。亦曰北獨山門。南對充山。爲獨山門。五里湖之水。自二門西達震澤。是山實當其衝。

（三山）　三山在獨山門外。鼎立湖中。東爲東鴨。西爲西鴨。大帆小帆在其西。

（充山）　充山一作衝山。下有曹灣。曹灣而下。皆平壤。有巨石突出湖中。作半島形。名曰黿頭渚。（詳後）

（梅園）　梅園在東山上。爲榮德生先生所建造。由西門迎龍橋乘車至此。車價洋二角。園之左爲榮氏私立公益第二國民學校。右有一泉。名洗心。稍進爲松木所架成之架。架中有一石。危立。上書梅園二字。兩旁一帶。徧植梅樹。千百株。其後地形漸高。有一怪石。矗立廣場中。過小橋。穿假山石洞。至六角亭。小溪蜿蜒。曲折環繞於亭之四。圍更前則一研泉。在焉。歷級而上。爲香雪海。額爲康公南海所題。可以啜茗少憩。再進爲誦豳堂。棟樑均係楠木。堂內書畫楹聯極多。陳設精緻。亦可啜茗。其間依廊出至玻璃室。室中滿陳花品。後有向西一室。室前有荷池。依廊西出爲茶室。堂後又有一亭。爲斯園最高處。有一石危峙。面鐫小羅浮三字。背刊老梅一枝。由此處遙望。太湖近在眉睫。誠大觀也。

〔楊園〕　楊園即楊紫淵公祠。在梅園之西約三里。即管社山之東南麓。地名東管社。爲清初隱士楊紫淵所建。紫淵名維寧。性剛直。膂力絕人。然終未嘗與人言武事。園中築堤。植柳。規湖。爲池。養魚。種荷菱芡不絕。率妻子隱居此間。名管社山莊。治生之暇。讀書賦詩。布袍。草履。與漁。樵。爲伍。客至。非意所願見者。輒拒弗納。意所可則延欵之。因亦無俗客至。園中原有翠勝閣、尚友堂、潛樂堂諸勝。峭壁流泉。碧梧翠竹。風景尤擅幽絕。今已荒廢不可見。然殘垣。斷壁。古屋。無人。幽谷。雖荒。奇景猶存也。去年楊公後裔及族人。集資築屋三椽。以祀楊處士。故已稍復舊觀矣。

〔萬頃堂〕　在東管社。距楊紫淵祠。迤南百數十武。舊有項王廟。其側爲湖神廟。旁有劇樓廳事。均燬於火。歲丙午。邑人集資修復廳屋。名曰萬頃堂。復由里人葺劇樓而新之。綠樹。紅牆。隱約湖口。其地有虞美人崖。由城西至此。人力車可通。

〔黿頭渚〕　在萬頃堂之南。充山之麓。俗名南獨山。有一石。狀若巨臂。深入湖中。作半島形。俯瞰湖流。形如黿頭。故名。其地爲太湖出口之處。每値南風。波濤澎湃。奇石。壁立。氣象萬千。有前知無錫縣事巴江廖綸摩崖書「橫雲」及「包孕吳越」擘窠大字。現爲楊氏私立植果試驗場。山麓建有橫雲小築、幷涵虛、落霞兩亭。頗擅湖山之勝。由萬頃堂至此。設有渡船。一水可杭。云又由渚南去約半里餘。有一勺泉。泉上有天開峭壁。源頭一勺。相傳爲前明王仲山所書。惟無欵誌。

〔鎭〕　河埒口、距城約三里。馬路從此西北行。可至惠山。開原鄉路工局在焉。

榮巷、去城約七里。街市較河埒口爲盛。普通店鋪均備。榮德生先生所辦之農事試驗場、大公圖書館、公益中等學校、國民學校、競化女學均在焉。徐巷、去梅園不足一里。市街不及榮巷之盛。

交通

(甲火車) 由錫乘滬寧特別快車約行二點二十二分至上海。快車三點零五分。又至南京特別快車約行三點三十九分。快車四點十六分。開車時刻及所需車費如下。

由無錫至上海各處車費表

站名	頭等	二等	三等	四等
無錫旗站	二角	一角	五分	
周涇巷	仝上	仝上	仝上	
望亭	四角	二角	一角	
滸墅關	六角	三角	一角五分	
蘇州	一元	五角	二角五分	一角五分
官瀆里	一元	五角	二角五分	
外跨塘	一元四角	七角	三角五分	
唯亭	一元六角	八角	四角	
正儀	一元八角	九角	四角五分	
崑山	二元二角	一元一角	五角五分	
陸家浜	二元四角	一元二角	六角	
安亭	二元八角	一元四角	七角	

由錫至滬開車時刻

站	開車時刻	車別
無錫開	上午八點十五分	客車
	上午七點十分	快車
	上午十一點二十八分	快車
	下午一點三十四分	慢車
	下午四點	快車
	下午六點廿九分	特別快車
	上午四點十一分	快車
蘇州開	上午九點三十五分	客東
	上午八點十一分	客車
	上午十二點二十三分	快車
	下午二點五十四分	慢車
	下午五點零一分	快車
	下午七點二十一分	特別快車
	上午五點十二分	快車
上	下午十二點十五分	客車
	上午十點十五分	客車
	下午二點二十分	快車

站名	頭等	二等	三等	四等
黃渡	三元	一元五角	七角五分	
南翔	三元二角	一元六角	八角	五角
真茹	三元六角	一元八角	九角	
上海	三元八角	一元九角	九角五分	六角

由無錫至南京各處車費表

站名	頭等	二等	三等	四等
石塘灣	四角	二角	一角	
洛社	四角	二角	一角	
橫林	六角	三角	一角五分	
戚墅堰	仝上	仝上	仝上	
常州	一元	五角	二角五分	一角五分
奔牛	一元二角	六角	三角	
呂城	一元四角	七角	三角五分	
陵口	一元六角	八角	四角	
丹陽	一元八角	九角	四角五分	三角
新豐	二元二角	一元一角	五角五分	三角五分
鎮江旗站	二元八角	一元四角	七角	
鎮江	仝上	仝上	仝上	五角
高資	仝上	仝上	仝上	仝上
下蜀	三元二角	一元六角	八角	
龍潭	三元六角	一元八角	九角	
孤樹村	四元	二元	一元	
堯化門	四元二角	二元一角	一元〇五分	
太平門	四元四角	二元二角	一元一角	一元
南京	四元六角	二元三角	一元五角五	一元

海到	
下午五點三十分	慢車
下午六點五十八分	快車
下午九點	特別快車
上午七點	快車

由錫至常開車時刻

無錫開	
上午十點三十一分	特別快車
下午十二點二十四分	快車
下午一點四十一分	慢車
下午三點五十四分	快車
下午七點二十七分	客車
上午八點二十分	客車
上午二點十分	快車

常州開	
上午六點五十分	客車
上午十一點二十二分	特別快車
下午一點十八分	快車
下午三點零三分	慢車
下午四點四十八分	快車
下午九點二十五分	客車
上午三點十分	快車

鎮江開	
上午九點十六分	客車
下午十二點五十二分	特別快車
下午二點五十五分	快車
下午五點十七分	慢車
下午六點二十二分	快車
上午五點零六分	快車

南京到	
上午十一點十九分	客車
下午二點十五分	特別快車
下午四點二十六分	快車
下午七點十三分	慢車
下午七點五十分	客車
上午六點五十分	快車

（乙輪船） 招商局、老公茂總局、均設北門外竹場巷內。招商局另設分局於光復門外通運橋。中華輪船局、及利澄輪船局、設於通運橋下。

（招商輪船） 每逢單日午前十點半鐘開往（洛社）（戴溪橋）（華渡橋）（運村）（和橋）（宜興）（徐舍）（溧陽）八處價目至溧陽房艙三元六角官艙一元二角客艙九角烟篷五角五分另有開往江陰者。與利澄輪船早晚相間往來。（參看利澄船）

（中華輪船） 則逢雙日開往各處。地點價目與招商輪船同。

（利澄輪船） 爲江陰章君琴若鄭君粹甫及錫邑周君舜卿所𠞰辦。有船三艘。二艘開江陰。於每日上午十時半及下午四時開往（石幢）（青暘）（月城橋）（南閘）（江陰）五處。至江陰房艙以三人爲限。計洋一元八角。官艙六角。客艙四角半。烟篷三角半。均係小洋。一艘開江陰縣屬之周莊。逐日下午一時半開往（張涇橋）（陳家橋）（况山橋）（長涇）（陸家橋）（瓠岱橋）（周莊）七處。至周莊小洋三角半。無客艙烟篷之別。

（老公茂輪船） 每日午前十時開往蘇州上海。包房間二元。大菜間每客一元。客艙五角。酒飯三角。烟篷三角。酒飯二角。若搭拖船（俗呼土船）之房艙大四元。中三元。小二元。酒飯另加。客艙一元。烟篷六角。酒飯在內。至蘇州房間一元。客艙一角五分。烟篷一角。酒飯另加。

（丙民船） 航船甚多。至蘇州。常州。江陰者。（北門外尤街）至塘橋。洛苑。洋舍。塘市。北漍。欄杆橋。

桀巷上。徐巷上。鎭山頭。禮社。南方前者。（北門外長安橋）至王莊。田莊。祝塘。黃土塘。華墅。南新橋。顧山。羊尖。嚴家橋。東北塘。鴻申里。西倉。蕩口。甘露者。（北門外吊橋東芋頭沿河）至新莊巷。湯家橋。陳巷橋。方橋。東港者。（北門外長安橋西廣昌碼頭）至常州。溧陽。湖塘里。南橋。洋舍。新船者。（北門外天后宫）至常熟。后塍。慶安寺頭。東北頭塘者。（北門外竹場巷）至谷暘。方泉。江溪橋。梅村者。（蓮蓉橋西塊王源聚冶坊碼頭）至張村。東亭。楊亭。長大廈。華大房莊者。（蓮蓉橋東蔴餅沿河及灘上）至安鎭。張涇橋。查家橋。望亭。大牆門者。（蓮蓉橋北首唐時祥布行碼頭）至雪堰橋。前旺。呂家橋。南宅。橫林。分水墩。漕橋。落陽。潘家橋。周鐵橋。新瀆橋。胡埭。黃石街。前洲。石塘灣。洛社。斗門。里秦巷上。北七房。前橋。張鎭橋。黃橋。運村。下塘。西璋者。（北塘大三里橋）至焦典。陳大橋。三河口。周莊。長壽。青暘。北漍。璜塘。峭岐。高岸。雲亭。堰橋。胡家渡。劉潭橋。毛巷上。前後西漳。陳家橋。尤家擔。牌樓下者。（北塘小三里橋）至蘇州。梅里。彭家橋。玉祁。楊樹園者。（北塘財神衖施碼頭）至南閘。月城橋。后宅者。（北塘梅場衖碼頭）

〔民船價〕　雇快船由小輪拖帶者。若至上海。頭等十四元。二等十三元。三等十二元。至蘇州。頭等八元。二等七元。三等六元。雇快船自搖者。至上海。頭等十四元。二等十二元。三等十元。四等九元。至蘇州。頭等八元。二等六元。三等五元。四等四元。　航船之行經蕩口者。逐日有午前八時及午後六時兩班。舟金一百文。其逐日下午七時。開往江陰常州蘇州者。停泊北門外尤衖。至江陰。價一百二十文。常州。蘇州。均一百六十文。此外附近各縣及本縣鄉鎮之航船價目。自錢二十文至二百二十文。

（便船）　便船可隨便僱用。有大駁船小駁船之別。價目論日不論路。大駁船每日約一元至十元不等。小駁船每日自六七百文起至一元左右。近來各棧房各廠家有汽油船出租。租費十里五元。二十里七元五角。三十里十元。以次類推。又有民船。謂無錫快者。至城市鄰近二三里左右三角至四角。三十里一元六角至一元七八角。

（丁人力車）　人力車均係象皮輪。由車站經通運路。入光復門。公園路。至崇安寺。由崇安寺西經新市橋。而至西門。南過斜橋、冉涇橋、經三下塘。直達南門。小南海。東經盛巷、含秀橋、熙春街、而至東門。

今新馬路築成。可由車站逕雇人力車。經北栅口過吳橋。直達惠山。復由惠山雇人力車。經五里香塍。（俗名五里街）而至西門棉花巷。步過外吊橋。即爲西門吊橋。復可乘車返車站。

（車價）　自車站至公園路。（五六十文）至南門。小南海。（一百文）至西門。（八十文）至東門。（九十文）至惠山。（二角）復由惠山至西門棉花巷。（五六十文）自迎龍橋經榮巷至梅園。（二角）由梅園至獨山門。（六十文）

（戊轎輿）　有籐轎、中轎、小轎、等名目。可往轎行內雇之。轎行隨處有之。最大者有公記（黃泥橋電話二百九十二號）洽記（馬路上電話二百九十四號）等轎行。籐轎每站銅元六枚。半站三枚。下鄉遊山以鐘點計算。可與面議。

（己郵局）　總局在北門外江陰巷。第一支局在城內新市橋。第二支局在南門外跨塘橋。第三支局在光復門外通運路。

（庚民局）　均在北門外大街。有老正大、寶順、鴻源、通順、全盛、林永和等局。

（辛電報局）　在北門外通匯橋下。

（壬電話局）　在北門裏城脚興隆橋。（詳實業）

（癸繁盛街市）　城中大市橋、倉橋、打鐵橋、崇安寺一帶。北門外北大街、北塘、三里橋。南門外黃泥埄、清名橋。西門外吊橋下、太保墩。光復門（即新北門）外通運路、交際路、漢昌路、皆爲繁盛之區。若以本邑商務而論。以北大街三里橋夜市至十時許。馬路則尚須遲至十二時以外。

公署機關

〔縣公署〕　在城之東北隅。署前之街。俗稱新縣前。人力車可通。

〔警察所〕　附設縣公署內。另設分駐所於老縣內。又設第一分所於馬路上。第二分所於南門。第三分所於西門。

〔稅務所〕　在北門內打鐵橋東首。另設分所於各要口。

〔勸學所〕　附設縣公署內。

〔縣教育會〕　清光緒二十九年成立。會址在城中公園路。自建新屋。陳列關於教育之表册。會場設於樓上。全縣童子軍聯合會。附設於內。外埠教育參觀團。多宿該處。通人力車。電話三十四號。

〔縣商會〕　清光緒三十一年成立。會址在太平巷。與電燈廠接近。通人力車。新建西式洋房。議場設於樓上。頗爲美麗。商品陳列所附設於內。隨時可往參觀。電話十八號。

〔縣農會〕　民國三年成立。會址在公園路前八兒巷內。農品陳列所附設於內。電話二百八十五號。遷善局、官產收租處。均在於此。

〔公所公會〕　無錫市公所。在城內寺前街。四鄉公所。在城內駐驄橋下。絲繭公會、麵粉公會、均在北門外竹場巷內。繭業公所。在惠山浜內。紗業公所。設於通匯橋下黃天蕩。米業公所。在北門外張成衖底。積餘堂錢業公所。在北門外竹場巷九如堂。綢業公所。在北門外南尖。均有電話。其餘各業亦均有公所。

慈善事業

〔醫院〕　普仁醫院。爲西人所辦。在南門內南市橋。通人力車。電話一百八十四號。大同醫院。爲華君景爽所辦。在城中公園路。通人力車。電話二百五十六號。

〔善堂〕　普濟堂（北門外普濟橋）、恒善堂（城中觀前街）、同仁堂、育嬰堂、（東門內新廟東

間壁、）清節堂（城中塔坊橋、）
〔遷善局〕城中八兒巷、
〔施粥廠〕、西門外、
〔棲流所〕西門外、
〔集成代賒局〕北門內裏城脚、

教育

（甲）社會教育

〔通俗教育館〕在公園路縣教育會後面。民國六年成立。觀覽時間。除星期全日外。每日下午一時開館。五時閉館。現有博物、實業、地理、幼稚教育、理化、通俗衛生、天文、歷史八部。並有格言揭示。露天演講等。入門須購劵。每劵售錢十文。

〔圖書館〕縣立圖書館亦在公園路。光復時以三清殿舊址改建。內分特別、普通、兒童、婦女、等閱覽室。並備各種日報。惟須購劵後准閱覽。其餘開原、天上、青城、等市鄉。亦均有圖書館云。

〔公共體育場〕在西門外棉花巷北倉街內。就大倉隙地爲之。場址十四畝有奇。外場已組織球部、田徑賽部、器械部、柔軟部等。將來尚須設游泳技擊二部。內場亦有宣講、閱書、衛生、出版等四部。

〔愛羣體育會〕是會由楊君敬止等組織。附設於公共體育場。

〔音樂學會〕 會址在北門外廣勤路。

〔報館〕 新無錫及錫報兩所，均在北門內書院衖。

（乙）學校

〔無錫市公私立各學校一覽表〕

校名	校址	與車站之距離	人力車資
省立第三師範	學前	城南二里	八十
又附屬小學	同上	同上	同上
縣立女子師範	小婁巷底	城東里半	七十
又附屬小學	同上	同上	同上
省立代用女子中學	北禪寺巷	城南里半	七十
競志女子師範	同上	同上	同上
輔仁中學	後書院衖	城南一里	五十
聖馬可學校	新開河	城南二里	八十
縣立第一高等	連元街	城西一里	六十
縣立第二高等	蘇家衖	城東里半	七十

縣立乙種實業	學宮內	城南二里	八十
積餘(高小)(國民)	北門外蔡家衖	二里	
益友(高小)(國民)	眞應道巷	城西一里	五十
濟陽女子(高小)(國民)	北門外北塘	二里	
榮氏女子(高小)(國民)	棋杆下	城北里半	六十
振秀女子(高小)(國民)	北門外貝巷上	里半	
養素女子專修	駁岸上	城東一里	五十
類思(高小)(國民)◎	北門外三里橋	三里	
東吳附屬第八(高小)(國民)◎	南門外	四里	
德慧女子學校◎	同上	同上	
浸會(高小)(國民)◎	北門外江陰巷	一里	
亞納女子學校◎	北門外三里橋	四里	
聖嬰女子學校◎	新開河	城南二里	
市立女子職業	白水蕩	城北一里	四十
市立第一國民	崇安寺	城西一里	五十

市立第二國民	小婁巷	城東一里强	六十
市立第三國民	虹橋下	城南二里半	
市立第四國民	北門外江陰巷	一里	
市立第五國民	東門外亭子橋	里半	六十
市立第六國民	西門外棉花巷	三里	
市立第七國民	冉涇橋	城南二里	七十
市立第八國民	西門外惠山	六里	
市立第九國民	南門外清明橋	四里半	
市立第十國民	北門外冶坊場	半里	三十
市立第十一國民	三皇街	城西二里	七十
唐氏國民	大婁巷	城南一里	五十
光華國民	三下塘	城南二里	七十
秦氏國民	大河上	城南一里半	六十
正業國民	南門外清明橋	四里半	
振藝女學	大婁巷	城南一里	五十

工織女學	旱橋衖	城南二里	七十
志成女學	南門外奚家衖	四里	
藝芳國民	北裏城脚	城北一里半	七十
濟陽國民	北門外蔡家衖	二里半	
競進國民	北門外橫浜口	一里半	
崇正國民	北門外北栅口	一里	六十
學藝女學	新縣前	城南一里	五十
孫氏國民	小河上	城東二里（弱）	七十
俟氏國民	駁岸上	城東一里半	七十
翼中貧民小學	同上	城東一里	六十
陳氏國民	東河頭巷	城東二里	七十
培新國民	崇安寺	城西一里	五十
廣勤國民	廣勤路	城北二里	五十
經雅國民	迎溪橋	城西二里	七十
菁莪國民	西門外梓樹巷	三里	

昌盛國民	亭子橋	城東里半	六十
聖路迦學校◎	南市橋	城南三里	八十

〔附註〕(一)公立學校均於校名上註明。
(二)不註者均爲私立學校。
(三)校名下有◎者爲外人所設之學校。

〔天上市〕市立國民學校三十一校。又私立一校。高等小學一校。學生一千零七十二人。

〔天下市〕市立國民學校十二校。又私立一校。女子國民學校一校。學生七百零八人。

〔青城市〕市立國民學校十七校。又私立四校。女子國民學校一校。私立高等小學一校。學生一千二百九十五人。

〔萬安市〕市立國民學校十三校。又私立二校。夜學校一校。縣立高等小學一校。學生一千零八十三人。

〔泰伯市〕市立國民學校十三校。又私立一校。學生六百九十人。

〔南延市〕市立國民學校十校。又私立三校。私立鴻模高等小學一校。學生七百三十九人。

〔景雲市〕市立國民學校十一校。又私立一校。學生五百廿八人。

〔懷上市〕市立國民學校十六校。又私立三校。縣立第五高小學校一校。私立高等小學一校。市立女子高等小學一校。學生一千三百三十三人。

〔懷下市〕　市立國民學校九校。又私立一校。女子國民一校。學生五百七十三人。

〔富安鄉〕　市立國民學校十五校。又私立二校。學生六百八十八人。

〔開原鄉〕　市立國民學校八校。又私立七校。私立女子國民學校四校。私立男女高等小學各一校。學生一千三百七十八人。

〔揚名鄉〕　市立國民學校八校。又私立六校。縣立第三高等小學一校。學生八百八十人。

〔開化鄉〕　市立國民學校十一校。又私立五校。女子國民學校一校。學生八百六十五人。

〔新安鄉〕　市立國民學校十二校。學生五百三十八人。

〔北上鄉〕　市立國民學校六校。又私立一校。學生三百四十二人。

〔北下鄉〕　市立國民學校六校。又私立二校。女子國民學校一校。縣立第四高等小學一校。學生五百八十四人。

實業

（子）場所

〔育蠶試驗所〕　育蠶試驗所在西門外倉浜裏。由省欵籌設。成立於民國七年春。現有事務試驗兩科。試驗科又分男女兩部。每部除技術外。復各招練習生若干人。每年試驗春夏秋蠶外。復有製種、繅絲、栽桑、調查、宣講等事。並設分所於江陰、溧陽等處。電話一百七十九號。

〔育蠶場〕 在天下市東北塘。距城十有餘里。民國七年由日人來錫籌設。經地方人士幾度之反對。始歸合衆蠶桑改良會辦理之。

〔養雞養蜂場〕 在南延市蕩口鎭。由華君繹之私人創設。成績頗著云。

〔農事試驗場〕 私立兩所。一在南延市蕩口鎭。爲華君繹之所辦。一在開原鄉榮巷。爲榮君德生所辦。名榮氏私立公益農事試驗場。縣設五處。一設於城市。餘設四鄉。由縣農會呈請縣署籌設。刻下正在籌備中。

〔植果試驗場〕 由邑人楊君翰西籌設。在黿頭渚。所植以桃梨爲多。

〔植棉場〕 民國七年由廣勤紗廠總理楊君翰西所辦。在車站後面廣勤路。錫邑向不植棉。此爲濫觴。分植美國常陰等種。頗見成效。

〔崇實公司〕 在天上市斗山下。成立於清末。後因種種之關係。即中止進行云。

(丑)絲廠

〔裕昌〕 在南門外周新鎭。清光緒三十年由周君舜卿創立。絲車三百三十架。商標二種。一名錫山。一名金魚。

〔錦記〕 在西門外倉浜。前清宣統元年徐君所辦。民國二年轉賣於薛君南溟。現有絲車三百十架。商標有金鹿、月兎兩種。電話二百五十九號。

〔源康〕　在北門外黃埠墩。清宣統元年爲祝君蘭舫所辦。現有絲車三百二十架。商標有黃埠墩、黑虎兩種。電話一百四十五號。

〔振藝〕　在南門外清明橋。清宣統二年由許君稻蓀集股創辦。絲車五百二十架。商標有雙鷹、花船兩種。電話一百八十一號。

〔乾甡〕　在光復門外通運橋。清宣統二年由孫君鶴卿建設。絲車二百八架。商標三種。一名九龍。一名跳舞。一名松樹。電話一百十號。

〔乾豐〕　原名乾元。在光復門外冶坊場。民國二年由祝君蘭舫建造。絲車二百五十六架。商標與乾甡同。電話五百五十六號。

〔鴻盛〕　原名隆昌。在東門外亭子橋。民國三年由周君月山等合資建造。絲車二百五十六架。商標有天字、福字、人球三種。電話二百〇九號。

〔義昌愼〕　原名協昌。在東門外之小粉橋。民國三年由單君紹聞等合資創辦。絲車二百四十八架。商標有五綸、地字、廠照三種。電話四百三十三號。

〔九餘〕　在南門外跨塘橋。民國五年創辦。絲車二百〇八架。商標有戰勝牌、地字牌二種。電話五百〇九號。

〔永盛〕　在東門外亭子橋。民國七年由邑紳薛南溟創辦。絲車二百八十八架。商標爲風雨臺一種。電話五百三十四號。

〔錦豐〕　在光復門外廣勤路周山浜。民國八年由唐君保謙建造。絲車二百四十架。商標跳舞牌。電話四百八十五號。

〔宏昶〕　在光復門外廣勤路周山浜。民國八年由錢君勤甫合資籌辦。絲車二百四十架。商標有進行牌、古錢牌二種。電話六百廿四號。

（寅）紡紗廠

〔業勤〕　在東門外興隆橋。清光緒二十一年爲清道員楊藝芳所籌辦。商標名四海昇平。現有紗錠一萬四千錠。電話四十七號。

〔振新〕　在西門外太保墩。清光緒三十一年。係榮君瑞馨所組織。有紗錠一萬八千錠。純用發電機。爲內地各廠用電力之創始。商標兩種。一名團鶴一名球鶴。電話十五號。

〔廣勤〕　在新北門外廣勤路。原名黃泥頭。民國五年由楊君翰西集資創辦。現有紗錠二萬錠。商標爲織女牌。電話二百三十號。

（卯）麪粉廠

〔茂新〕　在西門外太保墩。清光緒二十七年。由榮君德生集資創設。有美機三十二部。原用蒸氣機關。今改用發電機。商標爲兵船。電話十六號。

〔九豐〕　在北門外黃埠墩。清宣統二年由邑商合資創辦。有美鋼磨二十四部。商標名山鹿。電話二十一號。

〔惠元〕　在北門外惠山浜。民國三年由邑商合資創辦。購置美國鋼磨十部。商標係劉海。民國五年改茂新第一分廠。電話四百六十八號。

〔泰隆〕　在東門外菩提浜。民國三年由邑商集資創辦。購置美機七部。嗣即歸併恒豐廠合辦。共有鋼磨十一部。商標爲鷹球。電話五百十五號。

〔保新〕　在北門外丁港裡。民國三年由邑商創設。有美國鋼磨四部。民國七年改爲茂新第二分廠。商標與茂新同。電話三百七十九號。

（辰）電燈廠

〔電燈公司〕　廠名耀明。在光復門外。清宣統元年由紳商合資創辦。有新式發電機五部。電話十二號。

（巳）電話

〔電話公司〕　在北門內興隆橋。清宣統三年由紳商合資創辦。純用女子接線。裝戶現有六百餘號。

（午）榨油廠

榨油廠共有三處。一在西門外南尖。廠名潤豐。民國三年合資建設。一在北門外缸尖上。廠名鄒成茂。（建設年月待查）一在北鄉石塘灣。廠名德豐。民國三年合資建設。

（未）礱米廠

礱米廠共有十七家。約有礱米機九十餘具。在西門外一帶。著名者如德源、寶新、成泰、民商、仁昌裕、永和、信泰、裕昌等。堆棧之附設礱米機者亦甚多。

（申）織布廠

織布廠共十九家。均用女工手藝成之。專織新式花樣羅緞、及斜紋、條格等布。環列成區者。共十二家。廠名勸工、惠工、南昌、華綸、華成、森瑞、生新、成隆、記勤、藝大、昇光、華麗華。散處各鄉者共七家。九和、裕康、裕豐、厚大、生永、吉利、旭東、新新。

（酉）翻砂廠

翻砂廠。現有協記、協勤、渭鑫、復源等四家。均在光復門外。

（戌）胰皂廠

廣勤胰皂廠。在北門內棋杆下。於民國八年。由邑人楊君翰西創辦。商標係圓式。縮寫英文廣勤二字。以三星、雙星、單星、分正牌、副牌、次牌。質地精良。行銷甚廣。

〔亥〕大商店

〔銀行錢莊〕 中國銀行。(布巷街)交通銀行。(北塘東街)江蘇銀行。(竹場巷)商業銀行。(大橋下)瑞昶潤銀號。(大橋下)其餘如瑞裕、同和、恒升、協康、福泰、愼康、允裕、德豐、義豐、億豐、宏大、久餘、同春、永豐、謙豫、源豐、謙益、天成、盛康、源達、源咸、昌裕、和等錢莊均在北門外北大街一帶皆有電話

〔絲繭堆棧〕 瑞昶潤(通運橋南首)福裕。(冶坊場)大有。(通運橋北塊)源愼。(通滙橋) 協成。

〔通運橋〕

〔絲繭行〕 韋玉記、振昌、協源、恒祥等四家均在火車站附近通運橋北首。

〔糧食行〕 米麥豆行共有一百餘所均在北門外北塘一帶著名者如元大、裕大、元隆、隆茂、三茂、陳合茂、永源生、恒源生、豐泰裕等行。

〔粮食堆棧〕 東穗生(通運橋)民育(壩橋下)復生(小三里橋)聚成源、仁瑞豐(小尖上)長源。(石坡頭)愼德(西村里)南穗生(財神堂)寶成源和(丁缸裏)德新華宏仁(醬園浜)達源華興仁福康潤(龍船浜)源和、賚豐、保大(茅涇浜)和豐、復成、同益(李家浜)恒益、錫豐、福昌、源東、瑞成福源生、益源、增益生和(蓉湖莊)振南、鑫昌(南塘)

〔綢布莊〕 城市綢布莊共有四十餘所著名者協成、懋綸(均在打鐵橋)世泰盛、丁源盛、丁雙盛(均在大市橋)達昌祥、九餘、九大(北大街)源餘(江陰巷口)德茂森(接官亭)

〔夏布行〕　以唐瑞成、九豐最大。（北門內打鐵橋）至冬季則賣各種皮貨。

〔銀樓〕　中帮有楊慶和、新慶和、新寶成、恒孚等。錫帮有老麗成、元元等十餘家。

〔國貨公司〕　在城內倉橋下北首專售國貨分校用品。日用品。藥用品。化裝品等。

〔印刷公司〕　以錫成印刷公司。規模最大。在北門內書院衖。電話六百〇四號。

〔照相館〕　老寶華。（惠山）寶記、（通運路）興昌、老寶華分館、天眞。（崇安寺）

〔轉運公司〕　同益公益通記瑞泰恒華盛義源源源記運興處永泰隆捷運協豐滙通利興同康

〔火車站〕清記（通運橋南首）悅來西綸（漢昌路）義興（冶坊場）

食宿遊樂

〔菜館〕　菜館甚多茲將最著名者錄下

名稱	地址	人力車	電話	距站路程
聚豐園	北城脚	通	五百十六號	一里
聚樂園	城中寺前	通	無	一里半
船菜公司	吉祥橋堍	通	六百廿五號	半里
大新樓	漢昌路	通	五百八十九號	半里（弱）
大和園	通運路	通	三百五十二號	半里（弱）

大慶園	同上	通	四百八十一號	同上
德華樓	通運路	通	五百二十號	同上
鶴陽樓	同上	通	一百八十三號	同上

〔茶館〕岳陽樓（通運橋南堍）九龍日昇樓 留香閣 得其湖中逍遙樓（通運路）青蓮閣（吉祥橋堍）玉和春（漢昌路） 最宜樓（北門外吊橋堍）拱北樓（北門外尤街）悅心樓：（北門外壇頭街） 蓉湖樓（大三里橋）丹鳳 萬花樓（城中公園路）松風閣（公園路）

〔旅館〕 大小旅館共有數十家。茲將最著名者備錄如左。

名稱	地址	電話	（價目）最大價	最小價	折扣	距站路程
新世界	通運路	五百七十五號	四元五角	四角五分	七折	半里弱
啓泰棧	同上	二百六十九號	二元四角	五角	五折	同上
永興棧	同上	四十一號	一元八角	六角	五折	同上
新旅社	同上					同上
中華旅館	同上	四百十四號	二元四角	六角	五折	同上
孟淵旅館	永安里	二百四十三號	二元	六角	五折	同上
惠中旅館	通運路	三百十七號	二元二角	六角	五折	同上

梁溪旅館	同上	五百〇四號	二元四角	六角一分	五折	同上
無錫旅館	同上	二十號	二元	四角	五折	同上
第一旅館	漢昌路	三百十九號	二元	六角	五折	同上
蘇臺旅館	同上	三百五十二號	二元四角	六角	五折	同上
義和棧	壇頭弄內	五十二號	八角	二角		一里
大新旅館	同上	二百三十七號	八角	二角		同上
金昌旅館	露華街		八角	三角		半里
萬安棧	東大街		六角六分	八分		二里半

〔浴堂〕

名稱	地址	電話	官盆	客盆	池堂
新世界	通運路	五百七十四號	二角六十	一角	四十
華清池	同上	四百廿五號	一角	七十	三十
洗清池	吉祥橋堍	五百六十八號	一角	七十	三十
龍泉園	壇頭弄內	一百廿八號	一角	七十	

〔理髮處〕　修面六十　修髮一角

〔妓院〕　均在北門外城脚。長安橋下。游山船浜。馬路一帶。露華衖亦間有之。河干泊有燈船。可游惠山。夜間筵宴能容二十餘人。夏令泊於小尖醬園浜、黃埠墩。夜深酒闌。可出小洋數角雇小舟（俗名水馬車）携妓納凉。燈船價目二十四元至二十八元。酒菜在內。小賬另給八元至十元不等。自午前十時起。至夜十二時止。堂唱一元。書妓以楊秀英金小素陳媛媛劉文寶陳昭弟（北門城脚）周菊芬（南尖）馮秀寶（游山船浜）雲程別墅（交際路）劉小寶（吉祥橋）下等妓寮則散處南尖及光復門外馬路附近等處。所有著名書妓。均皆裝置電話。

〔劇場〕　新世界在通運路。價目每人小洋二角。軍警童僕減半。景先第一舞臺。在漢昌路。時開時輟。

〔公園〕　園在城中公園路。清光緒三十一年。就觀名洞虛宮之荒基開闢。名錫金公花園。民國成立後。又拓其基而改今名。全園黃地爲路。綠草爲場。入門有巨石巍峙。最高者爲繡衣峯。右爲假山。山旁爲白水蕩。蕩北爲萬新花園。左爲守園住宅。大同醫院、逍遙遊茶樓、兩後門在焉。前面重屋三楹。曰多壽樓。樓後有池。刻隨水成池四字。園之路旁以竹架爲花欄。西面有八角亭、六角亭、四角亭、茅亭、布置其間。亭色染以紅藍白不等。更在大同醫院之左有土墩一。墩上有大樹爲覆。又有茅屋一所。夏日炎熱。遊人乘凉啜茗。都集於此。凡國慶紀念光復紀念各校師生會集此園。以伸慶祝。今且增置電燈。若皓月當空。清夜偶遊。殊覺樂也。

著名物產

〔繭〕錫邑以蓮心繭最爲特色。其形圓長如蓮心。產於西北各鄉者居多。惟近年鄉間多育中白元種。蓮心種已不多見。致繭質日下。全邑約出春繭十六萬擔。夏繭三萬擔。秋繭一萬擔。

〔絲〕多自設廠。用機器繅成者爲錦絲。用舊法繅成者爲肥絲。

〔米〕錫邑各鄉多產米。惠山之香梗米。尤爲著名。粒小而圓長。靱而堅實。用以煮粥。頗香膩可口。

〔無底螺〕產華藏山之華藏寺。相傳寺中小沙彌。網湖浜螺欲食之。既切螺底。尚未入鍋。旋爲寺僧所悉。盡傾湖中。自後湖中之螺。皆爲無底。名乃大著。想係遺傳所致。

〔村前黃雀〕產天上市堰橋鎮之村前。翅長而飛捷。捕而烹食之。肉味既厚。香韻亦佳。名聞遐邇。由來已久。

〔金眼魴魚〕產北塘之江尖西口。眼作金紅色。其鱗紅綠相映。游泳河濱。甚爲可觀。網以佐食。味極鮮美。

〔銀魚〕產南延市鵝湖附近馬蕩橋之小港中。湖濱入口之小港中。亦多產此。色白如銀。兩目爲黑色。無骨骼。游泳甚捷。出水即死。煮而食之。味甚鮮美。

〔玉爪蟹〕產青城市玉祁鎮之西龍潭。秋高九月。正橙黃橘綠之時。尖團均肥。味較湖蟹、蕩蟹爲佳。

〔鱭魚〕　濱湖之區多產之。以南鄉吳塘門爲最著。俗名湖鱭。口狹而方。腮短而闊。身長而鰭小。尾鰭長而游泳甚捷。味甚鮮美。

〔茭白〕　產北郊二里許之黎花莊。拔而出之於泥中。截其毛根。剝其護葉。留其近根之段。莖直而堅。玉潔而潤。可供人之食品。

〔四角菱〕　產梁溪畔者最佳。菱有四角。其尖銳。殼嫩而綠。肉爽而鮮。質美而沁齒。味清而流芳。或熟而食之。更足供素餐之用。

〔蓮子〕　產於楊園者最著名。園址依山作障。風景極佳。蓮花開時。游客咸集。迨結成蓮。剖而食之。味較產於他處尤爲香美。

〔松菌〕　惠山之前有燦山。山多紫石。土石之間多產松。松下產菌。味甚鮮美。又可浸爲松菌油。

〔西瓜〕　產懷上市東湖蕩黃土蕩者最佳。甘美異常。色綠而皮薄。瓤白而味甘。俗名三白瓜。

〔香瓜〕　產萬安市石塘灣者。青皮綠肉。子細而少。味之甘美。逾於他鄉之瓜。產於懷上市黃土塘者。皮色黃。俗名黃密羅。亦頗著名。

〔蠶豆〕　邑中多產之。惟產惠山五里香塍者最佳。結實亦較他處爲早。豆皮嫩而肉甜。色暈碧兮含芳。佐辛盤以供客。所謂惠山豆子也。

〔茶葉〕　太湖之濱。有雪浪山。山之陽多茶樹。鄉民採而焙之。味甚清香。而葉雅。勝於龍泉雀舌多矣。雖廣福之雨前六安之銀針。不是過也。

〔紫蘇〕　產邑之東郭外。爲紫色之草本植物。性疏散。味稍甘苦。葉與莖皆爲藥用要品。每年產額甚多。遠近爭購之。

〔桂栗〕　產於惠山之第二第三塢間。每當西風落葉叢桂生香之時。摘而剖之。堅殼外裹。清香內含。洵美品也。遠近游山者。莫不爭購之。

〔薄荷〕　產南門外保安寺者最著名。舊時以之作貢品。葉色嫩綠。味凉而性散。藥用之要品也。

〔楊梅〕　產於邑之太湖濱。色紫而形圓。豔鞓紅而自媚。葉襯綠而愈嬌。摘而食之。味帶酸甜。或浸以酒。俗名楊梅酒。性較熟。而可佐藥用。品之飲料云。

〔羅篩紗〕　羅篩店用小機組成。地白而無花。質薄而光緻。極爲耐久。

〔黃草布〕　產邑之南鄉。用黃草織成。疏爽而耐暑。故人多用之。

〔磚瓦〕　吾邑每年磚瓦之出產甚多。而以南門清明橋（係大窰）所產者爲最佳。次爲青城垗山（均係小窰）及其他各處之小窰。

〔油麵筋〕　以小麥麩皮製成。質清而軟。價又極廉。遠勝於他邑所產。遊客之來錫者。必爭購之。

〔泥人〕　泥人亦爲錫邑特產。所作各種形狀。惟妙惟肖。惠麓邑民。多藉此爲生涯。涉足惠山者。莫不購之。

〔惠泉酒〕　各酒行均有出售。而以惠泉和所出者最佳。

風俗

錄民國六年新國民報婦女新報李毓珍女士原作

民國成立。改用陽歷。然民間舉動、悉依陰歷爲標準、故所記亦從陰歷、

（正月）　初一日元旦。黎明時爆竹聲喧。謂之開門爆仗。是日百工輟業。買賣停止。互往戚友家賀年。

初二日　齋井。自除夕封後。至今日始行開用。

初三日　往新喪家拜新靈。取三爲單數也。

初五日　祀路頭神。以祈利達。俗稱接路頭。每於五鼓起祀。各爭先取早。以爲遲則恐被他人接去也。

初七日　爲人日。初八日爲穀日。鄉人於是夜看參星（即昴星）過月西則多旱。過月東則多水云。

初九日　俗稱天生日。晨食薺菜糢糕。舊時鄉民多往玉皇殿燒香。民國成立。殿毀於錫軍乃已。

驚蟄日　以燈四照。可免害虫。舊俗是月第一次聞雷聲。用手拍枕。可免蚤虱咬人。

十三日　起燈。至十八日止。四五日間。鼓樂喧天。有所謂白龍、青龍、彩茶、馬燈、十棄行燈等名目。

（二月）　初二日、土地生辰。晨食糢糕。名曰撑腰糕。俗傳可醫腰疾。故名。

初八日　爲張大帝生日。謂數日間必風雨交作。加之以雪。爲迎送風雨雪三女歸寧也。

是月上戊日祭家祠。厥爲春祭。子姓雲集惠麓祭祠。

十二日　爲花朝。俗稱百花生日。好事者掛紅緑幡於花木枝上。以祝發榮滋長云。

十八日　俗傳馬和尚於是日過江。謂北風吹和尚過江。南則江南災。南風吹過江北。則江北災。

（三月）　三日爲上巳辰。全邑有四十八處節場。有迎神賽會者。有演戲者。頗爲熱鬧。

清明日　家家往祖墓上掃祭。並折楊柳桃花插於門上窗間。邑人多於是日出行郊外。名曰踏青。鄉人有懷蠶種登山者。祝蠶豐收也。其先一日名寒食。懷上市人。則以是日爲浪蕩日。蓋亦禁火罷炊。不事事之意也。

十四日　下午起十五日午後止。爲惠山節場。賽會者、拜香者、終夜不絶。五里香塍。遊人如蟻云。

十九日　爲太陽生日。實滿清覆明之日也。明之遺民。恐後人不知亡國於何時。故假此使人諷誦。

二十八日　聖帝生辰。亦爲惠山節場。熱鬧不減於十四日。

立夏日　婦女頭上多戴梅子。謂可不蛀夏云。

（四月）　初八日僧寺浴佛作會。

初十日　爲吾邑陷於洪楊之日。當時男、女、老、幼、死者、無數。今届是日。猶燒紙陌道旁。並延僧超度孤魂。

十五日　府城皇生日。婦女多往誕聖殿坐夜唸佛。

小滿節　正繭商營業時也。爲農人一歲之大出產。諺有穀雨三朝蠶白頭。好蠶不吃小滿葉之謠。

(五月)　五日端陽節。祭薦先祖。家家煤蓬艾草。插菖蒲劍。食三角黍。飲雄黃酒。俗有端陽勿吃粽。(即角黍)死則無人送。好事者競渡龍船。以弔屈原。僧家送五色紙符於人家。謂可驅逐鬼邪。商人於此日收賬。爲第一期之結束。

夏至日　秤人。謂免疰夏。晨煮麥粥。祭先祖及五祀。午食餛飩。俗有夏至勿吃餛飩。死則無坟墩之說。

十三日　關羽神誕。是日有雨。謂之磨刀雨。民可無凶飢妖孽之疾。是日有會食演戲之舉。

十八日　行災神誕。俗稱災聖。即張士誠也。相傳吳人因士誠有德於吳。立像祀之。明太祖聞之怒。縣人懼禍。赭像面諱名曰炎聖。是日諸神賽會赴祝。

二十八日　無錫縣城隍誕。諸神賽會赴祝。

二十九日　許神名遠生辰。諸神賽會赴祝。並於廟內演戲。

(六月)　初四日第一次祀竈。縣人有自今日起食雷尊素。二十一日者。俗傳二十四日爲雷尊誕云。

初六日　天貺節。俗有六月六猫狗𣸣冷浴之說。好事者有將猫狗往河中洗澡者。名意殊不可解。又稱是日曬書則不蠹蝕。俗有是日陰雨。名登河雨。謂河水必暗漲一牛背高云。

小暑忌雷聲。諺有小暑頭上一聲雷。半個月黃霉倒轉來之謠。謂係水災之兆。

十一日　西水仙神誕。諸神例須賽會赴祝。並演戲。

十四日　第二次祀竈。

十九日　觀音生辰。婦女多持齋吃素。

廿四日　爲雷尊素之末日。婦女有食神仙素者。是日以瓜果充腹不舉炊。是日爲第三次祀竈

（七月）　初七日乞巧。婦女於月下穿針。俗謂是夕爲牛郎織女相會之夕。

立秋日　薦西瓜以祀祖先。舊俗是日取西瓜和燒酒食之。可以防瘧痢。

十五日　中元節。以茄餅祭祀先祖。俗謂是月十三日鬼放監。十四日鬼洗衣。十五日鬼看會。十六日鬼收監。十五晚家家燒紙錠超度孤魂。靡費金錢。不知凡幾。

二十五日　睢陽神誕。例於廟中演戲稱慶。里中於初一日起懸大老爺燈一月。

三十日　地藏神誕。夜則燃香燈於地。謂之燒九思香。比戶皆然。並放燈於河中。

（八月）　上戊日。祭家祠厥爲秋祭。而與祭子孫雲集。惠麓與春祭同。

十五日　中秋節。是夜月色皎潔。婦女擇時花美菓供祀月宮。月餅爲其尤者。晚間燒香斗。謂可直達天宮云。商人收取賬項。爲第二期之結束。

十八日　延壽司神誕。諸神亦多賽會赴祝。

二十四日　灶神誕。以新米磨粉作糰祀之。

（九月）　初九日重陽節。家家製糕薦先。名重陽糕。俗有重陽勿吃糕。死則無人扛。是日人民多登高。效桓景之災避。

（十月）　初一日俗名十月朝。挈盒掃墓如清明。

（十一月）　冬至節前晚祀神祭先。醃寒菜為禦冬之計。

（十二月）　初八日食臘八粥。俗有臘八不吃粥。死則無人哭。

十七十八兩日　束稻草拂除屋塵。名曰拂簷塵。俗有十七十八日愈越俗讀拂担俗讀愈發

廿三廿四兩日　送灶神。必製瑪瑙糰糖餅祭之。立春夜富貴家有將子女寄宿他家。謂可易養育。有春朝大如年朝之說。

三十日　除夕。插松柏於屋簷及灶間。長者給壓歲錢與子女。是晚家家懸先祖神像。人民有一夜不寢者。名曰守歲。夜半接灶。並封井。商家收賬。為一歲之結束。

風俗之範圍甚廣。斷非片言所可盡述。以上所述不過一歲之時事耳。如欲悉詳細情形者。可閱縣教育會出版之年刊內。錢子泉先生所輯之無錫風俗志。舉凡婚喪喜慶方言習慣莫不詳載無遺。

宣講筆記出版

是書由省立育蠶試驗所女子部技術員薛李毓珍女士編輯詳載女士在武進丹陽丹徒宜興溧陽無錫等縣宣講情形舉凡各縣之蠶業狀況以及名勝古蹟莫不詳載無遺並附詩詞及改良蠶業方法實爲研究文學熱心蠶業者不可不備之書每册售洋五分可向西門外育蠶試驗所或各大書坊購買◎團體機關可向育蠶試驗所函索每册須附郵票三分

徵集各地舊蠶書

蠶業爲我國古來所有之實業從前雖乏專門之研究然各地對於蠶桑輒多著作如江陰吳孔彰先生所輯之蠶桑捷要歸安沈秉成先生所著之蠶桑輯要栽桑略說等書部人爲研究我國舊時各地蠶桑起見用特徵集舊時各種蠶桑等書如願割愛者逕寄無錫西門外省立育蠶試驗所女子部李毓珍收當備相當之物爲酬倘須繳還原書或原價者均可照辦

徵求游覽 無錫名勝詩詞游記

九龍高聳二泉澄澈梁溪名勝海內所推許也加以梅園黿頭渚之新建築來游者更項背相望游覽之餘發爲詩詞游記能見惠者不勝歡迎來教請寄無錫廣勤路廣勤學校或武進前黃鎮楊錫類收可也

大英牌
香煙
有種紙煙　質味最佳　一吸而
香留齒頰　再吸而氣溢堂階
況取低廉之價值又爲公道之生涯
此名何煙即社會上所最歡迎
之大英牌
上海
永泰和煙行啓
RUBY QUEEN
W.D.&H.O.WILLS
BRISTOL & LONDON
10 CIGARETTES.
〔無錫經理處合記公司〕

介紹良醫

前月小女李錦忽患傷寒勢頗劇烈幸蒙王海濤先生用最新注射療法得以轉危爲安先生前充北洋防疫醫官京漢鐵路防疫總醫官歷任南京陸軍第七師第一師軍醫官代理軍醫處長衛戍病院主任醫長足証 先生精於醫理經驗良深故能着手成春也銘感之餘特此誌謝以當紹介

駁岸上李八房李陸氏謹啓

王醫士寓所在城內連元街

時間 上午門診下午出診

介紹書法家施𥝢百君

蘇州施君𥝢百自幼隨乃父子程先生及陸鳳石先生學習書法曾在申蘇各埠書寫匾額對聯之類二十餘年各界莫不推許寓錫後請求施君書寫者日有數起幾有應接不暇之勢同人等有鑒於此特請施君訂定潤例並爲介紹於世之寶愛書法者

書法潤例

對聯

三尺七言	三角
四尺七言	四角
五尺八言	六角
六尺八言	一元
八尺八言	二元

屏條

三尺四幅	一元
四尺四幅	一元五
五尺四幅	二元
六尺四幅	三元
八尺四幅	四元

匾額

七寸每字半元 尺半一元半 壽屏每條三元

一尺每字一元 二尺二元 扇面每幅五角

孫鶴卿 吳觀岱 李問三

溫明遠 蔡秉三 曹衡之 仝啓

華藝珊 單紹聞 薛明劍

唐裕茂 興昌 五金玻璃號廣告

本號均設北門內打鐵橋南首書院衖口專運外洋各種花色厚薄玻璃硍光衣鏡金木鏡架各色畫鏡五金雜貨大小西釘銅鐵鎖鋑插銷羅絲零躉批發格外公道並自赴魯省採辦裕華廠國貨玻璃定價低廉如蒙各貴客購辦自當竭誠歡迎行銷之初尤賴各界實力提倡毋任企禱

唐裕茂經理楊業勤
興昌經理余豫慶
謹啓
電話三百七十五號

永興棧啟事

本棧開設通運路中段設備完善招待週到旅客有以詢問莫不詳述無遺參觀教育調查實業以及遊覽名勝者尤必格外歡迎本棧並備永利汽油船以便旅客隨時僱用

本棧經理上海先施公司聯保公司保險事宜代售大生公司各種藥品

達昌祥綢緞號

本號開設無錫北門外壇頭衖口北首

電話第三百二十一號

本號開設已歷十數年採辦名機時花紗羅綢緞無不新豔合時應有盡有凡蒙賜顧定價克己並祈認明牌號庶不致悞

江蘇無錫天真照相公司通告

溯夫攝影之術自泰西發明以來流入中國幾及百年我國之操是業者亦不知凡幾顧不知歐人之專心研究力圖進步競爭之勢力所至則政府之褒獎隨之故能商業振興國勢強盛敝同人有鑑於此不敢自棄特組織天真照相館於公園路圖書館後面新式洋房內本館前踞馬路後倚公園風景既然優美出入尤稱便利不惜重資購備各種名廠器具應有盡有概不假借此外另購翻拍字畫骨董金石碑帖風景全體快慢鏡頭專爲珍藏家旅行者不時之需至於所拍之照深淺濃淡以及陰陽化身本館所聘各友莫不聽受諸君之指使并備有東西衣裝古時服式諸君可隨意應用至於着色之鮮明修鉛之講究尤爲本館之特色今因開幕五週年並推廣營業起見特減價八折凡來敝館照相者一律減價諸君務請速袂偕來親臨嘗試幸勿交臂失之也特此佈聞

內科兼花柳病科專門

★ 醫學士 ★

張季勉

診察時間 上午九點鐘至下午一點鐘門診下午二點鐘至八點鐘出診

診例 門診四角過時或提早八角出診一元拔轎二元深夜加倍外埠通函問疾一元

診所 無錫北門外通匯橋

敬謝張季勉醫士

張季勉先生不特爲內外科之專家醫治小兒疾病尤多經驗前年小兒禹言患驚及痰症經先生醫治全愈特此誌謝以當介紹

薛明劍謹啓

無錫大通肥皂公司

本廠開設馬路太平巷內專爲提倡國貨挽回利權起見首先發明創設皂廠採用西法自製聘請化學技師揀選上等材料督製各種肥皂質體堅硬香味濃厚色澤光潔誠衛生家日用必不可省發行以來早經遐邇馳名同聲贊美既承社會所歡迎屢蒙賽會之獎品是以悉心研究精益求精以冀推廣營業誠有貨眞價實童叟無欺謹將各種肥皂牌子照暨價單開列于右倘荷　各界惠顧靡不克己恐未週知特登無錫指南以應有目共鑑也

計開（所訂貨價隨時增減）

（一百四十四塊匣子）本牌光華肥皂	每箱洋	四元
（一百四十四塊匣子）本牌光耀肥皂	每箱洋	三元八角
（一百四十四塊匣子）本牌光亮肥皂	每箱洋	三元六角
（一百四十塊）本牌蠶桑肥皂	每箱洋	四元八角
（一百四十塊）本牌桃牌肥皂	每箱洋	四元八角
（一百四十塊）本牌雲鶴肥皂	每箱洋	三元八角
（一百四十塊）本牌扇子肥皂	每箱洋	五元五角
（一百四十塊）本牌三角肥皂	每箱洋	四元一角
（一百塊）本牌如意肥皂	每箱洋	六元六角
（一百四十塊）本牌雙刀肥皂	每箱洋	三元八角
（二十條）本牌嘉禾肥皂	每箱洋	六元六角

左列之價關稅水脚外加無扣除匣每箱去五角

民國八年六月十五日　　大通肥皂廠謹啓

自運中外貨品開設打鐵橋堍

香烟雪茄
皮夾包箱
五金雜貨
洋傘扇巾
香水香皂

線絲毛襪
新式燈鏡
紅毡線毯
中西磁器
零躉批發

無錫源利號

定價
一劃

冬夏禮帽
化裝美品
電燈器具
各種洋酒
洋皂洋燭

歐美鐘錶
漆布地毯
絲毛絨線
衛生線衫
童叟無欺

編輯人啓事一

同人等率爾操觚雖請多人校正罣漏錯誤仍恐不免尚祈閱者諸公不吝賜敎以便再版時酌量修改

編輯人啓事二

連日承各界　惠賜序文甚多惟因急於出版姑從割愛容再版時添入尚祈　見原爲荷

特別啓事

本書發行事宜由顧君蔼人薛君明劍經理如願代銷者請與西門外育蠶試驗所顧君或薛君接洽可也

徵求教育雜誌

鄙人缺少商務印書館所出教育雜誌第一卷第一號第七號第十一號第十二號四本又第二卷第一號至第十二號十二本又第三卷第一號至第三號三本又第八卷第二號第三號第五號第十號四本如願割愛者無論幾本均所歡迎請至通運路永興棧接洽可也

薛明劍謹啓

中華民國八年七月出版

無錫指南

每冊定價銀一角五分

編輯者　劉書勳　李經一　楊壽楣　李湘　顧鳴岡　秦惜華　楊楚孫　薛明劍

校正者　李逸民　孫保鑑　錢基博　畢恩祥　孫鳴圻　榮宗銓　錢基厚　吳啓楓　吳士枚　胡家驥

印刷者　錫成印刷公司

代售處　各機關　各學校　各書坊　各旅館

旗妹牌

郎地䲨呂宋煙

社會歡迎

交際妙品

總發行所

永泰棧煙行

上海河南路念號門牌

（無錫經理處北門內打鐵橋源利號）

無錫指南（第十五版）

（民國）薛明劍等 編

《無錫指南(第十五版)》,(民國)薛明劍等編,民國二十五年(一九三六)無錫雜志社出版,鉛印本。

《無錫指南》在民國八年(一九一九)首次出版後,行銷甚廣。薛氏對該書精益求精,十八年中修訂十五次,每次再版皆有修訂。本書即是民國二十五年(一九三六)第十五版,其修訂極爲精善,内容詳備,篇幅增加。北洋政府時期,加强對出版物管理,《無錫雜志》成爲正式注册備案之出版物,從民國十三年《無錫指南》第五版起,即作爲《無錫雜志》之第三種增刊,以免去辦理申請手續。當時銷數每版皆在一萬册以上,其中三分之一爲贈送品。印刷成本均來自廣告,每年皆有盈餘。本版與初版相比,刊物框架基本相同而有調整。僅删去『風俗』一目,增加了『楹聯』及『附録』。其他欄目相同,而内容有很大擴充。舉凡十餘年中新增廠家、商店、娛樂場所、旅館、飯店、園林、學校、交通、地圖,皆備載無遺。這時已是國民黨上臺之時,所有政府機關及行政區劃名稱、地點皆重新開載明白。名勝古迹的介紹也延請學者修訂補充。全書編排也作了改進。該版《無錫指南》充分彰顯了無錫的文化品位及内涵。其實業部分更爲來錫商人提供極大便利。薛氏本人即是成功的實業家,故其《無錫指南》應當算是當時一本高水準的商務指南、旅遊寶典。其中所有信息無不詳實可靠,體現了誠信的理念。書中所保存的社會信息,今天已成爲寶貴的歷史資料、城市檔案。薛氏之書乃二十世紀三十年代無錫經濟文化高度繁榮的縮影。書前還有數頁英文内容提要,足見當時無錫經貿之發達。

本書據民國二十五年(一九三六)第十五版原刊本影印。

(徐志鈞)

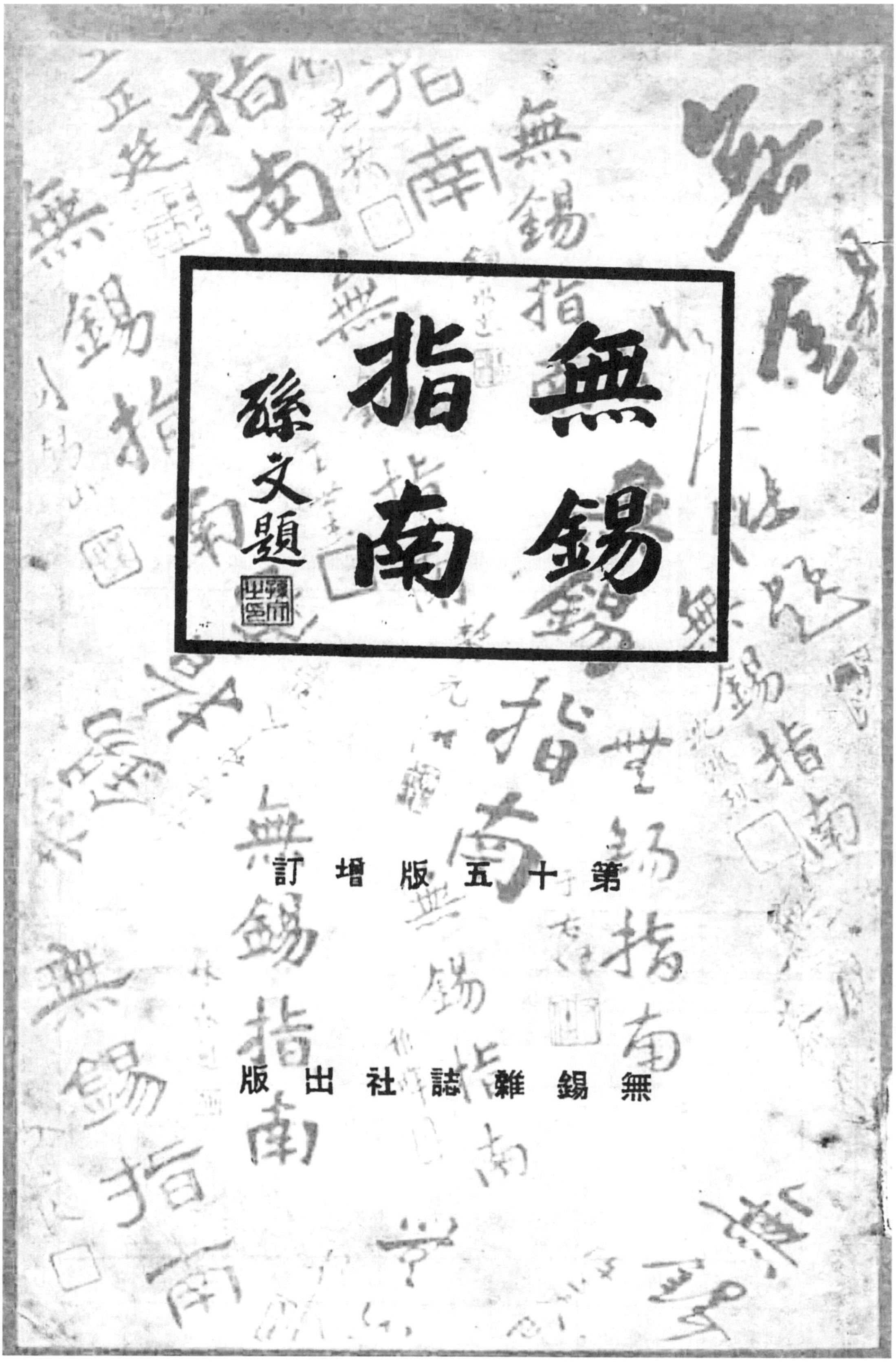

無錫
指南
孫文題
第十五版增訂
無錫雜誌社出版

毛織品

註册商標

三陽開泰
五福臨門
萬寶齊來
雙金鷄

棉毛

協新毛紡織染
麗新紡織印染
麗華機器染織
公司

棉織品

註册商標

千年如意
惠泉山
司馬光
雙飛童
四季進寶

織品

呢羢嗶吱

自紡 自織

〔完全國貨〕

設備·合理化
管理·科學化
工作·標準化
售價·大衆化

自染 自整

各種布疋

〈廠址無錫麗新路〉 〈總發行所無錫通運路〉

先施水火保險公司無錫經理處

※設在西門內序成橋下第一號薛明劍先生宅內，電話八一五號。

※在錫開辦最早，手續簡便，信用卓著，故近賠償錫成印刷公司賠款，即可證明，如荷惠顧，毋任歡迎。

無錫指南目錄

無錫指南目錄　二

序言

臧啟芳

無錫指南序

錢基博

無錫爲泰伯端委之區。帶姑蘇而襟南徐。引太湖而扼申江。表裏湖山。文物冠于江南。吳越用兵必先有事。吾友薛君明劍撰無錫指南一書。以詔四方之來觀化者。索弁簡端。予遲未之應也。歲月荏苒。書已十版。又責前諾。予不敢以固辭。竊念古無地理指南之書。而有地理指南之官。周官大司徒之屬有土訓誦訓。蓋地理指南之官也。其在書曰。土訓掌道地圖以詔地事。道地慝以辨地物。而原其生以詔地求。王巡狩則夾王車。注云。道說也。說地圖九州形勢山川所宜。告王以施其事也。地慝若障蠱然也。辨其物者。別其所有所無。原其生。生有時也。誦訓掌道方志以詔觀事。掌道方慝以詔辟忌。以知地俗。王巡狩則夾王車。注云。說四方所識久遠之事以告王。觀博古所識。若魯有大庭氏之庫。殽之二陵。方慝。四方言語所惡也。不辟其忌。則其方以爲苟于言語。知地俗。博事也。疑當時所以詔地事。詔地求。詔觀事。詔辟忌者。亦必著有專書。而惜乎書缺有間。不可得而考已。此地理指南之設有專官。著于周官者也。所以然者。予誦之記曰。廣谷大川異制。民生其間者異俗。剛柔輕重遲速異齊。五味異和。器械異制。

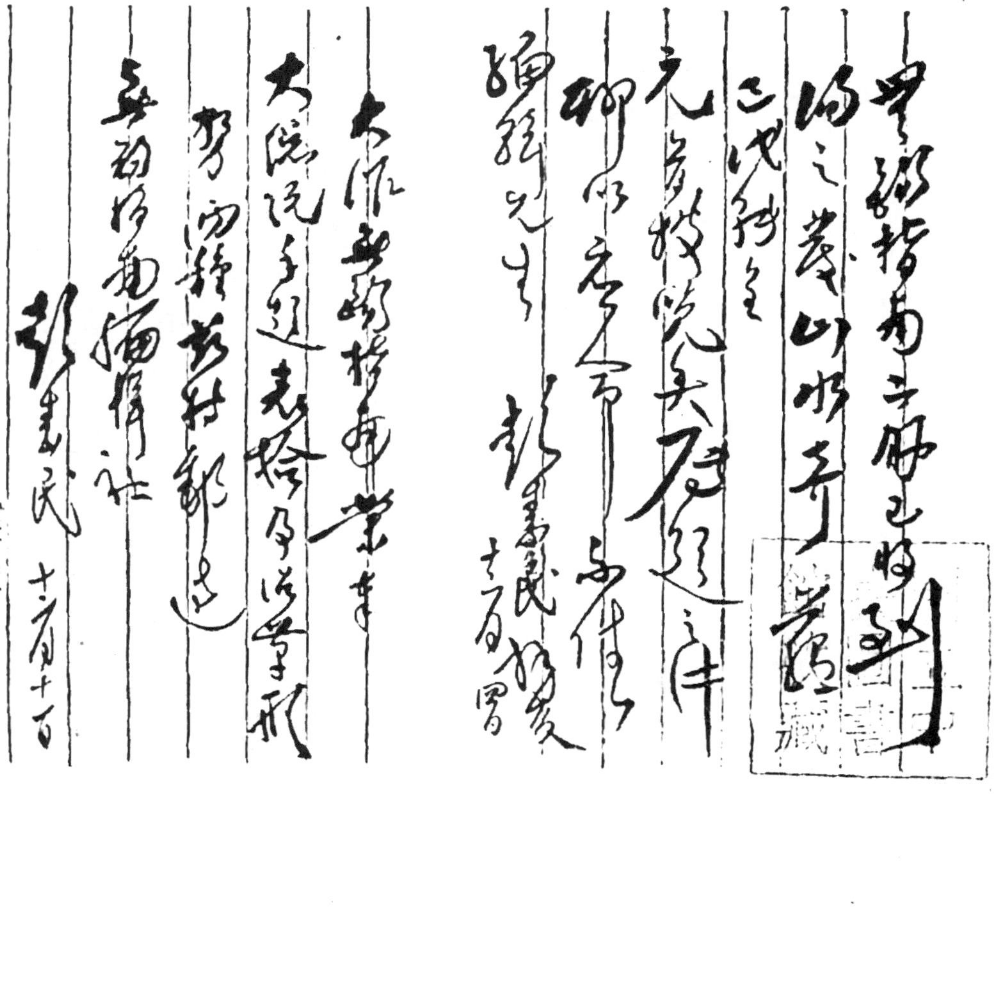

無錫指南序　一

無錫指南序 二

衣服異宜。修其教不易其俗，齊其政不易其宜。嗚呼，此土訓、誦訓之所以列王官，而布政宜教之所必有事也。夾王車而詔地求事，止如輔車之指南，俾以記道里，詔所向哉。今觀薛君所志，其中有地圖風俗沿革形勢，則土訓所謂道地圖以詔地事，注云說地圖九州形勢山川所宜告王以施其事者也。有名勝有古蹟，則誦訓所謂道方訓以詔觀事，注云說四方所識久遠之事以告王觀博古所識，若魯有大庭氏之庫、殽之二陵者也。至曰食宿遊覽，曰實業，曰著名物產，則又土訓所謂辨地物而原其生以詔地求者也。今古異施，難悉傳合，然余觀薛君之書，必出于周官之土訓誦訓，斷斷乎無疑也。漢劉向著羣籍以爲七略，班固因之藝文有志，某家者言，必云出某官之守。使逝者可作，而視薛君所志，著入藝文，必援儒家者流出于司徒之官、道家者流出于史官之例，特表而出之曰：薛君者流，蓋出于土訓誦訓矣。予墳典粗涉，稱有班生著錄之志，而文獻不足，苦無子政流別之書，心知其意而不敢以遽應也。不然，敢宿諾而不踐哉。遂寫以復于薛君。民國十六年七月同縣錢基博

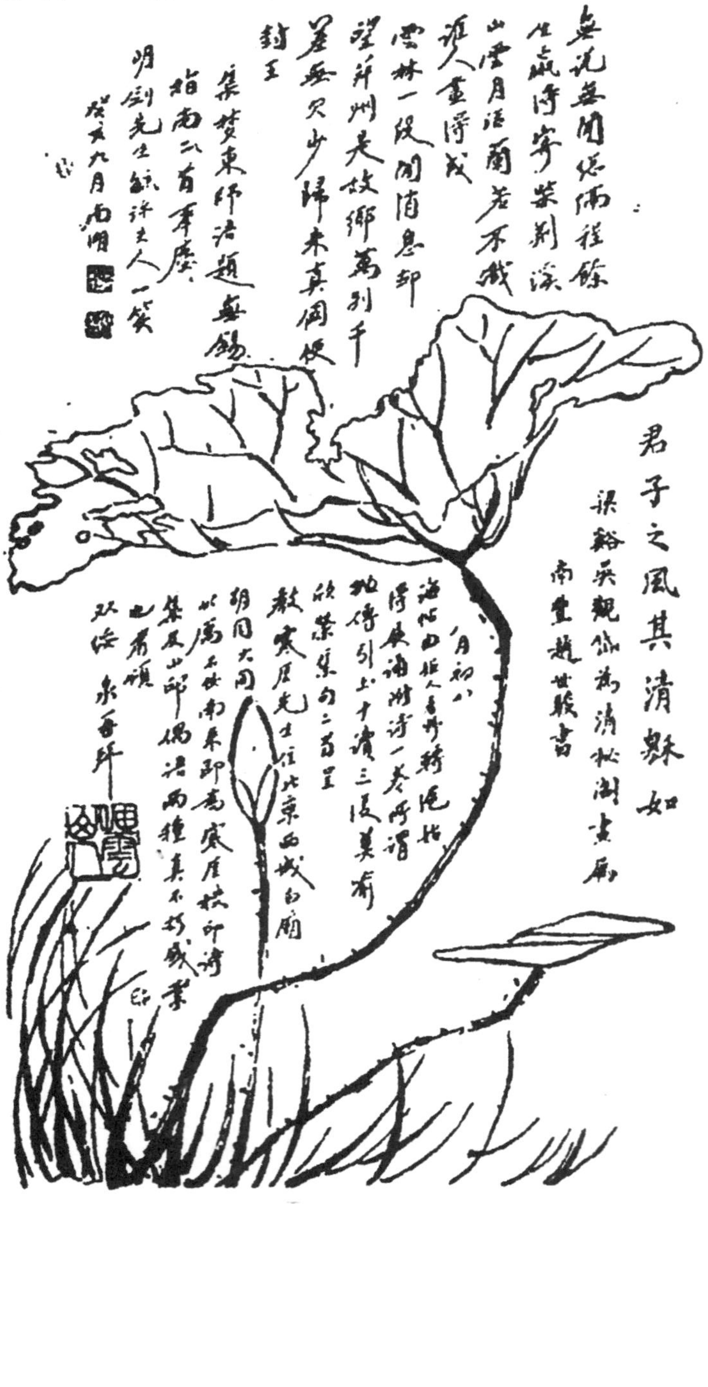

叙言一

無錫爲江蘇之一縣。長江襟帶於左。衆山屏障於右。其西更有太湖爲瀦溉。故數千年來人文之多。物産之富。甲於全省。光復以還。自治成立。教育實業更有蒸蒸日上之勢。其名勝古跡。足供旅客遊覽者。不勝枚舉。因是旅錫參觀遊覽者。絡繹不絶。惟地方雖不遼濶。道途殊覺縱橫。旅客每有臨歧彳亍之歎。爰約同志編纂無錫指南。以備遊客來錫之嚮導。繼復得外舅李開三。以及楊君翰西。楊君少雲。顧君蕅人等之助。不一月而書成。計分地圖。沿革。形勢。名勝。古蹟。交通。教育。實業。公署機關。慈善事業。食宿遊樂。著名物産。地方風俗等十有二門。正擬付梓。適圖書館主任劉君書勳過我。云。彼亦曾輯無錫旅行指南。因事中輟。乃將已成之稿。援余。同時李君機曾。秦君惜華。亦有錫勝導遊錄之輯。並謂余曰。指南也。導遊錄也。一時駢出。在旅客反有莫適從之苦。不如合刊爲宜。余即商之同志。亦表同情。更得錢子泉、錢孫卿、畢瑞卿、吳啓楓、李伯生、吳士枚、孫克明、胡吞千諸君之校正。而成此書。明劍不敢掠人之美。因次其顛末。而爲之序。民國八年七月。薛明劍序於無錫縣立公共體育場辦事室。

聲光日進

王正廷題

湖山生色

民國十八年春

龍石馬福祥

啓發人民智識

增進社會福利

季陶戴傳賢

無錫指南叙言

敘言二

無錫得天然山水之勝。自古騷人逸士。莫不聯袂來遊。近自教育實業。漸臻發達。慕名蒞止者益衆。每苦無指導旅行之文字。爰於民國八年。偕同志編輯無錫指南以供旅客之參考。迄今五閱寒暑。訂正而重版者凡四。每次印行數千份。銷數之廣。實爲始料所不及。地方人士。繼此書而發行者。有無錫大觀、無錫日用遊覽指南、無錫遊覽大全、無錫遊記、梁湖探勝記等十餘種。可爲蓋出版界一時之盛事。惟明等編輯是書。在平方便行旅。毫無沽名漁利之心。存乎其間。今發行類此之書。既若是之盛。則無錫指南似已無問世之必要。故自去夏四版售罄。擬即停止續印。詎知半年以來。催詢之函。時盈案頭。近獲文華書局新旅社等代售處報稱所存破壞不全之殘本。亦被旅客出重價購去。並囑爲早日重版。以應需要。明等感荷各方屬望之殷。已有欲罷不能之勢。是年適值

滌礪弥精

趙戴文題

遊錫寶筏

薛篤弼題

促進自治

閻錫山題

國民革命軍第三集團軍總司令行轅用箋

敬啓者 峡次藉蒞晉陵之便 承
惠無錫指南一部 瀏覽之下 凡片羽所植 陳
皆吉光之流露 甚徵
責編輯同人文采心思 諸臻精妥 所致無
任欽遲 茲題贈四字 另紙應
政 以誌
嘉績而頌高達 此致
明叙先生大鑒　閻錫山啓　一八、一、一

內子李鍾瑞組織無錫雜誌社、發行無錫雜誌及增刊。以之分送各界爰將無錫指南一書移作該社第三種增刊復請母舅孫鶴卿、居偉榮、德生、襟弟江滸之、與荆先生夢蝶、章先生伯熙、顧先生述之及同事榮先生鄂生、過先生冠生、華先生應彤等加入編輯及校閱以期益增完美出版之日特復書此以爲序民國十三年一月薛明劍序於申新第三紡織廠總管處。

振新社會

馮玉祥題

叙言三

無錫指南出版以來。余已兩爲之叙自十三年第五版書出。改作無錫雜誌第三種增刊後。銷售益廣各省及海外報章之褒奬及介紹者時有所見上年江蘇地方物品展覽會第三次開會更蒙頒給奬狀奬章因是四年以來續印四次每次初僅千部近已動輒萬計春間黨軍來錫市上所存尚多不三日又爲售罄同人急謀十版仍得章君荆君等數十人幫同修正其楹聯一門更得嚴君有威有成兩昆仲逐一按實校正復鑒於東西洋人士之來錫旅行者日多需用日廣遂約杜君蘭亭顧君毅甫等增入英文說明同人之意此後尚擬添加德法俄日等文字以求完美焉尤可喜者是書

如指諸掌

譚延闓

天下爲公

何應欽

十版。適大兒禹言十齡。是年值其小學畢業。暑假歸來。亦能按字校對。樂而不倦。深喜是書之能得兒童服務。或即是書前途發達之徵兆。特書經過以告讀者。民國十六年九月薛明劍敘於也是湖邊東歸樓

丹陽荆夢蝶

滿江紅　友人薛君明劍以所編無錫指南索題爲倚兩闋

大好湖山。是天與、招來遊客。盡道此、東南名勝。栽將擂展鳳谷殘碑懷帝子。龍山古剎尋僧跡。正梅園香雪萬千枝。酣春色。　堂萬頃。波光與。泉二品。茶經白。況舟車交會。繁華初闢。百景欲窮圖畫趣。一編先有珊瑚織。得南針、行旅共[illegible]傳。才人筆。

十丈紅塵開何處。可容吟嘯記無邊。蓉湖風物。幾番搜討。縹緲仙墩西子去。奔流古。澗黃公杳。悵千秋兒女。合英雄。供憑弔。　前度。別山嶷笑。今日至。秋光好。只舊遊如夢。羈愁偏繞。衰柳重攀司馬倦。挑花再見劉郎老。喜逢君。導引有新編。尋鴻爪。（余以辛酉來錫主一高講席終歲而去及癸亥秋重來改館榮氏申新公司故次闋云云）

題詩　癸亥仲夏赴無錫參觀圖書館得覽梁溪惠山諸勝客邸展誦薛君明劍所著無錫指南欣佩之餘率題一絕　皖北何葛民

山色湖光慰客懷。天香清秘畫圖開。喜從塵海抽身後。却向龍泉洗眼來。文達汪洋信有之。東林遺跡久神馳。多君不惜如椽筆。肯爲遊人作導師。

無錫爲江南望邑地瀕太湖挾山
屹然山水之名區而艷稱而魚稻豐
饒蠶桑殷阜工者聚肆商者連郭
弦誦之聲比戶相聞是以中外人士
來遊祓禊嘗游覽攷察歲時不絕然
不有導引則諮詢費時勞神
指南之作可爲行旅者之先焉也
余故樂爲書之

興義王伯羣

地圖風景

龐體要題

無

錫

鐵路飯店

本旅社地居無錫通運，通惠兩路之交，控京滬蘇常宜溧澄渠各縣舟車水陸之總滙，汽車可以直達，交通之便，允推首擘，自建全新洋房，寬暢幽雅，房價克己，空氣清新，設備完善，被褥精潔，禮廳堂皇富麗，菜肴京蘇俱備，茶房侍役，均經特殊訓練，招待尤稱週到，賓至有如歸之感，官商貴客，旅行團體，下榻此間，最稱相宜，倘蒙惠顧，定當竭誠歡迎。

△地址 無錫火車站南通惠路口

△電話 五八三 五八四 號

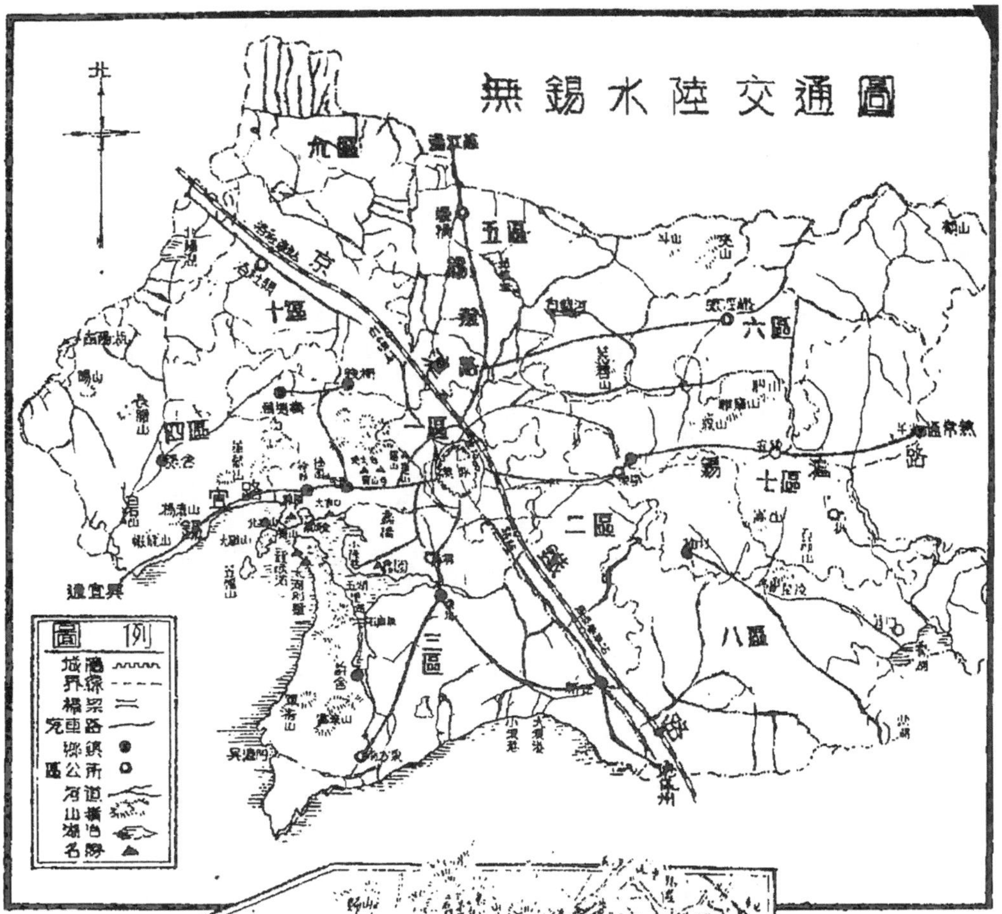
無錫水陸交通圖
北
圖例
城牆
界線
橋梁
汽車路
鄉鎮
區公所
河道
山嶺
湖泊
名勝
一區
二區
三區
四區
五區
六區
七區
八區
十區

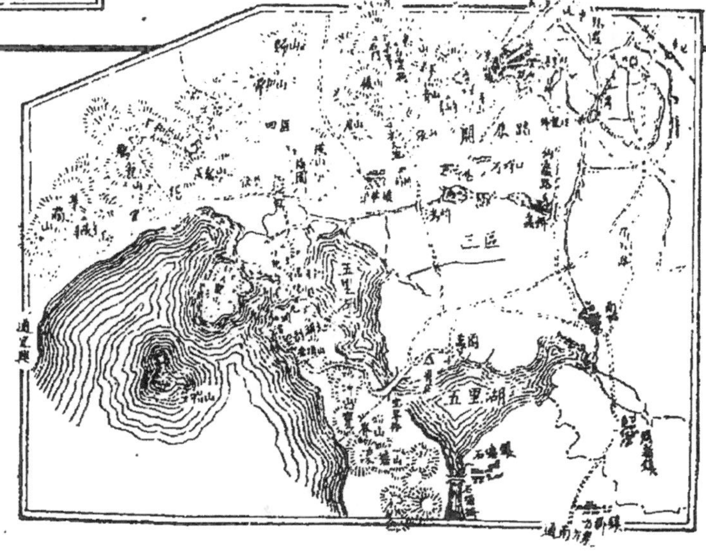

遊覽名勝交通圖

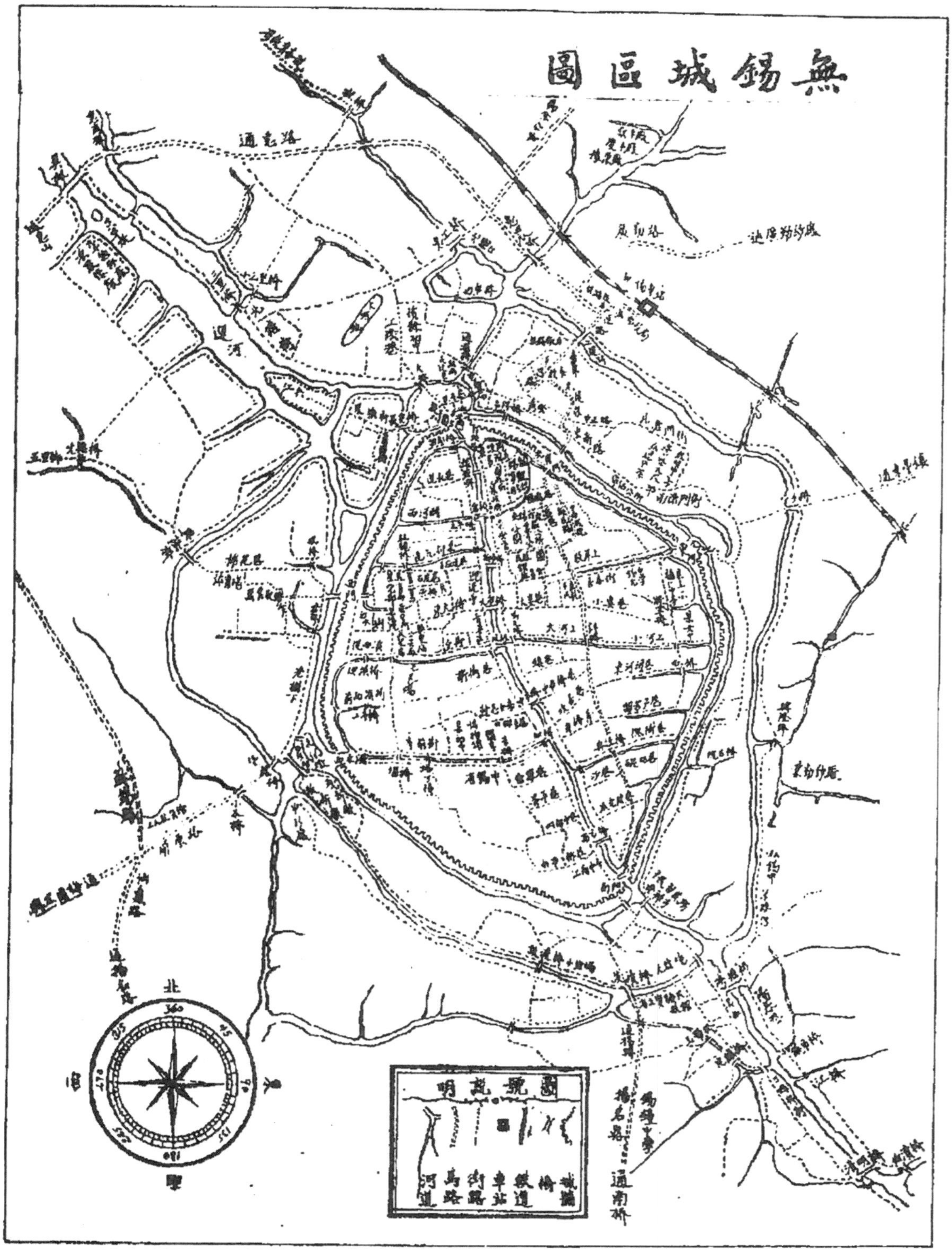
無錫城區圖
圖號說明
城牆
鐵道
車站
街路
馬路
河道
北
東
西
南

江蘇無錫
允利化學工業廠
YUN LI CHEMICAL WORKS
註冊商標
中國自製化學原料
炭酸鎂
歡迎採用挽回利權
淨重五十六磅
MAGNESIUM CARBONATE
廠址無錫西門外仙蠡墩電話九三五號

江蘇無錫
允利化學工業廠
YUN LI CHEMICAL WORKS
註冊商標
中國自製化學原料
炭酸鈣
歡迎採用挽回利權
淨重五十六磅
CALCIUM CARBONATE
廠址無錫西門外仙蠡墩電話九三五號

介紹

中國建設工程公司

担任各工廠顧問

中國建設工程公司由留美工程專家陳祖光先生等集合國內各工程學術專家四十餘人所組織辦理各工廠電機機械土木化學工程設計管理及整理事宜如有各種技術問題諮詢者該公司均可詳爲解答或有委託辦理各項工程顧問者尤爲相宜辦事處設於上海江西路上海銀行大樓四百零七號電話一九一八〇號特此介紹

江蘇全省國貨工廠聯合會敬啓

無錫飯店

開設工運橋堍

房間優美化

價目經濟化

被褥清潔化

飲食衛生化

侍役周到 尤其餘事

電話

賬房六百五十號

二樓六五二號

本紙山無錫利用廠造

無錫工藝機器廠

營業要目

專門精造 立臥式狄塞爾及沖燈柴油引擎 離心式戽水幫浦 礱米機 礱穀機 消防用手撳洋龍及機器火龍 絲廠用多緒繅絲車汽熱火熱烘繭機 紗廠用噴霧機經紗機 油廠用軋豆機榨油機 以及其他一切銅鐵翻砂 並代計劃各種機械工程

出品

牌子最老靠
貨色最頂真
用油最節省
價目最克己

歡迎

參觀
評較

服務成績

本廠開辦迄今，已歷十餘稔，行銷出品，無遠勿屆。並經政府機關，如國府建設委員會，暨廣東，雲南，安徽，福建，江西，山東，河南，浙江，江蘇等省建設廳，實業廳，水利局，審查遴選，大批購用，均稱滿意。歷蒙實業部，鐵道部，西湖博覽會，江蘇全省物品展覽會等，各頒給特等獎狀獎章；蘇州總商會，無錫國貨展覽會等，各頒給超等獎狀獎章。

廠址 無錫東門亭子橋（原名工藝傳習所） 電話念七號 （電報掛號〇一〇一）

機子間 無錫工運橋北鐵路飯店對門 電話三七九號

滬事務所 上海自來水橋北堍祥泰鐵行內 電話四五〇七六號

梅園門景

天心台前

念劬塔旁

豁然洞口

錦園西班牙式別墅

錦園大廳

嘉蓮閣

閣畔

本紙由無錫利用廠造

請用國貨——利用細草紙

——清潔衛生〇〇〇〇 不含石灰〇〇〇〇——

草紙爲人生日用必需之品，但因製法不良，含有苛性石灰，故爲衛生家所不取，外人因此，詬我國人之十男九痔，十女九帶，造成東亞病夫之國，實由小以至老大，所用草紙之中苛性石灰而來，試觀初生之兒，石灰能去臍帶，卽明證也，然使我國四萬萬人，均用外國草紙，則其外溢利權，何堪設想，現在都市中，凡用抽水圖者，已無不用外國草紙，涓涓不塞，流爲江河，實可指日而俟，至可危也，本廠因此，特用細潔草漿，以水蒸汽消毒，製成改良草紙，細軟適度，先用毛面拭穢，後用光面拭淨，每人所費，每年至多不過三角，可謂經濟之至，婦女經期用此，比用外國皺紙或藥水棉者，節省消耗尤鉅，惟其尺寸大小，各由習慣而殊，玆將各種式樣價格列后，以供采擇，用於抽水圖中，保不塞沒，用於月經帶中，尤爲軟適，以少勝多，實最合於經濟衛生，而稻草爲農村副產之大宗，利用其過剩而匡不逮，以冀杜塞漏卮，其成功實有賴夫衆擎也，願我愛國者三致意焉，計開如左

種類	式別	尺寸	每刀張數	定價	每塊	批價
甲種	富陽	9×8	九十張	六分	十二刀	六角
乙種	正西	6×8	一百十張	四分半	廿二刀	八角
丙種	小西	5×7	一百張	三分半	廿三刀	六角

右列各種價格，其川運水脚，均歸客理，凡由鐵路及內河輪船裝運，均可免稅，如由長江外海輪運，須在裝出口時，完納值百抽七五之正稅一道，其落地稅，進口稅，及轉口稅等，均已奉　部核准免完，各埠分銷去貨，其川稅須在賣價上照加。

製造者　利用造紙廠 在無錫惠商橋 電話三五〇號

沿革形勢

孫科

無錫指南　沿革形勢　一

◉名稱　無錫舊名錫山，戰國時爲春申君城，漢高祖五年始名無錫。緣邑之西城外有錫山，山多錫礦，周秦時，採掘之人日多，客民與主民爭利，時啟釁端，既而錫盡，民亦安寧，故名無錫，新莽時改稱有錫，後漢復爲無錫，元升爲州，明初降爲縣，清雍正四年，分無錫之東境爲金匱縣，民國元年，金匱復併於無錫。十二年劃景雲市無錫市之接壤處，闢爲商埠，設局經辦。十六年省政府有劃無錫市爲模範市之提議，尋亦罷，廿五年添設無錫區行政督察專員公署，兼轄武進吳縣崑山常熟江陰太倉吳江等縣政。

◉地勢　全邑東西相距約一百二十餘里，南北相距約一百十里，面積約三千九百二十五方里，邑城居中，東西相距二里許，南北相距三里許，城境七方里有奇，縣之東南接常熟界，略南爲吳縣，北與東北接江陰界，西北至西南接武進界；地勢西南多山，龍山爲諸山冠，南臨太湖，爲邑中諸水匯歸之區。陸有京滬鐵路，水有運河，近年錫澄公路錫宜公路蘇錫公路錫滬公路等相繼完成，交通益形便利。而無錫地勢，更成江南四衝之要樞矣。

◉市鄉　邑之全境舊分二十二鄉，民國成立，改分爲十七市鄉：曰無錫市，曰天上市，曰天下市，曰青城市，曰萬安市，曰泰伯市，曰懷上市，曰懷下市，曰景雲市，曰南延市，凡十市：曰開原鄉，曰富安鄉，曰開化鄉，曰新安鄉，曰揚名鄉，曰北上鄉，曰北下鄉，凡七鄉。後改十七區。二十三年七月復奉令併作十區，其合併情形列表如下：

新區	舊區	舊市鄉名稱	面積（方里）	區公所所在地
第一區	第一區	無錫市	九二·三	崇安寺
第二區	二·十·	北下鄉·景雲市	三六〇·二	東亭
第三區	三·十三·十四	揚名鄉·新安鄉·開化鄉	五八五·三	南橋
第四區	四·十七	開原鄉·富安鄉	四六三·三	前橋頭

第五區	五・六	天上市・天下市	四二八・〇	寺頭
第六區	七・	懷上市	二三〇・〇	張涇橋
第七區	八・九	懷下市・北上鄉	四〇九・九	安鎮
第八區	十一・十二	南延市・泰伯市	五二三・四	蕩口
第九區	十五	青城市	二七二・二	玉祁
第十區	十六	萬安市	二八五・四	洛社

●人口　第一區一七一二五六人，第二區八三一三〇人，第三區一二四四二八人，第四區七六二九九人，第五區一〇五六四〇人，第六區五三二五五人，第七區六三六七〇人，第八區九一二四六八人，第九區六三六七九人，第十區四二七七四人。全縣共八九四六五七人。

●田數　全縣各種田畝及折實平田畝數

各種	田畝	折實平田畝數
高田	三六一〇五八・三二五一四畝	二八六九九五・七九畝
低田	八〇二三五・〇五四三五畝	五九四五六・二三二五八畝
灘蕩	二四一四八・四一〇九六畝	九三七四・五三六九七畝
山埄	六五八一五・九四三七五畝	六七五〇・三五三一七畝
平田	九一〇三六四・〇六六六一畝	九一〇三六四・〇六六六一畝
總計	一四四一六二一・八〇〇八一畝	一二七二九四〇・二六八三三畝

◉陸路　出城之南門，東南歷新安，至望亭、烏角、溪口、通吳橋，入吳縣界，爲向南大道。出北門，向西北行，轉石塘灣，經洛社、至五牧、接武進界，爲向北大道，又經竹塘、張塘橋、陳滯至馬鎮，接江陰界、爲通江陰大道。出西門，由五里街循惠山而北，經闊江橋、至孤村亦接武進界。又西南抵百瀆、爲接宜興要道。出東門，經東亭鎮、至陸公橋、鴻山、甘露接常熟界，爲入常熟要道。

◉馬路　錫邑於光復後，始闢馬路。由火車站南行，經工運橋、至吉祥橋。曰通運路。由通運路東行達崇安寺，曰漢昌路，光復路，圖通路，公園路。其後則年有新築一由通運路以西，經交際路，過通匯橋江陰巷，直達於大河池沿，曰通匯路。一由漢昌路，經延壽司殿，至東門亭子橋，曰東新路。一由通運橋北經惠農、惠工、惠商、吳橋等，以達惠山。得通開原路者，曰通惠路。一由火車站北達黃泥頭丁村上者、曰廣勤路。此外自城西迎龍橋，經河埒口、榮巷、徐巷、直達湖濱者，曰開原路。其自河埒口，北經惠麓，至錢橋、藕塘橋、南通仙蠡墩，至梁溪之濱，以及達東管社、大池、青山等處者皆開原之支路也。又自仙蠡墩、渡梁溪。而達於揚名鄉之南橋、周新鎮，復由周新鎮達南門黃泥埄之談渡橋者，均曰揚名路。又出東門至北下鄉之東亭路。其近年修築者，一自西門北接外吊橋達惠山而連通惠路。南接迎龍橋，而連開原路。一自南門西接談渡橋，而連揚名路，東經南長街而達清名橋等處，民國十八年，無錫建設局與江陰合建澄錫馬路直達江陰之江邊。二十三年春，錫宜路完成通車，銜接京杭公道，二十三年秋。錫滬公路完成通車。而本邑之湖山路。環繞湖濱。亦於是時完成。廿四年拓寬新生路。廿五年籌築蘇錫公路，而武青公路亦同時興工，橫貫吾邑，交通益便，而本邑之德原西成兩路，亦於是年興築焉。

◉水道　邑中水道以運河爲主，自武進縣界，經橫林東南行入邑境；分而南，爲西沙港，爲志公港，分而北，爲北大河又東境五牧，分而北爲柳堰橋河，又東南行，分而北爲石瀆，分而南爲花渡港，又東南經洛社，石塘灣，分而北爲蠡口橋河，又東南經潘封，分而北爲高橋河，分而西爲小雙河，爲雙河，爲新開河，又東南行至黃埠墩，分而西爲寺塘涇，又東行分而北爲三里橋河，分而西南一繞飯尖，一過長安橋爲環城湖，又東過蓮蓉橋，分而南出黃泥橋入環城河，分而北爲轉水河，又繞而南，過亭子橋、至羊腰灣，分而東爲冷瀆，又西南爲南門塘，環城河合流，自北來會；分而西爲談渡河，爲九里涇，又東南行，分而西爲河港，分而東爲泰伯瀆；又東南行，分而東爲王莊港，分而西爲曹王涇，爲謝家河，又東南行，分而西爲麵杖港，分而東爲周涇，又東南行分而東爲宅基浜，分而西爲新安溪，又東經新安，分而西爲徐陶涇，又東南行，分而東爲洗瀆，又東南過望亭，豐樂橋分而東爲蠡河；分而西爲沙墩港，又東南行入吳縣界，凡經行九十里。

●邑城　邑城之修築自宋，以前無可查考，乾興時，李晉卿重築子城，其分城蓋未遑及。自後皆就外城而修之，子城遂無有及之者。元至正十五年重修，明洪武初復加繕治，並建水門三，即今之西水關、南水關、北水關是。嘉靖三十三年，知縣王其勤築城禦倭冠，七十日而成，周圍一千七百八十三丈六尺一寸，高二丈一尺，定四門之名，北曰控門，南曰望湖，西曰試泉，東曰靖海，其上各有樓，東曰對青，南曰撫薰，西曰序成，北曰企辰。清康熙七年，知縣吳興祚，又十九年知縣曾子駉，徐永言，相繼修之。光復時又於東北兩門之間闢門曰光復門。亦謂之新北門。十五年建東水關。十六年拆西北城外凸出之瞭望臺，十七年復於西門傍闢新西門，曰西城門。本邑雖時有拆城之說但終未實現

●城市河道　城河自入北水關，直行出南水關，亦名弦河。以有弓河箭河而名之。其分流而西者，第一支出留郎橋西行，循城而南爲留郎河。第二支出秦定橋西，合留郎河爲斥瀆。第三支出胡橋東行爲胡橋河，經駐驆橋分二道：一南行爲營河，轉西經老縣前爲玉帶河。一由駐驆橋繞老縣後阜民臺，合留郎河南行，折而東復與玉帶河合，今塞。第四支出水獺橋西行，爲水獺河，經城隍廟前抵西溪，過迎溪橋，與前西溪合爲荷花蕩，轉而南入玉帶河。第五支出虹橋西行，爲東帶河，經學宮前過將軍堰橋，納荷花蕩水，出西水關；其分流而東者，一出打鐵橋，東行爲沙盆

，循城而南，過便民橋，是爲弓河。一出盛巷橋，經縣署前轉北，繞錦樹里會於沙坟井入弓河，是爲倉前新河。別有箭河九道，其次第自南而北，第一箭河在邊巷、今塞，第二箭河在莊巷，底僅通十餘丈。第三箭河名冉涇，第四箭河在楊家巷，第五箭河在董家巷，第六箭河名師古河，第七箭河在福田巷，第八箭河在東門街之北，至合秀橋而止，第九箭河在盛巷，今已無河形。

●城市街道

（西門街）自大市橋至東大街西大街　東大街自大市橋至老縣前　西大街自老縣前至西橫街　西橫街自石灰巷至西城門　沈果巷自東大街北達眞應道巷　營橋巷沈界巷西至營橋　石皮巷營橋巷西北至玉帶橋　靈官廟街自東大街南接藥隍廟街　皂莢街自東大街南通城隍廟街　西察院巷老縣鼓樓前轉東接營橋巷　周巷老縣前至茅梓橋　石灰巷北接西溪街南至西橫河　裏城脚城門內北至北水關橋

（西門外街）出試泉門過吊橋興隆橋五里街至惠山　西塘吊橋北　大倉街自興隆橋接通西倉橋　壩橋下塘在黃街　棉花巷壩橋至興隆橋　五里街自棉花巷至惠山　河塘惠山寺塘涇　上棚下自吊橋南至顯應橋　太保墩西新橋東

（南門上塘街）自大市橋西址南經水獅橋虹橋至南城門　毛桃巷大市橋南西通藥皇廟街　三皇街毛桃巷南　新街巷廟街南南轉爲睦親坊巷　睦親坊巷南接學前西通七尺場　北禪寺巷新街巷南西通睦親坊巷　學前街北禪寺巷南　虹橋巷學前街南西通嚴家池　余線巷虹橋巷南　昇平巷余綫巷南一名卡家巷　時郎中巷昇平巷南　南市橋巷時郎中巷南　水關巷南門內　和豐坊街老縣前南經茅梓橋觀橋至堰橋　魚腥巷州巷內西通石灰巷　西溪下茅梓橋西通石灰巷　陳鼓打巷觀橋東其東段即七尺場　前西溪觀橋西　鑄冶巷兩西溪之間北自迎溪橋達社學橋　四郎君廟巷東打鼓巷南東通學前　三皇街自水關橋北址西至茅梓橋　藥皇廟街有二北皆通毛桃巷　虹覺橋街亦有兩街南皆通新街巷　學前街自虹橋北址西至西水關　學街學宮橋南接睦親坊巷　湯巷學橋南　冬卿橋巷堰橋南轉東接湯巷　育材街舊名繡座

司廟巷在南市橋巷內　孫司徒廟街南湯巷　章巷青蓮庵東　師古
(南門二上塘街)自大市橋東趾南經鳳光橋稅務前承賢橋至便民橋　師古
河上鳳光橋東接斜橋河　鎮巷師古河南　中市橋巷中市橋東　歡喜橋
中市橋巷南　旱橋街歡喜橋南即烈帝廟巷　新開河上承賢橋東　沙巷新開
河南　永興巷舊名孤老院巷在南市橋東　希夷道院巷孤老院巷南
(南門三下塘街即新生路)自合秀橋南經斜橋丹涇橋至便民
橋　福田巷東門街南東爲田鷄浜　小婁巷福田巷南北有朱知軍巷　斜橋河
上斜橋東東至城隍廟即六箭河　東河頭巷舊名董家巷即五箭河南通鳳仙巷北通張花木巷
留芳聲巷在四箭河　槐樹巷丹涇橋轉東即二箭河　百歲坊巷槐樹
巷南亦稱南倉廳巷　朱賣煤浜舊名莊巷即二箭河　大井頭花園街舊名邊巷
即一箭河故址
(南門外街)出梁湖門過南吊橋黃坭橋石灰橋至南碼頭　帶鈎橋巷帶鈎橋下
長街西街黃泥垎　黃坭垎黃泥橋西　簑衣浜黃泥橋南

六

(南門外上塘街)出梁湖門過南門橋塔橋經跨塘橋清明二橋東趾轉入伯瀆港　塔
瀆下　羅蔔浜　義壯前橋南跨塘　羊腰灣　伯瀆
街　窯頭
(北門上塘街)自大市橋東趾北經盛巷橋打鐵橋至北城門　大婁巷大市橋東
東接小婁巷　清淨巷大婁巷北東通矮巷　寺巷清淨巷北東爲觀前街　新縣前
街倉橋東經縣政府前西爲巷　捕衙街縣署東轉北　錦樹里內黃泥橋東轉北西
通捕衙街　書院街縣政府後東至捕衙街　打鐵橋街打鐵橋北址東至東城門
(北門下塘街)自大市橋西址北經迎迓亭胡橋泰定橋留郎橋至北水關　眞應
道巷自新市橋西至駐驄橋　連元街胡橋北址西至駐驄橋　縣後街駐驄橋北
址西至隆龍街　大成巷連元街北　姚八巷大成巷北　西河頭名斥瀆橋巷亦稱斥
瀆上　道場巷西河頭北處至留郎河
(北門外街)出北門至蓮蓉橋爲北大街過蓮蓉橋轉北塘至吳橋　露華街北門
東通吉祥橋　芭斗街西通黃泥橋　壇頭街東通長安橋　布行街蓮蓉橋南

灣巷蓮蓉橋北 小郗街蓮蓉橋南堍 麻餅沿河蓮蓉橋東 桃棗沿河蓮蓉橋西 竹場巷蓮蓉橋北址轉東 江陰巷竹場巷

（東門街）自寺巷東經觀前街過合秀橋營橋至東城門 清寧巷寺前南至大婁巷 八兒巷觀前南至大婁巷 駁岸上觀前街東即第八箭河上 花園街青石橋北西轉爲映山河迪盛巷 顧家街舊名泥巷 蘇家街環秀橋南街轉東爲箬葉巷東林書院後 城頭街城門內轉北而至打鐵橋

（東門外街）出靖海門過東門橋至亭子橋 綠羅菴巷 東倉巷

（光復門內街） 盛巷合秀橋北北通新縣前街內有楊巷鎖皮巷許家巷化成巷安仁巷巷東至映山河 同通路城門口至公園路 化成巷西連盛巷東接公園路 安仁巷東西化成巷 公園路詳馬路

（光復門外街） 光復路 漢昌路 東新路 通運路 交際路 通惠路 廣勤路以上另詳馬路 永安里 有惠里 九成里以上在通運路 安和里交際路 壽康里漢昌路 恆德里通運橋東沿河

◉城市橋梁

（城內）北水關橋北城門口迤西 打鐵橋北門內直街 迎祥橋書院街口 倉橋新縣前街 新市橋眞應道巷 大市橋大婁巷西 中市橋大市橋西 歡喜橋歡喜巷口 南市橋南門內 致和橋南門內迤西路 南水關橋以上均跨自北至南之直河上 留郎橋跨留郎河 序成橋在西門內俗名小木橋 駐驄橋老縣後 滙龍橋駐驄橋西 營橋西察院東路營河 水獺橋跨水獺河 茅梓橋州巷內南迤觀橋 迎溪橋茅梓橋西 社學橋北通錫治巷迤迎溪橋 虹橋跨東帶河 學橋學宮東 飛虹橋學橋西 西水關橋西門學前 盛巷橋跨縣前新河 裏黃埿橋路縣前新河 華德橋東門內 冉涇橋南門三下塘 承賢橋三下塘 鳳光橋大河上 三鳳橋三皇街口 斜橋大河上小河上中間 廟橋新城隍廟前 將軍橋東門出鷄浜 神仙橋東門門 環秀橋東門熙春街 青石橋同上 營橋同上 合秀橋盛巷與駁岸上接壤處 新民橋光復門內

七

(東門外橋)東門吊橋跨城河　亭子橋跨東門外運河　廟橋左有信郎大王廟　小粉橋亭子橋左　塔子橋本名搭影水面時有妙光塔影

(西門外橋)西門吊橋跨環城河　新名梁溪橋　外吊橋棉花巷

介浜橋大倉前港　德心橋倉浜內　顯應橋太保墩　迎龍橋太保墩西　西新橋中新廠旁　中新橋跨梁溪上　勤工橋西新橋下　勤工橋中新廠西　大德橋五里街　寶善橋跨寺塘橋

(南門外橋)南門吊橋南城河　南黃泥橋跨菰瀆　滯鉤橋南門橋西　談渡橋　菰瀆橋舊作菰　日暉橋俗名石灰橋

清明橋　跨塘橋均跨運河　北橋跨馬蠡港　中橋跨馬蠡港　南橋跨馬蠡港過此即五里湖

(北門外橋)北門吊橋跨環河　蓮蓉橋跨運河俗稱北門大橋

長安橋北門外　外黃泥橋舊名通安　四堡橋跨轉水河　顧橋跨轉水河亦名柵口　通滙橋舊名小木橋　三里橋北門塘　普濟橋　吳橋跨運河在黃埠墩西　惠農橋　惠工橋　惠商橋以上惠在通均路馬　光復橋光復門外　工運橋火車站南舊名通運橋

八

錫濟養兔合作社

本社由無錫工餘濟豐關三元等養兔場聯合辦理出售各種毛用皮用等優良兔種凡須購買者請向本社接洽可也

再工餘三元等本場自即日起雖亦出售種兔惟不直接發種凡向該場預約者可持券向本社取種併以聲明

種兔價　幼兔每對三十元成兔面議隨時預定依次領種

領種處　無錫西門內聚成橋下二十二號電話八一五號

附告　本社兔種因定購者多概須預定刻已定至本年七月份此後預定者須俟七月以後方能領種

工餘養兔場　無錫中新三廠自治區　電話一二九九號

錫濟養兔合作社　無錫錫山下　電話一三四七號

三元養兔場　濟豐關三元製種場　電話二十一號

交通

劉文島題

劉文島

開原鄉公共汽車

穩快價廉
大衆可坐
每念分鐘
開行一次
由迎龍橋
至梅園小
箕山每站
停銅元十
枚辦事處
設前橋頭
電話三八
八號轉

三樂牙粉招請各地經理

本社製造糖菓罐頭已有多年最近又延聘請技師添設化裝品部刻已先出三樂牙粉一種其他各品亦在陸續製造中刻擬招請全國各埠經理各一人（一處限一人）辦理批發零銷事宜附錄簡章如下倘荷贊同請即與無錫西門内二十二號三樂辦事處或上海北西藏路安宜村三樂發行所直接接洽此啓

（一）每縣總批發以一處爲限實價六角批出六角五分零售一元

（二）每包零售價目須與無敵牌擦面牙粉相同不能特賤

（三）貨款一律每月結算一次如須每批結算亦可

（四）每批如有缺少數目及不合銷場之處可以隨時更换

（五）凡担任全邑及各鄉鎮總推銷者須訂立正式合同並繳相當保證

（六）如以現金作保證者可以照市給息

無錫指南　交通

◉概要　京滬路自武進東南行，經洛社石塘灣無錫北門南門旗站周涇巷而至吳縣之望亭。西達首都，渡江可由平浦路至北平，東達上海。又自火車站乘錫澄公共汽車，可達江陰，過江至靖江南通，亦甚便利。最近又有江南汽車公司之設，至溧陽宜興之交通，更形便利。錫滬路成，可至常熟轉滬。蘇錫路成赴蘇更便。內河輪船則在梁溪路一帶，遍設公司，如蘇州上海常熟江陰宜興溧陽湖州等處，均可直達，本邑與外埠之交通，已屬可觀，至本埠交通，城區車道密佈，何庸紀述，即鄉鎮之築有馬路者，在開原鄉，有開原路，自城中通惠路至榮巷徐巷，開北路自惠山鎮經錢橋至蕩塘橋。通惠路自河埒口通惠山。啓明路自榮巷通東大池。環湖路在揚名鄉則自南門過南橋至周新鎮爲揚名東路，自開原路至南橋及陳大巷爲揚名西路。在開化鄉則有開化路，自周新鎮（東絳）經方橋板橋蕩埭橋通南方泉．景雲市有江波橋路自南門伯瀆港通江溪橋。北下市有東亭路自工運橋至東亭，新安鄉有新安路自揚名路將浜斗至華大房莊，又有錫滢路自錫澄公路經過之塘頭起，經過天下市嚴埭東北塘八士橋至壞上市之張涇橋。不日武靑路通行，四鄉幹路縱橫，支路密佈，陸路交通，漸臻完善，即偶有不通車路者，仍有輪船航船以濟其急。至其他交通機關，如電話電報郵政亦組織完備，傳遞迅速。商旅稱便，今分別述其概要如左。

◉京滬鐵路　京滬路無錫站，建於前清光緒三十二年，東往上海，西達首都，又可與滬杭津浦兩路通車，錫澄公路聯運，交通稱便。茲將行車時刻表及價目表另列於後：

【上行車】

上海開	上〇・五十	錫三四	上五・十五	京三四
	上七・五五	京特快	上九・五十	京快客
	下一・二十	京特快	下四・正	平聯運
	下四・五十	常特客	下五・五五	錫二三
	下十一・正	京夜特	下・十二正	鎮三四
蘇州開	上二・五十	錫三四	上八・二五	京三四
	上九・三四	京特快	上十二・〇五	京快客
	下二・五三	京特通	下六・正	平聯運
	下六・五十	常特客	下八・四七	錫二三

無錫開
上一・〇五 京夜特　上一・五八 鎮三四
上三・四五 常三四　上六・正 京二三
上九・四八 京三四　上十・念一 京特快
下一・〇五 京快客　下三・四十 京特通
下六・五一 平聯運　下七・四一 常特客
下十・正 二三到　上二・〇五 京夜特
上二・五四 鎮三四

常州開
上七・十九 京二三　上十一・四八 京三四
上十一・〇六 京特快　下二・〇三 京特客
下四・二五 京特通　下七・四七 平聯運
下八・三五 常特到　上三・〇四 京夜特
上四・二五 鎮三四

鎮江開
上九・四五 京二三　下二・念一 京三四
下〇・卅二 京特快　下三・五二 京快客
下五・五十 京特通　下九・念六 平聯運
上五・十分 京夜特　上六・五十 鎮二三

南京到
上十二正 京二三　下四・卅分 京三四
下一・五十 京特快　下四・三十 京快客
下七・十五 京特通　下十・五十 平聯運
上七・正 京夜特

二

【下行車】

南京開
上八・二十 開特通　上九正 滬三四
下〇・三五 滬快客　下五・〇五 滬特快
下五・四五 錫二三　下十一・正 滬夜特
下十二・正 平聯運

鎮江開
上九・四一 開特通　上十・正 滬三四
下二・念四 滬快客　上十一・念一 滬三四
下六・二五 滬特快　下八・十分 錫二三
上〇・五七 滬夜快　上一・四八 平聯運

常州開
上八・正 滬快客　上十一・〇八 開特通
下〇・二四 滬三四　下二・〇五 滬三四
下四・二三 滬快客　下七・四九 滬特快
下十・二十 錫二三　上二・五八 滬夜特
上三・四十 平聯運

無錫開
上五・五五 滬二三　上九・〇二 滬快客
上十一・五三 開特通　下〇・二五 滬三四
下一・四十 滬三四　下三・三八 滬三四
下五・三十 滬快客　下八・三四 滬特快

	蘇州開		上海到	
下十一・二	二三到			
	上三・五八	滬夜特	上四・三八	滬聯運
	上七・〇三	滬二三	上十・十五	滬快客
	下〇・四二	闁特通	下一・五十	滬三四
	下三・正	滬三四	下四・五五	滬三四
	下六・四五	滬快客、	下九・二二	滬特快
	上五・正	滬夜特	上五・四一	滬聯運
	上九・四五	滬二三	上十二・三十	滬快客
	下二・十五	闁特通	下四・三十	滬三四
	下五・二十	滬三四	下七・五五	滬三四
	下八・五十	滬快客	下十・五十	滬特快
	上七・正	滬夜特	上七・四十	滬聯運

●無錫至各站價目表

【上行】

石塘灣	·20	洛社	·25	横林	·30
戚墅堰	·35	常州	·50	新閘	·60
奔牛	·75	呂城	·85	陵口	·95
丹陽	1·05	新豐	1·15	濟澤	1·20
鎮江旗站	1·25	鎮江	1·30	高資	1·45
橋頭	1·50	下蜀	1·55	龍潭	1·70
棲霞山	1·80	堯化門	1·90	太平門	2·00
和平門	2·00	南京	2·05		

【下行】

無錫旗站	·10	周涇巷	·20	望亭	·30
滸墅關	·40	蘇州	·55	官瀆里	·60
外跨塘	·65	唯亭	·75	正儀	·85
崑山	1·00	青陽港	1·05	陸家浜	1·10
安亭	1·20	黃渡	1·25	南翔	1·30
眞茹	1·40	上海	1·45		

此係普通三等客車，價目，特別快車，頭二等，以及來回票價均可視此而增減。

●錫澄長途汽車公司

錫澄汽車。專在錫澄公路行駛。共十四站。總站設火車站。每日上午六時至下午五時。隔半小時開行一次。與京滬路及靖江輪船。訂有聯運辦法。行旅極便。

●錫澄路由錫至各站價目表

北柵口	·05	塘頭	·10	陳家橋	·20
旺莊	·20	胡家渡	·25	堰橋	·30

塘頭橋 •40　青暘 •50　戴莊 •60
南閘 •80　江陰南門 •80　江陰 •80
靖江 1•00

◉錫滬長途汽車公司　總站，設火車站，行駛東亭，鴨城橋，查家橋，安鎮，廊華，羊尖，翁家莊，徐塘，而至常熟，或轉蘇常車而至蘇州。否則由原路經古里村，白茆，支塘，鎮，直塘，雙鳳，觀音堂，太倉，新豐，葛隆，外岡，嘉定，馬陸，南翔，綠揚而達上海。

◉江南汽車公司　江南汽車公司於廿三年三月十日通車，在錫宜公路行駛，可自開原路直達宜興，接通京杭公路，達南京或杭州，其經過各站如下：

無錫—梅園—雪堰橋—漕橋—和橋—宜興—{湯渡—長興—湖州—莫干山—杭州
廣德—徐舍—溧陽—天王山—句容—湯山—南京}

◉錫蘇汽車公司　由錫通至蘇州在籌備中。

◉無錫街車價目表　（下表以銅元爲單位）如論鐘點每小時二角全日一元六角

目的地＼起點	火車站至	工運橋至	吉祥橋至	南城門至	大河池至	斜橋至	書院弄至
大洋橋	10		12	30	16	22	15
吉祥橋	16	12		24	16	20	12
崇安寺	26	20	16	20	20	10	12
大河池	22	20	18	32		24	18
惠山	50			50	40		
梅園	100				100		
西水關	40						
東門	22	18	18	24	24	16	20
吳橋	35				23		
書院弄	20	18	14	22	18		
棉花巷							
東亭	70				70		
南城門	38		24		32	14	22
斜橋	30	26	20	14	24		
南市橋	35	30					
新縣前	22	15					
西城門	24	20	16	20	30	18	16
迎龍橋	32	30	25	38	36	24	28
南黃泥橋	45	40	35	10	40	19	23
清明橋	60	54	42	25	50	28	40
廣勤路	14	12	18	38	20	30	22
惠農橋	20	16	22	38	16	22	25
梨花莊	36	30	28	45	20	26	30
火車站		10	16	38	22	30	22
塘頭	30	30	32				

東門城至	18 18 14 24 20 24 16 35 40 32 44 20 18 24 20
西城門至	22 18 15 30 16 12 20 18 14 25 47 36 32 28 26
迎龍橋至	30 25 23 32 40 28 38 24 14 36 32
黃泥橋至	42 25 30 35 40 28 10 19 25 32 45
清明橋至	60 45 50 50 50 40 25 28 49 48 65
惠農橋至	16 22 20 16 18 25 38 22 32 12 20 20
黎花莊至	30 28 25 20 24 30 45 26 38 18 36 18

◉無錫內河輪船一覽表

公司名稱	公司地點	船名	起訖	本邑停船地點	經過地點	行駛時間
中華恆裕	梁溪路	恆發	無錫溧陽	工運橋	洛社 戴溪橋 華渡橋 運村 和橋 宜興 徐舍	錫上午八時 溧上午六時
永同	同上	永同	同上	同上	同上	同上
中華恆裕	同上	新裕福	同上	同上	同上	同上
招商	同上	建元	同上	同上	同上	同上
永固	同上	永飛	無錫宜興	同上	洛社 戴溪橋 華渡橋 運村 和橋	錫上午八時 宜上午七時
中華恆裕	同上	倖新	同上	同上	同上	同上
陽羨	同上	銅客	同上	同上	同上	同上

利澄	同上	飛鯨	無錫江陰	同上	石幢 青暘 月城橋 南閘	錫上午十一時 隔日
招商	同上	泰昌	同上	同上	同上	同上
嚴東	同上	德和	同上	同上	同上	同上
利澄	同上	飛鵰	無錫周莊	同上	張涇橋 陳家橋 晃山橋 長涇 陸家橋 瓠俗橋	同上
東北	同上	祥裕	同上	同上	同上	錫下午二時
利澄	同上	新飛龍	無錫華墅	同上	張涇橋 陳家橋 晃山橋 習禮橋 北渦 南新橋 郁家橋	錫上午八時半 華
東北	同上	新東北	無錫周莊	同上	同「飛鵰」「祥裕」	同上
同上	同上	學利	無錫東萊鎮	同上	張涇橋 陳家橋 晃山橋 習禮橋 北渦 四干橋 新莊港	錫上午十時半 萊八
同上	同上	祥源	同上	同上	同上	同上
新濟	同上	新康	同上	同上	同上	同上
太湖	同上	新太湖	無錫湖州	同上	大浦 西山 大錢	錫上午十一時 湖
同上	同上	飛雲	同上	同上	同上	同上
中華恆裕	同上	華恆	無錫周橋	同上	錢橋 藕塘橋 梢塘橋 張舍 胡埭 雪堰橋 周橋 潘家橋 分水墩	錫上午八時
同上	同上	華裕	無錫漕橋	同上	錢橋 藕塘橋 新瀆橋 大鴻橋 戴溪 橋 入井橋 華大橋 劉莊橋	錫上午二 漕下午八時

利澄	同上	飛虎	無錫雲亭	同上	嚴埭 胡家渡 堰橋 北渚 璜塘 長壽 茂墅橋	錫 下午二時
惠商	同上	惠源	同上	同上	同 上	同上
利澄	同上	利澄	無錫北濉	同上	張涇橋 陳家橋 晃山橋 長涇	錫 上午十一時
同上	同上	飛鴻	無錫河塘橋	同上	八士橋 西暘橋 門村 河塘橋	同上
同上	同上	利達	無錫璜塘	同上	嚴埭 胡家渡 堰橋 北渚	錫 上午二時
新濟	同上	新濟	無錫顧山	同上	張涇橋 陳家橋 晃山橋 陳墅	顧 上午七時半 錫 下午一時半
同上	同上	新永	無錫前州	同上	吳橋 秦巷 前州	錫 上午十一時 洲 下午四時
殿東	同上	美利	無錫羊尖	同上	三環橋 張涇橋 東湖塘 北窰 嚴家橋	下午二時半 上午七時
同上	同上	永利	無錫祝塘	同上	八士橋 方村 聚龍橋 白塊橋 西洋橋 塘石燕	錫 下午一時
錫南	同上	惠風	無錫吳塘門	同上	北橋 中橋 南橋 石塘 丁石橋 葛埭橋 南方前	錫 下午一時
濟商	同上	永裕	無錫玉祁	同上	石塘灣 洛社 五枚 封莊 禮社	玉 上午八時 錫 下午二時
華新	同上	華新	無錫甘露	同上	坊前 梅村 茅塘橋 張塘橋 新造橋 蕩口	甘 上午七時 錫 下午一時
同上	同上	華利	無錫蕩口	同上	同 上	蕩 下午一時 錫 上午八時
源益	同上	源利	無錫安鎮	同上	新塘橋 鴨城橋	安 上午八時 錫 下午二時

七

無錫指南 交通

八

普益	梅村長風	梅村蘇州	梅村	茅塘橋 老馬橋 廟庵 河沿橋 瞻橋 方橋	蘇下午二時 梅上午七時
永盛	大有棧 永盛	無錫常熟	蓮橋	新塘橋 鴨城橋 安鎮 太平橋 馬口 廊下 羊尖 蓮塘	蘇下午二時 梅上午七時
泰利	恆錫	無錫后宅	工運橋	新安 大牆門 雙板橋	熟上午八時 錫下午
通達	利民	無錫南坊前	同上	北橋 中橋 南橋 石塘 葛埭橋	錫下午二時半
便民	鴻雲	無錫周潭橋	同上	北橋 中橋 南橋 東埣 長旺橋 廟橋 巡塘橋 楊橋塘	錫下午一時半
公商新記	公商	無錫楊墅園	同上	石塘灣 西漳 張涇橋 洛社 高明橋	錫上午十一時 下午四時
蘇錫	福泰	無錫蘇州	同上	新安 望亭 滸關	錫上午八時
鴻聲	鴻聲	無錫葛埭橋	同上	北橋 中橋 南橋 鑫園 溹塘 石塘	錫上午十一時半
利益	新鴻盛	無錫王莊	同上	新塘橋 鴨城橋 石埭橋 九里橋 安鎮 馬口里 廊下 鑫橋 潘市	錫下午一時半
泰利	利商	無錫南芹頭	同上	興塘 雙涇橋 和南橋 張維橋 東八字橋	錫下午一時半
新濟	利民	無錫焦溪	同上	石幢 四河閘 黃大壩 呈彩橋 北雙廟 雙涇 上石堰	錫上午七時 下午一時
同上	新民	無錫常州	同上	石塘灣 洛社 五牧 橫林 戚墅堰 丁堰	錫下午一時半 常上午七時半

無錫指南　交通　九

◉裝貨輪船　公茂輪船。每日午前十時開往蘇州、上海。做裝貨物。招商振記。民國十六年創辦。專裝貨物至常州上海。協興與老公茂同。

◉快船　邑中大鎮除航船外。尙有快船。船身狹小。行時甚速。開行時鳴鑼爲號。開往八士橋、張涇橋者。在通滙橋。開雪堰橋者。在長安橋。開蕩口者。在通運橋。開梅村者。在淸名橋。快船開往堰橋北漍者。在三里橋。開往西漳堰橋北漍周莊者。在長安橋。

◉駁船　雇駁船由小輪拖帶者。若至上海。頭等二十元。二等十七元。三等十四元。至蘇州。頭等十元。二等八元。三等七元。雇快船自搖者。至上海。頭等二十元。二等十七元。三等十四元至蘇州。頭等十二元。二等八元。三等七元。

◉小汽船　游覽湖山，可乘小汽船各旅館各廠家均有出租甲種(可坐二十八人)每日十六元。乙種（可坐十八人）每日十四元。丙種(可坐十四人)每日十二元。丁種(可坐十八人)每日十元

◉便船　便船可隨便雇用。有大小之別。價目論日不論路。大船每日約二元至十元不等。小船每日七角至一元。

◉轎輿　有中轎、小轎等、可往轎行內雇之。轎行隨處有之。以公記(在外黃泥橋電話二百九十二號)治記(在馬路上)等爲最大。下鄉遊山。以鐘點計算可與面議。

◉繁盛街市　城中大市橋、崇安寺、倉橋、打鐵橋。北門外北大街、北塘、三里橋。南門外黃泥橋、淸名橋。西門外吊橋下、棚下。光復門(卽新北門)外。通運路、交際路、漢昌路。皆爲繁盛之區。若以本邑商務而論。以北大街、三里橋、最繁盛。夜市至十時許。通運路則須至十二時以外。

◉郵政　一等郵政總局在火車站。第一支局在城內新市橋。第二支局在南門外跨塘橋。第三支局在北門江陰巷。第四支局在西門迎龍橋。三等郵局在蕩口、石塘灣、榮巷、洛社。代辦處。八士橋、東亭、羊尖、堰橋、前洲、嚴家橋、禮社、封莊、張涇橋、南橋、楊墅園、陳墅、安鎭、西漳、秦巷、周新鎭、大徐巷、胡埭、陡門橋、新安鎭、華大厉莊、方橋、南方前、張舍、寺頭、張村、長安橋、后揚坊前、梅村、

博渚、錢橋、藕蕩橋、新瀆橋、查家橋、許舍、河埒口、黃土塘、石塘、南雙廟、陸店橋、顧山、北周莊、后塍、漕橋、長涇、華墅、雪堰橋、長壽、陸家橋、陸區橋、戴滅涮、進村、洛陽、北橋、周橋、祝塘、石幢、崔橋、張鎮橋、南新橋、張家橋、西塘市、西暘橋、周潭橋、東湖塘、塘頭橋、江溪橋、楊亭、會龍橋、瓠岱橋、潘家橋、東北塘、梢塘橋、合興行（又歸蘇郵局管轄者有望亭、廿露、大牆門、西倉、鴻升里、后宅后橋七處）

◉電報　電報局與郵局合併。各郵局支局亦代收電報。每字華文三分，洋文六分，提前先發者爲加急電報，費三倍。

◉電話　本邑電話公司在北城脚。鄉線如石塘灣、洛社、河埒口、榮巷、梅園、黿頭渚、玉祁、南方泉、禮社、堰橋、八士橋、南橋、周新鎮、江溪橋、東亭、后暘坊前、毛巷街、塘頭、劉潭橋等鎮，均已裝置。武進、上海、南京、蕪湖、常熟、及木瀆等電話局，亦均已接通。另有江蘇省建設廳電話交換所。設通滙橋下。（參觀實業類）

無錫雜誌社出版各項增刊　一〇

第一種	宣講筆記	李鍾瑞編
第二種	調查筆記	李鍾瑞編
第三種	無錫指南	本社編
第四種	錫湖覽勝	本社編
第五種	東遊日記	榮爾仁編
第六種	無錫禮俗	本社編
第七種	實用養蠶法	李鍾瑞編
第八種	實用蠶業學	李鍾瑞編
第九種	工場設計及管理	薛明劍編
第十種	教育用具製造法	薛明劍編
第十一種	民衆實用工藝（衣食住行四編）	薛明劍編
第十二種	實用工藝續編	薛明劍編
第十三種	梽鄉導游錄	本社編
第十四種	梅園指南	薛明劍編
第十五種	現代軍用毒氣及避毒常識	薛明劍、汪畏之編
第十六種	戰時民衆工藝	薛明劍編
第十七種	實地養兎法	薛明劍編
第十八種	紡織工廠管理法	薛明劍編

食宿娛樂

吳佩孚

吳佩孚

◉**菜館**　無錫菜館，有京館，蘇館，錫館，徽館，西菜館數種。整席頃刻可辦，如無多客，以隨時點菜為宜。京館以燒烤各菜最佳。徽館以紅燒各菜最佳。錫館以清蒸各菜為最佳。茲將著名各菜館名稱地址電話等，分列於後。

菜館一覽

館名	味別	地點	電話
老聚豐	徽館	北外城腳	五一六
迎賓樓	京館	崇安寺	一〇三七
新聚豐	徽館	北外城腳	六五八
聚商館	京館	通運路	九五七
太和園	徽館	交際路	三五二
聚樂園	錫館	寺巷裏	八〇二
杏花村	徽館	塘頭弄	一〇三五
新福怡	錫館	財神街	九五一
大中華	徽館	萬全路	二九八
三怡樓	錫館	吊橋下	
喬治西菜館	西菜	廣勤路華盛頓	四五三
聚鑫園	錫館	南長街	一〇五一

新世界	西菜	通運路	五七三
惠泉館	錫館	惠山橫街	
民生樓	錫館	火車站	七三六
菜根香	蔬菜	崇安寺	四九五

◉**點心店**　有麵店、炒麵館、餛飩店、糕糰店、四種。麵店有魚麵、肉麵、鱔麵、蝦仁麵、火腿麵、鷄麵、鍋麵等。並有燒賣、饅頭等。炒麵有蝦仁炒麵、鷄絲炒麵、火腿炒麵等。餛飩有肉餛飩、菜餛飩等。糕糰有糖糕、粽子、湯糰等。凡熱鬧處均有之。

◉**茶館**　隨地皆有。茶價自六十文至二百文。榻茶一角。各館均有特別營業。或為茶會。或為書場。或為棋會。或為鳥會。在通運路中者。有青雲閣。萬陽樓、梁溪逍遙樓。吉祥橋下有怡園、溪山共一樓。漢昌路有玉和春。北門外吊橋堍有最宜樓。北門外尤街內有拱北樓。北門外塘頭街有悅心樓。公園路有逍遙遊、丹鳳、松風閣。大三里橋有蓉湖樓。觀前街有道開室。崇安寺內有聽松園、三萬昌。孫記玉和軒。

◉**旅社**　無錫旅館，著名者多在工運橋一帶，房金自數角起至數元止，各棧皆有接手，至船埠車站迎接旅客，欲往何棧，即將仿單收下，行旅點交接手，乘車先往，如有公文銀錢等，可交賬房，向取收條。大旅館有午晚餐之設備，每餐大洋三角，僅用白飯者，祇洋七分，茶房小賬除按房金加一之小賬外，如服侍週到，旅客須酌情零給小賬，倘茶房爭索，可報告賬房。如購物僱車及取送行李均可託茶房。茲將各旅社，列表於下。

名稱	地點	電話
新世界旅社	工運橋堍	五七三—四
無錫旅館	火車站	五六一
鐵路飯店	通惠路口	五八三—四
華商旅館	馬路上	二七七
華盛頓飯店	廣勤路口	四五三
惠中旅館	通運路	二一七
無錫飯店	工運橋堍	六五〇　六五二
第一旅館	馬路上	三一九
太湖飯店	梅園	三九五
新旅社	馬路上	五四〇
蠡園飯店	青祁	二〇六〇
太湖別墅	黿頭渚	三〇八
公園飯店	公園路	五〇四
梁溪旅館	通運路	四一
大上海旅社	通運路	三五三
蘇台旅館	光復路	八〇九
大東旅社	馬路上	一三四
大中華旅社	車站路	一二〇七
交通旅社	工運橋堍	三一八
東湖旅館	馬路上	二四三
孟淵旅社	馬路上	二三三
陞昌旅館	光復路	八七〇
啓泰棧	馬路上	

房金價目，大都均有折扣，各房間均有價目單，折扣等均表明。

◉戲院

名稱	地址	電話
中南大戲院	公園路	一一七七
慶陞戲院	東新路	
無錫大戲院	公園內	三十六

巴黎劇場　廣勤路口
中東戲院　東新路

無錫戲院，如中南大戲院，時開新戲，時開電影，做新戲時價目常在二角至八角，電影時自二角至三角，公園內無錫大戲院，常開電影，價目自二角至三角，慶陞戲院，常演京劇，價目自一角至二角止。其餘演新劇者，有巴黎劇場，中東戲院等。開演時間，各有不同，大半分午後一時起，四時起，七時起數次。

●書場　書場均附設茶館內，分說書灘簧二種，有午後開演者，有晚間開演者，其價少者一百文，多至一角。北門有長興，同羽春，悅心，清園等，城內有迎園，梁溪，迎興園，近興，雅叙等處。

●浴堂　浴堂有池湯盆湯二種，池湯價約百文，然不合衛生，盆湯價目，分三種，洋盆約小洋四角，官盆約小洋二角，客盆約一角，其中理髮，擦背，扦脚之人俱有，價均在二角左右，營業時間，大都在午後一時至夜間十二時，茲將較著浴室調查如下

名稱	地址	電話
日新池	漢昌路	七九七
清蓮池	馬路上	二九五
玉泉池	金鈎橋	一〇五〇
浴春池	太平巷口	八六四
清泉浴室	老戲院弄口	一一五一
浴德池	大市橋	六七七
昇泉池	崇安寺	七四七
惠泉浴室	惠農橋	一〇一五
樂泉浴室	萬全路	七〇三
蓮蓉浴室	滑巷裏	一一六八

●理髮及洗衣　理髮店，隨處皆有，其較爲雅潔者，在通運路及公園路一帶，其價目各有差別，剪髮有三百數十文至二角者，修面有一百數十文至一角者，最近馬路上之大華理髮館，設備較佳，理髮價目，自四角起碼。旅客洗衣，在旅館中可交茶房。如西裝等，可交洗衣公司洗滌。

●畫舫　均在游山船浜，備有精肴，可游湖山，可宴賓客，價目每日自三十元至一百二十元止，酒菜在內，小賬另給。

介紹國醫內外科鄭際青胡壽基先生

老友鄭際青先生武進名醫承槐卿先生高足懸壺玉祁廿載於茲識驗俱富活人無算家人之患病者一經診治莫不霍然表弟胡壽基先生橫林名醫馮育才先生得意門人對於外科研究有素學有專長術精刀圭上年鄙人患疽諸醫束手由胡先生隨其馮師悉心診治得以告痊今為便利患病者之問津特勸兩先生合設診所以惠病家兩先生俱為民政廳登記及格醫師敢為介紹

診所在北門壇頭弄長安橋南貨公會內

電話三九四號　介紹人薛明劍敬啓

（甲）惠山諸勝景 宗祠附

◉惠山　在邑之西北五里許，考錫山景物略。開山禪師名慧照，慧惠也，以僧名名山，故名惠山。宋時名歷山，郡國志名九龍山，又名冠龍山，吳地志名華山，老子枕中記名西神山，陸羽記山有九龍，故名九龍山。隋大業時，有龍鬬於山，故又名鬬龍山，又考慧山記。東晉時有家於山下者，妻妊三年，生龍，色如銀，七日昇天去，龍母死，葬於山巔，即地成潭，因名龍潭山。今通稱曰惠山。周圍約四十餘里，高約百餘丈，山有九峯，下有九塢，曰白石塢、桃花塢、擠鉤塢、王家塢、宋塢、馬鞍塢、望公塢、仙人塢、火鴉塢、峯巒起伏。形態夭矯，登山之道，由二泉亭後，歷級而上，經文昌閣，三官殿、轉折而西，直達山巔。其上殿宇，有頭茅峯、二茅峯、三官殿、三茅峯等，皆羽士所居，登頭茅峯，遙矚太湖，諸山聳列，若洞庭、夫椒、縹渺隱約，如蓬萊三島，帆檣點點，舟小如葉，載沉載浮，出沒如鷗，天際波光，萬頃一碧，東顧則平疇綠野，林烟蒼藹，渺無涯際，其第

五峯巔宋塢之上，俗呼曰拔船灣，巨石盤錯，有鏡光石，涼棚石、天公足跡石、獅子石等，惟歲久字湮，不復能識別矣。諸石交互成臺形，足供小憩，每當春秋佳日，緣山爲市，賣陽天氣，沽酒人來，高居其巔，一杯在手，臨風唱大江東去，大有振衣千仞闊，濯足萬里流之概焉。遊人歷全山者，多自石門下，石門、在第七峯下，望公塢上，峭壁懸崖，孤絕奇險，兩巨石對峙，明邵文莊公，書石門二字於其側。上有流泉下注，飛瀑濺珠，曰珠簾泉。有洞窅然，曰白雲洞，供李仙像，由此下山，路窄澗深，石級蜿蜒，人以其盤旋曲折也，故呼之曰搖車灣。道旁有九陽宮、離垢庵、紫薇宮、張仙殿、眞武殿、雷尊殿等，過眞武殿以下，路漸平坦，松風澗水，聲韻清幽，紆徊叢林中，凡數百武即出山，磚衢南行，直達龍頭口，山盡處爲龍尾陵，俗呼龍山梢，有白龍潭在焉，按此山爲天目支脈，由九華，穹窿，迤邐而東，至此輻路，數百里內，山巔悉歸宗焉，西北如嶂嶼、大穹、青山、峨嵊、回抱、積山、石塘、軍將、嶼山。蜿蜒盤錯，東西如鴻、瑛、膠、顧，芙蓉、石室、諸山。峯巒相

望，又有拱輔之意，若璨山、錫山、則獅伏其前，如門戶焉，共爲天下名勝也宜矣。

▲以下在惠山寺之中央（俗稱山門裏）▼

◉惠山寺　考諸家記載，惠山寺建自劉宋時，係長史湛茂之歷山草堂改建，初曰華山精舍，數經更改，至明初始名惠山寺，經五里街至九龍峯門，又一里許爲山門，山門左右有石幢二，近過郡馬祠者，爲唐乾符間物，上刻金剛經，近錢武肅王祠址者，爲宋時物，上刻楞嚴經，山門內有日月池，池上有香花橋，當年自古華山門至山麓一帶，皆寺基，其規模之宏大，殆難擬比，今則全廢，惟山門左右之二石幢，及香花橋下之日月池，忠烈祠內之金蓮池，得略窺一斑耳，他如佛殿僧房，已爲忠烈祠或宗祠等所占矣。

⊙過郡馬祠　在山門內，祀宋郡馬鄉賢過孟玉，孟玉愛梁溪山水之勝，遂家於此，後改爲祠，祠中有種德樓。

◉錢武肅王祠　在山門內，祀吳越王錢鏐，祠宇壯麗，有乾隆書見山樓、光遠樓、錦樹樓，珠還草堂、等額，又有金塗塔鐵劵圖等石刻，甲子燬於火，十七年重建。

⊙嵇留山先生祠　在山門內，祀清初殉耿逆難鄉賢嵇永仁，先生爲閩督，范承謨幕賓，殉難後，夫人楊氏、茹苦守節，故建坊曰忠節流芳。

⊙張止齋先生祠　在嵇祠左，祀明義士張翼，當明初張士誠就擒後，莫天祐在無錫抗明軍甚烈，明軍已下屠城令，民懼死而守益堅，先生乃縋城說明軍，入城後毋令慘戮，民當懸燈以迎之，明軍許之，闔城生靈，賴以保全。

⊙鄒忠公祠　在張祠左，祀宋直龍圖閣學士鄒浩，園內有金粟山房，及靜齋，今保墓局附設於內。

◉李忠定公祠　在鄒祠左，祀宋中興功臣，鄉賢李綱，有公遺筆刻石，文曰『不愁芒履長南謫，滿願靈旂助北征，酹徹一盃揩眼淚，煙雲何藏是三京』，讀之令人肅然起敬，更痛恨宋南渡君臣之輕社稷，而自壞萬里長城也。

⊙貞節祠　俗稱新貞節祠，在香花橋西北，建於雍正元年，祠內有秉禮堂、誦芬樓，前有石坊。

⊙張孝子祠　在貞節祠對面，祀清旌孝子張寅孫伯玉，孝子因父拱明游桂林，無音耗，乃行乞萬里以尋之，至時拱明已死，遂扶櫬歸，祠左有張節孝祠。

▲以下在忠烈祠附近▼

◉革命忠烈祠　當洪楊舉事，皖人李鴻章率淮軍轉戰江浙間，事平，請於當道建祠以祀死難者焉，祠為惠山寺改建，舊經香花橋，即見煌煌金字，耀於眼簾，曰淮軍昭忠祠，入門為金蓮池，有石梁跨於上，後為御碑亭，鐫清高宗惠山寺詩，拾級而上，有石牀橫臥亭中，名曰聽松，緣甬道更拾上級。又有碑亭，鐫舊時建祠諭旨，旁有龍眼泉，梁大同間所鑿，故又稱大同井，再上為享堂，廣廳三楹，設淮軍湘人程學啓及諸將士位焉，改革後，議有將祠廢歸公用者，經祠裔力爭不果，後復改供李文忠鴻章，民國十七年，始改今名，將有功黨國之人士，壁間嵌詞，記建祠始末，享堂為舊白雲堂址，後改護雲關，宋高宗南渡，駐蹕於此，庭中花木甚多，假山錯峙，古樹蓊鬱，聽鳥鳴清越之聲，覩烟雲縹渺之象，大足供人之觴詠也，（響堂右接雲起樓）

◉積書巖　積書巖在昭忠祠左側，清康熙時有顧貞觀者為祕書典籍，晚年於顧端文公祠右芙蓉亭址，構軒曰暢詠堂，積書萬卷，吟哦其中，開軒面金蓮寺，今軒仍在，而積書巖則已徒有其名矣。

◉金蓮池　在昭忠祠內，池中產金蓮，相傳為劉宋僧顯者所植，花似蓮而小，色黃而香，池水甚潔，邑人恆漂紗其間，故有濾塘浣沼之稱。

◉聽松石床　在金蓮池之上，橫臥亭內，石長約六尺，闊厚半之，黝假有古色，為東南各省著名之石床，有唐李冰陽篆文聽松二字鐫其上，唐皮日休所謂松子聲聲打石床，即指此也，迨後幾經遷移，荒棄草野，清康熙中，始遷於此，道光間李彥章建亭覆之，今壁間有碑，即敘石之始末也。

◉銀杏樹　石床之旁有數百年之銀杏樹，大三四圍，素不生果，上有一寄生之柚樹，獨結實纍纍，清秦琳有詩詠之云，大雄殿下綠苔滋。銀杏濃陰覆不墀，笑指樹頭新結子，青青多在寄生枝。

◉不二法門　在石床後，舊惠山寺之齋堂，明萬歷間，改築者也，供眞武地藏酆都諸像，時有村嫗鄉婦來此進香，木魚清磬，常聒耳鼓，惠山寺毀後，一線梵晉，微此幾成絕響矣，今後園有碧露泉。

▲以上在竹爐山房俗稱泉亭上▼

◉**竹爐山房**　在二泉亭右，後接昭忠祠，按明時惠山寺僧名性海者，風雅多與名流遊，王中祕紱寓聽松庵，常相過往。會湖州有竹工至，爲製竹茶爐，時名流唱和之詩極多，此爐遂爲珍品，藏之庵中松濤軒，後軒燬於火，僧人遷之彌陀殿改稱聽松山房此爐幾經陵谷，終得復其原處，並將當日唱和詩及王紱畫竹刻於壁間，明萬曆時，鄒廸使迪光更今名曰，竹爐山房，乾隆間又遭火刦，重建後，復將搨本刻於壁御賜頓復舊觀額，庚申又燬於洪陽兵燹、同治間再建之，並於庭前戲樓焉，光緒末年，由邑人孫昌烈顧景璐等請於大吏，撥欵改築，奉寶瓚恭摹御額懸之廳事，王紱畫竹及諸名人題詠仍在，惟竹爐僅有繪圖遺蹟，藏之裘氏矣，廳後有羣賢畢至區，則庚申後重建物也，今則遊人罕至，蓋個中人常將廳事扃閉，祕守其刻石畫墨，以爲牟利地，殊可惜也。

◉寶翰閣　竹爐山房之右有寶翰閣，舊藏王紱竹爐畫卷，及先賢題跋，今出租與商人設寶華照相館，閣後有松泉，額爲王澍所篆。

◉**雲起樓**　在二泉亭上昭忠祠後，舊日惠山寺之天香第一樓故址也，淸康熙間，邑人吳興祚建樓於若冰泉左，後移今地，危樓一角，聳出山麓，隔絕塵囂，入門𢌞廊曲折，緣山勢高下，名曰隔紅塵，拾級而上，曰聽松亭，舊名曰朱衣閣，亭下有泉曰羅漢泉，對面爲名山敬業堂舊址，最高層卽雲起樓，四壁開窗，風景幽絕，樓下假山曲折，通昭忠祠享堂，羅漢泉之前有敞軒，當係舊日之養靜軒，惟入門有靑水草堂之碑，嵌於壁間，不識其所自，姑待後日考補焉。

◉羅漢泉　一名朱衣泉，蓋取羅漢本無我相，朱衣豈有名心之意，明僧眞恩所鑿也。

▲以下在二泉亭畔(俗稱金魚池旁)

◉**第二泉**　進古華山門約三百武，華坡之盡處，有門可入，假山嵯峨，豁然別有天地，亭榭池沼，花木石泉之勝，無不畢具，兩壁有天下第二泉額，右爲元翰林承旨趙孟頫所書，左爲淸良常山人王澍所書，考錫山景物略，泉在第一峯白石塢下，本名惠山泉，經唐人陸羽品定，置天下水之第二，始名第二泉，又名陸子泉，唐李德裕任中書時，酷好是泉水，置水遞餉轉不絕，泉水以是名馳天下，源出若冰洞，伏流入方圓二池，曰上池中池，又伏流從螭吻出，匯於下池，曲匯斜分，迤邐暗流，入西溪雙河灌田數十百頃，下池蓄魚，五色兼有，游人投以餅餌，則爭躍出水面攫食，唿喇有聲，其上曰漪瀾堂，宋時曰眞賞泉，明嘉靖初改今名，當時之名流碩彥，多觴詠於此、冠堂濟濟，詩詞唱和，極一時之盛，今則爲茶肆，遊人多憩遊其中，背山臨流，品茗觀魚，亦一樂也，中池味澀不可飲，上池占泉之上流，含礦質最足，游人戲投以錢，廻翔而下，清澈見底，爭呼爲奇，實則錢有銅銹，投於水中，飲之有碍衛生，識者皆言宜禁止也，宋高宗南渡，飲其水而甘之築亭於其上，牓曰源頭活水，今則經毀後復建，此泉雖在而牓額已廢，壁間有碑，清鐫高宗詩云，石甃淙潺乳，何從問來脈，摩挲幾千載，滌蕩合光澤，澄澈不受塵，豈雜溪毛碧，鴻漸眞識味，高風緬疇昔，漪瀾堂下有南海觀音石，若慈航普渡之像，石之下半，刻有八分四言銘，款曰慧巖係明顧可學別墅中物也，石之左右，有金童玉女兩石，若善才龍女拱輔之狀，殊可觀也。

◉**若冰洞泉** 由亭泉歷級而上，南行數十武、有洞廣方丈，上鑿若冰洞三字，係唐僧若冰劚成，其右有若冰泉，二泉之水，所自出焉。

⊙**文昌閣** 二泉之上有文昌閣，爲登山必經之道，閣後爲玉皇殿，殿旁有關帝殿。

⊙**玉皇殿** 在文昌閣後，爲羽士所居，夏歷三月間來此進香者，不下數十萬人，亦著名之殿宇也，玉皇殿右有三官殿，三七兩月之望，舉行迎神賽會，頗稱熱鬧，殿後有道，可達山巔之頭茅峯等處云。

以下在觀泉坊街（俗稱泉亭下）

◉**華孝子祠** 祠在至德祠對面，爲南齊孝子華寶所居舊址也，地名華坡、晉義熙末，父豪戍關中時孝子方八歲臨行謂寶曰，須我還，爲汝冠，後長安陷，豪死，孝子七十不冠而不娶，或問之，寶輒號痛，蓋不忍答也，唐時爲之立祠，並塑童髻長鬚之像，饗堂之前有承澤池，瀕原橋成志樓，遺蔭樹等古跡，又有蘊池，有石螭二，一吐一納，壁間多石刻，有明鐫立祠之事略，及文徵明隸書，楊維楨春草軒詞，祠門前有瑪瑙盤陀石二塊，徑幾及三尺，游人恆以錢摩其上、以其能吸之而不墮也。

⊙華節愍公祠　在孝子祠中春草軒前，祀明考功員外郎鄉賢華允誠汝立，甲申國變時，公講學里中，日以忠義激發士氣，欲圖恢復，後公因不薙髮逮赴南京，兄孫尚濂隨之，均不屈同殉焉，僕薛成，朱孝，聞訊均號泣死。

◉至德祠　在孝子祠對面前清乾隆三十年，邑宰吳鉞奉檄特建，以祀泰伯仲雍及延陵季子，祠內有鍊石閣，俯臨蓮沼，夏景最佳，閣前有祠池右為來雨亭，及縄河館瀘泉等。

◉尊賢祠　在至德祠左，昔在泉亭上，曰十賢祠初僅就陸子祠，增祀宋長史淛茂之宋文肅公紳，為三賢祠，明正德時，續祀宋邑候焦千之，及邑先正秦少游尤袤錢顗尤倪雲林張翼王紱等，合為十賢，嘉靖間重修，又增祀邵文莊公寶及秦敬旭，合十二人，始改稱曰尊賢祠，康熙間，縣令吳興祚遷祠於若冰泉右，改原址建雲起樓，厥後幾經遷移，至於今祠後又增祀梁鴻等，洪楊時毀於火，光緒丁未重建，露台右梁、朱閣甚栩，華麗異常，榜有報忠祠，祀有功德諸先正焉。

⊙唐張貞節祠　在尊賢祠左，祠前有坊，就孝女唐素之故里改建，孝女工寫生取潤貲以養父母，至老不嫁清鄉賢顧光旭過此，詠貞松慈竹丹青裏，門對南齊孝子祠之句。

⊙蔡孝友祠　祀明鄉賢旌表孝友，蔡元銳元鐸，明季倭亂時，銳脫父軫之厄，而見殺于賊，鐸未及知，備貲贖兄，亦死焉。

⊙貞節祠　在蔡孝友祠前，道光年間立，祠前有坊。

◉胡文昭公祠　俗稱胡園，在泉亭之前，尊賢祠之旁，祀宋天章閣侍講胡瑗，即神宗稱眞先生者是也，園中有雲外天香之閣在廳事右，廣僅方丈，鋒削四敞、左望龍山，右挹錫嶺、園中桂樹甚多，花開香溢，望之如黃雪瀰漫，逸趣可愛，並有假山蓮池，石梁跨於其上，上鐫石公隨履處五字。

以下在黃公澗(俗稱胡園街)

◉尤文簡公祠　在二泉門右，胡祠之左，祀宋禮部尚書，鄉賢尤袤，公字遂初，嘗從楊龜山先生游，以書法名天下，壁間石刻手跡猶存，內有錫麓書堂，爲公晚年藏書之所。

⊙牧雲庵　在尤祠右，一稱塔園，後有瘞增骨之塔。

●龍縫泉　在無錫惠山小學內，水自石縫中流出，深廣可三尺，泉旁有涵碧池及碧山吟社石刻。

●黃公澗　在二泉亭右，惠山與錫山之間，考錫山景物略。（楚考烈王徙春申君高欵於江東，城吳墟爲都澗卽其飲馬澗也。）又名春申澗，澗水自山腰下迤，合錫山澗注於河，春秋間山水漲時，其流湍急，衝決而下，如瀑布，如品簾，澎湃之聲，如萬馬奔騰，游人均褰裳跣足，陟其間以爲樂。旁有巨石，鐫臥雲二字，邵文莊手筆也，澗流至是曲折而下，匯成小潭，水流於平時，澄清可數水底石，若散髮披襟，石上高臥則俗塵盡捐，飄飄乎有御風之概，惟水流急時，則擊石起波，浪花四濺，逼人難近，而臥雲石砥柱中流，歷經沖擊，悍然不爲少動，亦奇景也。

△以下在南茅蓬路▽

●忍草庵　在惠山第一峯白跨塢東，章家塢上，入庵之道，自中亭，東南行，經學校前，跨黃公澗越山坡，折而西，循山徑右行，不二百武，庵門見矣，庵建於明代，背倚崇巖，而俯絕澗、石壁峭立，古木拱抱，極擅清幽之勝，昔日每有風雅之士，觴詠其中，今則寥寥無幾矣。（按）章家塢在第一峯之背、白石塢東南、以其獨當一面、故不在九塢之列、

⊙松苓泉　在忍草庵前之南麓，以泉畔產茯苓故名、

⊙貫華閣　在惠山第一峯忍草庵之左，凡三楹，閣高三層，後倚峭壁，前臨絕澗，清納蘭容若，嘗與顧梁汾月夜登最高層，屏從去梯，清談竟夕，嘉道間閣燬，民國十四年冬，楊君味雲出貲重建，由許君彝定主其事，楊君重修貫華閣記有云憑檻而望，九峯晴翠，五湖烟雨，如在几席，帶以疎林怪石，曲澗清泉，又云，泉蘿幽深，外有白雲，非景物之幽邃可知矣。

●蟹眼泉　在松苓泉東三百武，是泉雙眼並列，終年不涸，味亦甘美。

▲以下在聽松坊街(俗稱秦園後)▲

⊙顧端文公祠　在忠烈祠北，祀明光祿寺少卿，鄉賢顧憲成涇陽，公持躬甚正，多所建白，與高攀龍講學東林，世稱日東林八君子之冠。

◉邵文莊公祠　在顧祠左，祀明吏部尚書邵寶，有像，祠址即公講學之二泉書院也，故明碑極多，公字國賢，三歲而孤，事母至孝，居官有政聲，嘗曰，願爲眞士夫，不願爲假道學，祠內有園，園中有遜名泉，泉畔稱清靜深處，園後可通點易台。

◉猛將廟　在邵祠左，神劉姓，相傳爲治蝗者，廟本狹小，道光間，賜福佑康年之額，不能容遂建今廟云。

●五中丞祠　在聽松坊街祀蘇撫周枕，(文襄)海瑞，(忠介)周孔敎，(懷裕)湯斌，(文正)李星沅，(文恭)等、祠外有碑上刻小洞穿斜竹，重階夾細莎十字，爲唐張祜題跡，祠內有香積池。

●清涼泉　在五中丞祠之北，白衣殿內。

◉貞義單姬祠　祠在中丞祠左，祠明貞義單姬，姬字沈昇，未婚而昇沒，卽翦髮不再適，後有委禽者，姬聞之自盡幾絕，經救始免，年八十五卒於家，祠後有墓，在點易台下。

◉周文恪公祠　在單祠左，祀明鄉賢禮部侍郎贈尚書周子義敬庵，當張江陵奪情議起，九列競疏留，公時爲國子監司業，獨戟手向堂上指曰，此倫者何，卒不疏留，故世人重之。

◉觀墩　在周祠前，明周忱以寺缺青龍而築，墩前可通通惠路，墩下之田約十八畝，所產荳莢，名聞遐邇。(詳物產)

◉王文靜先生祠　在周祠左，祀明廣東僉事鄉賢王問字仲山，先生嘗監倉徐州，大減羨耗，父沒不復仕，工書善畫，惠泉各景，皆有其題詠，今祠內有石碣一，懷先生閣古物也。

◉貞節祠　在王祠左、名觀墩上，嘉慶年間就任節婦專祠改建。

●點易臺　在惠山麓忠烈寺後西偏，舊聽板庵竹園之故址，明邵文莊公寶建尚德書院，祀李忠定公，堂前壘石爲臺，象八卦形，故名點易臺，今惟亂石數堆，峙碑於前，刻點易臺三字而已，尚德書院，創自邵文莊，有十五景，既燬於火，文莊孫涵初就原址復建之，增至二十三景，然不能如原來之位置焉，歷歲既久，荒草叢茸，且地址多半由右族佔爲祖墓，須於斷碣中剔苔細辨，始知孰爲點易台原址，孰爲太極石矣。

⊙滴露泉　在點易臺，邵文莊闢，銘曰、一滴一滴，有竅無竅，雲從地生，月從天照，靑海未枯，黃河未倒，薰風南來，發我長嘯，泉旁有太極、鑑水、逢源等石，有瘞卷邱，爲文莊督學江西試卷之埋藏處，泉上爲松崗，有研朱石，由境而上，稱登岩道，有巨石三，一刻靑壁丹崖人間天上，一刻風塵之表，一刻山水之間，皆文莊所題，然大都在荒烟蔓艸間，不易認識矣。

⊙唐孝女墓　在滴露泉右，雲階之旁，孝女姓唐名素。

●海天石屋　在點易臺巨石之上，屋中有石刻五賢遺像，石屋之上，有望闕岩，新月岩，南崖刻石等。

△以下北茅條路▽

⊙媧皇廟　在觀墩王祠左半里許，有磚道可達，是地屬桃花塢下，廟四周徧植栗樹，係明成化間邁泰求嗣還願而建，今修葺方竣，倘稱幽深，近則求嗣者常至是，故俗稱娘娘堂云，廟前栗樹，秋間結實，芬芬甘美，爲桂花杜栗之珍品也。(詳物產)廟南有讀書臺者，係唐左僕射鄉賢李紳之讀書處，今古蹟全泯矣。

⊙邵墓　在媧皇廟北磚道旁，係倘德書院緘嶺之故址，爲邵文莊之母過太君墓。

⊙秦墓　邵墓旁又有明布政，秦夔之墓，規模與邵氏等。

⊙覺巢寺　在媧皇廟北，循磚道而進，約里許可至寺前，寺一名奇緣禪林，俗稱茅蓬菴，山塢環列，蔥蔚如椅，寺中點綴倘佳，亦勝地也，又寺後，有龍腰泉，天生石穴，水甚潔，忽晴忽雨之候，山中產紅色之朱血菌，爲惠山著名特產之一。(詳物產)

△以下在春申里(俗稱廟巷)▽

●春申君廟　俗稱大王廟，春申君黃歇。徙封於江東城吳墟爲都，此廟蓋後人所立也，舊時在惠山麓黃公澗之上，後遷於此，唐人張繼詩云。(春申祠宇空山裏，古柏陰陰石泉水)可爲証焉。考錫山景物略(唐狄梁公毀淫祠，土人慮之，改爲土神廟，宋初封忠安王)，今爲里社，鄉人祀之惟謹，進秀嶂街不數步，即見朱門堊壁，廟額忠安大王者是也。

⊙石林庵　在春申廟南行百餘武之村中，淸初道人榮漣嘗賦詠於此，當時有竹池等八景，今亦廢矣。

●兪行人祠　在春申里村中，祀明初學西殉節行人司，鄉賢俞德惠公，係奉檄往諭龍州土同知抗命而受害者。

◉石浪菴　在錫山之陰，門向西闢，自秀嶂街，循石級而上，逕抵庵前，或廟前山路亦未通，距龍光寺之背，僅三百餘武，登標遠眺，一角湖亭，清幽入畫，絕無市喧俗籟之聲。

△以下在寄暢園街（俗稱横街）▽

◉寄暢園　秦氏之舊園墅也，故稱秦園，在河塘上，元時爲僧房，明正德初，秦端敏公金，改建曰鳳谷行窩，數轉而屬秦中丞燿，大事佈置，更名曰寄暢園，姜西溟有記曰，（古木輪囷離奇，計數十百章，長松偃蓋，作虬龍攫拏勢，有泉從惠山，淙淙瀄瀄，注爲清渠，日夜流不涸，小水澄泓，分爲細澗，幷涓潔可愛，大池一望浩森，上爲飛梁，蜿蜒曲折，朱闌畫楯，下映綠波，緣堤行，草樹蒙茸，至山窮水盡處，忽折而別開一徑，景物儼然，至於峯巒之奇拔，巖洞之深靚，林樾之葱蒨，花竹之秀媚，廳堂之華敞，樓榭之疎峙，杖履所之，無乎不具。）云云，想見當年之勝概矣，迨後屢經更變，至前清高宗南巡，公裔請司馬介庵公修葺之，以駐皇蹕，題詠甚多，故園中碑碣纍纍，世傳有寄暢園叢帖足與三希堂帖媲美之語，惜今多殘斷無從撫搨矣，數百年來園政漸廢，荒烟蔓草，蒼涼不堪寓目，改革後，秦氏議與修之，六七年來，已楚楚可觀，卽舊凌虛閣翻造西式樓三層，控河塘之衝，俯瞰園景，凭眺苐山景物在望，秀色可挹，齊盧之役燬於火，園中有大陂，一名錦匯漪，漪西之濱爲鶴步灘，漪北有七星橋，陂上有知魚檻，舊制也，迴廊宛轉，石梁屈曲，古樹蓊鬱，清泉狂瀉，幽靜信美允爲惠麓園墅之冠，惟亭，石，樹之結構，今之佈置終不能如昔日之典雅耳，假山後有複道，澗流礊礊，殆卽舊制之懸淙也，凌虛閣後，有石巍峙，本曰美人石清高宗改名曰介如石，昂藏卓立，風緻天然，亦奇物也。

◉千人報德坊　在寄暢園前，建於明，西面有明鄉賢鄒迪光書人傑地靈四大字，東西有巖壑夔龍四大字，北爲寺塘涇北岸，南爲寺塘涇南岸，再前有寶善橋，跨惠山浜之上，遊船多泊于附近。

◉龍頭口　在報德坊前，臨惠山浜有石龍頭，終年吐水，爲惠山諸泉入河之處，俗名龍頭口。

◉楊四斋祠　在寄暢園街北叚，祀淸鄉賢楊延俊，公嘗爲肥城令，子宗濂於洪楊之役，卓著功績者也，祠內風景甚佳。

◉貞節祠　舊稱節孝祠，祠前有坊。

◉許文懿公祠　在楊祠右，祀宋顯謨閣學士鄉賢許德之。

◉張明公祠　在許祠右，祀宋儒郿伯横渠張載

◉雙孝祠　在張明公祠對面，祠明孝子秦旦，（永孚）秦夾，（仲孚）孝子母傷膝，創潰，二子爭以舌舐之，又父旭患心疾。醫云人腹血可療，二子爭刲血和酒以進，父疾乃愈。

◉通惠路工碑　在寄暢園街與通惠路接壤處，由此循通惠路，經吳橋越惠商惠工惠農等橋而達滬寧車站，或沿山麓北走，可至石門下錢橋等處，能逕達宜興云。

〇以下在山北〇

◉小荷花庵　在桃花塢下之强巷，俗名小觀音堂，由通惠路工碑循山麓北行，至此約半里許。

◉論塋　在三周巷，即王家塢下，係明周子義之墓，塋之北有樹寶庵，均在大路旁，距通惠路約二里。

◉古錦樹林　在樹寶庵前三周巷之村梢，昔之錦樹庵，僅有池井等尙隱約可指，淸初玉京道人卞賽葬此，吳偉業時中所謂葬惠山祇陀庵錦樹林者也。

◉嚴家棚　在宋塢下之大村落，明秦夔嘗築五峯草堂於山中。

◉祝墓　在嚴家棚，明祝秀一，代父戍湖廣，永樂中積功至懷遠將軍，後征蒲東殺賊陣亡，此衣冠墓也。

◉圓通庵　在馬鞍塢下麒旁係過氏守墓而建。

◉過墓　在菴前山麓，係宋過孟玉郡馬之墓。

石路指路碑　在望公塢下路旁，碑之北百武外，有村曰張錢巷巷中有關帝殿等。

◉浴子殿　在龍山梢，即仙人塢之下，殿旁有石砌道，可達錢橋藕蕩橋等鎭，如循山麓小道而西南，即可至舜柯山及嶁蝴灣西大池等處，此地有回龍澗，轉輾至龍尾陵，而東入運河。

◉秦世墓　在火鵝塢下浴子殿後，秦雙孝之墓也。

◉龍尾陵　在秦墓之北數十武，峯形下垂，廻環如掉

尼，相傳春申君闢以通黃城者也，陵上有深不可測之白龍潭，陵下有宋鄉賢蔣重珍之雲龍小隱，然時代變革，怪石聳峙，遺址所在，不可攷矣，此地爲惠麓西北角之盡處，距古華山門約五里。

◉附李夔墓　在淸峴山，錢橋附近，距龍尾陵約三里，係宋李綱父母之塚也，楊龜山爲墓銘，綱嘗廬墓於此者三年，手植松柏至數十萬株云。

以下在石門

◉青墩　在絮公塢下，山北大路旁，由石門下指路碑西進之地，距古華山門約三里餘。

◉觀音菴　在石門下，指路碑向山西進里許之處，菴東朱墓之後，有玉修殿附近，澗中產形如牙牌之草，蓋葉上有寄生蟲斑紋故也。

◉離垢禪院　在觀音菴之上，菴中有泉二，巨石爲隔，一曰洗心，一曰洗足，是地轉灣極多，均石級道，直達山巔，卽俗稱七十二搖車灣之處。

◉九陽宮　在離垢除偏西稍上之處，宮後怪石之右有鳳泉，以石有青質之鳳形而名。

◉張仙殿　在九陽宮偏西稍上之處，俗稱白鶴道院，殿中有栖雲處，松竹森鬱，朝暉夕陰，亦佳地也。

●珠簾泉　在張仙殿後石壁之中，飛瀑濺激，下垂如珠，志乘稱曰珠簾泉，俗稱爲水簾洞。

◉雷尊殿　在張仙殿後偏東稍上之處，殿後有奇石，鶴立小峯之巔俗名曰飛來峯。

◉紫薇宮　在雷尊殿上，宮後有筆架形之巨石。

●白雲洞　在宮後石級之上，洞爲天生小石龕，龕中奉呂祖之像，相傳求籤奇靈，龕中有呂祖降亂文及榮璉白雲洞記之碑碣，洞外怪石林立，危峙若城垣，俯瞰蓉湖，帆影歷歷可數，亦惠峯之勝地也。

●石門　在白雲洞後，峭壁懸崖孤絕奇險，巨石翼峙，中虛一隙，明邵寶摩崖書石門二字，及淸廖綸疊峯棲雲等字皆在焉，石罅中常流微水，承以小潭曰悟空泉，蓋元趙次鈞嘗築悟空精舍於附近也，明愈憲有詩云，地脈洚溪斷，雙門據險開，朝昏常不掩，疑有至人來，自山北路中石門下指路碑至此，約二里餘，由此而上，道愈險峻，石尤怪奇，約半里而至三茅峯庵道中有著名之映風石仙人石等。

◉古人題句石　在三茅峯庵前百步，怪石之巔，一面西南者，刻石路縈迴九龍脊，水光翻動九湖天等字，一仰天者，刻三吳第一山萬歷秦某等字，春夏之交，來此採藥者甚衆，蓋山中產藥材有五十種云。

▲以下在寺塘涇南（俗稱河塘右岸）▼

◉鄒祠　在龍頭口之右岸，一爲鄒氏宗祠，一爲宋南陽候鄒公爾瞻祠。

◉江助教祠　在鄒祠右，祀宋歙州助教江元慶。

●高忠憲公祠　在江祠右，祀明左都御史高攀龍。（參看古蹟門高公止水條）祠內壁間有遺表石文爲臣雖削奪，舊係大臣，大臣受辱則國辱，故北向叩頭，從屈平之遺則，君恩未報，結願來生，臣高攀龍垂絕書，乞使者執此在報皇上云。

◉王武愍公祠　在高祠左，祀清鄉賢王恩綬樂山，公以補用知縣至武昌，時洪楊圍城已久，仍縋城入，次日城陷，父子主僕同殉難，祠中有池亭假山，佈置極佳，祠右有王氏樂善二木坊，祠右爲秀嶂街之史家街，有庶徵山祠，與修正庵等。

◉張文貞公祠　在修正庵右，祠唐相張柬之。

◉楊祠　一在楊祠右，祀清鄉賢楊宗瀚，藕芳，一爲楊氏宗祠，祠中有子午泉。

◉黃斗南先生祠　在楊祠右，祀明太僕卿黃正色，嘉靖中分以劾太監鮑忠不法狀，爲所評陷，受廷杖，戍瀋陽衛，係錫山四諫之一。

◉光霽祠　在河塘右岸燒香浜口，祀宋儒濂溪周敦頤，清高宗賜額曰光霽。

●惠山公園　在河塘右岸之東，臨燒香浜，錫麓諸水入河之處，民國十八年就李鶴章祠改建，規模壯麗，花木繁多，頗足供人遊覽，園旁有道，通秀嶂街。

◉貞節祠　在公園之左，祀貞節婦女七十四人，建於前清康熙間，祠前建坊。

◉陶文憲公祠　在公園之右，祀明江西參知政事追封姑孰郡安公。以鄉飲賓恆褡祔。

◉趙宗白先生祠　在寶善橋之右，祀宋末殉節招討使趙時賞，祠右鄉末開辦之碑酒廠，有道通五里街。

●寶善橋　在李公祠後，跨惠山浜之上，聯絡寺塘兩岸之橋也，橋洞西對報德坊，相距約半里餘，東對黃埠墩，相距約一里餘，風景亦佳，橋南有馬路經五里街而接開原路。

△以下寺塘涇北（俗稱河塘左岸）▽

◉潛廬　在龍頭口左岸，楊氏四褒祠之後園也，內有留耕草堂、叢桂軒、等亭臺樓閣，池沼假山，點綴甚佳，爲惠山首屈之名勝。

⊙先賢㢘子祠　在留耕草堂左祀聖門弟子㢘潔祠後有一梅園，園已荒蕪，惟一梅池及石嶼尚存。本陳氏之別墅也。

⊙朱樂圃先生祠　在㢘祠左，祀宋樞密院編修朱長文，祠中有叙倫堂。

⊙張祠　在朱祠左，一義莊宗祠，一節孝祠。

⊙薛中丞祠　在張祠左祀清鄉賢薛福辰，公子撫屏，福成之兄也。祠中有宸翰樓祠右爲新建之蔣氏宗祠。

◉紫陽書院　在蔣祠左。又名鹺務公所，祀紫陽朱文公，院址係明賈應璧之棲隱園，院中池亭假山，佈置咸宜，瀕河有溪山第一樓，風景尤佳。

⊙忠節祠　在河塘左岸紫陽書院左。祀洪楊時邑人士之殉節者，鄒公鳴鶴，李公福培等爲主位，鄒公謚壯節，嘗任桂撫，後在南京襄辦軍務，城陷殉節，李公謚剛烈，宰粵東從化縣，城破死難，血濺堂石，久而益顯，闔邑人士，護以石欄，以爲紀念。

⊙潘孝子順孫祠　在忠節祠左，祀清孝子志道，順孫潘稷，孝子喜周人急，母病目，舐之復明，順孫因父果官永順同知，以事下獄，馳六千里省父，以嘔血死父獄解，檢遺篋，得草代父死疏。

⊙孫宗伯祠　在潘祠左，祀明鄉賢禮部尚書萬歷狀元孫繼臯公累陳朝政得失又當太后山陵帝不親送時，復上疏極諫，祠右有徐祠，旁有間道，可達通惠路。

⊙祝太守祠　在寶善橋左岸外，祀漢九眞太守祝良，祠前有樂善坊。

⊙唐襄文公祠　祀明都察院右僉都御史唐順之。

⊙徽國文公祠　在唐祠左，祀朱元晦，徽州會館，附於其中，祠右有熊祠。

⊙李閣學祠　祀清鄉賢李金鏞，公在東三省任觀察，辦理礦政時，極著成績。

⊙唐桐卿先生祠　在李祠左，祀清鄉賢唐錫晉，公辦理賑務多年，活人甚多。祠後有思園，佈置極佳，園後即通惠路。

△以下在秀嶂街（俗稱直街）▽

⊙楊忠襄公祠　在秀嶂街春申里口，古華山門之東，祀宋殉節通判徽猶閣待制，吉水楊邦義，及子子璿再興，與孫宗達，曾孫震發濟良等，璿始遷錫之鴻山，當元相伯顏督兵至常州時，宗達語二子曰，常州與臨安爲唇齒，不可失，吾家世宋臣，仇虜之心，未嘗一刻忘也，遂遣震發詣文信國乞師，己率濟良募鄉勇赴常拒敵，皆遇害。

⊙先賢施子祠　在楊祠右，祀聖門弟子施恆。

⊙浦長源先生祠　在施祠右，祀明晉府引禮舍人鄉賢浦源，以麗水令浦瑾祔。

⊙费懿恭先生祠　在朱祠右，祀宋祕書正鄉賢费肅，與宋進士费袞，淸餘杭知縣费國暄。

⊙楊觀察祠　在浦祠右祀淸鄉賢楊夢槎，公字冉蓀，乾隆征金川時，公隨營司火炮事，兵潰被執，賊叩以放炮法，公爲之過度裝藥炮裂，斃賊甚衆，公亦殉焉，祠中現有九龍禪院，所遺之宋明殘碑尙存。

⊙倪雲林先生祠　在费祠左，祀元處士鄉賢倪瓚，公字元鎭，以丹靑聞於天下，圖書金石，搜藏極富，祠內後園之池畔，有翠舫。（參頁中古蹟門淸祕閣）。

⊙淸孝里　在倪祠對面，係申明亭故址，里中有明贈尙書顧懋章片軒之墓。

⊙陸忠宣公祠　在倪祠左，祀唐相中書侍郎同平章事陸贄，有像。

⊙范文正公祠　在陸祠左，祀宋相范仲淹，祠中有淩泉亭。

⊙袁龍圖公祠　在陸祠對門，祠前有坊，祀南宋右司諫龍圖閣學士鄉賢袁植，有像。

⊙靈泉　袁祠右有東嶽廟，俗稱巫帝殿，殿之東廡，通張中丞廟，靈泉在焉，泉爲宋道士盧至柔所濬壁間嵌有明王達及孟叔敬所書之靈泉記碑，又有玉靈護碑，鐫宋尙書省建王越祖廟之牒文，書法極佳。

⊙利濟惠民侯廟　在嶽廟右祀宋鄉賢王越祖，有像，相傳爲邑之土神，屢著靈護者云。

⊙王文正公祠　在惠民侯廟中，祀宋相尙書令魏國公王旦。

⊙顧洞陽先生祠　在秀嶂街之史家街，一稱江東顧氏宗祠，祀明廣東副使鄉賢顧可久，嘉靖中，與楊淮張選、黃正色等，共稱爲錫山門諫，公書一諫南巡而爭大禮，皆受廷杖，臀肉盡脫，門人海瑞額曰，抗疏名臣，今祠內有竹素園湖石，聞居賦刻石等。

⊙虞薇山先生祠　在洞陽祠右，祀宋儒林鄉賢虞薦發，公嘗爲元教官，而不受祿，明邑令劉五緯，額曰，宋季完人，祠右即爲寺塘涇之南岸。

⊙浦節孝祠　祀明孝子浦劭，妻節婦過氏等，明倭亂時，孝子父應虎，被虜旋釋，孝子未及知，仍嚴詢以父蹤詰賊，賊怒，遂見害，身分七段，妻過氏，號泣覓夫尸而瘞焉，時一子尚幼，一子方娠，茹苦守節而終。

⊙松滋王侯祠　祀明萬曆間禦倭有功之知縣王其勤，兩廡祀死難烈士何五路等三十六人，並祀苗子白等四人，於堂之東室，祀潘海於夾室，祠內嚮堂旁有王公泉。

⊙王孟端先生祠　在松滋祠右，祀明中書舍人鄉賢王紱，公善寫山水竹石，自號九龍人，品節頗高尙。

⊙馬忠肅公祠　舊稱馬文肅公，在王祠對門，祀明鄉賢馬世奇等，初公愛九峯二泉之勝，欲購王園爲讀書地而未果，後登進士，授編修，掌司經局印，甲申三月，明室顛覆，公肅衣冠北拜辭主，南拜別母，誡子壬玉，善事太夫人，遂與妾朱李二孺人，閤戶自經，歸櫬後，壬玉購王園太湖閣停焉，從公之志也，後即以園爲祠，壬玉護櫬歸後，請郎南都，憂國痛父，得嘔血疾，卒于虎邱舟次，李孺人弟士安，在京返殮後，投御河死，僕許達護櫬歸葬畢，觸墓樹死，忠孝節義，萃一門焉。

⊙薛三義祠　在馬祠左，祀明嘉靖間築城禦倭，揮金抒難義士薛旦、薛灝、薛祖、兄弟三人，祠中有述德堂。

⊙司馬溫公祠　在薛祠對面，祀宋相司馬光，有像。

●張中丞廟　離五里香腰百餘武，有廟曰張中丞廟，祀唐張巡、明成化間所建，即舊清徽精舍故址，初曰忠精王，遼宋封也，清道光間，始改今名，曾燬於火，後重建，復祀許遠於廟右，高墓峻宇，廟貌堂堂，像面青色，從其死爲厲鬼殺賊語也，殿前有鐵脚，作長跪形，所以鑄賀蘭進明之奸，以報不救之憤，游人至此，每踐之，而一般鄉愚，又妄謂踐之可無足疾，故鐵脚光澤異常，廟後通東嶽行宮，廟前有雲泉。

◉呂成公祠　在香塍坊下，祀宋儒東萊呂祖謙。

◉葉司空祠　在呂祠對門，祀明工部侍郎鄉賢葉茂才，公権關蕪湖時，嘗請以課羨餉邊，且言久旱始通，不能爲例，後以劾輔臣跋扈而削籍，歸講東林，衛道甚力。

◉陳文範先生祠　在葉祠右，祀漢太邱令陳寔，附祠南唐太常陳喬，常州通判陳炤。及炤子陳應龍，明湖廣布政使陳禮。

△以下在綺塍街(俗稱五里街)

◉五里街　由香塍坊外直通西城，風景絕佳、有一枝楊柳隔枝桃，紅綠相映五里遙之童謠。

◉五里香塍坊　在秀嶂街之東，俗稱圈門口，額曰九峯翠嶂，坊右爲龍光寺門，有石級山道，直達龍光寺。

◉孝貞女坊　在香塍坊外，爲邑人侯枚女，施仁未聘妻。

◉女中鐵漢坊　在香塍坊外，清吳鉞立，邑人朱子遠甫婚卽卒，妻陳氏，因有勸以再嫁者，卽自刎而殉。

◉龔節愍公祠　在香塍坊外，祀明末殉節中書舍人，鄉賢龔廷祥公，與華節愍同師馬文肅世，稱明末無錫三忠，清師南下時，公官金陵，曰、吾不可負吾師，遂具衣冠投秦淮，恐有救者，躍出水面搖手者三而沒。

◉徐孺子先生祠　在龔祠左，祀東漢南州高士徐穉，祠前山下有詩塚爲顧光旭所題。

◉貞節祠　在詩塚之右，一爲井水盟心坊，係周彔妻蔡氏之節孝坊，一爲馬貞女坊，坊後卽爲貞女墓。

◉錫山　在惠山之西，廣三里許，高數十丈，無錫之主山也・秦時，山中產錫，故名。(參觀沿革形勢門)登山之道有二，一自五里街曰前山路，一自秀嶂街曰後山路，現有龍光寺僧，募資修前山路，石級嶄新，蜿蜒直達山頂，登臨較便於昔日，且每行數十武，卽有石橙，可資憩息，山半有于忠肅公祠，山頂有龍光塔，卽在寺中。

◉龍光寺　在錫山之巔，殿前有井，清秦貞茹題曰定心泉，寺供天王等像，禪房雅潔，到此無塵俗想矣。

◉**龍光塔**　在錫光寺內，明正德初，建石塔以鎮風水，所以像龍山之角，萬曆間改建磚塔，題曰龍光塔，當時可梯而上，後因年久失修，荒草蔓生，蛛網徧佈，游人不堪涉足，近由邑人榮君德生捐資重修，一塔巍然，雲表矗立，爲錫山風景，增色不少也。

◉**于忠肅公祠**　在錫山之半，祀明兵部尚書贈太傅于謙，萬曆中邑人吳澄時經建，清康熙間，知縣吳擧祚列入祀典，俗呼要神殿，每逢春秋二季，遠近之往祠祚夢者甚夥。

◉**史光祿寺**　在于公祠左，祀江蘇候補道史悠，公于洪楊之役，駐兵邑之北塘，禦賊陣亡，祠左有三官堂。

⊙**紫竹庵**　在史祠前石級之下，明時建立，庵中有本靜精舍，庵前有順親閣卽班殿等，卽東嶽行宮之大殿旁也，庵右有錫善堂，係戒烟酒之社。

◉**石浪庵**　是庵建於明代，在龍光寺之西南，相距不及半里，庵前巨石，聳峙起伏，如層波疊浪故名，庵前石級下有仙人洗面池。

◉**錫泉**　在錫山北面半山中，清乾隆時，無錫邑令吳鉞掘地得之。

（乙）湖濱諸勝景

往遊湖濱之途有二，一車自站雇人力車，進光復門出西門，過迎龍橋，乘汽車沿開原路至河埒口，與由惠山來此之路會合，一自車站選乘人力車，汽車經通惠路至惠山，出廟巷至河埒口，沿途可登燦山，遊青山、明陽觀、復西行經陸莊、張巷、榮巷，可參觀公益中學，農事試驗場，植物園，而至梅園，復自梅園西行，經徐巷至石埠山，登山望湖，風景絕佳，徒步行、經鷄坑、姚灣、而至湖濱華藏山，有華藏寺在焉，又自梅園南行經楊園、管社石、至萬頃堂，舍車登舟，或自梅園沿馬路，逕至小箕山、錦園，渡湖至黿頭渚，有蠶桑植果試驗場在焉，遊覽既竟，陸路可循環湖路，經寶界長橋游蠡園而歸，水道可於萬頃堂前，另雇漁舟，經犢山浦嶺二門過五里湖，進大渲口，繞道梁清溪，復經仙蠡墩、太保墩、進西門吊橋而至城市。

◉**太湖**　太湖卽古之震澤、笠澤、具區、五湖也。

俗謂距邑城之西南十四里實祇十里耳。湖之面積，三萬六千頃，周約六百餘里，跨江浙兩省之交，邑之富安、開原、揚名、開化、新安等鄉，皆濱斯湖，臨湖之地，計約四十五里，我國第三淡水湖也，水量因時季而異，冬季水量雖淺，然深於運河故湖中之水，恆出注於運河，夏季西南諸水，多由運河而歸於湖，故水益深，湖面洋洋如海，沿湖之區，土壤肥沃，溝渠交錯，農桑水產之利，甲於他鄉，湖中島嶼羅列，著名者有七十二峯，水石園林之勝，天然入畫，故有洞天福地之稱。

◉五里湖　太湖之內有五里湖，一名漆湖，亦曰小五湖，跨揚名、開化、二鄉，北通梁溪，東通馬蠡港，南通長廣溪，西由浦嶺、犢山、二門入湖，濱西有項王廟，（詳後）東有高子水居之遺址，明高忠憲公，曾築別墅於此，光緒中葉，邑人裘廷梁，即其遺址，醵資修建樓宇數楹，勒高公遺像於石，遊人每觴詠其間，惜燬於火，民國廿三年，就湖濱建環湖路，可以沿湖游覽矣。

◉開原路　爲錫邑榮氏私人所建，路闊約二丈許，長四千餘丈，均用石片砌成，由湖濱直通惠山，及西城外之迎龍橋，凡接近市鄉及名勝之區，均設支路。

◉河埒口　爲西鄉之一鎮，居戶多蔣姓，故又名蔣巷，鎮北有燦山，鎮南有蘇公津，蘇平嘗居於此，有蘇公祠在焉。

◉青山寺　在惠山頭茅峯南面之青山麓，距河埒口不遠，燦峯前屏，嶂嶺右峙，具區波光，可見一角，亦勝地也，舊祀水帝，今塑五百羅漢及佛像，季秋之初，香客極盛，寺中後園有青蓮臺，寺前燦山之麓，明高攀龍先生之墓在焉。

◉明陽觀　在燦山南麓，距河埒口百餘武，原爲道院，宋紹興間虛至柔所建，內有三茅殿，殿中有宋大觀時勅賜額牒之勒石，又紹興時李遠撰建觀之碑文，觀前有池沼石梁，觀後原有上臺，中臺，橫翠亭，半山亭，望湖閣等，今皆廢矣，惟柱石之基，略有一二存在，陸羽記云，洞陽觀下有穴，潛通太湖之包山，故以名觀，創於蕭梁，廢於隋末，或曰，即今明陽觀址也，觀中有洞酌泉，古詩云，杖策間尋物外天，攬衣欲上翠微巔。虛亭坐愛雲深處，石鼎茶烹洞酌泉，蓋指此也，觀右有明顧洞陽父桊章之墓。

◉陸莊　由河埒口至此，約二里，莊設陸井絲廠之後，前臨梁清溪，由陸培之先生就九家巷故址所建，內有湖上草堂，憩廬，九家亭，觀魚台，等之建築，池沼木石，佈置井井，遊人咸賞之。自陸井西行卽張巷。

◉東大池　在張巷之北，有啓民路，池廣二百畝，處嶂顧兩隴之接壤處，本屬天然勝景，更由陸君徐君等築池岸，建茅亭，植桃柳，鑿白沙泉，極人工之妙，遊無錫者，不可不至。是池水清見底，魚可數，亂山叢樹，倒影水中，其幽倩絕似西湖一角，二三月間堤上紅桃齊放，爛若錦霞，則尤勝絕矣。

◉榮巷　在張巷之西，街市頗熱鬧，鎮多榮姓，附近有大公圖書館，農事試驗場，公益鐵工場，公益小學校，競化女學校，皆榮氏宗敬德生昆仲私人出資所辦也。

◉橫山　湖濱諸山，列若屏障，而以橫山，管社山，犢山，三山，充山，燦山，青山等爲尤著，橫山在榮巷之西，突起於平原南北橫亙，故以橫名，高數十丈

，山頂有五高阜，故俗名五頂山，相傳爲春秋吳越時防湖戍兵之地，山之西南，有東山，今梅園闢於此。

◉梅園　園址在鎮山獨目山之間，東山之上，前面管社，後對龍山，風景之佳，天然入畫，民國元年，由榮君德生就淸初徐殿一進士桃園遺址所建，園之左爲榮氏私立公益第二小學，右有洗心泉，稍進爲松架，中豎一石，上鐫榮君所書梅園二字，兩旁徧植梅樹數千萬株，其後地形漸高，有怪石數叢，矗立廣場中，過小橋，穿假山石洞，至天星臺臺上有亭，小溪蜿蜒曲折，環繞於亭之四圍，更前有一泉，濬時得研，因以研名，歷級而上，有軒曰香海，南海康有爲所題也，再進爲誦豳堂，係楠木所構，陳設備極雅緻，遊人多品茗此間，廊之右有玻璃花房，及餐館，堂側東向一室，額曰荷軒，軒前有荷池，依廊西出，有留月村，及碑亭壁間滿砌名人碑石，約三百餘方，堂後又有招鶴亭，爲園之最高處有石危峙，面鐫小羅浮三字，背刊老梅一枝，據此俯視太湖，如在几下，復由此折而東上，聯接許山，沿河有庵有亭有松林，風景絕佳，再進爲太湖飯店，陳設雅潔，專供遊人餐宿其間

，山頂有屋高聳，額曰宗敬別墅，東有讀書處，再東有豁然洞，避暑最宜，頂爲曠場，廣數十畝，四周圍以石欄，由此遙望滿山風景，較前尤勝矣（詳無錫雜誌梅園號）

◉後灣山　一名後惠山，由梅園往錦園必經之地，登山一望，湖山風景，四圍環繞，刻下正在闢園，將來必居湖濱風景之冠。

◉開原寺　位於梅園附近，殿宇巍峨，氣象萬千，爲本邑惟一之新建禪林。

◉錦園　民國十八年，由實業家邑人榮宗敬先生斥資建造。有錦堤，堤長約里許，就湖濱築成，工程頗鉅，沿堤廣植桃柳，每屆盛夏，堤旁滿放紅白荷花，散步堤上，清香撲鼻，令人心曠神怡，實消夏最宜之地。荷池位錦堤兩側，闢池凡四，廣百餘畝，盛植紅白荷花，其西南一池，年放四並蓮，實不可多得之奇葩，每屆花放，遊人爭往玩賞，途爲之塞。荷軒位於荷池之南，用楠木構造，屋頂蓋琉璃瓦，尤爲壯麗，夏日臨池品茗，俗慮全消。復有別墅。位於錦堤盡頭處，爲園主人經營之別墅，建築盡仿西班牙式，室內空氣清爽，佈置井然，建築之細巧玲瓏，別具一格，臨窗閒眺，湖中勝概，一望無餘，天際帆檣，往來如織，載沉載浮，出沒如沙鷗，較西子湖邊，實雄壯萬倍也。出別墅數武，爲平台，修廣二三丈，成正方形，時屆夏日，夕陽西下，登台小憩，荷香撲鼻，每令遊客樂而忘返。且有廣廳。凡七楹，適踞小箕山中心，式樣亦仿誦豳堂，而軒敞古雅則過之，遠望全園，頗似畫舫而是廳似畫舫之正艙也。有嘉蓮閣。位園之極東，當遊船登園處，建築之古雅精細爲全園冠，三面臨湖，風景絕佳，飛閣流丹氣象軒豁。

⊙石埠山　是山一名石步，距楊園約里許，明朝中華雲骨築山莊於此，今則廢矣。

◉華藏山　本名青山距城西三十五里，梅園西行約十里，地屬富安鄉，以華藏寺得名，面臨太湖，山頂曰蓮花峯，下有青山嶺，小嶺，堵子嶺，山舊有雲海亭在其上，一名望湖亭，登此望洞庭夫椒，歷歷如畫。

◉華藏寺　其寺一名青山寺，在華藏山中，背山面湖，風景絕佳，宋紹興間太師張俊賜葬於此，因建寺墓右，以奉歲祀，今墓雖廢寺仍在也。每屆四月八日，寺僧舉行浴佛會，常有放生等，往遊者甚多，寺中有池，產無底螺。（詳物產）池上建有禪房，額曰棲禪室，備有素麵，以饗遊人。

◉管社山

管社山，與犢山相對，距城十七里，地闢揭名鄉，山臨湖畔，風景殊佳，下有項王廟，或云本爲夏王廟，相傳犢山門爲夏禹所鑿，故祀於此，後乃訛夏爲項也，廟左爲萬頃堂，山邑人楊君翰西等，集資就湖神廟舊址所改建，東南即楊園。

◉萬頃堂

在東管社，距楊紫淵祠，迤南百數十武，項王廟，湖神廟在其側，旁有劇樓廳事，均燬於火，丙午年，邑人集資修之，名曰萬頃堂，復由里人葺劇樓而新之，綠樹紅牆，隱約湖口，其地有虞美人崖，山城西至此，人力車汽車均可達。

◉犢山

犢山居五里湖太湖之交，矗立湖中，北對管社山，爲浦嶺門，俗名廟門，亦曰北犢山門，南對充山，爲犢山門，五里湖水，自二門西達太湖，是山實當其衝，山頂有霾神廟。

◉閭江

華藏而西，道路較狹，游客亦少，有韓灣，楊灣，孟灣，大雷，小雷，盤塢，夏墓，等地，皆面湖背山，風景絕勝，約十五里而至閭江，江上有月牌山及章山，山下有泉，終年不涸，史乘稱之曰天津泉，有里社，額稱伍相祠，係吳大夫子胥之廟，章山西有胥山，山巔平而圓，蓋子胥營屯兵於此，江之西有古城基，即吳王闔閭之城，因閭城而有閭江之名稱也，江昔甚廣闊，今爲小河，且屢經變遷，不可詳攷矣，南望夫椒，如在足下，荒草迷離，僅見湖山之景色，然回想當年種種紛爭，皆成陳迹，不禁有無限之感也，章山中俗傳有孫伯符之墓。

◉楊園

楊園即楊紫淵公祠，在梅園之西約三里，即管社山之東南麓，地名東管社，爲清初隱士楊紫淵所建，紫淵名維甯，性剛直，膂力過人，然終未嘗與人言武事，國變後，挈妻子隱於此，名管社山莊，曾詠湖山雖好非吾有，天地無言痛亡國句，其心事可知矣，治生之暇，讀書賦詩，布袍草履，與漁樵者伍，客至非意所願者，輒拒弗納，意所可，則款之，因無俗客至其室，一夜，有盜十數人，排入山莊，紫淵徒手敗之，自是數年來，山民咸安居，未嘗有盜患，園中原有翠勝閣、尙友堂、潛樂堂等，今皆荒廢不復存矣，去年楊公後裔及族人，集資築屋三椽以祀之，今正謀規復舊觀也。

◉小蓬萊山館　在中犢山南，民國十九年，由榮鄂生先生建造，面對三山，風景絕佳。

◉子寬別墅　在小蓬萊山館之西，由陳子寬先生所建，亭台樓閣，頗有巧思。

⊙三山　三山在犢山門外，鼎立湖中，東為東鴨，西為西鴨，大帆小帆在其西。

◉充山　充山一名衙山，又名南獨山，下有曹灣，曹灣而下，皆平壤，有巨石突入湖中廣約十餘丈，狀若半島，名曰黿頭渚，與小基山相對，太湖出口處也。

◉黿頭渚　在萬頃堂南，充山之麓，俗名南獨山，有一地若巨臂，深入湖中，作半島形，俯瞰湖流，形如黿頭故名，其地為太湖出口之處，每值南風，波濤澎湃，奇石壁立，氣象萬千，有前無錫縣知事，巴江廖綸摩崖書「橫雲」及「包孕吳越」擘窠大字，現楊氏私立植果試驗場，（詳實業）渚上有燈塔，山麓建有橫雲小築，與涵虛、在山、兩亭，頗擅湖山之勝。涵虛亭前，有馬福祥（雲亭）題水天一碧扁額，亭北闢一山徑，于盡處建城樓一，曰小函谷，建有松下清齋，可供游客住宿，山下闢池塘，種荷甚多，臨池建淨香水榭，山半建有花神廟，廟後石壁成龕，內置石像，萬頃堂至此設有渡船，一葦可航，又由渚南行，有長生未央館，渚上風景勝絕，規模壯麗，而飛雲一閣，左挹湖光，右拍積翠，實佔全景之冠，山巔陶朱閣、廣福寺、小南海、退廬，皆新建，飛閣流丹，恍如仙界。

◉廣福寺　在一勺泉上，原名峭巖山民國十三年由楊君翰西將山地捐給僧人量如，復有量如募建而成。寺內素餚頗屬適口。

◉太湖別墅　在廣福寺後，為王心如崑崙喬梓所建，有七十二峯館踞山之巔，形勢宏壯，邑中捨龍王山蓬萊閣外，無出其右者，奇境也。近年附設旅館。

◉鄭園　在太湖別墅之東，位於山灣中，為邑人鄭君明山所建，石峯之衆多，路徑之曲折，為湖濱各園之冠，下建鄭君生壙，

◉若圃　在鄭園之後山，為陳君仲言所建，滿植中

西菜樹數十種，圃廣數百畝，風景亦佳。

◉榮氏植物園　土名桃園，離梅園僅半里許，園中桃樹千株，春季尤勝，有亭曰延爽，築于峭壁之上，最為幽邃。

⊙陶朱閣　民國十四年由本邑商家合業集款公建，中祀越大夫范蠡畫像，面臨太湖，飛閣流丹氣象軒豁。

⊙退廬　在廣福寺左，計室五間，蔡君兼三所建，山景甚佳，朝暉夕陰，尤宜賞雨，內有臥室並可留賓。

⊙蠡橋　在西門外仙蠡墩，面對允利化學廠，為往湖濱要道，風景絕佳。

◉蠡園　蠡園在五里湖畔青祁，與梅園隔湖相望，民國十七年，由王堯臣禹卿昆仲所建，園中奇石突起，蔚為大觀，長廊枕水，鷗鷺依人，曲岸紅欄，臨流俯影，湖上艸堂，面湖而開，隔岸諸峯，競人几坐，王維輞川，庶或近是，近年設有賓館，可供客寓。

◉漁莊　在蠡園對面，三面環湖，風景亦佳，民國十九年由陳梅芳斥資建造，佈置與蠡園相埒，假山甚多，頗有曲折。

◉寶界橋　為無錫新大建築之一，位五里湖內外兩湖之腰束，由邑人榮君德生捐資建造，長一千二百九十尺，作六十環洞，長虹臥波，氣勢雄壯，且揚西蘊渚兩風景綫，從此聯絡，可無叫渡跋涉之苦，登橋縱眺，五里湖全入眼簾，無稍遁形，誠快事也。

◉茹經堂　位居寶界橋畔，為交大生紀念唐蔚芝所建者，堂築山腰，式兼中西，面臨五湖，風景絕佳。

◉湖山草堂　為明嘉靖邑中高士王仲山先生隱居之所，近加修葺，煥然一新。

◉雪泥洞　俗稱白泥洞，前因交通不便，知者尚鮮，近自環湖路完成，往遊者日衆矣，該洞離寶界橋約三里，人力車可直達，計分上中下三洞，下洞有泉，泉水甘美，他日修理完成，當與宜興二洞齊名也。

⊙朱山寶界　充山東南有朱山寶界，東臨五里湖，西浸太湖，非好游者不至此，朱山係漢虞俊葬處，王莽拜俊深司徒，俊不從而死，後光武以朱旛表其墓，故名，寶界即漆塘山，漆湖之塘岸也，王仲山嘗於此處闢三十五景，今已不復見矣，山中以產枇杷楊梅聞。

⊙高子水居　明高忠憲公攀龍之別墅，在漆湖之東濱，樓遲其中者，垂三十年，自言几席湖山，衣被風月，食多圖史，皆此地也。

◉路耿山　錢武肅侵南唐時，嘗於夜半裹甲迷路於此，山脈自石塘南來，岩巒重疊，怪石嶙峋，上有石池，不盈不涸，龍王臨焉，故是山又有龍王山之稱，祠中風景極佳。

◉石塘山　自寶界循五里湖而南有石塘山，地屬開化鄉，山下有石塘鎮及石塘橋，元末莫大祐與明軍劇戰於此，橋南有旋水潭，深不可測，是山與橫山門均以要害著稱。

◉雪浪山　在石塘南，循長廣溪西行，經路耿許舍五浪山而至是山，距城三十五里，山之東麓有橫山祠，宋鄉賢蔣一梅故居也，山巔有雪浪庵，即公讀書處，今蔣子閣在焉，巷下有一仙人洞，門臨深澗，僅能容一人出入，漸進則漸廣云。

◉將軍山　在雪浪之西南人軍嶂，較湖上諸山爲高，南唐嘗屯重兵於此，以防吳越，故名軍將山，形勢險要，北有甲仗塢，西有箬葉塢，南有官圭塢，山巔有眞武廟，上巳日，鄉民多往進香，殿下有龍湫，湫旁有龍寺，係宋淳熙間所立，石澗中產龍竹，幹細葉大，人皆珍之。

◉長泰山　在軍將山南，山有長泰古剎，相傳昔有異僧寓於寺之留笠閣，閣有鳥雀不至之畫貓壁，雨後現形之維漢像，及蘇東坡書金剛經等古蹟，今僅蘇字之石刻尚存矣。

（丙）城市諸勝景

◉公園　在城中公園路，清光緒三十一年，就洞虛宮之荒基開闢，名錫金公花園，民國成立，又拓其基。而改今名，全園黃沙爲路，綠草爲場。入門有巨石巍峙，最高者爲繡衣峯。右爲假山，山旁之池曰白水蕩，蕩北有軒曰蘭移，其側有做軒一間。顏曰西社，社前有池，通白水蕩，池畔有軒三楹，曰池上草堂，係庚申新建也。園門之左爲守園人居，再左爲區公所，園之中心有多壽樓，樓後有池，上刻隨水成池四字，池後於民國十八年闢杏莊，風景頗清幽，西面草場花架中，有八角亭、六角亭、四角亭、茅亭、佈置其間，區公所之左，有土墩一，墩有大樹，狀若華蓋，覆於其上，更有茅屋一所，築其上，其地名歸雲塢，

每當夏日遊人乘涼品茗，恆集於此，凡國慶紀念，光復紀念，各界恆集園中舉行慶祝焉。（詳教育）

⊙子肯樂公園　在廣勤路北壩民國十一年，由楊君翰西創設，園中附設教育館及體育場。（詳教育）

◉崇安寺　在邑城之中，距光復門約半里，有馬路可通，前清光緒中，劃寺之一部份歸公有，改無量殿爲學校及勸學所，以金剛殿招粵人設商店，於山門內之兩旁隙地，架屋設小菜場，改革以還，又從而擴充之，今僅存者，惟大雄殿、松隱院、萬松院、及北院、數楹，供奉佛像，以致僧徒唪經燒香而已，考崇物略。（宋時寺中以六月十九爲集、四方商賈咸萃貨物來市，踵趾相接、月餘方罷、後漸衰、明時、每逢元宵節、日放爆竹、夜燃火花、以爨香多寡爲賭賽、百戲雜陳、曰鬧元宵、）今每屆新年，則有耍百戲者，賣雜貨者，點綴其中，熙熙攘攘，殆猶有昔時景象焉。

◉黃埠墩　在北塘運河中流，原名小金山，相傳爲吳王夫差游芙蓉湖，樓船鼓吹，游讌之所也，清高宗駐蹕於此。有兩水迴環抱一洲，不通車馬只通舟，到來俯視原無地，舉陟遙吟恰有樓之句，墩小而圓，周約半畝，墩上有屋數楹，頗屬幽雅，民國十年燬於火，十五年由邑人唐保謙重修，今復舊觀矣。

◉芙蓉湖　一名無錫湖，周萬五千頃，其一千三百頃是陵上湖也，一名射貴湖，南控吳縣，東接江陰，北掩武進，東西四十五里，深五丈，東流爲五瀉，西北入揚子江，晉時張闓始塞湖爲田，明嘉靖時。巡撫周文襄公忱大治圩田，名曰芙蓉圩，當年浩浩蕩蕩，今悉東南其畝，無復舊觀矣。

◉缸尖渚　在北門外北塘對岸，一名芙蓉尖，蓉湖中之大島也，四面環水，渚上多商陶，夏歷七月三十日，有燒地藏之舉，陶商每壘爲燈，高至數丈，俗名燈塔，鬧熱一時云。

（丁）四鄉名勝

⊙天上市公園　在天上市堰橋鎮，園中築有亭台，風景清幽，故往遊者頗多。（詳教育）

◉芙蓉山　在天下市東北塘，離城二十五里，山周約八里，高三十丈，每屆清明，士女咸集，故又名清明山，上有二士邱，曰龍井峯，天乙峯，有二石對峙高約六七尺俗稱石公石母山，下有繡球墩，當蓉湖沓瀰時，茲山近在湖上，故名芙蓉山，倪雲林讀書處及嘉堂在焉，夏歷三月十八日，有迎神賽會之舉，頗形熱鬧。

◉**斗山**　離縣城東北四十里，脈起自江陰花山，長約九里，山頂自南至北，有士邱七，象北斗，故名，山多白堊朱石，中有黄腰嶺，西通牛塘山，山之東爲同山，土人合名之曰同斗山，其北有觀基山，洞虚宮故址存焉，又西有枝抽山一，名梔子山，多産苦梔，相傳北宋時梔花大如玉甌，香聞數里，名碧甌梔子，皆同斗之支山也。

◉**膠山**　里在懷下市，嵊山之東北，周九里，高九十丈，相傳與惠山東西對峙，上有獸蹶痕俗稱金牛跡，舊産薯蕷充作貢品，山下安民世居之，其西峯曰鳳凰山，當鷄籠之東旁，有甌甑山揷旗山。

◉**皇山**　一名鴻山，在縣之東五十里，吳地記云，泰伯宅東九里有皇山，高十丈，劉昭亦云，縣東皇山，有泰伯塚，一名吳王墩，西卽梅男平墟，相距正九里，東嶺有泰伯井，滌硯池，或曰梁鴻居此，故又以鴻名。

◉**陽山**　富安鄉陸區橋，周安陽侯贊封地，旁有朝陽清水等，洞南麓有梁中書陸摯宅，今爲翠微寺。

◉**歸山**　富安鄉，吳人哀伍胥處，山下有資福菴宋碑。

允利化學工業有限公司招請各埠經理人

本公司總廠。設於無錫西門外仙蠡墩對岸。電話九三五號。辦事處設西門內序成橋下。電話八一五號。分設下列四廠。歡迎各地推銷出品人員。

(甲)石礦廠　在無錫嵩山鎮。有石山全座。發起於民國七年因阻於地方之風鑑迷信。至十八年始正式開工。刻已開有石礦八處。出售石灰石，石粉石，建築道路用石，以及大小各種石子。每日所出石料在三百噸以上。上海唯一等石灰紙筋廠。均向本廠購買。歡迎水泥廠，礦灰廠，常年訂購。

(乙)石灰廠　民國十六年創設。現有德國式聯續窰一座。日本式小窰二座。中國式窰七座。每月可出石灰三四萬石。兼有磚瓦紙筋麻筋草紙等各種出品。均爲建築上必需用品。歡迎各埠訂立常年承銷合同。

(丙)炭酸廠　製造炭酸鈣炭酸鎂炭養氣等出品。爲化粧品橡膠廠造紙廠汽水廠原料。全部機械。由德人設計。最近已與上海家庭工業社天虛我生訂約合作。作爲家庭工業社特約工廠。所有一部分出品自即日起改用無敵牌商標。並由該社及利用造紙廠儘量採用。歡迎担任國內外推銷員。

(丁)氯氣廠　專製漂白粉漂白水及燥鹹等出品。已呈請政府發給工業用鹽。全部機械。均已裝置完畢。歡迎担任各地經理者。

本廠除上述出品外並經理　大中國實業公司　藥棉紗布羊毛駱駝絨　我華工業社　滅蚊香臭蟲藥粉

無錫種植場除蟲菊種子及菊粉　三樂農產社三樂牙粉亦均一併歡迎各地經理。

孫祖宏律師

啟事

本律師有權在無錫地方法院及吳縣地方法院江蘇高等法院暨最高法院辦理民刑案件及非訟事件各界如有訴訟暨非訟事件委託無不竭誠辦理此啓

事務所無錫圓通路十號
電話一〇三六號

同泰昌綢布莊

本莊開設北門大街大橋堍下，專門採辦各色綢緞呢絨，花樣新奇，並與各大布廠特約批發，定價特廉，與廠無異，服務精神，聲譽卓著，如荷惠顧批發或零售，莫不竭誠歡迎。用登廣告，諸希鑒察

△△電話第三百七十二號

▲**崇安寺**　在城中公園右，（見名勝）考錫山景物略：「晉興寧二年，右軍王羲之舍第宅爲招提，宋太平興國初錫今額，迨後迭有興廢。」清光緒中劃一部改設機關學校。今王右軍洗筆之墨泉及唐刻尊勝呪石幢尙存寺中。

▲**金匱山**　縣志載金匱山高踰三仞，周三十丈，隆然中峙，四望道中均適，土中石玲瓏黑白，亞於昆山，元以後取石殆盡，而土亦耗減，塊若覆釜，復考錫山景物略。金匱山質負土而成，在六箭河上，相傳晉郭景純曾理黃金符匱於山下，時有紫氣騰空。又名紫金山，元時爲豪民所占，立致萬金，明永樂時，邑令盧克敏復之，培土種松，松下構亭，四週咸植巨竹，萬姓頌之，自此人才額昌，民力漸裕，改革後，廢縣治之駢枝者，遂裁金匱縣，而金匱山已廢圮久矣。

▲**專設諸塔**　在城中大婁巷，距光復門約里許，人力車可通。當春秋時，吳公子光，使專設諸刺殺王僚，專設諸爲甲士所醢，今巷中三椽瓦屋塗丹之壁，內有磚塔，供專設諸位，相傳其下卽瘞其尸者，俗以七月七日爲其誕辰，以其工魚炙也，邑中庖人奉之，昔時每醵資演劇香火甚盛，今則人心懈解冷落不堪矣。

▲**東林書院**　在城內東隅蘇家衖口，宋名龜山書院，元廢爲僧居名東林菴，神宗萬歷三十二年，顧憲成顧允成兄弟復構爲書院，憲成歿，高攀龍主其事，榜其門曰東林，當時海內講學者，咸以東林爲歸，天啓（熹宗年號）間黨禍作，詔毀天下書院，東林實居其首，崇禎初，有詔修復，清咸豐十六毀於兵。同治光緒兩次修葺，稍復舊觀，清末葉改爲東林學堂，卽今之縣立小學也，人力車可直達。

▲**高公止水**　在城內水缺巷，明進士高攀龍字存之立朝侃諤，闢邪說，扶善類，疏劾成畹鄭養性等，忤權呈秀，去官，旣而將逮獄，高公知之，衣冠自沈於此處池內，其地後歸他姓，清康熙初，高公從子世泰贖還，置祠其上，名止水。

▲**將軍堰**　在西門內西溪下，相傳唐單雄信以槍止水處。

▲**堰帥府**　在玉帶河，明水軍都督周遇吉駐兵地。

▲**克保橋**　在東門內熙春街，明邑王其勤斬子處。

▲**妙光塔**　在邑之南門外南禪寺內，負廊而立，考

錫山景物略。（宋雍熙中所建，以怖神蛟，歷名萬中，有光自塔頂出，直干雲霄，故更名曰放光塔。）今里人稱曰南禪寺寶塔，亦錫山八景之一也，清光緒中，塔頂燬於火，現由邑人榮德生，重行修建。

▲保安寺　在南門外清名橋，梁時建有穢跡金鋼等神，夏歷十月十三日會，寺旁有鄒文莊東林菴基。

▲太保墩　在邑之西門外，舊爲秦氏別墅，落成時適主人晉太保故名，地勢三面臨水，綴以樹木，最頗幽勝，後改建爲水仙廟，清初又改爲劉侯廟，侯諱五諱，因有功於邑，歿後又著靈異，祀典今猶弗替，邑人概稱其地曰西水仙。

▲梁溪　即梁清溪，一名梁鴻溪，在邑之西南，梁大同（梁武帝年號）中重濬故名，或曰高士梁鴻曾隱於此，溪旁多魚池，年出甚豐，北通運河，南洩太湖，溉田數十百頃，有西定橋跨其上，洞凡五，建於明嘉靖中，今已傾圮無存矣。

▲芙蓉尖　在北門外缸尖渚，蓉湖中之大島也，相傳有孝子因尋父轉輾於此，夏歷七月晦日，舉行地藏香，塔燈等。

▲明陽館　在邑西開原鄉璨山之麓，觀有三清鐵像，，及洞酌泉，風景殊佳。（詳名勝）

▲仙蠡墩　在西城外，南濱梁溪，一璨仙女墩，高出地面約十丈，廣約二畝餘，相傳范蠡曾載西施泊於此，舊有伍相祠，後爲張氏別墅，今又廢爲葬地矣。

▲開利寺　在萬安市洛社鎮，通火車，舊爲晉王右軍別墅，梁太清初，改建曰興福寺，宋景祐三年賜今額，其後迭有興廢，清康熙間諸生孫迪詢僧請，廣建院宇，乾隆間其子璵重建大悲經樓，并置寺田，咸豐時燬於兵燹，今係重間者，內有右軍滌硯池、觀鵝亭、遺跡。

▲古戰場　在青城五牧，宋末麻士龍尹玉戰死於此。

▲泰伯舊都　在車站東南四十里，北下鄉梅村鎮，春秋時吳泰伯所築，後改爲廟，宋元祐七年詔以至德額其門，內有泰伯宅，泰伯井。

▲清祕閣　在懷下市長大廈地方，元高士倪雲林故居，有雲林堂，朱湖館等，而以清祕閣爲最勝。

▲金蛾墩　在泰伯市大牆門口，南唐李煜之妃墓。

▲范蠡湖　在泰伯瀆湖，范蠡伐吳而鑿，又名蠡瀆。

教育

王世杰

王世杰

無錫大上海旅館

本旅館開設通運路中段有惠里房間寬暢空氣流通設備完善各色清潔茶房招待格外週到並有大廳以備旅客喜慶宴會之用如有所詢問莫不詳述無遺參觀教育調查實業考察市政以及遊覽名勝者均甚歡迎並可代僱舟車導引途逕使旅客有賓至如歸之想

電話四十一號

大上海旅館經理顧念椿敬啓

無錫全縣學校統計總表

性質		學校數	學級數 高中	學級數 初中	學級數 高級	學級數 初級	學級數 合計	學生數 高中 男	高中 女	初中 男	初中 女	高級 男	高級 女	初級 男	初級 女	合計 男	合計 女	總計	教職員數 男	女	合計	全年經費 經常費	臨時費	合計
中等學校	縣立	2		16			16			590	309					590	309	899	46	8	54	26570		26570
	私立	11	15	47			62	427	80	1663	548					2093	628	2721	191	16	207	140660	9044	149704
	合計	13	15	63			78	427	80	2256	857					2683	937	3320	237	24	261	167230	9044	176274
完全小學	縣立	7			29	28	57					1144	417	990	437	2134	849	2983	81	19	100	38676		38676
	各區縣立	20			27	85	112					958	292	2966	975	3974	1267	5241	112	48	160	46063		46063
	已立案私立	28			55	98	153					1388	641	4114	1776	5502	2417	7919	195	76	271	84360		84360
	未立案私立	8			11	18	29					129	255	362	618	491	873	1364	28	23	51	18158		18158
	合計	63			122	229	351					3619	1600	8432	3806	12101	5406	17507	416	16	592	187257	9044	196301
初級小學	縣立	284				48	448							17288	3993	17288	3993	21281	574	133	707	156141		156141
	已立案私立	24				49	49							2024	838	2024	638	2662	64	13	77	21943		21943
	未立案私立	31				41	41							1549	444	1549	444	1993	60	19	79	12717		12747
	合計	339				538	538							20861	5075	20861	5075	25936	698	165	863	190801		205837
總計		415	15	63	122	852	967	427	80	2265	857	3619	1600	29293	8881	35645	11418	47030	1351	355	1706	545288	9044	554332

無錫教育，向稱發達。清光緒二十四年，三等學堂，竢實學堂相繼成立，實開全國風氣之先。現全縣分爲八學區，公私立學校四百十五所，學級九百六十七級，學生四萬七千零六十八人，教師一千七百零六人，全年經費五十五萬四千三百三十二元（學費在內）。縣立社會教育機關二十四所，私立社教機關十餘所。茲將學校教育概況列表如上：

二

城廂內外學校一覽表

【說明】㊀在城中　㊁在南門外　㊂在西門內　㊃在東門外　㊄在南門內　㊅在北門外　㊆在東門內　㊇在西門外　㊈在北門內

校名	校長	校址	開辦年月
省立教育學院	高陽	㊅社橋	民國十八年
省立無錫師範	周毓莘	㊈學前街	宣統三年
又師範附屬小學	潘仁	㊈學前街	民國二年
縣立初級中學校	李冠傑	㊈學前街	宣統三年
縣立女初中學校	顧穀嘉	㊂小婁巷底	民國元年
又附設小學校	薛鴻坤	㊂同右	民國三年
縣立連元街小學	程恩九	㊀連元街	光緒廿四年
縣立東林小學校	沈顯芝	㊂蘇家街	光緒廿八年
以下由中心小學區辦理			
縣立中心小學	顧涇村	㊀崇安寺	民國二年
縣立三皇街初小	顧堅	㊂三皇街	民國二年
縣立棉花巷初小	孫曼石	㊆棉花巷	光緒卅一年
縣立通滙橋初小	林銳	㊅通滙橋	民國二年
縣立治坊場初小	蘇渭濱	㊅通滙橋	光緒卅一年
縣立冉涇橋初小	沈育才	㊈冉涇橋	民國元年
縣立亭子橋初小	王道南	㊃亭子橋	光緒卅四年
縣立尤渡里初小	周冠雄	㊃尤渡里	民國十四年
縣立玉帶橋初小	劉毓英	㊁玉帶橋	光緒卅一年
縣立清明橋初小	高一生	㊁清明橋	民國二年
縣立梨花莊初小	陸之綱	㊅梨花莊	民國十五年
縣立南尖初小	高棣	㊅長安橋	民國十七年
縣立惠山初小	王祖英	㊇惠山	光緒卅四年
縣立黃巷初小		㊅黃巷	民國十九年
私立國學學院	唐文治	㊈學前街	民國九年
私立無錫中學校	朱文沅	㊁羊腰灣	民國九年

私立輔仁中學校	楊四箴	三將軍橋	民國八年
私立競志女中	侯鴻鑑	口北禪寺巷	光緒卅一年
又附設小學校	又	又	又
私立江南初中	錢殷之	皿北上塘	民國十九年
私立啓明商初中	趙章吉	三南倉門	民國十八年
私立錫光職初中	蔡　培	三熙春街	民國廿二年
私立錫鐘中學校	李耀春	目通揚路	民國廿一年
私立務實職初中	吳邦傑	三酒仙殿	民國廿一年
私立疏雪女初中	過廷勳	口映山河	民國廿一年
私立明德小學校	岳錫光	目跨塘橋	宣統元年
私立蔡氏小學校	張爾嘉	凸蔡家弄	光緒卅二年
私立積餘小學校	趙應秋	凸大河池沿	民國元年
私立唐氏小學校	秦　權	口大婁巷	民國三年
私立廣勤小學校	唐　冰	凸廣勤路	民國八年
私立榮氏女小學	江鍾麟	川旗杆下	宣統三年
私立楊氏小學校	謝澤人	川永定橋	民國四年
私立振秀女小學	吳秦英	凸貝巷上	光緒卅二年
私立城區小學校	秦　銳	口三皇街	民國十九年
私立績成小學校	林錫榮	凸貝巷上	民國八年

私立崇文小學校	姚詢鍚	口三皇街	民國十九年
私立正業小學校	劉鴻烈	目清名橋	光緒卅二年
私立培新小學校	曹　銓	口崇安寺	光緒廿四年
私立秦氏小學校（原名三等學堂）	秦振鍔	口大河上	光緒卅二年
私立工職小學校	顧景照	皿旱橋弄	宣統三年
私立崇實小學校	陳頌皋	凸顧橋下	民國八年
私立培西小學校	李國章	己太保墩	民國十二年
私立雅言小學校	瞿相成	凸東新路	民國八年
私立大椿小學校	郁寶鐘	目伯瀆巷	民國十年
私立侯氏小學校	鄭庭昌	三駁岸上	光緒卅二年
私立培工小學校	陳織雲	目清名橋	民國十七年
私立學藝女小學	王韶樓	口映山河	民國七年
私立菁莪初小	蔡　耀	己倉浜裏	光緒卅三年
私立志成小學校	王獨醒	目定勝橋	宣統三年
私立崇正小學校	徐文表	凸後祁路	民國廿年
私立德慧女小學	季寶貞	目虹橋堍	民國元年
私立勉強小學校	孫春圃	小河上	光緒廿九年
私立陳氏小學校	陳作霖	三東河頭巷	宣統二年
私立利民一小	楊念農	三南倉橋	民國廿二年
私立原道中學	張維齊	凸小三里橋	民國廿四年
私立穎思小學	張維齊	凸小三里橋	民國元年
私立履德初小	薛秉章	目清名橋	民國十七年
私立競成初小	汪軼千	體育場路	民國廿三年
私立中新小學	薛明劍	己中新廠內	民國二十年

三

無錫兩大書局聯合廣告

學海堂書莊

北門外大街小翀街對面
電話六百零八號

當此全國統一訓政開始之時普及教育為刻不容緩之舉而教育上應用書籍物品尤屬不可缺之本局等有鑒及此特與上海各大書局及各大儀器館訂有專約凡屬教育上應用之書籍物品無不應有盡有至於各書局出版新書文具比衆早到定價公平決不敢以欺人之式廉價為號召倘蒙 光顧定能使 諸君滿意也

大同書局

寺後門北首三開間門面
電話六百念八號

營業要目

叢化書籍
原版西書
古今詩文
雜誌小説
傳記劇本
上等風琴
五彩信箋
運動器械
徽墨湖筆
承接印刷
各式名片
名目繁多

學校課本
圖畫碑帖
參攷圖籍
尺牘論説
兒童讀物
名之對聯
雅製信封
中西文具
自製簿册
仿單抬貼
兒童玩具
不及備載

[illegible]

農商部褒獎

國貨石筆

江蘇第二次省地方物品展覽會一等獎

本主人於賤籌一適研究數十年對於紙張格式裝訂無不精益求進新穎特色承公司工廠及各商店源源賜顧特請高等技師加工精製定價務求低廉以答 惠顧諸君之雅意

學海堂謹識

仿造者 宋少雲
製造者 進化石筆廠
發行者 學海堂書莊
代售處 上海各儀器館 外埠各書局

實業

吳鼎昌

◇無錫唯一完美的上人參燕國藥店◇

□規模宏大□ **李同豐** □服務週到□
□設備完美□ □貨品精良□

●燕參耳銀部●

國產野參。
川莊銀耳。
吉林人參。
野山別直。
關東鹿茸。
真西洋參。
毛白燕窩。
黃唇魚肚。

☼搜羅豐富歡迎惠顧☼

●飲片細藥部●

發兌上等老港濂珠真犀牛黃老式狗寶馬寶羚羊白毛楓斗天生於朮犀角猴棗自運各省道地藥材虔製精潔飲片補劑杜煎線鹿諸品仙膠

◉貨品精良

◉定價便宜

●丸散酒露部●

監製各種實驗良藥。補身却病膏。六神丸。百補全鹿丸。止咳寧嗽膏。人參胎產金丹。靈驗[illegible]頭藥。秘製製雄丹。九種胃氣丸。自造花露藥酒。依方配製道地絕倫。

◉李同豐總店設在老北門內打鐵橋
△電話八〇七

◉李一豐支店設在通運路老戲館口
△電話八〇八

◉李同豐第二支店設在北門外大橋街中市
△電話一二八三

本號最負盛名之發售品

●正幫老山臺參鬚●

味。條。色。煎。看看勝人

老山臺鬚
補品之王
能長精神
能起沉疴
男女老幼
人人宜服

本號最新發明之五淋白濁斷根靈藥

●實驗淋濁丸●

☼淋濁救星☼
「主治」新久急慢性淋濁諸症
功效偉大依法服用保證斷根
大匣售洋兩元
小匣售洋壹元
▲外埠函購
▲原班回件

女界至寶白帶新藥

●白帶靈●

☼止帶固元☼
☼功效卓絕☼

服本藥後之初步奇功為白帶逐漸稀少胃口立增常服精神煥發面色紅潤病除經準帶止(定價)每匣大洋壹元

●人參再造丸●

本丸選擇各種上等參藥與名貴細料修合而成功效偉大藥力準確迥非他家專登報紙大吹法螺者所可比擬敬請顧客評較試服當知本丸之功效焉（定價）大粒八角中粒四角小粒壹元五粒優待 顧客每逢朔望再打九折

甲 農業

(1) 農事機關

省立蠶絲試驗場　在錢橋另設蠶種取締所於西門外大倉內

省立教育學院農場　在通匯路祉橋

無錫縣蠶桑模範區辦事處　在東門外南倉門

江蘇農業管理委員會駐錫辦事處　在東門外南倉門

小麥試驗場　在第四區藕塘橋

惠康農場　在通匯路祉橋

葑溪農場　在石塘灣

嵩山農場　在后橋嵩山租允利石礦餘地爲之

西生農場　在無錫城內學前學佛路魚腥巷

錫濟養兎合作社　在錫山下

工餘養兎場　在西門中新勞工自治區

久生養雞場　在城內沈果巷

旗站養雞場　在南門旗站

墾業農場　在惠山寶善橋下

無錫除蟲菊種植場　在西鄉姚灣

永興牛奶棚　在城內四郎君巷十四號

克勤農場　在第四區錢橋頭

止園培本學校農場　在第四區堯灣

至善農場　在胡埭脊山灣

天樂農場　在第四區孟灣

豐樂農場　在子灣第一灣

太湖農場　在華藏楊灣

四時公司　在華藏

三樂農場　在第四區華麗灣

(2) 蠶種製造場

大有八場　在惠山錫山路

民生　在石塘灣

舜耕　在張金　新莊

精益　在寨門鎮

豐年　在高車渡

大中華　在洛社上塘西

大生　在梅村

大陸　在東亭新塘橋

胡氏初中　在錫澄路堰橋鎮

安定　在堰橋

興華　在張涇橋

三五館　在第五區旺莊鄉

新華　在堰橋

萬生　在榮巷陸莊

翼農　在嚴家橋

錫山　在南門外江溪橋南桐江橋

亞賓　在西水關黄石橋南

永生　在景雲市后陽坊前

大新　無錫新橋鎮

利農　在南方泉吳塘門鎮

雙利　在秦巷楊家圩大俞巷

求新　在尤家坦

江蘇省立試驗場蠶課　在錢橋

裕農新記　在葑莊

光明　在駁岸上十二號

推與隆記　在北鄉長安橋

益友　在安鎮

東亭　在東亭曹家橋

阜民　在天上市北西漳樓下

勤生　在周涇巷車站南石基上

永言　在張舍

涇濱　在張涇橋

永泰二場　在錢橋

乙　工業

（1）麵粉廠　（以下食類工業）

廠名	廠址	創辦年	機械	商標
茂新一廠	西門外太保墩	光緒廿七年	三十六部	兵船
九豐	蓉湖莊	民國元年	三十五部	山鹿
泰隆	西村裏	民國三年	十一部	鷹球
茂新二廠	惠山浜	民國五年改組	二十四部	兵船

（2）礱米廠

廠名	廠址	礱米機數
寶新	茅蓬沿河	機礱八部礱米機八部

德新	䒷園浜	機礱六部礱米機六只
徐新	北門外石鋪頭	機礱八部礱米機六只
利新	茅涇浜	機礱四部礱米機四只
益新	江尖	機礱四部礱米機六只
永茂一廠	蓉湖莊	機礱六部礱米機六只
永茂二廠	小尖上	同上
民生	江尖上	機礱四部米機四只
永源	丁港里	同上
大新	江尖	同上
益源	蓉湖莊	機礱四部米機六只
永益	西門外	機礱六部米機六只
仁昌裕	江尖	同上
鄒成泰	江尖	機礱八部米機六只
周一昌	江尖	機礱三部米機三只
嘉禾	丁港里	機礱四部米機四只

(3) 榨油廠

廠名	廠址	開辦年月
潤豐	南尖	民國三年
恆德	梁溪東路	民國九年
湧寶成	西門外	民國四年
三和	洛社	同上
儉豐	石塘灣	同上
莊源大	錢橋	民國五年
大昌	西吊橋	民國十八年
張元大	同上	同上

(4) 冰糖廠

公益冰糖廠　在祝棧弄內　民國十九年成立

(5) 餅乾糖果廠

名稱	廠址	成立年月
域多利	廣勤路	民國十九年
三樂	榮巷	民國十七年
福利	大婁巷	民國廿一年

(6) 棉紡織廠（以下衣類工業）

廠名	廠址	開工年月	錠子數	布機數	商標
業勤	興龍橋	光緒廿年	13.832錠	無	四海昇平

三

振新	太保墩	光緒三十年	30,000隻	250架	球鶴　織女　飛鷹　好做　平蓮　月娥　九龍　雙女　牧童　雙鯉魚
廣勤	長源橋	民國六年	20,000隻	50架	
申新	迎龍橋	民國十年	70,000隻	1,467架	
豫康	梨花莊	民國十年	15,000隻	無	
慶豐	周山浜	民國十一年	65,000隻	250架	
麗新	吳橋	民國廿一年	紗16,000 線6,000隻	650架	

(7)毛織廠

協新廠　在麗新路　民國廿四年成立

(8)繅絲廠

實業名	營業名	開辦年月	絲車數	地址
永泰	永泰	民國十五年	四九二	知足橋
錦記	錦記	宣統元年	四一〇	西倉浜
華新	華新	民國十八年	二九二	河埒橋
永盛	永盛	民國七年	四九二	亭子橋
隆昌	隆昌	民國三年	三二四	亭子橋
民豐	民豐	民國十六年	五〇〇	南塘
乾甡	乾甡一廠	宣統元年	五六八	工運橋
五豐	乾甡二廠	民國十五年	二七二	北新橋
福昌	永隆一廠	民國二年、	二五六	冶坊場
振藝	振藝	宣統二年	五二〇	清名橋
振藝新廠	振藝新廠	民國十一年	二五六	清名橋
宏緒	瑞昌永	民國十一年	二七六	亭子橋
嘉泰	乾星	民國十九年	三〇四	綠蘿庵
鼎盛	瑞昌上記	民國十七年	三二〇	北新橋
鼎昌	鼎昌	民國十八年	二五六	通揚橋
泰孚	興業公司泰孚	民國十一年	三八四	塔潭橋
錦泰	和豐	民國十八年	二八八	跨塘橋
錦泰	榮記	同上	一四四	跨塘橋
宏裕	瑞昌永	民國十五年	二七二	亭子橋
振元	興業公司振元	民國十一年	二五六	南塘
新綸	玉祁製絲所	民國十七年	二八八	玉祁鎮
裕生	乾甡二廠	民國十七年	三二〇	羊腰灣
泰豐	大成	民國十八年	三四〇	龍船浜
潤德	瑞昌上記分廠	民國十八年	二四〇	北新橋
福綸	永甡萬甡	民國三年	二四八	廟港橋
寶泰	美豐	民國二十年	三二〇	廟港橋

潤康	乾昶一廠	民國十八年	二〇八	南倉門
九餘	興記	民國五年	二三二	跨塘橋
永昌	興業公司永昌	民國十八年	三二一	張皋廟
同豐	維新公記	民國十七年	一六〇	洛社鎮
慎昌	華利盛	民國九年	二七二	金鈎橋
萬源	民生	民國十七年	二四八	梨花莊
有成	廣成二廠	民國十九年	二五六	惠商橋
鎮綸	德新	民國九年	一四四	陸莊鎮
餘綸	復興	民國十七年	二〇八	鐵樹橋
滋康	升昌	民國十七年	一四四	光復門東沿城脚外
萬源	永華	民國十七年	二五六	梨花莊
裕昌	裕昌	光緒三十年	三三〇	周新鎮
乾甡	乾生一廠	宣統二年	二〇八	工運橋
源康	永隆	宣統元年	三二〇	黃埠墩
乾源	廣大	民國十一年	二六四	惠商橋
永裕	興業公司永裕	民國十八年	四八〇	羊腰灣
竟成	廣業	民國十六年	二六二	惠工橋
南昌	中興	民國十七年	三二〇	南橋鎮
興勝	廣成一廠	民國十七年	二四四	長豐橋

福成	百司	民國十八年	二六四	惠工橋
萬源	萬昌		八〇	梨花莊

(9) 染織廠

廠名	廠址	成立年月	機器數
麗新	惠商橋	民國九年	織機七十台電鐵木機六十台
競華	新增里	民國十五年	木機一百〇八部
同億	惠商橋	民國廿一年	織機一百台
美恆	水泥廠	民國廿二年	布機一百五十台
振業	長安橋鎮	民國十二年	木機六十二台
福新	張村	民國廿一年	木機四十台
大華	北柵口	民國十八年	電木機念台木機七十台
賡裕	迎龍橋	民國廿一年	織機一百五十台
光華	公園路	民國六年	力木機五十台手機廿台
麗華	映山河	同上	電機四十六台人力木機四十台木手機一〇五台
鴻裕	胡樓下	民國十五年	鐵機五台木機廿六台
華豐	光浙路	民國十七年	鐵機廿台人力機四台
三新	小三里橋	民國廿一年	電機六十台人力機四十台
恆豐	學佛路	民國十四年	鐵電三十五台筒機六台

蘊華	棋干巷	民國十六年	人工木機
新藝	東亭	民國十四年	同上
振華	西漳	民國十八年	同上
新華	通惠橋	民國十五年	電鐵人

（10）針織廠

廠名	廠址	開辦年月	機數
營美	西倉門	民國七年	九十部
興業	江陰巷	民國七年	一百六十部
瑞記	壩橋下	民國八年	一百部
勤慎	周師弄	民國五年	一百四十部
鴻新	北城鄉	民國元年	五十部
大中	同上	民國三年	一百八十部
久益	迎龍橋	民國四年	一百五十部
大華	後竹場	民國四年	同上
豫泰	梨花莊	民國八年	三百十部電十部
裕康	吳橋	民國八年	二百五十部電十二部
福興	西城鄉	民國十年	二百部
中華	顯應橋	民國十五年	三百廿部電廿部
人餘	冰池頭	民國十五年	五百部電六十部
萬豐	胡埭	民國三年	五十部
業興	寺頭	民國七年	五十部
杭公盛	胡埭	民國五年	五十部
民生	花村	民國五年	五十部
永吉利	東大街	民國十五年	二十部
大有恆	棚下	民國十年	二十部
保新永	通匯橋	民國十一年	三十部
葉久益	胡埭	民國十年	一百部
明記	駐驄橋	民國八年	五十部
永美	俞線巷	民國十年	一百廿部
裕豐	西大街	民國九年	四十部
中南	西倉橋	民國七年	五十部
協記	堰橋	民國五年	八十部
南橋	南橋	民國十年	七十部
興華	張舍	民國五年	二十部
中發	馬巷	民國元年	二十部
青晨	陸區橋	民國二年	二十部
祥泰	周山浜	民國二年	二十部

綸華	胡埭	民國元年	二十部
同興	石新橋	民國二年	二十部
義成	東亭	民國十年	二十部
元記	寺頭	民國五年	二十部
美新	棉花巷	民國二年	二十部
德華	岸底里	民國四年	五十部
豐記	陳家橋	民國三年	五十部
大興	陡門橋	民國五年	三十部
新興	陡門橋	民國七年	三十部

（11）石灰廠（以下仕類工業）

廠名	廠址	開工年月
允利公司石礦廠	嵩山	民國二年
允利公司石灰廠	西門外	民國十七年

（12）磚瓦廠

廠名	廠址	開辦年月
利農	嚴家橋	民國九年
公大	同上	民國十一年
大同	姑頭廟	民國十四年

（13）石粉廠

廠名	廠址	成立年月
鄒成泰	江尖上	民國十五年
成大	蓉湖莊	民國十七年
永利	小尖上	民國廿二年

（14）電汽廠（以下行類工業）

建設委員會戚墅堰電廠。辦事處設在書院弄劉撫園。

（15）電話

無錫電話公司　在興隆橋　宣統三年創立

交通部長途電話接線所　附設無錫電話公司內

江蘇省省有電話交換所　在通匯橋下民國二十年成立

（16）機器廠（以下特殊工業）

廠名	廠址	成立年月
工藝	亭子橋	民國八年
雲龍	新民橋	民國十年
公益	榮巷上	民國七年

無錫指南　實業

蕭烒昌	光復路	民國十年
沈興記	通惠橋	民國八年
錫昌	光復門	民國二十年
聯和	熙農橋	民國廿三年
成泰	同上	民國十八年
顧聚興	光復門	民國八年
協興	太平巷	同上
渭鑫	汗昌路	民國元年
永泰電鍍	光復門	民國十六年
公協	同上	同上
順裕	太平巷	民國十八年
上海永成	廣勤路	民國十七年
章大昌	太平巷	同上
無錫鐵廠	學前	民國十五年
黃永昌	公園路	同上
張茂昌	光復門	民國四年
合興	同上	同上
戴惠源	通惠橋	民國十三年
烒大	光復門	民國六年

八

合衆	同上	民國十八年
立茂鑫記	陳白巷	同上
晉豐	南倉口	同上
錦新	光復門	民國十七年
源泰	同上	民國十五年
裕興	同上	民國十一年
華興	通惠路	民國十六年
怡生	同上	
成昌	同上	
瑞源	同上	
陸恆興	同上	
發興	同上	
普明	同上	民國十五年
震旦	工運橋	民國十七年
協昌	通惠路	同上
達興	廣勤路	民國十六年
萬昌	通惠路	同上
瑞昌	光復門	同上
愈寶昌	廣勤路	同上

榮昌	露華弄	民國十一年
永興	太平巷	民國七年

（17）翻砂廠

廠名	廠址	開工年月
永興	通惠路	民國十五年
三新	惠農橋	民國十八年
永興	光復門	民國十二年
莊興記	廣勤路	民國十一年
祥興	東新路	民國十八年
無錫鐵工	惠農橋	民國十八年
新工記	通惠路	民國十七年

（18）化學廠

廠名	廠址	成立年月	出品
允利公司炭酸廠氯氣廠	仙蠡墩	民國廿一年	炭酸鎂炭酸鈣漂白粉苛性鈉
大方肥皂廠	南門	民國十六年	
福利	黃埠墩	民國九年	
大中華肥皂廠	廣勤路		
順昌皂廠	顧橋下		
鼎昌肥皂廠	亭子橋		

（19）化粧品

廠名	廠址	開辦年月	出品
三樂	西門內庠成橋	民國廿四年	牙粉化粧品

（20）造紙廠

廠名	廠址	開辦年月
利用造紙廠	惠商橋	民國十五年

（21）藥棉紗布廠

廠名	地址	開辦年月
大中國實業公司	惠山	民國廿年

丙　商業

各業商店統計

食

業別	全縣家數	業別	全縣家數
米荳	一三九家	糧食	二九六家
礱米	二〇家	麵粉麩皮	四二家

土麵	一四家	油行	一一家
茶葉	一九家	水果山貨	一〇四家
糕糰	一五家	醬酒	七九家
醬雜	一七七家	棉子油餅	二六家
南貨	二三〇家	麵飯館	四二五家
菜館	一三家	茶食	一一四家
瓜子	五家	腌臘火腿	二〇家
零鹽	二二家	麵筋	六四家
燻臘	一九家	麵食品	一二四家
油蔴	一八家	地貨	三七家
磨坊	四家	豆腐	二一四家
茶館	三四六家	參燕	一〇家
魚行	二七家	猪行	六家
醬菜	五家	鷄鴨	七家
牛奶	四家	炒	一一家
糖果	七家	野味	二家
哺坊	二家	牛肉	五家
餅干	五家	麵粉交易所	一家
腸作	六家	葷油	二家
冰糖	一家	糖棧	一家
糠粞	一〇家	糖坊	一九家
油廠	一二家		

衣

業別	全縣家數	業別	全縣家數
棉花	一八家	估衣	五九家
棉紗	一九家	綢布	三九家
皮貨	三家	皮衣	一一二家
零剪	二五家	布線	一五三家
肥絲	五九家	絲行	二家
蠶蛾	一五家	蠶蛾廠	一七家
帽鞋	八七家	洗染	二六家
花邊	六家	皮件	一三家
僧帽	二家	西服	二〇家
繭子	五家	皮鞋	八家
花線	一家	紗帶	二家
布廠	一七家	襪廠	二二家
鈕扣廠	一四家	絲廠	一九家
印花廠	二家	棉織廠	一家

住

業別	全縣家數	業別	全縣家數
木行	六八家	竹行	二七家
松板	七家	漆店	二五家
漆作	五一家	磚灰	二三家
石舖	二四家	木器	五九家
營造木作	一一二家	旅館	二八家
棕梯棕刷	二九家	茅蓬	二九家
蘆蓆	一二家	明瓦	六家
蓆帽	一一家	水泥瓦筒	六家
紅木	三家	銅鐵床	一二家
燒窰	六七家	磚瓦廠	二家

行

業別	全縣家數	業別	全縣家數
雨傘	三四家	轉運	一八家
輪船	二二家	櫓板	一二家
黃包車行	五二家	汽車	一四家

其他

業別	全縣家數	業別	全縣家數
樹行	八家	煤號	六家
煤炭	六五家	皮箱	七家
煤鐵	一九家	紙箔	二九家
對扇	一四家	蔴綫	二八家
銅錫	五五家	磁器	一八家
陶器	一六家	皮毛骨	三家
浴室	二三家	烟雜	八二七家
五金	三五家	電料	八家
國藥	二八八家	西藥	一二家
廣貨	九五家	鐘錶	三一家
香店	一二家	香燭	三八家
花炮	一三家	泥人	五一家
電燈	二家	肥皂	九家
電話	一家	度量衡	七家
鐵舖	一六六家	竹器	六五家
戲院	一〇家	理髮	二六〇家
籐器	二五家	剪刀	三二家
骨器	一二家	壽板	三六家

花粉	一三家	眼鏡鑲牙	二五家
紙紮	三九家	白鐵	五二家
玉器	三家	刻字	二〇家
鏇刀	一〇家	舊貨	二五家
車木	二五家	紙匣	二三家
金魚	二家	鳥籠	四家
算盤	五家	燈籠	一五家
租貨	一八家	摸樣	九家
笆斗	一九家	木梳	一二家
蒸籠	二二家	風箱	一五家
鏡箱	三家	搪磁	五家
蔴袋	六家	化粧品	二家
顏料	三家	石子	三家
柴行	二五家	羅篩	一〇家
瓶店	三家	油墨	一家
蒲包	五家	煉油	六家
鐵篩	三家	樂器	二家
賬簿	六家	銀樓	三二家
堆棧	二九家	筆墨	一九家

書籍	二二家	錢莊	一六家
印刷	一四家	裝池	一八家
機器翻砂	八五家	冶坊	四家
造船	二五八家	冰廠	二家
造紙廠	一家	磚瓦廠	二家
石粉廠	二家	製礆廠	一家

銀行業

行名	行址	電話號數
中國銀行	江陰巷口	三百號
交通銀行	北橋大街	三百二十七號
江蘇銀行	竹場巷	二百九十三號
上海銀行	江陰巷	三百八十三號
上海銀行辦事處	城中公園路	
大陸銀行	竹場巷	一千一百四十八號
浙江興業銀行	竹場巷	一千二百四十八號
中南銀行	北塘	五十二號
江蘇農民銀行	江陰巷	九百九十五號
中國通商銀行	北塘	三百八十號

中國實業銀行　竹場　二百四十二號

錢莊業

莊名	行址	電話號數
永恆豐	財神弄口	四百九十四號
愼餘	江陰巷口	一百七十八號
源豐仁	財神弄口	五百十一號
瑞昶潤	江陰巷	五十三號
福裕	江陰巷口	四百七十六號
德豐	北塘	九十五號
福昌盛	大橋下	五十六號

典當業

字號	所在地	字號	所在地
大成	后宅	濟恆	葑莊
協順	八士橋	同濟	嚴家橋
保和	胡埭	保和	南橋
濟源	前洲	保誠	華大房莊
保昌	東埭	保源	梅村

通源	玉祁	溥興	秦巷
永興	楊墅園	永豐	東亭
元吉	張涇橋	咸德	堰橋
永裕	蕩口鎮	允濟	長安橋
瑋大	棉花巷	保仁	棉花巷
保隆	清名橋	保泰	清名橋
惠通	塘頭弄	保康	接官亭
保興	竹場巷	裕源	觀前街
公順	營橋巷	濟通	西河頭
和濟	小泗房弄	濟順	中市橋
同和	淡昌路	春華	黃泥埭

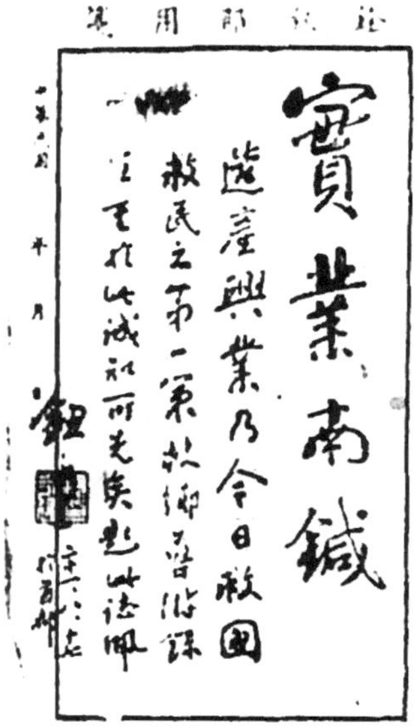

實地養兔法目錄

（定價一元）（特價三角）

第一章 兔之種類
第一節 毛用兔種
第二節 皮用兔種
第三節 肉用兔種
第四節 皮肉用兔
第五節 愛玩兔種
第二章 兔之飼料
第一節 選擇飼料
第二節 飼料目的
第三節 飼料種類
第四節 毒害植物
第三章 兔之飼育
第一節 天然飼育
第二節 人工飼育
第三節 仔兔飼育
第四章 兔之管理
第一節 兔之標記
第二節 兔之捕捉
第三節 兔之寄遞
第四節 人工餵乳
第五節 吃食小兔
第六節 急救凍斃
第五章 兔之蕃殖
第一節 蕃殖方法
第二節 兔之交配
第三節 受胎分娩
第六章 兔之病害
第一節 兔之痢疾
第二節 兔之涎疾
第三節 感冒肺炎
第四節 寄生蟲病
第五節 關節炎症
第六節 癩疥病症
第七節 膿瘡病症
第八節 兔之痘瘡
第九節 疥癬病類
第十節 脫毛病症
第十一節 兔之眼病
第十二節 兔之耳病
第十三節 激憤便秘
第十四節 壞血病症
第十五節 腹脹病症
第十六節 陰部病症
第十七節 肥育
第七章 去勢
第一節 兔之去勢
第二節 兔之肥育
第八章 兔之功用
第一節 採集兔毛
第二節 剝皮染色
第三節 硝皮方法
第四節 烹調兔肉
第九章 兔之藥用
第一節 兔骨皮毛
第二節 兔肉血肝
第三節 兔屎兔腦
第十章 養兔雜錄
第一節 養兔學社
第二節 養兔合作社
第三節 養兔利益

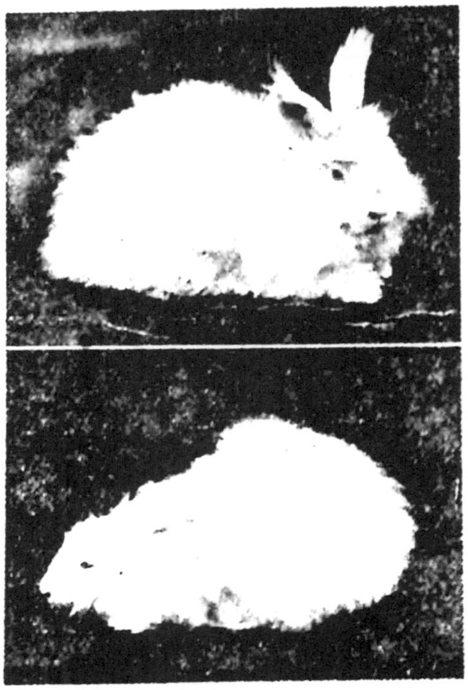

上項兔種本社均可預約
每對國幣三十元不折不扣
錫滸養兔合作社社員
工餘養兔場（無錫西門中新三廠）
三元養兔場（滸墅關三元製種場）
仝啓

機關團體

漢民題

永豐祥玻璃五金號

本號開設北門內書院弄口專運各色厚薄花色玻璃新式鏡木鏡架及家用五金物件時新油畫畫片如蒙各界光顧價目格外克己

電話一〇四五號

介紹牙醫專家曹培靈先生

牙痛雖非大病。然一遇牙痛。坐立不安。治事不甯。實爲人生至痛至苦之事。　先生抱救世之心。精研治牙醫術。家人之患有牙痛者。均經先生診治而愈。　先生著有保護牙齒及預防牙病秘訣。分贈各界。敝社翻印甚多。如蒙函索即寄。　先生診所設無錫崇安寺東觀前街另設分診所於推官牌樓下。世有患病者。速往求治爲幸。

薛明劍敬啓

衣食住行工藝概要

【全部四冊】一元六角五分

本書爲薛君明劍担任中央大學民衆教育院勞農學院省立教育學院教授時所編全書共分四冊凡屬於衣食住行各項工業百餘種之製造方法莫不詳載無遺不僅研究實業者均須人手一編即辦理實業者亦宜購備借鏡以資改良

出版處　中華書局

江蘇省實業廳介紹除蟲菊種子及栽培法

除蟲菊一物需用甚廣每年消費值銀三四百萬元之多每田一畝年可收入五六十元以上利益不亞於蠶桑如欲試種者可附郵票十分逕寄無錫西門無錫雜誌社轉無錫種植場當即奉贈除蟲菊種子二百餘枚及栽培法一份以便試種

二二・四・〇

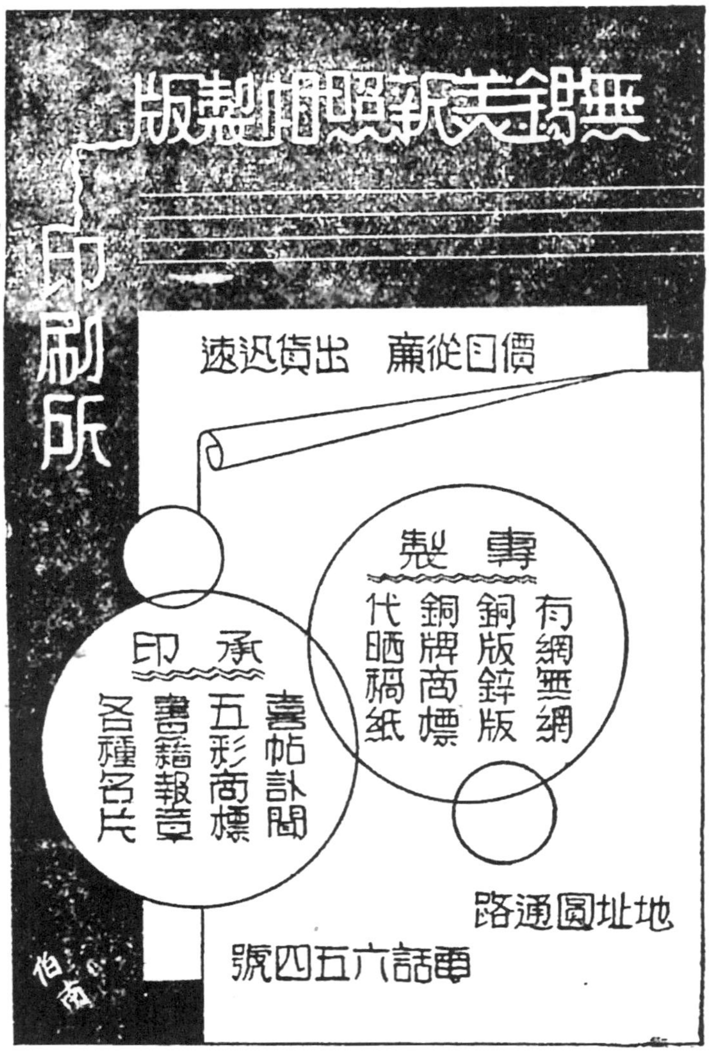

（一）機關

名稱	地址	電話
專員公署	黄埠墩	九五〇
縣政府	新縣前	一六八
縣黨部	駐驪橋	一六七
無錫地方法院	老縣前	一一一三
江蘇第五監獄	老縣前	六八五
監獄分駐所	新縣前	八一三
縣公安局	老縣前	一一九
縣建設局	縣政府	八一四
縣教育局	駐驪橋	六八八
縣土地局	東門內	九八六
硝磺局	吉祥橋	一一七六
縣府田賦處	後書院弄	一一二
印花稅局	附郵局內	
統稅管理所	光復門外	一一三二
屠宰稅征收所	觀前街	一一〇六
江南煙酒稅征收所	駐驪橋	五八二
營業稅局	東新路	一二〇二
鹽公棧	西外城脚	五九
緝私營部	棉花巷	八〇一
常陰錫烟酒稅局	小婁巷	九五三
縣欵產管理處	縣政府	三一
蠶業試驗場	錢橋	二〇四七
農業推廣所	西門外倉浜裏	九五六
蠶業取締所	西門外倉浜裏	九五六
縣教育會	公園路	三四
縣商會	太平巷	一八
總工會	八兒巷	
聖公會	成賢橋	一〇七八
浸禮會	江陰巷	
監理會	跨塘橋	

（二）團體

（甲）各業同業公會

名稱	會址	主席
紡織廠同業公會	東鼓樓	蔡兼三
絲廠業同業公會	三皇街	錢鳳振
紙箔業同業公會	江尖渚	包舜臧
綢布同業公會	南尖	錢保稚
麻業同業公會	西門城脚	張仲英
衣莊業同業公會	河埒裏	高鴻初
國醬業公會	三皇街	鄒克如
花邊業同業公會	南市橋	胡桐孫
機器戽水同業公會	北新橋	屠克强

一

無錫指南　機關團體

西裝業同業公會	推官牌樓	薛炳奎
紙業同業公會	大市橋	章　拯
絲繭棧業同業公會	通漢鎮	錢孫卿
輪業同業公會		錢孫卿
布廠業同業公會	黃泥橋	唐君遠
煤鐵業同業公會	壇頭弄	沈榮輔
染坊業同業公會		許浩然
磁器業同業公會	北外吊橋	顧少坪
皮箱業同業公會		胡懋卿
蔭兌業同業公會	北門大橋堍	李子均
油廠業同業公會	東新里	陳進立
浴室業同業公會	崇安寺	許少南
照相業同業公會	崇安寺	謝竹均
醬酒業同業公會	駁岸上	楊履冰
麵粉坊業同業公會	祝棧街口	張子培
鐫刻業同業公會	大市橋	楊伯受
山貨業同業公會	惠山	胡燮仁
印刷業同業公會	書院弄	吳襄卿
碾米業同業公會	長安橋	錢鑑瑩
洋廣貨業同業公會	書院弄	朱庭墀
菜飯業同業公會		王菊亭
書業同業公會	縣前街	宋少雲
油麵筋業同業公會	萬坊弄	任國良
理髮業同業公會	八兒巷	陸保全
肉業同業公會	西門外棉花巷	陸宗儀
大窰業同業公會	伯瀆橋	馮錦山
糕糰業同業公會	樂王廟弄	鍾亮卿
人力車業同業公會	觀前街	蔣如江
熱水業同業公會	崇安寺	蔣士珍
造船業同業公會	泗保橋	李仲華
旅棧業同業公會	南倉橋	蔣仲良
糧食業同業公會	縣前街	

(乙)各職業工會一覽表

名稱	會址	常務理事
豆芽業職業工會	西新橋	龍寶卿
染織布廠業產業工會		諸炳榮
碾米業職業工會	長安橋	王嘉禾
絲廠業產業工會		
成衣業職業工會	沈果巷	朱若愚
新聞記者公會		孫德先
漆作業職業工會	西門外吊橋	石重勳
醫師公會		衛質文
營造業職業工會	三皇街	鄔翼三
律師公會		會長許國鳳
儲棧業職業工會	丁掾里	陳直夫
扛重業職業工會	接官亭	張煜卿
紡織廠業產業工會		袁廷傑
民教促進會	公園路	朱若溪

慈善事業

黎元洪

黄陂黎氏

薛佛影鬻藝直例

梁溪薛佛影君河東望族世守縹緗博學工書尤擅鐵筆奏刀操觚直軼單微八法咸精四體俱備籀篆上追彝鼎行艸神似鍾王山水人物神韻生動河山千里微若秋毫鬚眉萬言集於累黍工之精細技之神妙盡乎此矣近又發明竹簡象牙鐫像刻畫類上添毫栩栩欲活更肆餘力旁治印章繆篆卜文無不工妙誠可謂智巧兼優心手雙暢藝苑獨呈異彩文房另闢町畦三絕兼擅球圖並寶者已茲以求者日衆肆應爲勞爲擬略潤硯田藉酬良工心苦代訂簡約如下

△刻例

石章 每字一元

牙章 每字二元

金玉晶翠瑪瑙 每字四元過大過小另議

碑版硯銘及各種題跋等面議

△刻竹例

插屏 每百字十元多寡類推書紋面議

扇骨 普通每柄十元書畫一例陽文鍾鼎留青過小面議

筆筒 普通每件十五元同上

枕臂 普通每件十元同上

刻像 每件一百元過大過小暨題贊另議

△象牙細鐫潤例

插屏 每百字十元多寡類推書紋面議

扇骨 字畫八十元

項墜 字畫兩面四十元

鐲面 字畫兩面三十元

圖章 字畫兩面廿元過大過小者加倍

表墜 字畫兩面廿元

戒面 字畫兩面二十元

烟咀 字畫兩面二十元

刻像 面議

潤資先惠 訂期取件

收件處 無錫西河頭廿二號第三進王彤雲先生

寓上海法租界喇格納路（即黃河路）六合里十七號

佛影君爲海上聞人杜公刻竹像圖

葉恭綽 賞蘧儀
趙叔孺 榮鄂生
褚禮堂 榮德生
丁輔之 王彤雲
張石園 薛明劍
仝訂

◉救濟院及各所

◉救濟院　指導所屬各所辦理救濟事宜。

◉育嬰所　在東門內，辦理育嬰事業，內堂雇用乳媽十二人，外堂貼養小兒每口五角，遇疾病給藥，遇夭殤施材。

◉養老所　所長楊壽楣收養鰥寡老人在六十歲以上者，生給衣食，死施棺葬，每人月費約六元。

◉施醫所　所長華文川聘請西醫二人，中醫一人，常年施醫及藥，夏季臨時加聘中醫一人。

◉平民習藝所　在南門外，民國十八年，由反日會經費撥充，所長吳邦周，收容乞丐常在三百人左右，設有工場，教以生產技能。

公私慈善團體

機關名稱	所在地點	成立、年月	主辦人姓名	辦理現狀
無錫縣慈善團體聯合整理改進會	同仁堂	民國十八年八月十一日	普濟恆善同仁三善堂合組	各善堂合力整理舊有事業隨時共籌新事業發展
普濟堂	北區普濟橋	前清乾隆二年	楊壽楣	施衣施米施藥外補助菁莪學校及聯合會養老所經費
恆善堂	中區觀前街	前清道光四年	華文川	施米施衣施材外月給嫠婦口糧補助施醫所聯合會經費
同仁堂	東區新廟前	前清康熙年間	秦仁存	施痧藥捲棉除夕米黃藥傷藥膏藥外補助聯合會育嬰所經費
廣業慈善社	廣勤路廣勤區	民國十七年六月	楊翰西	施衣施米施藥及其他善舉
溥仁慈善會	新生路希道院巷	民國十一年四月	唐保謙 榮德生 華叔琴	養濟孤兒寡婦附設小學教養孤兒三十餘名此外施診施藥施粥年米修橋造路並與紅卍字會合設能仁醫院

一

無錫指南　慈善事業　二

中國紅卍字會無錫分會	進士坊	民國十四年六月	華藝三　蔡緘三	設有因利局貸款於小本營業辦理掩埋施材施醫藥及賑濟事項
救生局	吳塘門	民國紀元前	陸筱查	每遇暴風冰凍時四出救濟行船與溺者
保墓局	惠山	民國紀元前		逐假給圖禁止山民盜賣墓地
清節堂	學前	民國紀元前	孫祖美	爲寡婦貞女修養之所

◉醫院　著名者有普仁醫院。爲英人李克樂所辦。在南門內南市橋。電話八號。大同醫院。爲華君景堯所辦。在城中寺前。電話二五六號。協濟醫院。爲劉君士敏所辦。在光復門外。電話五三八號。同仁醫院。民國十六年成立。在光復橋堍。電話四二號。無錫療養院。民國十六年成立。在光復門內上塘。電話九一四號。兄弟醫院。民國十六年創辦。在漢昌路。電話四二二號。縣立平民產院。及縣戒烟所。均在八兒巷總工會舊址。電話五四八號。陶涵醫院。在公園路。電話六九九號。能仁醫院。民國廿三年成立。在新生路。中新職工醫院。附設中新三廠內。每屆夏秋。則由縣市另設時疫醫院。以上各處。均通人力車。

◉醫師　西醫著名者有王海濤(連元街)許松泉(大婁巷)周綸周緒(西溪下)譚述謨(後竹場巷)錢保華(含秀橋)張季勉(通匯橋下)秦秉衡(新街巷)金子英(公園路)顧衛如(駁岸上)陳彤輝(通匯橋)許鳳華(公園路)張淡名(大河上)寶鳳梧(新街巷)

◉中醫內科　有王慎三(布行弄)趙柏生(小婁巷)陸仲威(新開河)趙玉書(三下塘)龔士英(周師弄)沈保三(許家弄)鄭際青(南貨公會)

◉兒科　曹鍾英(盛巷)奚伯初(福田巷口)

◉內外科　鄒星伯(南門外)蔡吉陣(蔡家弄)外科馮懋績(西河頭)胡壽萇(南貨公會)

◉產科　錢葆貞(含秀橋)候毓貞(冉涇橋)汪璞涵(公園路)

◉眼科　周復培(光復門內)陸陶庵(公園前)童紹甫(鳳光橋)許同英(東河頭巷)林鏡淸(新生路)

◉針科　吳耀明(東大街)程仲甫(公基碼頭)尤簡亭

（布巷弄）殷濟良（煤場弄口）華伯英（青果巷）

◉傷科　陳德甫（崇安寺）劉濟川（西門外）

◉會館　寧紹會館。（一名寧紹公所、在光復門外東城河、）淮揚會館。（在光復門外、）靖江會館。（一名靖江公所。在城內盛巷、）新安會館。（一名安徽會館、在新北門外通運橋下、）江西會館。（在縣下塘豫章公所內、）沙永會館。（在北門外天妃宮場、）鹽城公所。（在七尺場）

◉義莊　有華氏。（蕩口）（西門上）（許家莊）（城中）（東浜）過氏。（八士橋）薛氏。（禮社）錢氏。（南延）（北延）秦氏。（城中）孫氏。（石塘灣）鄒氏。（缸尖）（嘯傲）安氏。（安鎮）周氏。（南橋）（懷上）陳氏。（芙蓉塘橋）蔡氏。（北門外、西倉）嚴氏。（梁門）袁氏。（城中）侯氏。（城中、余氏。（城中）趙氏。（鵝子岸）顧氏。（盤濱）（新開河）須氏。（黃莊）莊氏。（輿塘）楊氏。（江溪橋）（雙板橋）周氏。（香山）丁氏。（張涇橋、許氏。（嵩山）馬氏。（仁里橋）喬氏。（喬巷）浦氏。（安基里）（原橋）胡氏。（村前）張氏。（黃泥橋）（丁埄裏）施氏。（黃泥橋）王氏。（布行弄）江氏。（談渡橋）王氏。（黃泥埄）倪氏。（坊前）滕氏。（南延）（謝埭橋）等處。專養族中鰥孤寡獨等人。兼辦義塾。培植人才。津貼學費。補助學子。

介紹寶鳳梧醫師

寶君鳳梧醫學湛深經驗宏富曾畢業浙江省立醫藥專科學校內政部登記醫師專治內外小兒花柳各科懸壺以來凡有危難重症一經診治莫不着手成春加惠桑梓有口皆碑先生心存濟世凡貧病不計

診所無錫城內新街巷十四號　電話三八二

榮宗敬　薛壽萱　丁春舫　華洪濤
蔡緘三　錢孫卿　張仁山　華小岳
華藝三　高集安　榮靖庵　華慕仙
張翼後　鄧範青　程敬堂　華少庚
榮德生　李惕平　薛明劍　胡鳴虎

同啓

著名物產

啓正

地址
無錫城中寺巷口
大新
電話
八六三一
綢緞大商店
國產綢緞
唯我獨多
最新出品
莫不搜羅
定價特廉
歡迎評較

無錫地居京滬中心，灌溉便利，交通發達，農工商各業，平均發展，出產物除農產物外，工業品亦復不少，商品進口，精製品原料品均有，出口以生絲及農產物爲大宗，茲將重要物產及商品列表於后。

（一）重要農產品

類	別	栽培概況
稻類	粳稻	以晚熟粳稻爲主總面積約八十餘萬畝每畝平均米二石五斗約產糙米二百餘萬石
	秈稻	占全縣水稻栽植面積僅百分之五低區水田及貧苦農家栽植之產量極少
	糯稻	糯稻栽植面積在錫邑亦甚小普通農家栽植畝許供製糕餅等食品之用
麥類	小麥	小麥係冬作物栽植面積較水稻爲少蓋因過底或排水不佳之田不適栽植大約在六十萬畝左右每畝產量平均可八斗
	稞麥	稞麥栽植較小麥爲少大概占麥作栽植面積百分之五恆與苜蓿蠶豆等作物間作
豆類	蠶豆	蠶豆爲冬作之重要作物用途頗廣雖無大批栽植但塍地畦畔種植頗多
	大豆	錫邑夏作主要爲水稻大豆爲旱作物故栽培面積不廣且大部係屬腐豆油豆則甚少
	小豆	小豆有紅綠黃白之分供作食用惟栽植面積不廣
	豌豆	豌豆蔬菜之一名草栽培後充供飼料肥料者亦有之
菜蔬類	菜荳	菜荳有長荳扁荳等之別大都供爲蔬菜之用
	茭白	茭白在錫邑產量頗多供蔬菜之用附廊梨花莊一帶栽植者甚多
	青菜	各種青菜四季不絕品種甚多四鄉均產之
	菠菜	爲冬季之良好蔬菜四鄉均產之
	茼蒿	爲春秋兩季之蔬菜四鄉均產之
	莧菜	爲夏季之要蔬菜四鄉均產之
	韭菜	爲全年常有之蔬菜僅嚴冬無四鄉均產之
	葱	爲全年常有之蔬菜四鄉均產之
	大蒜	爲春秋冬三季之蔬菜四鄉均產之
	水芹	爲冬季之蔬菜四鄉均產之
菓品類	西瓜	西瓜品種極多錫邑出產甜美稱著四鄉均產之

甜瓜　仝　右

黃瓜　黃瓜爲佐膳之品四鄉均產之

東瓜　仝　上

絲瓜　仝　上

菱　菱品種極多錫邑產品頗著六七月中有紅菱八九月中有四角菱二角青菱太湖濱及梁溪河畔產品較著其他四鄉均產之

芡實　俗稱鷄荳萬安市龍塘岸等處產品頗佳

桃　近年西南各山灣栽植水蜜桃產品尚佳

梅　仝　右

栗　惠山桂花栗頗名著惟產量不多

松菌　產於惠山頗名著惟產量不多

麵筋　錫邑麵筋頗著名營此業者不下百餘家爲四季蔬食之重要品

水產類

魚　錫邑魚類極多產量亦不少梁溪河一帶飼魚養青、草、鰱、扁魚者面積極大運河及太湖天然所產亦多

蝦　四鄉運河均產湖濱尤著

蟹　四鄉均產以玉祁蟹爲最佳

蚌　四鄉運河均產太湖產者較大

海螄　太湖中產之

甲魚　四鄉均產之

螺螄　四鄉均產之太湖產量尤多

黃鱔　四鄉均產之

副產品類

泥人　泥人爲惠山鎮一帶農民之重要副業

惠泉酒　以惠泉釀成色白味清頗有名

磚瓦　爲南門外一帶製者爲佳

黃草布　爲許舍一帶之重要副業

絲弦線　爲東北塘寺頭之重要副業

花邊　爲四鄉農村婦女之重要副業

小布　爲東北鄉農村婦女之重要副業

絲棉業　爲南門外下甸橋一帶農民之重要副業

襪織　爲西南各鄉農村婦女之重要副業

繭　蠶繭爲農產重要產品全邑產量極多在昔年值二千餘萬元近年絲價慘落繭價低廉農村經濟影響極大

兎皮毛　分皮毛兩種爲錫邑最近新出品有合作社運銷日本法國等處。

（二）特殊產品

◉香粳米　錫邑各鄉多產米。惠山之香粳米。尤爲

著名。粒小而圓長。韌而堅實。用以煮粥。頗香膩可口。又南鄉揚名等處所產之糯米。色純白。釀酒最佳。亦爲他處所不及。

●蓮心蘭　邑中西北各鄉產蓮心蘭。其形圓長如蓮子。絲量最富。色澤亦佳。實爲他種所不及。

●茶葉　太湖之濱。有雪浪山。山之陽多茶樹。鄉民採而焙之。味甚清香。色亦甚美。雖廣福之雨前。六安之銀針。不是過也。近日榮氏植物園所產之茶葉。堪與伯仲。（詳實業）

●蠶豆　邑中多產之。惟惠麓產者尤佳。結實亦較他處爲早。皮嫩肉甜。色青碧而含芳。所謂惠山豆子者是也。

●楊梅　產於邑之大湖濱。色紫而形圓。味帶酸甜。用以浸酒。俗名楊梅酒。可爲藥用品。

●四角菱　產梁鴻溪畔者最佳。菱有四角。殼嫩而綠。質美可口。煮熟而食之。味尤甘美。

●芡　產於鵝湖華氏祖塋之旁。地不及百畝。居民多取吳中所出。雜以入市。故眞者甚罕。近年萬安市之龍塘岸所產者。堪相伯仲。

●西瓜　產懷上市東湖蕩黃土蕩者最佳。甘美異常有皮瓤子均白者。俗名三白瓜。尤爲優美

●香瓜　產萬安市石塘灣。青皮綠肉。子細而少。味甚甘美。產於懷上市黃土塘者。皮色黃。俗名黃密羅。亦頗著名。

●蓮子　產於楊園者最著名。園中蓮花開時。游客咸集。迨結成蓮。剖而食之。味較產於他處者爲美。

●蘭花筍　產膠山萬玉亭前。色白如玉。清香似蘭。

●茭白　產北郊二里許之梨花莊。拔而出之於泥中截其毛根。剝其護葉。留其近根之段。莖直而堅。可作食品。

●桂花栗　處於惠山之第二第三塢間。以桂花開時結實故名。其味香甜而細膩非常。迥非他種栗子可及。惜所產不多。最貴時半斤須售洋一元。遠近來遊者。莫不爭購之。

●松菌　惠山之前有燦山。山多紫石。土石之間。多產松。松下產菌味甚鮮美。

●薄荷　產南門外保安寺者最著名。舊時以之作貢

品。葉色嫩綠。味涼而性散。藥中要品也。

●紫蘇　產邑之東郭外。爲紫色之草本植物。性疏散。味稍甘苦。葉與莖皆爲藥用要品。每年產額甚多。遠近爭購之。

●魚　太湖、運河、梁溪、均產魚。依此爲生活者。類皆浮家泛宅。叢聚於西鄉大濱小濱等處。有築池畜魚者。則多在開原鄉及揚名鄉。所畜有靑魚、鰱魚。鯿魚。鯽魚等。獲利甚厚。

●金眼鲂魚　產北塘之江尖西口。長僅二三寸。眼作金紅色。其鱗紅綠相映。味極鮮美。

●白魚　產於太湖。四時皆有。惟五月中梅雨時則更多。色白如銀。觸箸紛解。鮮美可口。

●銀魚　產南延市鵝湖附近芽塘橋之小港中。及北鄉胡家渡。湖濱入口處之小港亦均產之。色白如銀。兩目爲黑色。無骨骾。游泳甚捷。出水即死。煮而食之。味甚鮮美。

●鱭魚　濱湖之區多產之。以南鄉吳塘門爲最著。俗名湖鱭。味鮮美。頗適口。

●雞魚　產五里湖。春秋始有。形如梭。頭有斑刺。味甚鮮。

●玉爪蟹　產靑城市玉祁鎭之西龍潭。味較湖蟹爲佳。每當秋高九月。橙黃橘綠之候。正尖團均肥之時。

●溪蟹　此蟹居澄清之溪水中。又獲食江尖一帶漏入河中之穀類。故肉肥而味美。惟須西風起時。方能捕得。風息則無得。嘗其味者。僅沿溪一帶少數人家耳。

●無底螺　產華藏山之華藏寺。相傳寺中小沙彌。網湖濱螺欲食之。既切螺底。尙未入鍋。旋爲寺僧所悉。盡傾湖中。自後湖中之螺。皆爲無底。名乃大著云。

●村前黃雀　產天上市之村前。肉味香厚。名聞遐邇。

●鴻山花紅　產東北之鴻山山麓。味甘而大。爲他處所不及。

●油麵筋　以小麥麩皮製成。質淸而軟。價又極廉。遠勝於他邑所產。遊客之來錫者。多願購之。

●惠泉酒　臘月間以惠泉釀之。色白味淸。俗名三白。

●酥餅　俗稱蟣燒餅。遊惠山者。多購作贈品。

◉泥人　泥人亦爲錫邑特產。所作各種形狀。惟妙惟肖。惠麓人民、多藉此爲生涯。涉足惠山者。莫不購之。

◉磚瓦　邑中每年磚瓦之出產甚多。而以南門淸名橋（係大窰）所產者爲最佳。次爲北下鄉嵝山（係小窰）及其他各處。之小窰。（參看實業欄磚瓦廠）

◉羅篩紗　羅篩店用小機組成。地白無花。質薄而光緻。

◉黃草布　產邑之南鄉。用極細黃草。合絲縷織成。佳者較夏布更爽。故人多用之。

◉龍鬚蓆　新安開化之間。居民田事稍閒。輒以織蓆爲業。行銷於滸墅關虎邱一帶。

◉弦線　產北下東亭鎮每年銷售上海各處。獲利甚多。

◉絲線　產天上市塘頭鎮。各色具全。爲縫衣必需之物。

◉兎毛　由土耳其恩哥拉傳入爲近年新出品。

（三）重要商品（出口）

米　小麥　絲　紗　布　兎毛　豆油　豆餅　石灰　機器　炭酸鈣炭酸鎂　紙　猪肉　雞蛋

先施水火保險公司 無錫代理處

本公司爲挽回利權鞏固華人產業起見由港粤滬三處先施公司組合資本一百二十萬元專保各處屋宇傢私貨物船殼等件使來往輪船無水火損失之虞所有辦法務臻妥善自滬分錫以來廿年於茲對於出險各戶莫不立即賠償毫無絲毫留難已爲各界深知欲投保者請至西門內序成橋二十二號本公司代理處薛明劍先生接洽可也

電話八一五號

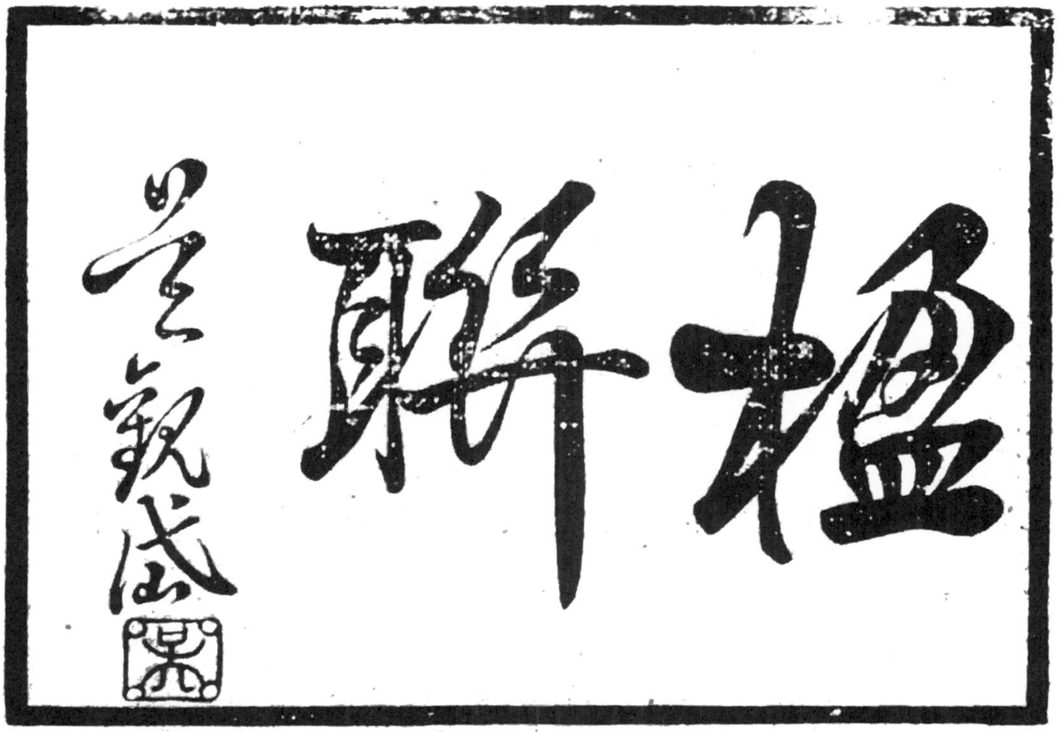

介紹滅火彈

上海利衆實業公司榮炳根先生最新出品之金龍牌滅火彈曾在國內各大省市試放成績優美並經四川委員長行營通令勸購在案該公司曾在無錫西門體育場公開試放頗著成效際此非常時期各機關各學校各大工廠尤應購辦以防不時之需特為介紹敬祈 鑒察

總公司上海三馬路證券大樓四一二號

無錫經理處慎和堂

城內大市橋東大街 電話一一二八號

薛明劍敬啓

◉慧山公園　拓地於湖山名勝之區，看風景今昔無殊，喜民物昭蘇，同涉園林成雅趣；　從政本桑梓敬恭之誼，正國家建設伊始，願英賢並起，漫耽泉石寄幽情。　（孫祖基）

囹成不日，萬象更新，輪軌正交通，豈容燐火狐禪，終淪巖壑；　寺涉惠山，二泉猶列，竹罏好汲取，儘許郎童野叟，共話桑麻。　（華文川）

明月清風，有客重登貫華閣；　小橋流水，何人更識映山庵。　（孫揆均）

龍光塔影，嘯口溪聲，改造舊規模，十萬人家，偕來共樂；　池館晨花，橋梁夜月，佐成新氣象，百千客子，小住爲佳。　（陸仁壽）

林園無俗情，最宜楊柳樓台，梧桐庭院；　江山留勝蹟，莫負海棠開後，燕子來時。　（邱銘九）

谷陵變遷本無常，爲一姓報功，何若與萬民同樂；巖壑幽深如有約，品二泉著錄，好留待三徑重來。　（張軼歐）

風月本無邊，拾翠有人，一角園林宜小坐；　樓台多入畫，送青排闥，兩山錫惠此平分。　（孫祖宏）

勝如天上坐；　宛在水中央。　（尤鳴梧）

傍山水築園林，天然慧麓九峯，蓉湖八景；　就樓台成邱壑，地接二泉勝跡，五里香塍。　（錢鑑瑩）

去試泉門五里而遙，聊從西麓荒祠，重築園林闢花徑，　與小金山一溪相隔，笑指北塘深處，萬家燈火照蓉湖。　（許　棫）

山水清音，化私爲公新氣象；　春秋佳日，來青抱爽舊樓台。　（姚滌新）

地鄰五里香塍，樓閣重新，大好林泉都入畫；　我愛九峯勝境，溪山依舊，無邊風月更怡情。（陳亮東）

有四時佳與同人，青山別墅，綠野華堂，雖無杜廈千間，願庇孤寒開夏屋；　傍五里香塍闢地，若梔風亭，藕花水榭，卽此庾園數畝，且教士庶上春臺。　（范廷鈴）

◉山門前　大哉王言，山爲第一泉第二，　巍然廟貌，宗以教孝祠敎忠。　（廖　綸）

◉寄暢園　荇藻瀠洄，三面波光提紫壁；　樹林陰翳，半園山色上朱欄。　（秦廸農）

池含林米明於纈；　山貽苕華媚若鈿。（錢南周）

雜樹垂陰，雲淡煙輕；風澤清暢，氣爽節和。（翁同和）

◉**雲起樓**　騰兩邑之歡，千村稻熟；據一山之勝，四照花開。（廖養泉）

圖書府半日閒偷，坐看雲起；杖履中百年春在，更上層樓。（王成瑞）

◉**二泉亭**　試第二泉，且對明亭暗竇；攜小團月，分嘗山茗溪茶。（王成瑞）

奇蹟比中泠，同思萬馬浮江，洗甲銀河猶昨日；嘉名分上苑，曾見六龍駐蹕，題詩瓊島憶春陰。（李鴻章）

十賢去不回，曾聽松風薦秋鞠；二泉清且冽，先分槐火試春茶。（孫保圻）

◉**龍光寺**　靈氣春林。月華秋水；晴光淑景，芳草遠山。（程德全）

看梅子熟時，個中人酸甜自得；聞木樨香否，門外漢坐臥由他。（程德全）

◉**忍草庵**　忍草禪枝，迴環古剎；湖光山色，倒影叢林。（許靜士）

何人繼若衆大師，常攜詩酒名流，共登金粟界；此地近碧山吟社，好趁春秋佳日，來話木樨禪。（范廷銓）

◉**貫華閣**　圖成滿院天香，客到共參金粟果；認取舊時月色，我來補種玉梅花。（楊壽枏）

風月無情，側帽填詞人已去；煙霞不老，卷簾讀畫我重來。（楊壽楫）

當年側帽高吟，伴桂子秋香，梅花夜月；此地簾開靜坐，對九峯煙翠，萬壑雲濤。（許國鳳）

丈室擅清幽，二百年文采風流，直接碧山吟社；中天餘積翠，三層閣濤聲月色，曾來飲水詞人。（裘可桴）

閑消茗椀鑪薰，滿塢松雲，中藏一香界；坐對冰牀雪被，空山蘿月，分照兩詞僊。（楊壽枏）

我來青眼高歌，山虛水深，所思不見；人似紅顏薄命，天荒地老，此恨何窮。（許國鳳）

香界依然，爲問閣中帝子；名山無恙，來看嶺上梅花。（楊建綸）

松翠積中天，大好林泉，恰宜從佛地布金，重留勝蹟

；　梅花吟古月，高寒樓閣，可還有詞人側帽，來證前身。（楊志濂）

前代事茫茫，賸松濤響月，苔石瞑雲，彈指幾滄桑，文藻百年都寂寞；　後身緣草草，歎埋玉成塵，鑄金作淚，塡胸餘塊壘，精魂千劫不消沉。（楊壽枬）

高閣不勝寒，數歷歷青峯，無限松濤鳴空谷；　名山誰與共，祇娟娟素月，猶移梅影照虛窗。（趙夔）

高閣近諸天，看下方雲樹煙花，應悟澈色空世界；名山留片席，有後起詩人詞客，共話延香火因緣。（陶世鳳）

御草庵半角，築香界三層，當年韻事爭傳，可想見月夜譚詩，風泉煮茗；　奉金粟一龕，攬桑榆八景，此日舊觀頓復，好唸眺蠡湖春漲，虎阜晴煙。（張文藻）

同來玩月人何在；　獨上高樓思悄然。（楊春灝）

六徵雲山新畫本；　此間風物屬詩人。（楊建綸）

●萬頃堂　滿地干戈，故老傷春作寒食；　重湖風月，有人招隱結茆庵。（孫揆均）

簫鼓迎神，百道風帆來管社；　詠觴修禊，幾人犁妙寫蘭亭。（孫揆均）

如上岳陽樓，望萬頃湖光，重憶希文椽筆；　遙瞻吳越界，指一帆風影，可來蠡湖扁舟。（陸士奎）

洗盡舊胸襟，一水平鋪千頃白；　拓開新眼界，萬山合抱數峯青。（王勛）

整旅鎮梁溪，保障一力，敢對中流稱砥柱；　登堂觀震澤，汪洋萬頃，竊期邊境絕萑苻。（蘇箎）

眼前圖畫新開，大箕山，小箕山，列岫晴湖，不數凝翁留妙筆；　世外仙源誰是，東管社，西管社，結廬翠麓，可有漁郎問津。（秦廸農）

几席三山，萬頃波濤來海上；　湖天一角，重陽風雨自江南。（袁寒雲）

山水儘徜徉，異世同心，此間近接紫淵宅；　風塵方澒洞，問天搔首，吾老已過絳縣人。（許珏）

何處有桃源，且偷半日閒，來享湖山清福；　新鄰接梅嶺，會看十年後，定成世界名區。（顧澘）

天浮一龕出；　山挾萬龍遨。（孫揆均）

●廣福寺　臨具區三萬六千頃，烟水迴環，試看東接蠡湖，西聯龍頭，南屏馬蹟，北枕龍峯，聊憑棲息塵蹤，何必廣居正位；　聽浦牢一百零八聲，凡緣解

三

脫，祇有春花拈笑，夏雲多奇，秋波鑑空，冬松挺秀，卽此清修長夜，無非福地洞天。（侯鴻鑑）

姑置身水雲光裏，昨非今是，香爇茶溫，正宜乘此清閒，相與談黿頭春濤，馬山秋月。 試放眼名利場中，擾往熙來，金鎖裘敝，有誰頓開覺悟，知領略峯臺暮鼓，獅座晨鐘。（華藝三）

門前萬頃煙波，雲夢拍浮中，院宇莊嚴疑岳麓； 寺後四圍翠嵐，湖山深邃處，風光明媚勝杭州。（張謇）

几席三山，得少佳趣； 波濤萬頃，滌盡塵襟。（蔣叔和）

偶然笠屐來遊，便覺山中無曆日； 靜聽鐘魚互奏，不知門外有波濤。（楊千里）

見到清淨法身，三萬六千頃，浩森朝宗，無非德水； 解得如來實義，七十又二峯，青葱羅拜，盡屬慈雲。（倪家鳳）

湖光瀲灩疑花雨； 山籟空靈度梵音。（楊翰西）

現大士全身，萬頃風波都入定； 是南朝舊寺，中元甲子又重新。（孫鶴卿）

我何為托號丰年，本願普渡衆生，指引迷途，莫上名場誇得意； 汝倘可及時懺悔，從此皈依三寶，波羅般若，豈猶苦海嘆無邊。（趙秉成）

● **項王廟** 拔地山雄，舊蹟猶留霸王廟； 平湖浪靜，名區近接美人崖。（楊壽枬）

到此疑仙，蓬萊瀛洲方丈； 不知有漢，美人名馬英雄。（汪文溥）

● **黿頭渚** 衆山靚螺髻； 萬頃枕黿頭。（邵松年）

別有一天地； 誰識此山河。（王勍）

● **花神廟** 春色關燕支，天教萬紫千紅，都歸主宰：濤聲吼黿渚，地勝十洲三島，合住神仙。（殷松年）

● **橫雲小築** 橫雲分疊嶂； 落日澹平湖。（曹衡之）

● **飛雲閣** 突兀一樓，下臨無地； 汪洋千頃，文如其人。（楊千里）

● **梅園** 留此冰雪質； 不隨江山移。（曾熙）

風止松猶韻； 日晴花更新。（唐浩鎮）

幾生修得到； 一半此勾留。（嚴毓芬）

坦腹納震澤； 高懷假惠山。（康有為）

大才被廣廈； 巧工刊天然。（姚景綬）

無錫指南楹聯

梅品高千載；　園花趣四時。（楊夢臺）

七十二峯青未斷；　萬八千株芳不孤。（孫揆均）

千樹梅花半輪月；　萬家燈火一帆風。（宮立）

此地端宜和靖住；　化身疑有放翁來。（荆祖鉞）

太湖雲影晴如雨；　惠嶺泉聲冷若秋。（楊顥）

明鏡忽開塵世界；　疏帆欲斷自朝昏。（凌學攽）

蠟屐東山疑謝墅；　流觴曲水仿蘭亭。（榮汝棻）

四面雲山都入畫；　五湖風月助題詩。（張勉之）

萬頃煙波宜水月；　一生知己是梅花。（陶古漁）

幾樹梅花，數叢怪石；　四圍山色，萬頃波光。（錢葆珍）

登小羅浮，觀萬頃浪；　臨香雪海，賞千枝梅。（薛李毓珍）

月下人歸川更廣；　山中梅解石敷功。（龔導村）

四面有山皆入畫；　一年無日不看花。（秦歧農錄祝京兆句）

有客題詩，問寒梅開未；　與誰煮酒，趁梅子青縱。（楊壽枏）

林下人來，今夕可談風月；　眼前指點，名園不負湖山。（榮汝棻）

樹木十年，此地合名小香海；　太湖萬頃，浮生直欲老煙波。（孫肇圻）

與物爲春，近水遠山供點綴；　同人於野，暗香疏影共徘徊。（陸光嶽）

縱有風波，看去還是湖山好；　不愁冰雪，到此能回天地春。（吳濤）

流水當琴，此間時得小佳趣；　園棋消夏，靜裏微聞自在香。（榮汝棻）

可是孤山，合補小亭閒放鶴；　好從管社，爭羅奇石仿眠蠶。（顧鳴鳳）

山色湖光，最好映一輪斜月；　香濤雪潔，得閒看萬樹奇花。（鮑朗周）

老樹紛披，恍有龍蛇起大澤；　奇峯兀立，本來天地是洪爐。（王琼）

手種梅花，如此主人眞不俗；　眼空震澤，看來山勢亦朝宗。（儲南強）

風送暗香來，幾輩動閒中清興；　天空白雲淨，數峯見湖上青山。（榮汝棻）

五

瓊隙九光開，隔岸人家聚煙火； 星橋百枝動，繞城山色映樓臺。 （唐浩鎮）

彷彿孤山，正宜月下來遊，雪中清賞； 蒼茫巨澤，欲乘風破浪，斫地狂歌。 （華山）

運會本無常，但看今日梅園，昔時桃嶺； 秀嶺原特異，況復四圍山色，萬頃湖光。 （趙人鋭）

東望錫山，香雪有亭，百數年遠追佳話； 南臨震澤，湖光照檻，七二峯半可指名。 （榮汝棻）

風味似孤山。手種梅花，前身合是林和靖； 芳隣接萬頃，胸羅丘壑，披圖彷彿李將軍。 （秦寶瓚）

吳越結芳隣，倘教踏雪騎驢，勝地特開新世界； 湖山留隱跡，何異築亭放鶴，寄閒權作小神仙。 （陳霖溥）

歷長虞溪，曲曲清流，一水迴環，入室又通香雪海； 與東西山，遙遙對峙，片帆時渡，滿船合載洞庭春。 （華文川）

梅放滿園春，欣看四圍山色，萬頃湖光，勝景逾輞川別業； 詩吟小香雪，媲美三徑黃花，千林紅葉，閒情有鄧尉高風。 （過方蛻）

天付名園，對萬頃湖光，挹四週山色，洪亭臺幽雅，花石玲瓏，到此應無塵俗想； 地靈生傑，攜一壺春酒，看千樹梅開，正皓月當頭，綺懷滿腹，其人自有謫仙才。 （方仁涉）

三萬頃湖波奔來眼底，臨流把酒，撓不濁，澄不清，列坐歡迎，佳客汪洋思叔度； 千百枝梅樹開到頭巔，索笑巡檐，山必深，林必密，幾生修得，主人俊逸似逋仙。 （朱祖謀）

誰是逋仙，萬頃波濤清詩骨； 居然鄧尉，四山風雪溫冰魂。 （丁雲軒）

指揮雲樹規全局； 研鍊湖山入壯圖。 （楊仁山）

手種梅花，想見福幾生修，定有詩情能遠俗； 眼空震澤，不獨水如此好，卽看山勢亦朝宗。（儲南强）

一園占盡湖山勝； 數點能回天地心。 （楊春灝）

園拓數十弓，人間是福； 梅開千萬樹，天下皆春。 （田一夔）

聽黃鸝數聲，最好是雪後園林，湖邊樓閣； 有玉梅萬樹，應記取吟鷗情事，放鶴幽情。 （程柏堂）

◉開原寺

梵宇傍名園，隔牆花鳥共隨喜； 具區

成佛海，濟水魚龍共聽經。（楊幼梅）

山水空明，靜參物表；雲煙清寂，妙契天倪。（高翔）

度盃萬頃；傳燈十方。（孫揆均）

◉錦園　陽春召我以煙景；吳越之間有具區。（儲南強集句）

◉雪浪山　高蹤紹濂雒，傑閣名古今。（吳旄）

風行天上；香滿人間。（顧光旭）

司文衡而星羅北極；秉福德以位列天下。（鄒安鬯）

雪浪十重，禪味得眞如之境；涅槃三世，塵迷渡般若之航。

大千世界本微塵，到眼滄桑，方知即色即空，即空即色；十萬煙花如昨夢，問當頭明月，可是無人無我，無我無人。（書禪）

請迴俗士駕；恐受山靈嘲。（山門聯）

◉蠡園　千步迴廊聞風吹；兩山排闥送青來。（華昶）

訪蹟自西來，遠瞻霞日繽紛，紅拖浙北；問春將東去，環視煙波浩渺，綠滿江南。（田一夔）

鷗侶無猜，四面雲山誰作主；鴟夷安在，五湖煙水獨忘機。（孫保圻）

山澤見招，何年雲壑容高隱；湖天如畫，是處煙波憶釣徒。（高汝琳）

眼前風景不殊，宛披摩詰畫圖，別墅輞川開粉本；湖上秋光如許，可有漁洋詩筆，夕陽疏柳寫新詞。（孫頌陀）

剪月裁雲，好花四季；穿林疊石，流水一灣。（裘昌年）

一舸來時，正春水猶香，好山未老；百花深處，有明月作畫，微風動裾。（孫揆均）

風月暢無邊，看遠山作障，近水通池，賢主人嘯傲煙波，少伯高蹤原絕代；林泉容小隱，喜曲榭宜詩，迴廊入畫，嘉賓從流連觴詠，右軍遺韻想當年。（華藝珊）

大好湖山，平生能着幾兩屐；只談風月，與爾同銷萬古愁。（繆海嶽）

何必佛國仙家，洞天福地；是眞衣被風月，几席湖山。（無名氏）

百尺愛長廊，風景宛如遊北海； 四時饒勝概，煙波不再憶西湖。 （蔣士松）

煙水老漁情，任憑人事滄桑，且消受物外田園，眼前風景； 湖山故鄉好，占得天然圖畫，更近傍舊廬門巷，嚮合絃歌。 （蓀園主人）

萬頃漾澄波，正微雨晴初，曳將坡老筇杖，六曲迴廊楊柳岸； 九峯浮遠渚，趁夕陽明處，著個放翁艇子，數聲柔櫓水雲鄉。 （高翔）

輕舸到青祁，看湖光瀲灩，鬢影空濛，暢好似畫因風景； 名園依綠水，羨家足稻粱，手移蒲柳，願常過何氏山林， （陳宗彝）

輞川秀絕人寰，琉璃世界，碧甍樓台，儼然在水一方，八景溪山都入妙； 閬苑飛來天外，花木長廊，煙波別墅，願得浮生半日，五湖風月坐中看。（范廷銓）

大好湖山，紅蓼岸，白蘋洲，鼓櫂來遊，數聲煙雲入畫； 不殊風景，杏花村，桃葉渡，攜樽對坐，幾人樓閣平分。 （丁鵬振）

◉漁莊 水聲觸耳觀魚躍； 月影當窗呼酒烹。 （華藝薌）

竹雨松風梅月； 琴聲鳥語詩情， （華藝薌）

覘睆鳥鳴止翠柳； 於牣魚躍師靈沼。 （青祁布衣庸庸）

◉公園 可以息，可以遊，商略廿年，真始願不及此； 何處池，何處堂，若若四顧，起古人而問之。 （俞復）

園成公界，當具公心，望遊人護花繫鈴，務使長春不老； 樓以壽名，允宜壽世，願來者紀壽延算，同為大陸神仙。 （華文川）

「附註」全邑各名勝楹聯，不下數千，本社另有楹聯專號，附郵十分即寄。

無錫四門謠

南門豆腐北門蝦　西門柴擔密如麻

只有東門嘸啥賣　葫蘆茄子搭生瓜

【註】此謠為民間歌詠錫城四門物產之作。南門多豆腐店，出品細嫩，豆腐乾及百葉亦著聞遐邇；北門沿運河，近太湖五里湖，為魚蝦之市集；西門外山巒屏峙，故多柴；東門外遍地菜園，全城蔬菜，均仰於此。故云云也。「嘸啥」，俗語「無甚」之意，「搭」即「及」也。

附錄

孔祥熙題

孔祥熙

無錫

梁溪旅館廣告

本旅館開辦迄今，已歷二十餘年，擇地通運路畔，距車站僅百步之遥，自造高大洋房，房間寬暢，空氣清新，光線充足，器具精雅，床帳被褥，清潔華美，並備有大官廳，以應貴客喜慶之用，定價克己，招待週到，如蒙　各界賜顧、毋任歡迎，

無錫梁溪旅社啓

電話五百〇四號

遊覽行程

一日遊程

（甲）陸路（汽車或人力車）

蠡園　漁莊　寶界橋　黿頭渚（渡湖）　錦園　梅園　東大池　惠山　第二泉　錫山　黃埠墩　公園

（乙）水路（汽船或遊船）

蠡園　漁莊　寶界橋　黿頭渚　錦園　中犢山　萬頃堂　梅園

（丙）專遊宜興二洞（包用小汽車）

善卷洞　庚桑洞

二日遊程

第一日　蠡園　寶界橋　黿頭渚　錦園　梅園　惠山

第二日　宜興二洞——善卷洞　庚桑洞

三日遊程

第一日　蠡園　寶界橋　錦園　黿頭渚　梅園　桃園　東大池

第二日　公園　崇安寺　錫山　惠山　第二泉　黃埠墩

第三日　宜興二洞——善卷洞　庚桑洞

遊覽費用

遊艇（大畫舫備有餐膳）每日約四十元至一百廿元

汽艇

甲種（可坐二十人）每日十六元

乙種（可坐十八人）每日十四元

丙種（可坐十四人）每日十二元

丁種（可坐十人）每日十元

民船　每日約三四元

汽車　每日八元

人力車　每點鐘二角全日一元六角

宜興兩洞

一

江南多佳山水，其以巖岫勝，以林谷勝，以湖沼勝者，所在多有，無待枚舉。惟專以洞壑勝者，則應罕見。有之當推宜興之善卷，庚桑。兩洞之瑰偉幽邃，形勢天成，於江南諸勝中，獨標異致，不落凡蹊，境地奇絕，秀甲天下。昔以地處偏僻，年久就荒，湮沒無聞，今則公路直達，交通便利。最近又經宜紳儲南強君，傾產經營，銳意整治，草萊悉闢，內外一新，民廿三年冬，修工告竣，遊人乃得暢步其間，窮極奧曲，而兩洞之名，由是大彰。中外人士聯翩往遊者，絡繹於途，其佳勝處感人之深，可以概見。識者目為「異軍突起之東南勝蹟」，洵非虛語。茲將兩洞內容，縷述於后，以期普遍介紹於國人。

善卷洞

洞在宜興西南張渚境之龍巖山（一名善卷山），距縣城約二十五公里，相傳為唐堯時善卷子隱居之地，蘇省古蹟，以此為最先。晉祝英臺嘗讀書於此，唐鍾離權（即世稱八仙中之一人），亦嘗居此修道。

山麓有坊，顏曰「善卷福地」，坊後有新築之屋數楹，其前部為巢許堂，後部為螺巖小築。過門前進數十步，即抵洞口。是洞共分四部，上曰雲洞，中曰樓洞，下曰瀑洞，後曰船洞。上中二部相通，下後二部亦然，惟四部因巖石之間隔，別為兩層，上中二部據高層，稱旱洞，餘據低層，稱水洞，遊者順序觀覽，必先中洞，次上洞，次下洞，次後洞，今依此序分述其勝。

中洞——高廣各四五丈，深二十丈，號者廣廈，洞口內壁，鐫「萬古靈蹟」四大字，相傳為唐李靖書。洞口內矗立若屏風者，為天然生成之鉅大石筍，拔地二丈餘，上銳下豐，其端塑有立形佛像一，峯身題「小須彌山」。（按「須彌」語出佛經，其義為「妙高」，實則「喜馬拉亞」字音之節譯也）。峯後洞壁陡直，左右對峙，壁面各有由鐘乳巖凸面波紋所結之獸形，高數丈，闊幾倍之，在左者肖獅，題曰「獅王」；在右者肖象，題曰「象王」。其形皆出天然，無斧鑿痕，然驟視之，則恍若龐大之浮雕作品，為狀奇絕。兩壁及洞頂巖漿，均作波譎雲詭之狀。傍該洞之出口處，半空石壁上，雕有羅漢遊戲之立像一叢，題曰「靈山一會」，雕藝精湛，非俗手所能至。再進約百步，有磚牆一堵，粉堊猶新，中書「慾界仙都」四字，相傳為晉陶弘景書。中洞之遊止此。

上洞——繼遊上洞，即須秉炬而入，循中洞出口，拾級登磴道，道盡處，即見另一廣大深杳之洞，寬廣約畝餘。復左折循磴道口之石級上，乃一平臺，如新月半規，範以石欄，儼如舞臺中之觀廈。繞行至右磴道下，有列成品字形之巖石巨柱三，上豐下銳，如神龍倒掛，全洞因此三柱，區爲若干堂奥，此爲全洞之最奇特處。爇炬燭壁，惟見怪石森立四周，如鷹攫，如鳳舞，如獸奔，幻形萬變，各極其異。偶或謦欬，回聲四應。洞中雲氣迷漫，置身其間，如被暖浴，即在深秋，猶覺汗出如瀋。據云此中氣溫，常與洞外相反。外炎暑，則內奇寒，外隆冬，則內奇暖。洞中樹有小坊一，額題「冬暖」，其背則題「夏涼」，意即指此。洞入口處，題有「雲口」二字，濃霧充塞處，則題「霧海」。洞壁上一處，深陷成覆釜之狀，下有榻痕宛然，旁題「黃粱窩」。

下洞——出旱洞，由右宅門循一百二十八級之磴道而下至水洞。巖壁間鐫「瀑口」二字。磴盡處有橋，橋下有潭，潭外有兩山夾擁，潭上絕壁高數十丈，山花繚亂，燦若披錦。上鐫「雷音壑」三字。壁上又有潭，水由巖隙下注，穿橋歸洞。洞內道平如砥，泉注小澗，鳴聲琮琤。由洞口進百步至小橋旁，左旁上有絕大石柱，浮現壁面，拔地數十丈，表面石紋，彷彿松幹，幹端鐘乳層疊，披紛四張，恍若虬枝針葉。幹上鐫「補天石松」四字。環洞四周，以及洞頂，峭壁巉巖，煙石峰崿，頗極奇麗。洞壁一處，石紋委宛紆曲，爲狀至奇，題爲「魚龍曼衍之壁」。

後洞——出下洞不數十武，即抵後洞。洞廣尋丈，怪石嶙峋，遍佈洞頂，其口形如半輪，下平上曲，口外緣徑高丈餘內僅高數尺。洞底即爲深潭，據稱深約四十丈。遊者至此舍陸登舟秉炬而入。小舟蛇行洞中曲折輕航，第見洞頂及洞壁，均爲層層之頁巖所成，層折分明，排比如積書堆紙。巖漿結成之石筍，流出石隙間，形成無數小石筍。航十數分鐘，即重覩天日而出後洞。仰望洞上飛巖突出巉峻約均百仞，女蘿薜荔多倒垂下掩，巖石均爲千百層頁巖摺疊而成，頗具偉觀。洞之出口形如偃月，其外清水一泓，潴爲小溪。

由此循溪登岸，即見岸上有亭，覆一古碑，上鐫「碧鮮庵」三字，碑陰載誌此地爲碧鮮庵遺址，即晉奇女子祝英臺與梁山伯讀書處。庵內花木扶疎，竹樹交蔭，頗饒清趣。

庚桑洞

是洞距宜城約十三公里餘，在縣南之張公山，由京杭國道之川埠站向西折入至二公里處後轉折向南，約四公里，卽至洞口。據云此洞爲周時高士庚桑楚隱居之所，曾著亢倉子九篇傳世。漢時張道陵居之，或云道陵四世孫名輔光者棲此，唐之張果老據稱曾隱於此，故又名張公洞。道書稱爲「天下七十二福地之第五十八洞天」，卽指此洞。前有朝陽道院，爲舊洞靈觀址之一部。清初道士潘朝陽修道於此。山形圓如覆盂，四圍高山環繞。此洞分前後兩部，後洞口適居山麓，故遊者率先至此。洞口新建之屋，顏曰「盂峯山莊」。入內卽見月洞門，楣題「庚桑後洞」四字。入門，廓然寬敞，巖石上覆如屋頂，中寬可容數十筵席，四壁巖紋極波譎雲詭之致，此爲「後洞」之正室。再進數十步有石磴。陟而升，可數十級，旋又降而下，亦數十級，此爲洞中之石脊。至此則又豁然開朗，所謂「前洞」者，盡呈眼前矣。前洞較後洞寬廣尤甚，天光由洞口射入，仰望洞天，恍若置身絕大且深之井內。回視洞頂及四壁，則鐘乳所凝之石筍，多至不可勝計，其大者約可四五人合抱，均倒垂於洞頂及壁間。遠望之如遍垂瓔珞，其絕大者二，分垂兩旁，地位勻稱，如殿宇中之懸燈，一若特爲點綴此洞而生成者，洵屬不可多得之奇觀。此洞後部，有人工修成之寬大石級二十餘層，各長六七丈，儼若御殿朝階，級盡處卽爲廣大之平臺，覆於其上之洞頂，外篆鐫「海王廳」三大字。巖壁隙處，各就其自然形態，鏤八仙神像，依其巖紋，配爲雲水之狀，姿態各異，極生動有致。

前洞之西側有水鼻洞，內黝黑不可辨，備火炬曲折俯身入行數十步，卽有水阻。轉折，再入一洞，步石磴，上下升降，左右旋折，洞道忽寬忽窄，透光處則一線瑩然。身行此盤旋洞道，彷彿蟻穿九曲之珠。行三十分鐘，出一較大之洞口已抵前洞門之東洞口，其洞門題曰「盤腸洞」。儻由前洞之下方，拾級上登，則有曲屈之磴道可循，約二百餘級。轉折處均建有亭，其數凡四，可供遊者憩息。磴盡卽爲洞口，其地位適在近山巔處，人行磴道上仰窺洞口，卽見陽光朗佈處，亭臺掩映半空襯以山花燦爛，恍覩仙山樓閣。比出洞口，四望羣山環抱，太湖隱約可見，地爲洞之前門，亦卽張公山巔，有磴道通山麓。

中華民國八年七月初版

中華民國廿五年七月第十五版增訂

無錫雜誌社第三種增刊 每冊國幣一元

發行者 薛明劍 李鍾瑞

印刷者 錫成印刷公司

編輯者 華洪濤 顧延之 榮德生 楊翰西 錢孫卿 吳士枚 顧毅詒 榮伊仁 吉石泉 薛翔德 秦惜華 李繼曾 孫伯亮 唐熊源 李鍾瑞 杜蔭亭 華少庚 張仁山 劉書勳 薛明劍 薛禹言

校正者 榮靖庵 錢石威 談家棖 孫駿生 錢子泉 吳啓楓 竇蘊依 鄒紹周 鄧授武 單鳳翔 李正明 唐杖安 胡鳴虎 惲定安 華少雲 薛禹穀 談森若 殷樹菁 薛禹甸 華學仁 葉祖望

批發處 無錫雜誌社 中國旅行社

出售處 ★★各機關 各書坊 ★★各學校 各旅館

如蒙轉載 請即註明 錄自本書 外部函購 請寫無錫 無錫雜誌 社七字即 可收到

內政部登記證一八〇四號

無錫指南（第十七版）

（民國）薛明劍等 編

《無錫指南（第十七版）》，薛明劍、榮德生、錢孫卿、華洪濤、薛禹言等編輯，孫德先、錢子泉、薛禹谷、華晋吉、朱文沅等校正。民国三十六年（一九四七）四月民生印書館印行，二十四開，五號鉛字排印。

《無錫指南（第十七版）》書前藍色插頁印有『謹以本版《無錫指南》紀念本社故主筆薛李鍾瑞女士及其次公子薛禹甸君』字樣，刊載一九二七年錢基博十版『序』，一九一九年薛明劍初版『序』，一九四六年薛明劍、薛禹言十七版『序』，以及譚延闓、鈕永建、戴季陶、閻錫山、馮玉祥、何應欽等人題詞手迹和荆夢蝶、何葛民詩兩首。內容分『地圖風景』、『形勢沿革』、『交通』、『食宿遊樂』、『名勝』、『古迹』、『教育』、『實業』、『機關團體』、『慈善事業』、『著名物産』、『楹聯』、『附録』等共十三章。正文七十五頁，廣告二十九頁。這一版各章標題及內容，均與一九三七年二月第十六版相同，各章題簽人亦同，唯有『教育』一章，第十六版由王世傑所題，而第十七版則改由無錫籍著名共産黨人陸定一所題，在國共兩黨全面内戰開始不久，薛明劍此舉令人欽佩。

本書據民國三十六年（一九四七）第十七版原刊本影印。

（陳文源）

中華民國三十六年四月發行

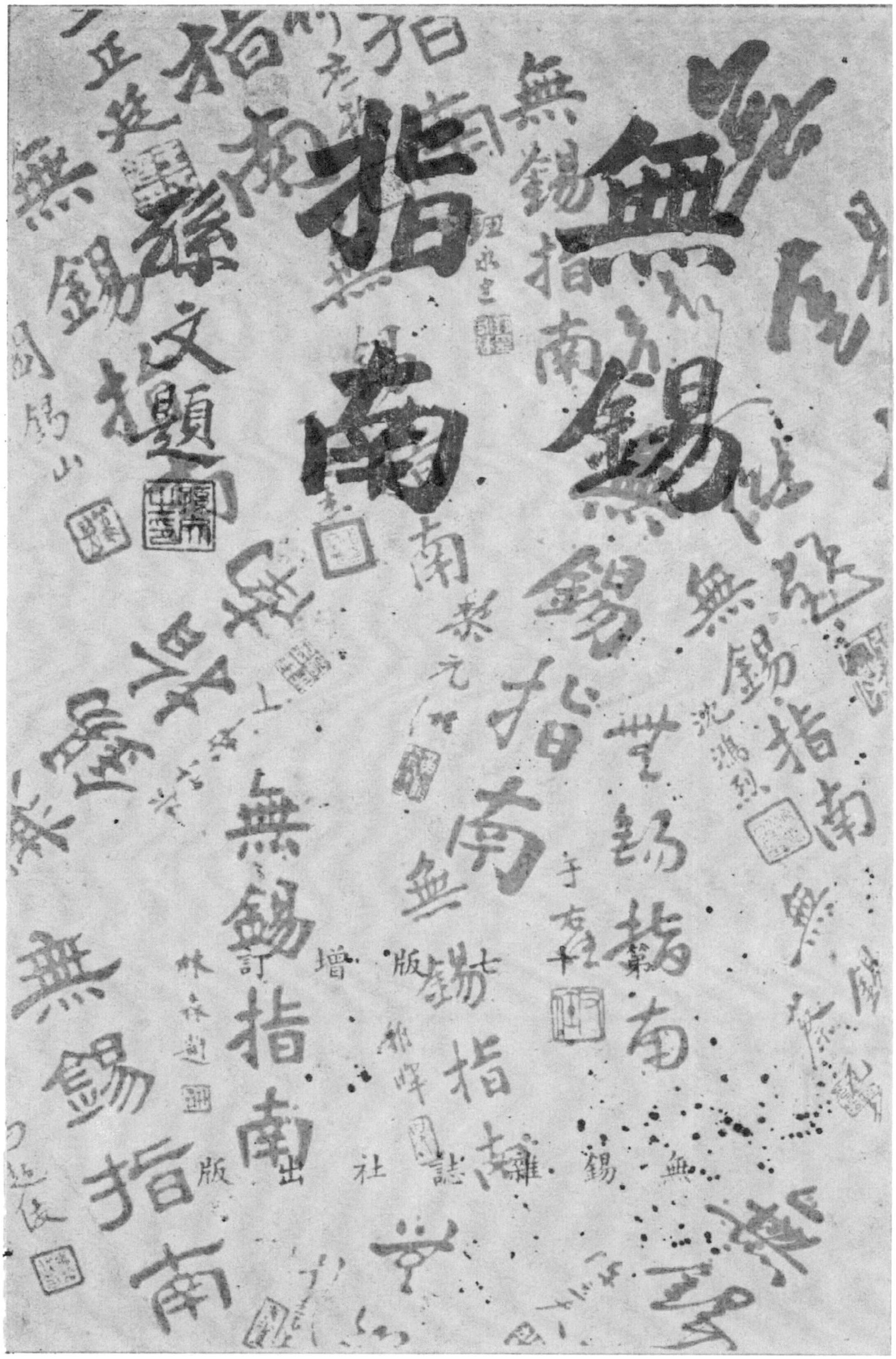

內政部登記證京警蘇字第五十七號

首屈一指二獨步梁溪

泰山飯店

地址 工運橋堍

電話 一三七〇 一三七一 一三九八 轉接各部

現代化衛生設備

各房裝置 **冷熱水龍頭**

藝術化新型傢俱

房間寬暢
佈置美觀
交通便利
空氣新鮮
設備完善
侍應週到

是旅客最合理想的寓所

謹以本版
無錫指南
紀念
本社故主
筆薛李鍾
瑞女士及
其次公子
薛禹甸君

無錫薛國民參政員國大代表明劍先生之元配李鍾瑞女士諱毓珍
江蘇省立女子蠶業學校本科第一屆畢業歷任農商部
諮議江蘇建設廳委員留本校任教員省立育蠶試驗所
主任無錫蠶種製造場場長市立女子職業學校校長全
壇縣立女子學校教務主任等職教育部奬給三等奬章
主編無錫雜誌蠶業書籍共達數十種抗戰軍興從事後
援工作不遺餘力迨國軍西撤亦即入川繼續服務並主
編江蘇鄉訊報道家鄉淪陷後情形備供當局規復失地
之借鑑終因積勞成疾歿於重慶卜葬於錫邑旅川同鄉
會無錫公墓之元號墓穴現因國土光復制憲完成將遷
葬於故鄉之東大池而薛先生鑑於時艱不欲鋪張但以
女士之學識品德嘉言懿行昭昭在人耳目不宜長此湮
沒無所留念特撥款籌設鍾瑞圖書館於無錫自治實驗
區籍以造福地方而成女士未竟之志如荷
惠賜大著及閱畢無意保留或重複之圖書（即無用之
課本及書目樣本等亦所歡迎）並盼於書面寫明捐贈
人姓名同深感佩倘係大批惠贈而須繳運費寄費者請
先函無錫學前街四十一號本館籌備處明示數目即當
匯奉同屬
姻世學席族誼用敢具柬奉
聞希即
鑑察共襄盛舉是幸　發起人江蘇省臨時參議會冷禦
秋張九如建設蘇南工業區籌備處董贊堯無錫縣臨時
參議會蔣鋪齋無錫縣黨部徐赤子無錫縣政府徐淵若
江蘇省工業協會張敬禮藍伯華張壽鵬袁國樑何乃揚
高景嶽無錫縣商會錢孫卿工業通訊社李惕平復蘇社
孫翔風同啓

無錫指南目錄

序言

臧啟芳

名書家陸松笙先生潤格

草書家七二老人陸松笙先生擅長草書縱橫倜儻而整齊嚴肅兼寫丹青亦清氣襲人鑒賞家謂今之黃癭瓢也其三十六年春季潤格如左

堂軸每尺八千元　屏條對開每條照堂六折

錦條對開照堂七折　立軸每尺六千元

對聯每尺六千元　撰句加倍　題邊加倍

扇面尺頁每件一萬五千元

扁額一尺内每字六千元　一尺外每字一萬二千元

名刺六千元

收件處：　無錫西河頭九號

無錫雜誌社代訂

無錫指南序

（民國十六年十版敍言）

錢基博

無錫爲泰伯端委之區。帶姑蘇而襟南徐。引太湖而扼申江。表裏湖山。文物冠于江南。吳越用兵。必先有事。吾友薛君明劍。撰無錫指南一書。以詔四方之來觀化者。索弁簡耑。予遲未之應也。歲月荏苒。書已十版。又責前諾。予不敢以固辭。竊念古無地理指南之書。而有地理指南之官。周官大司徒之屬。有土訓誦訓。蓋地理指南之官也。其在書曰。土訓。掌道地圖。以詔地事。道地慝以辨地物。而原其生。以詔地求。王巡狩則夾王車。注云。道說也。說地圖九州形勢山川所王以施其事也。地慝若障蠱然也。辨其物者。別其所有所無。原其生。生有時也。誦訓。掌道方志以詔觀事。掌道方慝以詔辟忌。以知地俗。王巡狩則夾王車。注云、說四方所識久遠之事以告王觀博古所識。若魯有大庭氏之庫。殽之二陵。方慝四方言語所惡也。不辟其忌。則其方以爲苟于言語。知地俗。博事也。疑當時所以詔地事。詔地求。詔觀事。詔辟忌者。亦必著有專書。而惜乎書缺有間。不可得而考。已此地理指南之設。有專官著于周官者也。所以然者。予誦之記曰。廣谷大川異制。民生其間者異俗。剛柔輕重遲速異齊。五味異和。器械異制。衣服異宜。修其

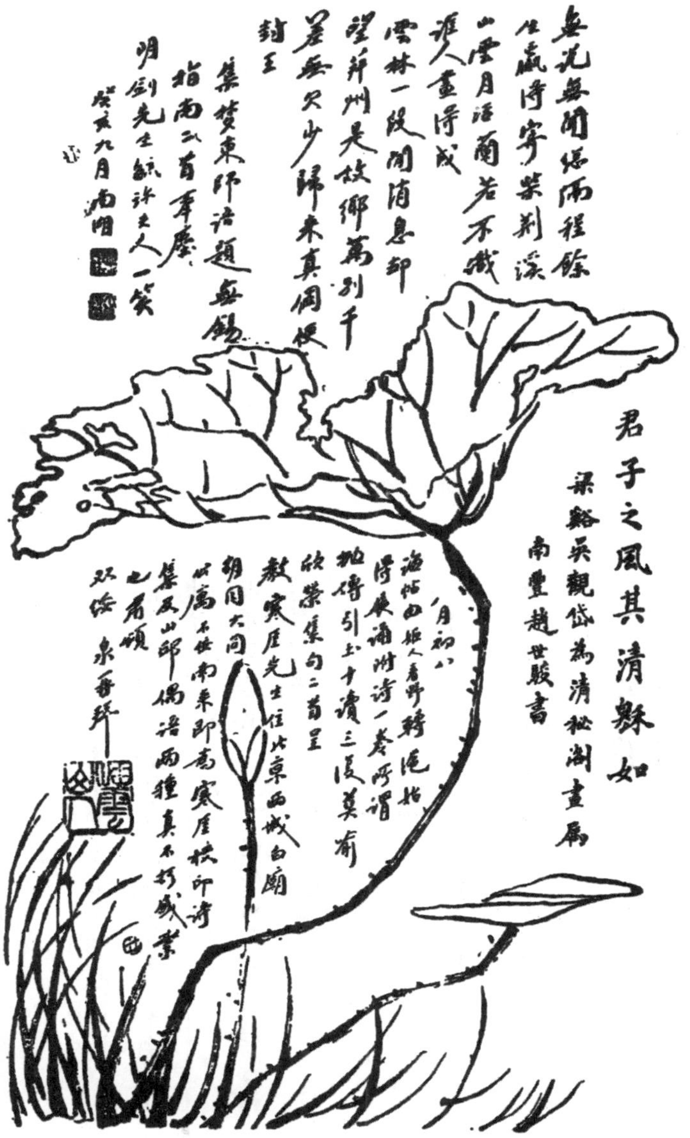

抒藻芳泉

譚延闓題

教。不易其俗。齊其政。不易其宜。嗚呼。此土訓、誦訓、之所以列、王官而布政宣教之所必有事也。夾王車而詔地求甯止如輔、車之指、南、僅以記、道、里、詔所向哉。今觀薛君所志其中有地圖風景。有沿革形勢。則土。訓。所。謂。道。地。圖。以。詔。地。事。注云說地。圖。九。州。形勢。山川。所。宜。告。王。以。施。其。事。者。也。有名勝有古蹟。則誦。訓。所謂道。方。訓。以。詔。觀。事。注云說四方所識久遠之事。以告。王。觀。博古所識若魯有大庭氏之庫。崤之二陵者也。至日食宿遊覽曰實業曰著名物產則又土訓所謂辨地物而。原。其。生。以。詔。地。求。者。也。今古。異。施。難。悉。傳。會。然余。觀。薛。君之。書。必。出。于。周。官。之。土。訓。誦。訓。斷。斷。乎。無。疑。也。漢。劉。向。著。羣籍以爲七略。班固因之。藝文有志。某家者言。必云出。某官之守。使逝。者。可作。而觀。薛君所志。著入藝文。必援。儒。家。者。流出于。司。徒。之。官。道。家。者。流。出。于史。官。之。例。特表。而。出。之。曰。薛君者。流。蓋。出。于。土。訓。誦。訓。矣。予。墳。典。粗。通。竊。有。班。生。著。錄。之。志而文獻不足。苦無子政流別之書。心知其意。而不敢以遠。應也。不然。敢宿諾。而不踐。哉。遂寫以復于薛君。民國十六年七月同縣錢基博。

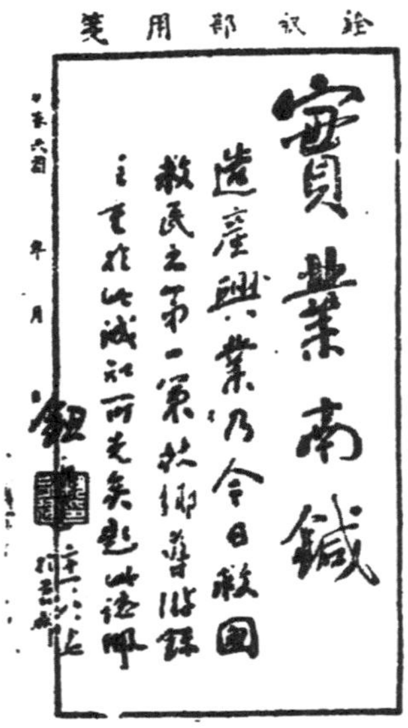

敘言二（民國八年初版原序）　薛明劍

無錫爲江蘇之一縣。長江襟帶於左。衆山屏於障右。其西更有太湖爲灌溉。故數千年來。人文之多。物產之富。甲於全省。光復以還。自治成立。教育實業。更有蒸蒸日上之勢。其名勝古跡。足供旅客遊覽者。不勝枚舉。因是旅客參觀遊覽者。絡繹不絕。惟地方雖不遼闊。道徑殊覺縱橫。旅客每有臨歧彳亍之歎。爰約同志編纂無錫指南。以備遊客來錫之嚮導。繼復得外舅李聞三、以及楊君翰西、楊君少雲、顧君藕人等之助。不一月而書成。計分地圖、沿革、形勢、名勝、古蹟、交通、教育、實業、公署、機關、慈善事業、食宿、遊覽、著名物產、地方風俗等十有二門。正擬付梓。適圖書館主任劉君書勳過我。云曩亦曾輯無錫旅行指南。因事中輟。乃將已成之稿授余。同時李君繼曾秦君惜華亦有錫勝導游錄之輯。並謂余曰。指南也。導游錄也。一時駢出。在旅客反有吾誰適從之苦。不如合刊爲宜。余卽商之同志。亦表同情。更得錢子泉、錢孫卿、畢瑞卿、吳啓楓、李柏生、吳士枚、孫克明、胡吾千諸君之校正。而成此書。明劍不敢掠人之美。因次其巔末而爲之序。民國八年七月。薛明劍序於無錫縣立公共體育場。

聲光日進

王正廷題

啓發人民智識　增進社會福利

季陶戴傳賢

湖山生色

民國十八年春　隴右馬福祥

敍言三（三十六年第十七版敍言）

薛禹言

無錫指南出版于民國八年七月，迄二十六年淪陷爲止，曾先後增訂一十六版，共發行壹百餘萬册。自十三年第五版起，改由無錫雜誌社發行，且曾一度加添英日文說明。余幼時常于課餘按字校對，樂而不倦。抗戰聲起，無錫雜誌社遷渝復刊，並編印江蘇鄉訊，仍由先慈故主筆薛李鍾瑞女士主其事。勝利歸來，各界人士來錫觀光者日衆，欲求一略爲完備之指南而不可得，益增緬念先慈之意不止，乃着手整理十年前之第十六版無錫指南，稍加修正而付印，並蒙地方父老李惕平、胡念倩、李柏森、陸貫一、胡壽基諸先生之協助而得與讀者見面，錯誤之處仍恐不免，歡迎指教，以資修正焉。

中華民國三十六年之春薛禹言書于無錫縣參議會

淬礪弥精

趙戴文題

遊錫寶筏

薛篤弼題

促進自治

閻錫山題

振新社會

馮玉祥題

滿江紅

友人薛君明劍以所編無錫指南索題爲倚兩闋　丹陽荆夢蝶

大好湖山是天與招來遊客。盡道此東南名勝。載欉攜屐。鳳谷殘碑懷帝子。龍山古刹尋僧跡。正梅園香雪萬千枝。酣春色。堂萬頃。波光碧。泉二品。茶經白。況舟車交會。繁華初闢。百景欲窮圖畫趣。一編先看珊瑚織。得南針行旅共喧傳。才人筆。　十丈紅塵。問何處。可容吟嘯。記無邊蓉湖風物。幾番搜討。縹緲仙墩西子去。奔流古澗黃公杳。悵千秋兒女合英雄。供憑弔。　前度別山靈。笑今日至。秋光好。只舊遊如夢。羈愁偏繞。衰柳重攀司馬倦。挑花再見劉郎老。喜逢君導引有新編。尋鴻爪。（余以辛酉來錫主一高講席終歲而去及癸亥秋重來改館榮氏申新公司故次闋云云）

無錫為江南望邑地瀕太湖龍山屹然二水之名玉高豔稱為魚稻豐穰蠶桑繁興工者聚肆商者連鄣弦誦之聲比户相聞是以中外人士率連袂摩裳游覽考察歲時不絕然不有導引則咨詢度曠時勞神指南之作可爲行旅者之先馬也余故樂為書之

吳義王伯羣

題詩

癸亥仲夏赴無錫參觀圖書館得覽梁溪惠山諸勝客邸展誦薛君明劍所著無錫指南欣佩之餘率題一絕　皖北何葛民

山色湖光慰客懷。天香清秘畫圖開。喜從塵海抽身後。却向龍泉洗眼來。文彥汪洋信有之。東林遺跡久神馳。多君不惜如椽筆。肯爲遊人作導師。

舟車勞頓喉頭如感不適

請看八世喉科

黃冕羣醫師

保證藥到病除

遊覽倍感興趣

診所地址：無錫城內西河頭七號

前委員長侍從室第三處醫師

內科小兒科

專家夏子和

診所：無錫西門內序成橋十五號

電話：

一六三三號

地圖風景

徐淵若

上海模範廠榮譽出品

調味之王

龍蝦牌

精美粉

無錫總經理：九福糖棧

地址：無錫寺巷口

電話：一六二二號

鄒成泰石粉廠

廠址：西門丁絳里

電話：七五　一〇一八號

揀選上等原料
機製潔白石粉
兼營代客磨製
各種礦石土粉

另附設橡膠滾筒部

監製「鄒成泰廠」
本牌橡膠滾筒
出米多而整潔
耐用可包退換

無錫城區圖
北
比例尺
0 100 200 300 400 500
民國三十六年春測繪
蔣坤賢製

無錫湖濱風景區圖
圖例
河流
橋梁
公路
鄉徑
村鎮
比例尺
0 100 500 1000 2000m
民國三十六年春
坤賢製
北
五里湖
五里湖
太湖
寶界山
寶界村
寶界橋
七塘山
石塘山
石塘鎮
長廣溪
充山
蠡園
錦園

惠山天下第二泉

惠山竹爐山房

古寶善橋

黃公澗急流

黃埠墩

城中公園

黿頭渚

聽松石亭

沿革形勢

孫科

無錫首屈一指之高尚餐廳

迎賓樓菜館

禮堂寬大

地點適中

坐位寬暢

菜肴精美

地址：城中寺巷内

電話：二二七號

沿革形勢

名稱　無錫舊名錫山，戰國時為春申君城，漢高祖五年始名無錫。緣邑之西城外有錫山，山多錫礦，周秦時，採掘之人日多，客民與主民爭利，時啓釁端，既而錫盡，民亦安甯，故名無錫，新莽時改稱有錫，後漢復為無錫。元升為州，明初降為縣，清雍正四年，分無錫之東境為金匱縣，民國元年，金匱復併於無錫。十二年劃景雲市無錫市之接壤處，闢為商埠，設局經辦。十六年省政府有劃無錫市為模範市之提議，旋亦罷，廿五年添設無錫區行政督察專員公署，兼轄武進吳縣崑山常熟江陰太倉吳江等縣政。廿六年十一月廿五日被日敵淪陷，先後凡八年，一切機構均受制於日憲兵隊及特務機關，並設領事館於後西溪，至三十四年八月始行收復，一切機關亦先後復員。

地勢　全邑東西相距約一百二十餘里，南北相距約一百十里，面積約三千九百二十五方里，邑城居中。東西相距二里許，南北相距三里許，城境七方里有奇，縣之東南接常熟界。稍南為吳縣，北與東北接江陰界，西北至西南接武進界；地勢西南多山，龍山為諸山冠，南臨太湖，為邑中諸水滙歸之區。陸有京滬鐵路，水有運河，近年錫澄公路錫宜公路蘇錫公路錫滬公路等相繼完成，交通益形便利。而無錫地勢，更成江南四衝之要樞矣。

市鄉　邑之全境舊分二十二鄉，民國成立，改分為十七市鄉。三十五年併作十區及一自治實驗鄉，曰城區，曰東亭區，曰周新鎮區，曰藕塘橋區，曰長安橋區，曰張涇橋區，曰安鎮區，曰蕩口區，曰前洲區，曰洛社區。下分一百九十九個鄉鎮。

人口　全縣共一八七一保，二〇二四八甲，二三三七三〇戶，男五七〇四〇五口，女五三二五九七口，合共一百一十萬零三千零二人。

田數　全縣各種田畝及折實平田畝數

各種田畝		折實平田畝數
高田	三六一〇五八・三二五一四畝	二八六九九五・七九畝
低田	八〇二三五・〇五四三五畝	五九四五六・二三二五六畝
灘蕩	二四一四八・四一〇九六畝	九三七四・五三六九七畝
山埄	六五八一五・九四三七五畝	六七五〇・三五三一七畝
平田	九一〇三六四・〇六六六一畝	九一〇三六四・〇六六一畝
總計	一四四一六二一・八〇八一畝	一二七二九四〇・二六八三畝

陸路 出城之南門，東南歷新安，至望亭，烏角，溪口，通吳橋，入吳縣界，爲向南大道。出北門，向西北行，轉石塘灣，洛社，至五牧，接武進界，爲向北大道．又經竹塘，張塘橋，陳潾至馬鎮，接江陰界，爲通江陰大道。出西門，由五里街循惠山而北，經閶江橋，至孤村亦接武進界。又西南抵百瀆，爲接宜興要道。出東門，經東亭鎮，至陸公橋，鴻山，廿露接常熟界，爲入常熟要道。

馬路 錫邑於光復後，始闢馬路。由火車站南行，經工運橋，至吉祥橋。曰通運路。由通運路東行達崇安寺，曰漢昌路，光復路，圓通路，公園路。更由公園路通西城門者曰復興路。其後則年有修築一由通運路以西，經交際路，過通滙橋江陰巷，直達於大河池沿，曰通滙路。一由漢昌路，經延壽司殿，至東門亭子橋，曰東新路。一由通運橋北經惠農橋、惠工橋、惠商橋、吳橋等，以達惠山。得通開原路者，曰通惠路。一由火車站北達黃泥頭丁村上者，曰廣勤路。此外自城西迎龍橋，經河埒口，榮巷，徐巷，直達湖濱者，曰開原路。其自河埒口，北經惠麓，至錢橋，藕塘橋，南通仙蠡墩，至梁溪之濱．以及達東管社，大池，青山等處者皆開原之支路也。又自仙蠡墩，渡梁溪。而達於揚名鄉之南橋，周新鎮，由周新鎮達南門外黃泥埄之談渡橋者，均曰揚名路。又出東門至北下鄉之東亭路。其近年修築者，一自西門北接外吊橋達惠山而連通惠路。南接迎龍橋，而連開原路。一自南門西接談渡橋，而連揚名路，東經南長街而達清名橋等處，民國十八年，無錫建設局與江陰合建澄錫馬路直達江陰之江邊。二十三年春 錫宜路完成通車 衔接京杭國道，二十三年秋．錫滬公路完成通車。而本邑之湖山路 環繞湖濱。亦於是時完成。二十四年拓寬新生路。二十五年修築蘇錫公路及武青公路，德原西成兩路，亦於是年興築焉。卅六年，縣府有建設新市區之計劃，若干幹道，正積極進行中。

水道 邑中水道以運河爲主，自武進縣界，經橫林東南行入邑境；分而南．爲西沙港；爲志公港，分而北．爲北大河，又東經五牧，分而北爲柳堰橋河，又東南行，分而北爲石瀆，分而南爲花渡港，又東南經洛社，石塘灣，分而北爲蠡口橋河．又東南經潘葑，分而北爲高橋河，分而西爲小雙河，爲雙河，爲新開河，又東南行至黃埠墩，分而西爲寺塘涇，又東行分而北爲三里橋河，分而西南一繞缸尖，一過長安橋爲環城河，又東過蓮蓉橋，分而南出外黃泥橋入環城河，分而北爲轉水河，又繞而南，過亭子橋，至羊腰灣，分而東爲伯瀆港，又西南爲南門塘與環城河合流，自北來會；分而西爲談渡河，爲九里涇，又東南行，分而西爲河港，分而東爲泰伯瀆；又東南行，分而東爲王莊港，分而西爲曹王涇，爲謝家河，又東南行，分而西爲麵杖港，分而東爲周涇，又東南行分而東爲宅基浜，分而西爲新安溪，又東經新安，分而西爲徐陶涇，又東南行，分而東爲洗瀆，又東南過望亭，豐樂橋分而東爲蠡河；分而西爲沙墩港，又東南行入吳縣界，凡經行九十里。

邑城　邑城之修築自宋，以前無可查考，乾興時，李晉卿重築子城，其分城蓋未遑及。自後皆就外城而修之，子城遂無有及之者。元至正十五年重修，明洪武初復加繕治，並建水門三，即今之西水關，南水關，北水關是。嘉靖三十三年，知縣王其勤築城禦倭寇，七十日而成，周圍一千七百八十三丈六尺一寸，高二丈一尺，定四門之名，北曰控江，南曰望湖，西曰試泉，東曰靜海，其上各有樓，東曰對育，南曰撫薰，西曰序成，北曰企辰。清康熙七年，知縣吳興祚，又十九年知縣曾子駒，徐永言，相繼修之。光復時又於東北兩門之間闢門曰光復門。亦謂之新北門。十五年建東水關。十六年拆西北城外凸出之瞭望臺，十七年復於西門傍闢新西門，曰西城門。本邑雖時有拆城之說但終未實現。

城市河道　城河自入北水關，直行出南水關，亦名弦河。以有弓河箭河而名之。其分流而西者，第一支出留郎橋西行，循城而南爲留郎河。第二支出泰定橋西，合留郎河爲斥瀆。第三支出胡橋東行爲胡橋河，經駐驄橋分二道：一南行爲營河，轉西經老縣前爲玉帶河。一由駐驄橋繞老縣後阜民臺，合留郎河南行，折而東舊與玉帶河合，今塞。第四支出水獺橋西行，爲水獺河，經城隍廟前抵西溪，過迎溪橋，與前西溪合爲荷花蕩，轉而南入玉帶河。第五支出虹橋，西行爲東帶河，經學宮前過將軍橋堰橋納荷花蕩水，出西水關；其分流而東者，一出打鐵橋，東行爲沙盆・循城而南，過便民橋，是爲弓河。一出盛巷橋，經縣署前轉北，繞錦樹里會於沙坟井入弓河，是爲倉前新河。別有箭河九道，其次第自南而北，第一箭河在邊巷・今塞，第二箭河在莊巷底，僅通十餘丈。第三箭河名冉涇，第四箭河在楊家巷，第五箭河在董家巷，第六箭河名師古河，第七箭河在福田巷，第八箭河在東門街之北：至含秀橋而止，第九箭河在盛巷，今已無河形。

城市街道

(西門街) 自大市橋至東大街西 **東大街** 自大市橋至老縣前 **西大街** 自老縣前至西橫街 **西橫街** 自石灰巷至西城門 **沈果巷** 自東大街北達復興路 **營橋巷** 沈果巷西至營橋 **石皮巷** 營橋巷西北至玉帶橋 **靈官廟街** 自東大街南接藥隍廟街 **皂莢街** 自東大街南通城隍廟街 **西察院巷** 老縣鼓樓前轉東接營橋巷 **周巷** 老縣前至茅梓橋 **石灰巷** 北接西橫街至前西溪 **裏城脚** 西城門內北至北水關橋

(西門外街) 出試泉門過吊橋興隆橋五里街至惠山 **西塘** 吊橋北 **大倉街** 自興隆橋接通西倉橋 **壩橋** 在橫街下塘 **棉花巷** 壩橋至興隆橋 **五里街** 自棉花巷至惠山 **河塘** 惠山寺塘涇上 **棚下** 自吊橋南至顯應橋 **太保墩** 西新橋西

(南門上塘街) 自大市橋南經水獺橋虹橋至南城門 **毛桃巷** 大市橋南西通藥皇廟街 **三皇街** 毛桃巷南 **新街巷** 四郎君廟巷其南爲睦親坊巷 **睦親坊巷** 南接學前西通七尺場 **北禪寺巷** 新街巷南西通睦親坊巷 **學前街** 北禪寺巷南 **虹橋巷** 學前街南西通嚴家池 **魚腥巷** 虹橋巷南 **昇平巷** 魚腥巷南一名卡家巷 **時郎中巷** 昇平巷南 **南市橋巷** 時郎中巷南 **水關巷** 南門內 **利豐坊街** 老縣前南經茅梓橋觀橋至堰橋 **五姓巷** 周巷內西通石灰巷 **西溪下** 茅梓橋西通石灰巷 **陳鼓打巷** 觀橋東其東段即七尺場 **前西溪** 觀橋西 **鑄冶巷** 兩西溪之間北自迎溪橋達社學橋 **四郎君廟巷** 東打鼓巷南東通學前 **三皇街** 自水獺橋北址西至茅梓橋

藥皇廟街 有二街皆通毛桃巷 虹霓橋街 亦有兩街南皆通新街巷 學前街 自虹橋北址西至西水關 學術 學宮橋南接睦親坊巷 湯巷 學橋南 冬卿橋巷 壩橋南轉東接湯巷 孫育材街 舊名繡庵司廟巷在南市橋巷內 孫司徒廟街 湯巷南 章巷 青連庵東

（南門二上塘街） 自大市橋東址經鳳光橋稅務前承賢橋至便民橋 師古河上 鳳光橋東接斜橋河 鎮巷 師古河南 中市橋巷 中市橋東 歡喜橋 中市橋巷南 旱橋街 歡喜橋南即烈帝廟巷 新開河上 承賢橋東 沙巷 新開河南 永興巷 舊名孤老院巷在南市橋東 希夷道院巷 孤老院巷南

（南門三下塘街即新生路） 自含秀橋南經斜橋冉涇橋至便民橋 福田巷 門東街南東爲田雞浜 小婁巷 福田巷南北有朱知軍巷 斜橋河上 斜橋東東至城隍廟即六箭河 東河頭巷 舊名董家巷即五箭河南通鳳仙巷北通張花木巷 留芳聲巷 在四箭河 槐樹巷 槐樹冉涇橋轉東即二箭河 百歲坊巷 巷南亦稱南倉廳巷 朱賣煤浜 舊名莊巷即二箭河 大井頭花園街 舊名邊巷即一箭河故址

（南門外街） 出望湖門過南吊橋外黃埿橋石灰橋至南碼頭 帶鈎橋巷 帶鈎橋下 長街 西街黃泥埄 黃埿埄 黃泥橋西 簑衣浜 黃泥橋南

（南門外上塘街） 出望湖門過南門橋塔橋經跨塘清明二橋東趾轉入伯瀆港 塔潭下 蘿蔔浜 義壯前 跨塘橋南 羊腰灣 伯瀆街 窰頭

（北門上塘街） 自大市橋東趾北經盛巷橋打鐵橋至北城門 中山路 舊將利門至南門之幹路 大婁巷 大市橋東東接小婁巷 清甯巷 大婁巷北東通矮巷 寺巷 清甯巷北東爲觀前街 新縣前街 倉橋東經縣政府前西盛巷 捕衙街 縣署東轉北 錦樹里 裏黃泥橋東轉北西通捕衙街 書院街 縣政府後東至捕衙街 打鐵橋街 打鐵橋北址東至東城門

（北門下塘街） 自大市橋西址北經迎迓亭胡橋泰定橋留郎橋至北水關 復興路 自新市橋西至

駐聽橋　連元街胡橋北址西至駐聽橋　縣後街駐聽橋北址西至滙龍街　大成巷連元街北　姚寶巷大成巷北　西河頭名斥瀆橋巷亦稱斥瀆上　道場巷西河頭北

（北門外街）出北門至蓮蓉橋為北大街過蓮蓉橋轉北塘至吳橋　北大街北門至蓮蓉橋　露華街北門東通吉祥橋　笆斗街東通黃泥橋　壇頭街東通長安橋　布行街蓮蓉橋南　勝利街蓮蓉橋北　小郲街蓮蓉橋南堍　廠餅沿河蓮蓉橋東　桃棗沿河蓮蓉橋西　竹場巷蓮蓉橋北址轉東　江陰巷竹場巷後

（東門街）自寺巷東經觀前街過含秀橋營橋至東城門　清寧巷寺前南至大婁街　八兒巷觀前南至大婁巷　駁岸上觀前街東即第八箭河上　花園街青石橋北西轉為映山河通盛巷　顧家街舊名泥巷　蘇家街環秀橋南街轉東為箬葉巷東林書院後面　城頭街城門內轉北至打鐵橋

（東門外街）出靖海門過東門橋至亭子橋　絲鑵菴巷　東倉巷

（光復門內街）盛巷含秀橋北　北通新縣前街內有楊巷銷皮巷許家巷化成巷安仁巷巷東至映山河　圓通路城門口至公園路　化成巷西連盛巷東接公園路　安仁巷化成巷東轉西　公園路詳馬路

（光復門外街）光復路　漢昌路　東新路　通運路　交際路　通惠路　廣勤路以上另詳馬路　永安里　有惠里　民生里以上在通運路　安利里交際路　壽康里漢昌路　恆德里通運橋東沿河

〔城市橋梁〕

（城內）北水關橋北城門口靠西　打鐵橋北門內直街　迎祥橋書院街口　倉橋新縣前街　新市橋復興路口　大市橋大婁巷西　中市橋大市橋西　歡喜橋歡喜巷口　南市橋南門內　致和橋南門內通馬路　南水關橋以上均跨自北至南之直河上　留郎橋跨留郎河　序成橋在西門內俗名小木橋　駐

驄橋老縣後 匯龍橋駐驄橋西 營
橋西察院東跨營河 水獺橋跨水獺河 茅
梓橋周巷內南達觀橋 迎溪橋茅梓橋西
社學橋北通鑄冶巷達迎溪橋 虹橋東跨
帶河 學橋學宮東 飛虹橋學橋西 西
水關橋西門與前盛巷橋跨縣前新河
裏黃埏橋跨縣前新河 華德橋
東門內 冉涇橋南門下塘 三 承賢橋
三下塘 鳳光橋大河上 三鳳橋三皇
街口 斜橋大河上中間 小廟橋新城隍廟
前 將軍橋東門田鷄浜 神仙橋東門
環秀橋東門熙春街 青石橋同上
營橋同上 含秀橋盛巷與駁岸上接壤處

新民橋光復門內
（東門外橋）東門吊橋跨城河
亭子橋跨東門外運河 廟橋左有信郎大王
廟 小粉橋亭子橋左 塔子橋本名搭影
橋水面時有妙光塔影
（西門外橋）西門吊橋跨環城河
新名梁溪橋 外吊橋棉花巷 倉浜橋
大倉前港 德心橋倉浜內 通德橋迎龍
橋西 顯應橋太保墩 迎龍橋太保墩西
西新橋中新廠旁 中新橋跨梁溪上
勤工橋西新橋下 勤工橋中新廠西
大德橋五里街 寶善橋跨寺塘橋
（南門外橋）南門吊橋南城河

南黃埏橋通菰瀆 帶鉤橋南門
橋西 談渡橋 菰瀆橋菰舊作孤
日暉橋俗名石灰橋 清明橋
跨塘橋均跨運河 北橋跨馬鑫港 中
橋跨馬鑫港 南橋跨馬鑫港過此即五里湖
（北門外橋）北門吊橋跨環城河
蓮蓉橋跨運河俗稱北門大橋 長安橋
北門外 外黃埏橋舊名通安 四堡
橋跨轉水河 顧橋跨轉水河亦名柵口 通匯
橋舊名小木橋 三里橋北門塘 普濟
橋 吳橋跨運河在黃埠墩西 惠農
橋 惠工橋 惠商橋以上
均在通惠路 光復橋光復門外 工運橋
火車站南舊名通運橋

江蘇田賦糧食管理處接管

▼九福麵粉廠

燈塔牌上等機白麵粉

廠址：無錫北塘小三里橋對河

允豐堆棧

棧址：北塘蓉湖莊

電話：一二四八號

三面環水，交通最方便！

保藏嚴密，客戶最信任！

晒場寬暢，存貨最放心！

棧單吃硬，押款最容易！

交通

俞大維

俞大維印

無錫勝利門外遊術內

包辦筵席　零碗拆吃

經濟小吃　各色早點

天天飯店

交通便利　空氣新鮮

坐位寬暢　侍應週到

電話一二七九

交通

概要　京滬路自武進東南行，經洛社石塘灣無錫北門南門旗站周涇巷而至吳縣之望亭，西達首都，渡江可由津浦路至天津；東達上海。又自火車站乘錫澄公共汽車，可達江陰；過江至靖江南通，亦甚便利。無錫長途汽車公司及江南汽車公司通車，至湖濱宜興之交通，更形便利，錫滬路成，可至常熟轉滬，蘇錫路成，赴蘇益便。內河輪船則在梁溪路一帶，遍設公司，如蘇州上海常熟江陰宜興溧陽湖州等處，均可直達，本邑與外埠之交通，尚稱便利，城區除幹路可行駛汽車外，即鄉鎮亦多築有馬路者，在開原鄉，有開原路，自城中通惠路至榮巷徐巷，開北路自惠山鎮經錢橋至藕蕩橋。通惠路自河埒口通惠山。啓明路自榮巷通東大池。環湖路在揚名鄉，其自南門過南橋至周新鎮爲揚名東路，自開原路至南橋及陳大巷爲揚名西路。在開化鄉則有開化路；自周新鎮（東埭）經方橋板橋葛埭橋通南方泉。景雲市有江波橋路自南門伯瀆港通江溪橋。北下市有東亭路自工運橋至東亭，新安鄉有新安路自揚名路蔣浜斗至華大房莊，又有錫澄路自錫澄公路之塘頭起，經過天下市嚴埭東北塘八士橋至懷上市之張涇橋。武青路不日修復通行，四鄉幹路縱橫，支路密佈，陸路交通，漸臻完善，即偶有不通車路者，仍有輪船航船以濟其急。至于其他交通機關，如電話電報郵政亦組織完備，傳遞迅速。商旅稱便，今分別述其概要如左。

京滬鐵路　京滬路無錫站，建於前清光緒三十二年，東往上海，西達首都，又可與滬杭津浦兩路聯運，交通稱便。茲將行車時刻表附列於後

（一）太湖號游覽車

每週日期	上行 上海	蘇州	無錫	下行 無錫	蘇州	上海
星期一至星期五	一七·二五	一九·〇九	二〇·〇〇	一〇·二五	一一·一三	一三·〇五
星期六	一七·一五	一九·〇九	二〇·〇〇	一〇·二五	一一·一三	一三·〇五
	—	—	—	一〇·五五	一一·五三	一三·五五
星期日	六·四〇	八·二二	九·二五	一五·四〇	一六·四六	一八·二〇
	二〇·二〇	二一·二八	二二·二〇	—	—	—

(二) 上行車(上海北站至南京)

距上海北站公里數	車次 / 站名	滬京四等客車	滬京三等客車	凱旋號特別快頭二等車	滬錫區間二三等車	滬京特別快頭二三等車	滬京特別快頭二等車	滬錫特快區間二三等車	金陵號聯運特快頭二等車	滬常區間二三等車	滬京混合四等車	滬錫區間二三等車	滬京夜特快頭二三等車	滬京夜特快車(頭二等卧)
	上海北站開	1.10	5.10	7.00	7.30	9.00	11.00	2.30	13.30	15.10	17.20	18.30	21.50	23.00
51.68	崑山開	2.35	7.12	—	8.55	10.16	12.14	13.48	—	17.00	—	20.31	23.23	—
86.33	蘇州到 開	3.26 3.34	8.22 9.08	8.41 8.48	9.42 9.50	10.57 11.06	12.57 13.04	14.29 14.36	15.17 15.26	18.01 18.09	20.40 21.00	21.38 21.44	0.20 0.27	1.06 1.13
128.54	無錫到 開	4.45 4.55	10.23 10.33	9.36 9.42	10.45	11.54 12.06	13.55 14.02	15.25	16.14 16.23	19.23 19.30	22.18 22.33	22.50	1.22 1.29	2.08 2.15
167.37	常州到 開	6.03 6.18	11.50 12.11	10.31 10.40		12.59 13.08	15.01 15.15		17.09 17.19	20.45	23.50 0.18		2.27 2.37	3.13 3.25
212.02	丹陽到 開	7.36 7.46	13.29 14.20	11.38 11.41		14.00 14.03	16.13 16.17		—		1.46 2.05		3.56 4.00	4.29 4.33
242.02	鎮江西站到 開	8.47 9.27	15.11 15.24	12.18 12.25		14.40 14.45	17.01 17.17		18.46 18.53		3.05 3.16		4.46 4.55	5.18 5.27
311.04	南京到	11.40	17.45	13.55		16.10	18.50		20.20		5.40		6.30	7.15

（三）下行車（南京至上海北站）

距公 南里 京 站數	車次 站名	滬等 錫區 二間 三車	常等 滬區 二間 三車	京等 滬客 三車	錢二特 塘等快 號聯 頭運車	京三快 滬等 頭特 二別車	錫等間 滬特 二快 三區車	京二別 滬等快 頭特車	錫等 滬區 二間 三車	京客 滬 四 等車	凱二快 旋等 號特 頭別車	京混 滬合 四 等車	京三快 滬等 頭夜 二特車	京等車 滬夜 頭特（臥） 二快
	南京開			5.00	8.00	9.00		11.00		14.15	15.45	16.30	22.00	23.00
69.02	鎮江西站到 開			7.14 7.29	9 24 9.32	10.21 10.28		12.59 13.07		16.26 16.40	17.15 17 23	19.33 19.48	23.56 0.09	1.00 1.07
98.94	丹陽到 開			8.20 8.27	—	11.05 11.09		13.55 14.05		17.38 17.43	18.03 18.12	20.50 20.58	1.02 1.07	2.00 2.03
143 67	常州到 開		6.10	9.47 9.58	11.06 11.17	12.09 12 22		15 08 15.20		19 33 19.47	19 06 19.16	22.18 22.38	2 24 2 35	3 20 3.30
182 50	無錫到 開	6 00	7.18 7.24	11.08 11.18	12.04 12.11	13.18 13.24	14.10	16.21 16.27	17.05	20.57 21.07	20.03 20.10	23 52 0.17	3.33 3 39	4.19 4.26
224.71	蘇州到 開	7.05 7.15	8.34 8.43	12.32 12.42	12.59 13.06	14.19 14.33	15.09 15.19	17.21 17.29	18.05 18.12	22.19 22.29	20.58 21.06	1.53 2.06	4.32 4.39	5.19 5.39
259.36	崑山開	8.34	10.14	14.45	—	15.24	16.05	18.15	18.58	23.28		—	5.28	—
311.04	上海北站到	10.25	12.00	16.55	14.45	16.25	17.10	19.30	20.15	0.55	22.45	4.50	6.35	8.00

錫澄長途汽車公司 錫澄汽車。專在錫澄公路行駛。共十四站。總站設火車站。每日上午六時至下午五時。隔半小時開行一次。行旅極便。

無錫長途汽車公司 總站設西門外通運橋，專駛遊覽汽車，一至黿頭渚，途經蠡橋，蠡園，漁莊，寶界橋等地。一至小箕山，途經梅園，萬頃堂等地。

另一線沿蘇錫路駛至望亭。

錫滬長途汽車公司 總站設火車站，行駛東亭，鴨城橋，查家橋，安鎮，厚橋，羊尖，翁家莊，徐塘，而至常熟，或經蘇常路而至蘇州。否則由原路經古里村，白茆，支塘，窯鎮，直塘，雙鳳，觀音堂，太倉，新豐，葛隆，外岡，嘉定，馬陸，南翔，綠楊而達上海。戰時停駛，現正籌備復業中。

【江南汽車公司】江南汽車公司於廿三年三月十日通車，在錫宜公路行駛，可自開原路直接宜興，接通京杭公路，達南京或杭州，其經過各站如下；

無錫—梅園—雪堰橋—漕橋—和橋—宜興—{湯渡—長興—湖州—莫干山—杭州；廣德—徐舍—溧陽—天王山—句容—湯山—南京}

現正逐漸恢復行車，近可直達宜興矣。

内河輪船一覽表

公司名稱	開行時刻	到達地點	中途定靠	公司及船泊地點
和昌永昌聯合	上午八時 下午五時	玉祁 無錫	洛社	通滙橋堍
利澄	上午八時	周莊	白妟橋西暘橋等	同上
交通	上午五時	張渚	分水墩周鐵橋	同上
新同益	下午一時	羊尖	石埭橋安鎮	西梁溪路八達公司
新生	上午八點半	梅園	蠡園黿頭渚	同上
錫溧聯合總公司	上午四半	溧陽	運村戴溪橋	東梁溪路九號
中興中國永新	上午五時	溧陽	同上	同上
永固新商瑞和	中午十二時	宜興	同上	同上
協和合併	下午一時	和橋	同上	同上

公司名稱	開行時刻	到達地點	中途定靠	公司及船泊地點
江南東南西南聯合公司	上午四時	溧陽	同上	東梁溪路三號
	上午六時	和橋	同上	
惠商	中午十二時	雲亭	長壽	東梁溪路丁運橋堍
永興	下午一時	嚴埭	祝塘	同上
新華	上午七時 中午十二	甘露	蕩口	西梁溪路工運橋堍
嚴東合記	上午六時 下午一時	無錫 和橋	陸家橋	同上
新達	下午一時	王莊	嚴家橋	同上
	下午一時	南宅	運村	通滙橋
大通新濟利澄東北聯合	上午七時	港口		西梁溪路工運橋堍
	上午八時	楊舍	東來鎮	仝上
	上午九半	華墅		仝上
	上午十時	前洲		〃
	下午一時	顧山		仝上
	下午一半	北漍		仝上
	下午二時	長涇		仝上
	下午三時	前洲		仝上
中華恆裕	上午六時	鼎山		前竹場巷
	下午七時	洛陽	—	同上
新商	上午六時	鼎山	湖㳇	同上
復興	下午六時	鼎山	湖㳇	同上
利后	上午七時	后塍		同上
建國	上午五時	楊巷		同上
	下午一時	周鐵橋		同上

裝貨輪船　申錫聯運局每日開往蘇州、上海，裝運貨物。招商振記，民國十六年創辦，專裝貨物至常州。如裝運他埠，須事前接洽。

快船　邑中大鎮除輪船外，尚有快船，船身改裝引擎，行時甚速。開往八士橋、張涇橋者，在通匯橋。開雪堰橋者，在長安橋。開蕩口者，在工運橋。開梅村者，在清名橋。快船開往堰橋北渚者，在三里橋。開往西漳堰橋北渚周莊者，在長安橋。

駁船　駁船價格，工會有規定，以裝貨之多寡及遠近而定。

小汽船　游覽湖山，可乘小汽船，各旅館各廠家均有出租，甲種（可坐二十八人）每日十六萬元，乙種（可坐十八人）每日十四萬元，丙種（可坐十四人）每日十二萬元，丁種（可坐十八人）每日十萬元，例假加倍。

便船　便船可隨便雇用，有大小之別，價目論日不論路，大船每日約二萬元至十萬元不等，小船每日數千元至二萬元。

人力車　人力車爲內地城市最普通之代步工具，無錫亦然，價目自一千元起碼。

轎輿　有中轎、小轎等，可往轎行內雇之，以公記（在外黃泥橋）、洽記（在馬路上）等爲最大，下鄉遊山，以鐘點計算可與面議。

繁盛街市　城中大市橋、崇安寺、倉橋、打鐵橋，北門外北大街、北塘、三里橋，南門外黃泥橋、清名橋，西門外吊橋下、棚下，光復門外之通運路、交際路、漢昌路，皆爲繁盛之區。若以本邑商務而論，以北大街、三里橋、最繁盛，夜市至十時許，通運路則可至十二時以外。

郵政　一等郵政總局在火車站，分局遍設城內，鄉間則設代辦所，如八士橋、東亭、羊尖、堰橋、前洲、嚴家橋、禮社、葑莊、張涇橋、南橋、楊墅園、陳墅、安鎮、西漳、秦巷、周新鎮、大徐巷、胡埭、陡門橋、新安鎮、華大房莊、方橋、南方泉、張舍、寺頭、張村、長安橋、后暘坊前、梅村、北渚、錢橋、藕蕩橋、新瀆橋、查家橋、許舍、河埒口、黃土塘、石塘、南雙廟、陸店橋、顧山、北周莊、后塍、漕橋、長涇、華墅、雪堰橋、長壽、陸家橋、陸區橋、戴溪橋、運村、洛陽、北橋、周橋、祝塘、石幢、崔橋、張鎮橋、南新橋、張家橋、西塘市、西暘橋、周潭橋、東湖塘、塘頭橋、江溪橋、楊亭、會龍橋、瓠岱橋、潘家橋、東北塘、梢塘橋、望亭、甘露、大牆門、西倉、鴻升里、后宅、后橋、黿頭渚等地。

電報　局址在光復門內新彩路，新設營業所於圖書館路。

電話　本邑電話公司由交通部無錫電信局管理，局址在北城脚，鄉線如石塘灣、洛社、河埒口、榮巷、梅園、黿頭渚、玉祁、南方泉、禮社、堰橋、八士橋、南橋、周新鎮，江溪橋、東亭、后陽坊前、毛巷街、塘頭、劉潭橋、新安等鎮，均已裝置。武進、上海、南京、蕪湖、常熟、蘇州、杭州、常州、同里、及木瀆等電話局，亦均已接通。特快電話，于十五分鐘內可接申、蘇、京三地。

食宿娛樂

吳佩孚

（印：吳佩孚）

無錫振新紡織股份有限公司

廠址：無錫太保墩 電話：二七三 二七四 一三三一七

上海辦事處：四川路620號四樓 電話：一四六二五 一六〇六八

球鶴商標

同利商標

出品：20支球鶴紗

12磅球鶴細布

16磅同利粗布

香煙 金字塔
二大名煙
行銷全國
烟中鐵軍
烟味美妙
PROSPERITY
20 CIGARETTES
香煙 紅金
中國福新煙公司出品
善義藝術社製

食宿娛樂

菜館 無錫菜館，有京館、蘇館、錫館、徽館、西菜館數種，整席頃刻可辦，如無多客，以隨時點菜爲宜，京館以燒烤各菜最佳，徽館以紅燒各菜最佳，錫館以清蒸各菜爲最佳，玆將著名各菜館名稱地址電話等，分列於後。

菜館一覽

館名	地點	電話
聚豐園	北外城脚	六九〇
迎賓樓	崇安寺寺巷八號	二二七
迎春園	崇安寺寺巷	
狀元樓	城外勝利街六號	九〇七
宴賓樓	通運路	七七七
萬利	城外萬前路	九九〇
聚鑫園	北塘東街	四二九
聚鑫園	南長街	
天天飯店	北門外勝利街	一二七九
大衆食品公司	火車站	
太湖餐廳	泰山飯店內	一三七〇
惠泉館	惠山橫街	
民生樓	火車站	
菜根香	崇安寺	

點心店 有麵店、炒麵館、餛飩店、糕糰店四種，麵店有魚麵、肉麵、鱔麵、蝦仁麵、火腿麵、鷄麵、鍋麵等；兼有燒賣、饅頭等，炒麵有蝦仁炒麵、鷄絲炒麵、火腿炒麵等，餛飩有肉餛飩、菜餛飩等，糕糰有糖糕、粽子、湯糰等，凡熱鬧處均有之。

茶館 隨地皆有，茶價約一千元，各館均有特別營業，或爲茶會，或爲書場，或爲棋會，或爲鳥會，在通運路中者，有龍苑、萬陽樓、梁溪消遙樓；吉祥橋下有怡園，溪山共一樓，漢昌路有玉和春，北門外吊橋堍有最宜樓，北門外壇頭街有悅心樓、長春樓、長樂茶社，公園路有消遙遊、丹鳳、松風閣，大三里橋有蓉湖樓，觀前街有消閒室，崇安寺內有聽松園，三萬昌，玉和軒。

旅社 無錫旅館，著名者多在工運橋一帶，房金自數千元起至數萬元止，各棧皆有接手，至船埠車站迎接旅客，欲往何棧，卽將仿單收下，行旅點交接手，乘車先往，如有公文銀錢等，可交賬房，向取收條，如購物僱車及取送行李均可託茶房，小賬已奉令取消，如顧客酌付賞金，悉聽自便，茲將各大旅社，列表於下：

名稱	地點	電話
大華旅社	城外漢昌路	一八一
大新旅社	城外漢昌路	一九九
大中華旅社	城外火車站路	五〇三
大陸飯店	城外萬前路	五一〇
大江南飯店	城外萬前路	九〇四
中南飯店	城外通運路	三五二
中央旅社	城外交際路	八六六
公園飯店	城內公園路三號	一三七
太平洋飯店	交際路	七七四
北塘太旅社	北塘東街混堂弄	九七〇　一三八〇
安東旅社	城外前太平巷	三二二
江蘇大旅社	城外前太平巷	二六八
江陰飯店	城外後竹場巷	六一四
泰山飯店	工運橋大有棧舊址	一三七〇
倫敦飯店	長安橋	一三七一
蠡園飯店	湖濱蠡園內	鄉綫
太湖飯店	梅園內	鄉綫
太湖別墅	黿頭渚	鄉綫
京海花園大旅社	城外萬前路敦仁里	六五〇　七三一
京滬飯店	城外通運路	一七三二　一八三三
協新飯店	城外通匯橋沿河	一三四
東方花園飯店	城外通匯橋路	二三〇
東方永記旅社	城外孟淵弄	四六八
東南飯店	承裕弄內	八五八
花園飯店	城內裏黃泥橋錦樹里	一七九
金門飯店	城內崇安寺五三號	一六二四
南洋飯店	城外有惠里	五三四
南京飯店	城外前太平巷	六七一
國泰飯店	城外光復路	一一一
通會旅館	城外通匯橋堍	七一四
惠中旅社	城外通運路	五〇二
華美飯店	城外萬前路	七二八
新新世界旅館	城內圖書館路三六號	二一〇
新中華旅社	城外前中正路	四二一
新大成旅社	城外交際路	四四六
新北京飯店	城外萬前路敦仁里口	五九八
新雅飯店	城內公園路一五號	二二三
源源旅社	城內觀前街一五號	二七二

各房間均有價目單，折扣等均表明。

戲院 開演電影或話劇。

名稱	地址
無錫大戲院	公園內
大華大戲院	光復門內圓通路
金城大戲院	漢昌路
南京電影院	光復門外東新路
三星大戲院	三里橋大田岸
中東大戲院	東新路
東方大戲院	通匯橋
大光明大戲院	周師弄

書場 書場均附設茶館內，分說書灘簧二種，有午後開演者，有晚間開演者，北門有長興，同羽春，悅心，清園等，城內有迎園，梁溪，迎興園，近興，雅敍等處。

歌場 歌場兼售咖啡，為戰後新興之娛樂場所。

名稱	地址
鳳凰廳	公園飯店內
仙樂	京滬飯店內
東方	東方花園飯店內
百樂	漢昌路
南國	觀前街

浴室 浴室現僅有池湯，營業時間，大都在午後一時至夜間十時，茲將較著浴室調查如下：

名稱	地址
天發池	北塘東街二三三號
天樂	老戲館弄
迎池	迎迓亭五四號
溫泉池	壇頭弄三三號
天一池	漢昌路
清蓮池	馬路上
玉泉池	金鈎橋
浴春池	太平巷口
天樂浴室	老戲院弄口
浴德池	大市橋
昇泉池	崇安寺
惠泉浴室	惠農橋
新樂泉浴室	萬全路
蓮蓉浴室	勝利街二一號

理髮及洗衣 理髮店，隨處皆有，其較為雅潔者，在通運路及公園路一帶，理髮價目約三四千元。旅客洗衣，在旅館中可交茶房，如西裝等，可交洗衣公司洗滌。

畫舫 均在游山船浜，備有精肴，可游湖山，可宴賓客，酒肴精美，惟價格頗昂。

胡壽基醫師

診察時間

門診：上午九時至下午四時止

出診：下午四時後

外科

皮膚科

花柳科

包皮整形科

診所：北門外長安橋南尖

電話：八四〇號

名勝

彭素民

廠址：西門外冰池頭

機械新型　尺碼準足

出貨迅速　取費低廉

允新鋸木廠

允利木號

中西木材

壽器壽板

建築材料

零躉批發

號址：西門外城脚下七十一號

電話：一六一六號

電報掛號：〇三三六號

40 無錫指南 名勝
白錫包香煙
快去買包白錫包來！
一等品質
一等裝璜
大東南烟公司出品
THE CIGARETTES
THE BRANDY
20 CIGARETTES

名勝

（甲）惠山諸勝景

【宗祠附】

惠山 在邑之西北五里許，考錫山景物略。開山禪師名慧照，慧惠也，以僧名名山，故名惠山。宋時名歷山，郡國志名九龍山，又名冠龍山，吳地志名華山，老子枕中記名西神山，陸羽記山有九龍，故名九龍山，隋大業時，有龍門於山，故又名門龍山，又考慧山記。東晉時有家於山下者，妻妊三年，生龍，色如銀，七日昇天去，龍母死，葬於山巔，即地成潭，因名龍潭山。今通稱曰惠山。周圍約四十餘里，高約百餘丈，山有九峯，下有九塢，曰白石塢、桃花塢、扭鉤塢、王家塢、宋塢、馬鞍塢、望公塢、仙人塢、火鴉塢，峯巒起伏，形態夭矯，登山之道，由二泉亭後，歷級而上，經文昌閣，三官殿，轉折而西。直達山巔。其上殿宇，有頭茅峯、二茅峯、三官殿、三茅峯等，皆羽士所居，登頭茅峯，遙矚太湖，諸山聳列，若洞庭，夫椒，縹渺隱約，如蓬萊三島，帆檣點點，舟小如葉，載沉載浮，出沒如鷗，天際波光，萬頃一碧，東顧則平疇綠野，林烟蒼藹，渺無涯際，其第五峯巔宋塢之上，俗呼曰拔船灣，巨石盤錯，有鏡光石，涼棚石，天公足跡石，獅子石等，惟歲久風化，不復能識別矣。諸石交互成臺形，足供小憩，每當春秋佳日，緣山爲市，賣錫天氣，沽酒人來，高居其巔，一杯在手，臨風唱大江東去，大有「振衣千仞岡，濯足萬里流」之槪焉。遊人歷全山者，多自石門下，石門，在第七峯下，望公塢上，峭壁懸崖，孤絕奇險，兩巨石對峙，明邵文莊公，書石門二字於其側，上有流泉下注，飛瀑濺珠，曰珠簾泉，有洞窅然，曰白雲洞，供呂仙像，由此下山，路窄澗深，石級蜿蜒，人以其盤旋曲折也，故呼之曰搖車灣，道旁有九陽宮，離垢庵，紫薇宮，張仙殿，眞武殿，雷尊殿等，過眞武殿以下，路漸平坦，松風澗水，聲韻淸幽，紆徊叢林中，凡數百武即出山，磚衖南行，直達龍頭口，山盡處爲龍尾陵，俗呼龍山梢，有白龍潭在焉。按此山爲天目支脈，由九華、穹窿，迤邐而東，至此崛起，數百里內，山巔悉歸宗焉，西北如蠏㴻、大穹、青山、峨嶼、回抱、犢山、石塘、軍將、　山，蜿蜒盤錯。東西如鴻、堠、膠、顧、芙蓉、石室、諸山，峯巒相望。又有拱輔之意。若璨山、錫山，則獅伏其前，如門戶焉，其爲天下名勝也宜矣。

◆以下在惠山寺之中央（俗稱山門裏）

惠山寺 考諸家記載，惠山寺建自劉宋時，係長史湛茂之歷山草堂改建，初名華山精舍，數經更改，至明初始名惠山寺，經五里街至九龍峯門，又一里許爲山門，山門左右有石幢二，近過郡馬祠者，爲唐乾符間物，上刻金剛經，近錢武肅王祠址者，爲宋時物，上刻楞嚴經，山門內有日月池，池上有香花橋，當年自古華山門至山麓一帶，皆寺基，其規模之宏大，殆難擬比，今則全廢，惟山門左右之二石幢，及香花橋下之日月池，忠烈祠內之金蓮池，得略窺一斑耳，他如佛殿僧房，已爲忠烈祠或宗祠等所占矣。

過郡馬祠 在山門內，祀宋郡馬鄉賢過孟玉，孟玉愛梁溪山水之勝，遂家於此，後改爲祠，祠中有種德樓。

錢武肅王祠 在山門內，祀吳越王錢鏐，祠宇壯麗，有乾隆書見山樓，光遠樓，錦樹樓，珠還草堂等額，又有金塗塔鐵劵圖等石刻，甲子燬於火，十七年重建。

稽留山先生祠 在山門內，祀清初殉耿逆難鄉賢嵇永仁，先生爲閩督，范承謨幕賓，殉難後，夫人楊氏，茹苦守節，故建坊曰忠節流芳。

張止齋先生祠 在嵇祠左，祀明義士張翼，當明初張士誠就擒後，莫天祐在無錫抗明軍甚烈，明軍已下屠城令，民懼死而守益堅，先生乃縋城說明軍，入城後毋令慘戮，民當懸燈以迎之，明軍許之，闔城生靈，賴以保全。

鄒忠公祠 在張祠左，祀宋直龍圖閣學士鄒浩，園內有金粟山房，及靜齋，前保墓局附設於內。

李忠定公祠 在鄒祠左，祀宋中興功臣，鄉賢李綱，有公遺筆刻石，文曰「不愁芒屩長南謫，滿願靈旂助北征，酹徹一盃揩眼淚，煙雲何藏是三京」，讀之令人肅然起敬，更痛恨宋南渡君臣之輕社稷，而自壞萬里長城也。

貞節祠 俗稱新貞節祠，在香花橋西北，建於雍正元年，祠內有秉禮堂，誦芬樓，前有石坊。

張孝子祠 在貞節祠對面，祀清旌孝子張寅孫伯玉，孝子因父拱明游桂林，無音耗，乃行乞萬里以尋之，至時拱明已死，遂扶櫬歸，祠左有張節孝祠。

◈以下在忠烈祠附近

革命忠烈祠 當洪楊舉事，皖人李鴻章率淮軍轉戰江浙間，事平，請於當道建祠以祀死難者焉，祠爲惠山寺改建，舊經香花橋，即見煌煌金字，耀於眼簾，曰淮軍昭忠祠，入門爲金蓮池，有石梁跨於上，後爲御碑亭，鐫清高宗惠山寺詩，拾級而上，有石牀橫臥亭中，名曰聽松，緣甬道更拾級上，又有碑亭，鐫舊時建祠諭旨，旁有龍眼泉，梁大同間所鑿，故又稱大同井，再上爲享堂，廣廳三楹，設淮軍湘人程學啓及諸將士位焉，改革後，議有將祠廢歸公用者，經祠裔力爭不果，後復改供李文忠鴻章，民國十七年，始改今名，供有功黨國之人士，壁間嵌詞，記建祠始末，享堂爲舊白雲堂址，後改護雲閣，宋高宗南渡，駐蹕於此，庭中花木甚多，假山錯峙，古樹蓊翳，聽鳥鳴清越之聲，觀烟雲縹渺之象，大足供人之觴詠也，（響堂右接雲起樓）

積書巖 積書巖在昭忠祠左側，清康熙時有顧貞觀者爲祕書典籍，晚年於顧端文公祠右芙蓉亭址，構軒曰暢詠堂，積書萬卷，吟哦其中，開軒面金蓮寺，今軒仍在，而積書巖則已徒有其名矣。

金蓮池 在昭忠祠內，池中產金蓮，相傳爲劉宋僧顯者所植，花似蓮而小，色黃而香，池水甚潔，邑人恆縹渺其間，故有瀘塘浣沼之稱。

聽松石床 在金蓮池之上，橫臥亭內，石長約六尺，闊厚半之，盤偃有古色，爲東南各省著名之石床，有唐李冰陽篆文聽松二字鐫其上，唐皮日休所謂松子聲聲打石床，即指此也，迨後幾經遷移，荒棄草野，清康熙中，始遷於此，道光間李彥章建亭覆之，今壁間有碑，即敍石之始末也。

銀杏樹 石床之旁有數百年之銀杏樹，大三四圍，素不生果，上有一寄生之柚樹，獨結實纍纍，清秦琳有詩詠之云：大雄殿下綠苔滋，銀杏濃陰覆不塀，笑指樹頭新結子，青青多在寄生枝。

不二法門 在石床後，舊惠山寺之齋堂，明萬歷間，改築者也，供眞武地藏酆都諸像，時有村嫗鄉婦來此進香，木魚清磬，常聒耳鼓，惠山寺毀後，一線梵音，微此幾成絕響矣。今後園有碧露泉。

◈以下在竹爐山房俗稱泉亭上

竹爐山房　在二泉亭右，後接昭忠祠，按明時惠山寺僧名性海者，風雅多與名流遊，王中祕紱寓聽松庵，常相過往，會湖州有竹工室，爲製竹茶爐，時名流唱和之詩極多，此爐遂爲珍品，藏之庵中松濤軒，後軒燬於火，僧人遷之彌陀殿改稱聽松山房，此爐幾經陵谷，終得復其原處，並將當日唱和詩及王紱畫竹刻於壁間，明萬歷時，鄒嗣使迪光更今名曰，竹爐山房，乾隆間又遭火刧，重建後，復將摺本刻於壁，御賜頓復舊觀額，庚申又燬於洪楊兵燹，同治間再建之，並於庭前建戲樓焉，光緒末年，由邑人孫昌烈顧景璐等請於大吏，撥款改築，秦寶瓚恭摹御額懸之廳事，王紱畫竹及諸名人題詠仍在，惟竹爐僅有繪畫遺蹟，藏之裴氏矣，廳後有「羣賢畢至」一匾，則庚申後重建物也，今則遊人罕至，蓋僱中人常將廳事扃閉，祕守其刻石書墨，以爲牟利地，殊可惜也。

寶翰閣　竹爐山房之右有寶翰閣，舊藏王紱竹爐畫卷，及先賢題跋，今出租與商人設寶華照相館，閣後有松泉，額爲王澍所篆。

雲起樓　在二泉亭上昭忠祠後，舊日惠山寺之天香第一樓故址也，清康熙間，邑人吳興祚建樓於若冰泉左，後移今地，危樓一角，聳出山麓，隔絕塵囂，入門迴廊曲折，緣山勢高下，名曰隔紅塵，拾級而上，曰聽松亭，舊名曰朱衣閣，亭下有泉曰羅漢泉，對面爲名山敬業堂舊址，最高層卽雲起樓，四壁開窗，風景幽絕，樓下假山曲折，通昭忠祠享堂，羅漢泉之前有敞軒，當係舊日之養靜軒，惟入門有靑水草堂之碑，嵌於壁間，不識其所自，姑待後日考補焉。

羅漢泉　一名朱衣泉，蓋取羅漢本無我相，朱衣豈有名心之意，明僧眞恩所鑿也。

◈以下在二泉亭畔（俗稱金魚池旁）

第二泉　進古華山門約三百武，華坡之盡處，有門可入，假山嵯峨，豁然別有天地，亭榭池沼，花木石泉之勝，無不畢具，兩壁有天下第二泉額，右爲元翰林承旨趙孟頫所書，左爲清良常山人王澍所書，考錫山景物略，泉在第一峯白石塢下，本名惠山泉，經唐人陸羽品定，置天下水之第二，始名第二泉，又名陸子泉，唐李德裕任中書時，酷好是泉水，置水遞餉轉不絕，泉水以是名馳天下，源出若冰洞，伏流入方圓二池，曰上池中池，又伏流從螭吻出，匯於下池，曲匯斜分，迤邐暗流，入西溪雙河漑田數十百頃，下池蓄魚，五色兼有，游人投以餅餌，則爭躍出水面攫食，唿喇有聲，其上曰漪瀾堂，宋時曰眞賞泉，明嘉靖初改今名，當時之名流碩彥，多觴詠於此，冠堂濟濟，詩詞唱和，極一時之盛，今則爲茶肆，遊人多憩遊其中，背山臨流，品茗觀魚，亦一樂也，中池味澀不可飲，上池占泉之上流，含礦質最富，游人戲投以錢，迴翔而下，清澈見底，爭呼爲奇，實則錢有銅銹，投於水中，飲之有礙衛生，識者皆言宜禁止也，宋高宗南渡，飲其水而廿之築亭於其上，牓曰源頭活水，今則經毀後復建，此泉雖在而牓額已廢，壁間有碑，淸鐫高宗詩云：「石甃淙雲乳，何從問來脈，摩挲幾千載，滌蕩合光澤，澄澈不受塵，豈雜溪毛碧，鴻漸眞識味，高風緬疇昔」，漪瀾堂下有南海觀音石，若慈航普渡之像，石之下半，刻有八分四言銘，款曰慧巖係明顧可學別墅中物也，石之左右，有金童玉女兩石，若善才龍女拱輔之狀，殊可觀也。

若冰洞泉 由泉亭歷級而上，南行數十武，有洞廣方丈，上鑿若冰洞三字，係唐僧若冰劚成，其右有若冰泉，二泉之水，所自出焉。

文昌閣 二泉之上有文昌閣，爲登山必經之道，閣後爲玉皇殿，殿旁有關帝殿。

玉皇殿 在文昌閣後，爲羽士所居，夏曆三月間來此進香者，不下數十萬人，亦著名之殿宇也，玉皇殿右有三官殿，三七兩月之望，舉行迎神賽會，頗稱熱鬧，殿後有道，可達山巔之頭茅峯等處云。

◆以下在觀泉坊街（俗稱泉亭下）

華孝子祠 祠在至德祠對面，爲南齊孝子華寶所居舊址也，地名華坡，晉義熙末，父豪戍關中，時孝子方八歲，臨行謂寶曰，須我還，爲汝冠，後長安陷，豪死，孝子七十不冠而不娶，或問之，寶輒號痛，蓋不忍答也，唐時爲之立祠，並塑童髫長鬚之像，饗堂之前有承澤池，迴原橋成志樓．遺蔭樹等古跡，又有黿池，有石螭二，一吐一納，壁間多石刻，有明鐫立祠之事略，及文徵明隸書，楊維楨春草軒詞，祠門

前有瑪瑙盤陀石二塊，徑幾及三尺，游人恆以錢摩其上，以其能吸之而不墮也

華節愍公祠　在孝子祠中春草軒前，祀明考功員外郎鄉賢華允誠汝立，甲申國變時，公講學里中，日以忠義激發士氣，欲圖恢復，後公因不薙髮逮赴南京，兄孫尚濂隨之，均不屈同殉焉，僕薛成，朱孝，聞訊均號泣死。

至德祠　在孝子祠對面，前清乾隆三十年邑宰吳鉞奉檄特建，以祀泰伯仲雍及延陵季子，祠內有鍊石閣，俯臨蓮沼，夏景最佳，閣前有祠池，右爲來雨亭，及繩河館瀘泉等。

尊賢祠　在至德祠左，昔在泉亭上，曰十賢祠，初僅就陸子祠增祀宋長史湛茂之宋文肅公紳，爲三賢祠，明正德時，續祀宋邑候焦千之，及邑先正秦少游尤袤錢顗尤倪雲林張翼王緩等，合爲十賢，嘉靖間重修，又增祀邵文莊公寶及秦敬旭，合十二人，始改稱曰尊賢祠，康熙間，縣令吳興祚遷祠於若冰泉石，改原址建雲起樓，厥後幾經遷移，至於今祠後又增祀梁鴻等，洪楊時毀於火，光緒丁未重建，露台石梁，朱闌畫楣，華麗異常，旁有報忠祠，祀有功德諸先正焉。

唐張貞節祠　在尊賢祠左，祠前有坊，就孝女唐素之故里改建，孝女工寫生取潤資以養父母，至老不嫁，清鄉賢顧光旭過此，詠「貞松慈竹丹青裏，門對南齊孝子祠」之句。

蔡孝友祠　祀明鄉賢旌表孝友，蔡元銳元鐸，明季倭亂時，銳脫父軫之厄，而見殺于賊，鐸未及知，備資贖兄，亦死焉。

貞節祠　在蔡孝友祠前，道光年間立，祠前有坊。

胡文昭公祠　俗稱胡園，在泉亭之前，尊賢祠之旁，祀宋天章閣侍講胡瑗，即神宗稱眞先生者是也，園中有雲外天香之閣在廳事右，廣僅方丈，聳削四敞，左望龍山，右挹錫嶺，園中桂樹甚多，花開香溢，望之如黃雪瀰漫，逸趣可愛，并有假山蓮池，石梁跨於其上，上鐫「石公墮履處」五字。

◆以下在黃公澗(俗稱胡園街)

尤文簡公祠　在二泉門右，胡園之左，祀宋禮部尚書，鄉賢尤袤，公字遂初，嘗從楊龜山先生游，以書法名天下，壁間石刻手跡猶存，內有錫麓書堂，爲公晚年藏書之所。

牧雲庵　在尤祠右，一稱塔園，後有瘞增骨之塔。

龍縫泉　在前惠山小學內，

水自石縫中流出，深廣可三尺，泉旁有涵碧池及碧山吟社石刻。

黃公澗　在二泉亭右，惠山與錫山之間，考錫山景物略。（楚孝烈王徙春申君高歇於江東，城吳墟爲都澗即其飲馬澗也）。又名春申澗，澗水自山腰下迤，合錫山澗注於河，春秋間山水漲時，其流湍急，衝決而下，如瀑布，如晶簾，澎湃之聲，如萬馬奔騰，游人均搴裳跣足，陟其間以爲樂。旁有巨石，鐫「臥雲」二字，邵文莊公手筆也，澗流至是曲折而下，匯成小潭，水流於平地，澄清可數水底石，若散髮披襟，石上高臥，則俗塵盡捐，飄飄乎有御風之概，惟水流急時，則擊石起波，浪花四濺，逼人難近，而臥雲石砥柱中流，歷經沖擊，悍然不爲少動，亦奇景也。

◆以下在南茅蓬路

忍草庵　在惠山第一峯白石塢東，章家塢上，入庵之道，自中亭，東南行，經學校前，跨黃公澗越山坡，折而西，循山徑右行，不二百步，庵門見矣，庵建於明代，背倚崇巖，面俯絕澗，石壁峭立，古木拱抱，極擅清幽之勝，昔日每有風雅之士，觴詠其中，今則寥寥無幾矣。（按）章家塢在第一峯之背，白石塢東南，以其獨當一面，故不在九塢之列。

松苓泉　在忍草庵前之南麓，以泉畔產茯苓故名。

貫華閣　在惠山第一峯忍草庵之左，凡三楹，閣高三層，後倚峭壁，前臨絕澗，清衲蘭容若，嘗與顧梁汾月夜登最高層，屏從去梯，清談竟夕，嘉道間閣燬，民國十四年冬，楊君味雲出資重建，由許君稼定主其事，楊君重修貫華閣記有云「憑檻而望，九峯晴翠，五湖烟雨，如在几席，帶以疎林怪石，曲澗清泉」，又云：「泉蘿幽深，外有白雲」，其景物之幽邃可知矣。

蟹眼泉　在松苓泉東三百武，是泉雙眼並列，終年不涸，味殊甘美。

◆以下在聽松坊街（俗稱秦園後）

顧端文公祠　在忠烈祠北，祀明光祿寺少卿，鄉賢顧憲成涇陽，公持躬甚正，多所建白，與高攀龍講學東林，世稱曰東林八君子之冠。

邵文莊公祠　在顧祠左，祀明吏部尚書邵寶，有像，祠址即公講學之二泉書院也，故明碑極多，公字國賢，三歲而孤，事母至孝，居官有政聲，嘗曰，願爲眞匹夫，不願爲假道學，祠內有園，園中有遯名泉，泉畔稱淸靜深處，園後可通點易台。

猛將廟 在邵祠左，神劉姓，相傳爲治蝗者，廟本狹小，道光間，賜福佑康年之額，不能容，遂建今廟云。

五中丞祠 在聽松坊街，祀蘇撫周忱(文襄)，海瑞(忠介)，周孔教(懷魯)，湯斌(文正)，李星沅(文恭)等，祠外有碑上刻「小洞穿斜竹，重階夾細莎」十字，爲唐張祜題跡，祠內有香積池。

淸涼泉 在五中丞祠之北，白衣殿內。

貞義單姬祠 祠在中丞祠左，祀明貞義單姬，姬字沈昇，未婚而昇沒，卽翦髮不再適，後有委禽者，姬聞之自盡幾絕，獲救始免，年八十五卒於家，祠後有墓，在點易台下。

周文恪公祠 在單祠左，祀明鄉賢禮部侍郎贈尙書周子義敬庵，當張江陵奪情議起，九列競疏留，公時爲國子監司業，獨戟手向堂上指曰：彝倫者何，卒不疏留，故世人重之。

觀墩 在周祠前，明周忱以寺缺靑龍而築，墩前可通通惠路，墩下之田約十八畝，所產荳莢，名聞遐邇。(詳物產)

王文靜先生祠 在周祠左，祀明廣東僉事鄉賢王問字仲山，先生嘗監倉徐州，大減羨耗，父沒不復仕，工書善畫，惠泉各景，皆有其題詠，今祠內有石璃一，懷先生閣古物也。

貞節祠 在王祠左，名觀墩上，嘉慶年間就任節婦專祠改建。

點易台 在惠山麓忠烈祠後西偏，舊聽松庵竹園之故址，明邵文莊公寶建尙德書院，祀李忠定公，堂前壘石爲臺，像八卦形，故名點易臺，今惟亂石數堆，峙碑於前，刻「點易臺」三字而已，尙德書院，創自邵文莊，有十五景，旣燬於火，文莊孫涵初就原址復建之，增至二十三景，然不能如原來之位置焉，歷歲旣久，荒草叢茸，且地址多半由近族佔爲祖塋，須於斷碣中剔苔細辨，始至孰爲點易臺原址，孰爲太極石矣。

滴露泉 在點易臺，邵文莊闢，銘曰：「一滴一滴，有竅無竅，雲從地生，月從天照，靑海未枯，黃河未倒，薰風南來，發我長嘯」，泉旁有太極、鑑水、逢源等石，有瘞卷邱，爲文莊督學江西試卷之埋藏處，泉上爲松壇，有研朱石，由壇而上，稱登岩道，有巨石三，一刻「青壁丹崖人間天上」，一刻「風塵之表」，一刻「山水之間」，皆文莊所題，然大都在荒烟蔓艸間，不易認識矣。

唐孝女墓 在滴露泉右，雲階之旁，孝女姓唐名素。

海天石屋 在點易臺巨石之上，屋中有石刻五賢遺像，石屋之上，有望闕岩，新月岩，南崖刻石等。

◈以下北茅峯路

媧皇廟 在觀墩王祠左半里許，有磚道可達，是地屬桃花塢下，廟四周徧植栗樹，係明成化間馮泰求嗣還願而建，今修葺未久，尚稱幽深，近則求嗣者常至是，故俗稱娘娘堂云，廟前栗樹，秋間結實 芬芳廿美，爲桂花杜栗之珍品也（詳物產）。廟南有讀書臺者，係唐左僕射鄉賢李紳之讀書處，今古蹟全泯矣。

邵墓 在媧皇廟北磚道旁，係尚德書院繡嶺之故址，爲邵文莊之母過太君墓。

秦墓 邵墓旁又有明布政，秦夔之墓，規模與邵氏等。

覺聖寺 在媧皇廟北，循磚道而進，約里許可至寺前，寺一名奇緣禪林，俗稱茅蓬菴，山塢環列，葱蔚如椅，寺中點綴尚佳，亦勝地也，又寺後，有龍腰泉，天生石穴，水甚潔，忽晴忽雨之季，山中產紅色之朱血菌，爲惠山著名特產之一。（詳物產）

春申君廟 俗稱大王廟，春申君黃歇，徙封於江東城吳墟爲都，此廟蓋後人所立也，舊時在惠山麓黃公澗之上，後遷於此，唐人張繼詩云：『春申祠宇空山裏，古柏陰陰石泉水』，可爲證焉，考錫山景物略（唐狄梁公毀淫祠，士人慮之，改爲土神廟，宋初封忠安王），今爲里社，鄉人祀之惟謹，進秀嶂街不數步，即見朱門堊壁，廟額忠安大王者是也。

石林庵 在春申廟南行百餘步之村中，清初道人滎漣嘗賦詠於此，當時有竹池等八景，今亦廢矣。

俞行人祠 在春申里村中，祀明初粵西殉節行人司，鄉賢俞德惠公，係奉檄往諭龍州土同知抗命而受害者。

石浪庵 在錫山之陰，門向西闢，自秀嶂街，循石級而上，逕抵庵前，或廟前山路亦可通，距龍光寺之背，僅三百餘步，登樓遠眺，一角湖亭，清幽入畫，絕無市喧俗籟之聲。

◈以下在寄暢園街（俗稱橫街）

寄暢園 秦氏之舊園墅也，故稱秦園，在河塘上，元時爲僧房，明正德初，秦端敏公金，改建曰鳳谷行窩；數轉而屬秦中丞舜峯，大事佈置，更名曰寄暢園，姜西溟有記曰：『古木輪菌離奇，計數十百章，長松偃蓋，作虬龍攫舞勢，有泉從惠山，淙淙瀌瀌，注爲清渠，日夜流不涸，小水澄泓，分爲細澗，幷涓潔可愛，大池一望浩森，上爲飛梁，蜿蜒曲折，朱闌畫棟，下映綠波，綠堤行，草樹蒙茸，至山窮水盡之處，忽折而別開一徑，景物儼然，至於峯巒之奇拔，巖洞之深靚，林樾之葱蒨，花竹之秀媚，廳堂之華敞，樓榭之疎峙，杖履所之，無乎不具』云云，想見當年之勝概矣，迨後屢經更變，至前淸高宗南巡，公裔請司馬介庵公修葺之，以駐皇駕，題詠甚多，故園中碑碣纍纍，世傳有寄暢園叢帖足與三希堂帖媲美之語，惜今多殘斷無從撫搨矣，數百年來園政漸廢，荒煙蔓草，蒼涼不堪寓目，改革後，秦氏議與修之，六七年來，已楚楚可觀，卽舊凌虛閣翻造西式樓三層，控河塘之衝，俯瞰園景，凭眺青山景物在望，秀色可挹，齊盧之役燬於火，園中有大陂，一名錦匯漪，漪西之濱爲鶴步灘；漪北有七星橋，陂上有知魚檻，舊制也，迴廊宛轉，石梁屈曲，古樹蓊鬱，淸泉狂瀉，幽靜信美，允爲惠麓園墅之冠，惟亭、石、樹之結構，今之佈置終不能如昔日之典雅耳，假山後有複道，澗流壑壑，殆卽舊制之懸淙也，凌虛閣後，有石巍峙，本曰「美人石」，淸高宗時改名曰「介如石」，昂藏卓立，風緻天然，亦奇物也。

千人報德坊 在寄暢園前，建於明，西面有明鄉賢鄒迪光書「人傑地靈」四大字，東西有「巖壑夔龍」四大字。北爲寺塘涇北岸，南爲寺塘涇南岸，再前有寶善橋，跨惠山浜之上，遊船多泊於附近。

龍頭口 在報德坊前，臨惠山浜有石龍頭，終年吐水，爲惠山諸泉入河之處；俗名龍頭口。

楊四褒祠 在寄暢園街北段，祀清鄉賢楊延俊，公嘗爲肥城令，子宗濂於洪楊之役，卓著功績者也，祠內風景甚佳。

貞節祠 舊稱節孝祠，祠前有坊。

許文懿公祠 在楊祠右，祀宋題謨閣學士鄉賢許德之。

張明公祠 在許祠右，祀宋儒郿伯橫渠張載。

雙孝祠 在張明公祠對面，祀

明孝子秦旦，（永孚）秦輿（仲孚）孝子母傷膝，創潰，二子爭以舌舐之，又父患心疾。醫云人腹血可療，二子爭剜血和酒以進，父疾乃愈。

通惠路工碑 在寄暢園街與通惠路接壤處，由此循通惠路，經吳橋越惠商惠工惠農等橋而達京滬車站或沿山麓北走，可至石門下錢橋等處，能逕達宜興云。

◆以下在山北

小荷花庵 在桃花塢下之強巷，俗名小觀音堂，由通惠路工碑循山麓北行，至此約半里許。

諭塋 在三周巷，即王家塢下，係明周子義之墓，塋之北有樹寶庵，均在大路旁，距通惠路約二里。

古錦樹林 在樹寶庵前三周巷之村梢，昔之錦樹庵，僅有池基等倘隱約可指、清初玉京道人卜賽葬此，吳偉業時中所謂葬惠山祇陀庵錦樹林者也。

嚴家棚 在宋塢下之大村落，明秦夔嘗築五峯草堂於山中。

祝墓 在嚴家棚，明祝秀一，代父戍湖廣 永樂中積功至懷遠將軍，後征蒲東殺賊陣亡，此衣冠墓也。

圓通庵 在馬鞍塢下麒旁係過氏守墓而建。

過墓 在菴前山麓，係宋過孟玉郡馬之墓。

石路指路碑 在望公塢下路旁，碑之北百武外，有村曰張錢巷，巷中有關帝廟等。

送子殿 在龍山梢，即仙人塢之下，殿旁有石砌道，可達錢橋藕蕩橋等鎮，如循山麓小道而西南，即可至舜柯山及嶂㵎灣西大池等處，此地有回龍澗，轉輾至龍尾陵，而東入運河。

秦世墓 在火鴉塢下送子殿後，秦鏜孝之墓也。

龍尾陵 在秦墓之北數十步，峯形下垂，迴環如掉尾，相傳春申君闢以通黃城者也，陵上有深不可測之白龍潭，陵下有宋鄉賢蔣重珍之雲龍小隱，然時代變革，怪石聳峙，遺址所在，不可考矣。此地爲惠麓西北角之盡處，距古華山門約五里。

李夔墓 在湛峴山，錢橋附近，距龍尾陵約三里，係宋李綱父母之塚也，楊龜山爲墓銘，綱嘗廬墓於此者三年，手植松柏至數十萬株云。

◆以下在石門

青墩 在望公塢下，山北大路旁，由石門下指路碑西進之地，距古華山門約三里餘。

觀音庵 在石門下，指路碑向

山西進里許之處，菴東朱墓之後，有玉修殿，附近澗中產形如牙牌之草，蓋葉上有寄生蟲斑紋故也。

【離垢禪院】在觀音菴之上，菴中有泉二，巨石爲隔，一曰洗心，一曰洗足，是地轉灣極多，均石級道，直達山巓，卽俗稱七十二搖車灣之處。

【九陽宮】在離垢院偏西稍上之處，宮後怪石甚多，有曰鳳泉，以石有靑質之鳳形而名。

【張仙殿】在九陽宮偏西稍上之處，俗稱白鶴道院，殿中有栖雲處，松竹森鬱，朝霏夕陰，亦佳地也。

【珠簾泉】在張仙殿後石壁之中，飛瀑濺激，下垂如珠，志乘稱曰珠簾泉，俗稱爲水簾洞。

【雷尊殿】在張仙殿後偏東稍上之處，殿後有奇石，鵠立小峯之巓俗名曰飛來峯。

【紫微宮】在雷尊殿上，宮後有筆架形之巨石。

【白雲洞】在宮後石級之上，洞爲天生小石龕，龕中奉呂祖之像，相傳求籤奇靈，龕中有呂祖降亂文及桀璉白雲洞記之碑碣，洞外怪石林立，危峙若城垣，俯瞰蓉湖，帆影歷歷可數，亦惠峯之勝地也。

【石門】在白雲洞後，峭壁懸崖孤絕奇險，巨石翼峙，中虛一隙，明邵寶摩崖書石門二字，及淸廖綸疊峯棲雲等字皆在焉，石罅中常流微水，承以小潭曰悟空泉，蓋元趙孜鈞嘗築悟空精舍於附近也，明俞憲有詩云：地脈逢溪斷，雙門據險開，朝昏常不掩，疑有玉人來。自山北路中石門下指路碑至此，約二里餘，由此而上，道愈險峻，石尤怪奇，約半里而至三茅峯，庵道中有著名之映風石仙人石等。

【古人題句石】在三茅峯庵前百步，怪石之巓，一面西南者，刻石路縈迴九龍脊，水光翻動九湖天等字；一仰天者，刻三吳第一山萬歷秦某等字，春夏之交，來此採藥者甚衆，蓋山中產藥材有五十種云。

◈以下在寺塘涇南（俗稱河塘右岸）

【鄧祠】在龍頭口之右岸，一爲鄧氏宗祠，一爲宋南陽候鄧公爾瞻祠。

【江助教祠】在鄧祠右，祀宋歙州助教江元慶。

【高忠憲公祠】在江祠右，祀明左都御史高攀龍。（參看古蹟門高公止水條）祠內壁間有遺表石，文爲臣雖削奪，舊係大臣，大臣受辱則國辱，故北向叩頭，從屈平之遺則，君恩未報，結願來生，臣高攀龍垂絕書，乞使者執此以報皇上云。

王武愍公祠　在高祠左，祀清鄉賢王恩綬樂山，公以補用知縣至武昌，時洪楊圍城已久，仍縋城入，次日城陷，父子主僕同殉難，祠中有池亭假山，佈置殊佳，祠右有王氏樂善二木坊，祠右爲秀嶂街之史家街，有庵徽山祠，與修正庵等。

張文貞公祠　在修正庵右，祀唐相張柬之。

楊祠　一在楊祠右，祀清鄉賢楊宗瀚，藕芳，一爲楊氏宗祠，祠中有子午泉。

南先生祠　在楊祠右，祀明太僕卿黃正色，嘉靖中分以劾太監鮑忠不法狀，爲所誣陷，受廷杖，戍瀋陽衞，係錫山四諫之一。

光霽祠　在河塘右岸燒香浜口，祀宋儒濂溪周敦頤，清高宗賜額曰光霽。

惠山公園　在河塘右岸之東，臨燒香浜，錫麓諸水入河之處，民國十八年就李鴻章祠改建，規模壯麗，花木繁多，頗足供人遊覽，園旁有道，通秀嶂街，今漸毀棄，破舊不堪矣。

貞節祠　在公園之左，祀貞節婦女七十四人，建於前清康熙間，祠前建坊。

陶文憲公祠　在公園之右，祀明江西參知政事追封姑孰郡安公，以鄉賢賓恆祔祀。

趙宗白先生祠　在寶善橋之右，祀宋末殉節招討使趙時賞，祠右鄰未開辦之啤酒廠，有道通五里街。

寶善橋　在李公祠後，跨惠山浜之上，聯絡寺塘兩岸之橋也，橋洞西對報德坊，相距約半里餘，東對黃埠墩，相距約一里餘，風景亦佳，橋南有馬路經五里街而接開原路。

◆以下寺塘涇北（俗稱河塘左岸）

潛廬　在龍頭口左岸，楊氏四褒祠之後園也，內有留耕草堂、叢桂軒等亭臺樓閣，池沼假山，點綴甚佳，爲惠山首屈之名勝。

先賢廉子祠　在留耕草堂左，祀聖門弟子廉潔，祠後有一梅園，園已荒蕪，惟一梅池及石砌尚存。太陳之別墅也。

朱樂圃先生祠　在廉祠左，祀宋樞密院編修朱長文，祠中有敍倫堂。

張祠　在朱祠左，一義莊宗祠，一節孝祠。

薛中丞祠　在張祠左，祀清鄉賢薛福辰公子撫屏，福成之兄也。祠中有宸翰樓，祠右爲新建之蔣氏宗祠。

紫陽書院　在蔣祠左。又名鹺務公所，祀紫陽朱文公，院址係明賈應璧之棲隱園，院中池亭假山，佈置咸宜，瀕河有溪山第一樓，風景尤佳。

【忠節祠】 在河塘左岸紫陽書院左。祀洪楊時邑人士之殉節者，鄒公鳴鶴，李公福培等爲主位，鄒公謚壯節，嘗任桂撫，後在南京襄辦軍務，城陷殉節，李公謚剛烈，宰粵東從化縣，城破死難，血濺堂石，久而益顯，闔邑人士，護以石欄，以爲紀念。

【潘孝子順孫祠】 在忠節祠左，祀清孝子志道，順孫潘稷，孝子喜周人急，母病目，舐之復明，順孫因父果官永順同知，以事下獄，馳六千里省父，以嘔血死，父獄解，檢遺篋，得草代父死疏。

【孫宗伯祠】 在潘祠左，祀明鄉賢禮部尙書萬歷狀元孫繼皋公，累陳朝政得失，又當太后出陵，帝不親送時，復上疏極諫，祠右有徐祠，旁有閒道，可達通惠路。

【祝太守祠】 在寶善橋左岸外，祀漢九真太守祝良，祠前有樂善坊。

【唐襄文公祠】 祀明都察院右僉都御史唐順之。

【徽國文公祠】 在唐祠左，祀朱元晦，徽州會館，附於其中，祠右有龔祠。

【李闇學祠】 祀清鄉賢李金鏞，公在東三省任觀察，辦理鑛政時，極著成績。

【唐相卿先生祠】 在李祠左，祀清鄉賢唐錫晉，公辦理賑務多年，活人甚多，祠後有思園，佈置極佳，園後卽通惠路。

◆以下在秀嶂街(俗稱直街)

【楊忠襄公祠】 在秀嶂街春申里口，古華山門之東，祀宋殉節通判徽猶閣待制，吉水楊邦義，及子子璿再興，與孫宗達，竹孫震發濟良等，璿始遷錫之鴻山，當元相伯顏督兵至常州時，宗達語二子曰，常州與臨安爲脣齒，不可失，吾家世宋臣，仇虜之心，未嘗一刻忘也，遂遣震發詣文信國公師，己率濟良募鄉勇赴常拒敵，皆遇害。

【先賢施子祠】 在楊祠右，祀聖門弟子施恆。

【浦長源先生祠】 在施祠右，祀明晉府引禮舍人鄉賢浦源，以麗水分浦瑾祔。

【費懿公先生祠】 在朱祠右，祀宋祕書正鄉賢費肅，與宋進士費袞，清餘杭知縣費國喧。

【楊觀察祠】 在浦祠右，祀清鄉賢楊夢楼，公字冉騫，乾隆征金川時，公隨營司火炮事，兵潰被執，賊叩以放炮法，公爲之過度裝藥，炮裂，斃賊甚衆，公亦殉焉，祠中現有九龍禪院，所遺之宋明殘碑尚存。

倪雲林先生祠 在費祠左，祀元處士鄉賢倪瓚，公字元稹，以丹青聞於天下，圖書金石，搜藏極富，祠內後園之池畔，有琴舫。（參閱本書古蹟門清祕閣）。

清孝里 在倪祠對面，係中明亭故址，里中有明贈尚書顧懋章芹軒之墓。

陸忠宣公祠 在倪祠左，祀唐相中書侍郎同平章事陸贄，有像。

范文正公祠 在陸祠左，祀宋相范仲淹，祠中有浚泉亭。

袁龍公圖祠 在陸祠對門，祠前有坊，祀南宋右司諫龍圖閣學士鄉賢袁植，有像。

靈泉 袁祠右有東獄廟，俗稱聖帝殿，殿之東廡，，通張中丞廟，靈泉在焉，泉為宋道士盧至柔所濬，壁間嵌有明王達及孟叔敬所書之靈泉記碑，又有玉靈護碑，鐫宋尚書省建王越祖廟之牒文，書法極佳。

利濟惠民侯廟 在獄廟右祀宋鄉賢王越祖，有像，相傳為邑之士神，屢著靈護者云。

王文正公祠 在惠民侯廟中，祀宋相尚書令魏國公王旦。

顧洞陽先生祠 在秀嶂街之史家街，一稱江東顧氏宗祠，祀明廣東副使鄉賢顧可久，嘉靖中，與楊淮、張選、黃正色等，共稱為錫山四諫，公書一諫南巡再爭大禮，皆受廷杖，臀肉盡脫，門人海瑞額曰：抗疏名臣。今祠內有竹素園湖石，閒居賦刻石等。

虞徵山先生祠 在洞陽祠右；祀宋儒林鄉賢虞薦發，公嘗為元教官，而不受祿；明邑令劉五緯，額曰，宋季完人。祠右即為寺塘涇之南岸。

浦節孝祠 祀明孝子浦劭，妻節婦過氏等，明倭亂時，孝子父應虞，被虜旋釋，孝子未及知，仍嚴詢以父蹤詰賊，賊怒，遂見害，身分七段，妻過氏，號泣覓夫尸而瘞焉，時一子尚幼，一子方娠，茹苦守節而終。

松滋王侯祠 祀明萬歷間禦倭有功之知縣王其勤，兩廡祀死難烈士何五路等三十六人，並祀苗子白等四人於堂之東室，祀潘海於夾室，祠內饗堂旁有王公泉。

王孟端先生祠 在松滋祠右，祀明中書舍人鄉賢王紱，公善寫山水竹石，自號九龍山人，品節頗高尚。

馬忠肅公祠 舊稱馬文肅公，在王祠對門，祀明鄉賢馬世奇等，初公愛九峯二泉之勝，欲購王園爲讀書地而未果，後登進士，授編修，掌司經局印，甲申三月，明室鼎革，公肅衣冠北拜辭主，南拜別母，誠子壬玉，善事太夫人，遂與妾朱李二孺人，闔戶自經，歸櫬後，壬玉購王園太虛閣停焉，從公之志也，後卽以園爲祠，壬玉護櫬歸後，請卹南都，憂國痛父，得嘔血疾，卒于虎邱舟次，李孺人弟士安，在京送殮後，投御河死，僕許達護櫬歸，葬畢，觸墓樹死，忠孝節義，萃一門焉。

【薛三義祠】在馬祠左，祀明嘉靖間築城禦倭，揮金抒難義士薛旦、薛灝、薛昶，兄弟三人，祠中有述德堂。

【司馬溫公祠】在薛祠對面，祀宋相司馬光，有像。

【張中丞廟】離五里香塍百餘武，有廟曰張中丞廟，祀唐張巡、明成化間所建，卽舊清徽精舍故址，初曰忠精王，遵宋封也，清道光間，始改今名，什燬於火，後重建，復祀許遠於廟右，高臺峨宇，廟貌堂堂，像面青色，從其死爲厲鬼殺賊語也，殿前有鐵脚，作長跪形，所以鑄賀蘭進明之奸，以報不救之憤，游人至此，每踐之，而一般鄉愚，又妄謂踐之可無足疾，故鐵脚光澤異常，廟後通東嶽行宮，廟前有雲泉。

【呂成公祠】在香塍坊下，祀宋儒東萊呂祖謙。

【葉司空祠】在呂祠對門，祀明工部侍郎鄉賢葉茂才，公榷關蕪湖時，嘗請以課羡餉邊，且言久旱始通，不能爲例，後以劾輔臣跋扈而削籍，歸講東林，衞道甚力。

【陳文範先生祠】在葉祠右，祀漢太邱令陳實，附祠南唐太常陳喬，常州通判陳熠。及熠子陳應翟，明湖廣布政使陳禮。

▲以下在綺塍街(俗稱五里街)

【五里街】由香塍坊外直通西城，風景絕佳，有一枝楊柳隔枝桃，紅綠相映五里遙之童謠。

【五里香塍】在秀嶂街之東，俗稱圈門口，額曰九峯翠嶂，坊石爲龍光寺門，有石級山道，直達龍光寺。

【孝貞女坊】在香塍坊外，爲邑人侍枚女，施仁未聘妻。

【女中鐵漢坊】在香塍坊外，清吳鉞立，邑人朱子遠市婿卽卒，妻陳氏，因有勸以再嫁者，卽自刎而殉。

【龔卽忠一祠】在香塍坊外，祀明末殉節中書舍人，鄉賢龔廷祥公，與華師愍同師馬文肅公，稱明末無錫三忠，清師南下時，公官金陵，曰、吾不可負吾師，遂具衣冠投秦淮，恐有救者，躍出水面搖手者三而歿。

徐孺子先生祠 在龔祠左，祀東漢南州高士徐穉，祠前山下有詩塚，爲顧光旭所題。

貞節祠 在詩塚之右，一爲井水盟心坊，係周冕妻蔡氏之節孝坊，一爲馬貞女坊，坊後即爲貞女墓。

錫山 在惠山之西，廣三里許，高數十丈，無錫之主山也，秦時，山中產錫，故名。（參觀沿革形勢門）登山之道有二，一自五里街曰前山路，一自秀嶂街曰後山路，前年龍光寺僧，募資修前山路，石級嶄新，蜿蜒直達山頂，登臨較便於昔日，且每行數十武，即有石櫈，可資憩息，山半有于忠肅公祠，山頂有龍光塔，即在寺中。

龍光寺 在錫山之巔，殿前有井，清秦眞茹題曰定心泉，寺供天王等像，禪房雅潔，到此無塵俗想矣。

龍光塔 在龍光寺內，明正德初，建石塔以鎮風水，所以像龍山之角，萬歷間改建磚塔，題曰龍光塔，當時可梯而上，後因年久失修，荒草蔓生，蛛網徧佈，游人不堪涉足，曾由邑人榮君德生捐資重修，一塔巍然，雲表矗立，爲錫山風景，增色不少也。

于忠肅公祠 在錫山之半，祀明兵部尙書贈太傅于謙，萬歷中邑人吳澄時募建，清康熙間，知縣吳興祚列入祀典，俗呼夢神殿，每逢春秋二季，遠近之往祠祚夢者甚夥。

史光祿寺 在于公祠左，祀江蘇候補道史悠，公于洪楊之役，駐兵邑之北塘，禦賊陣亡，祠左有三官堂。

紫竹庵 在史祠前石級之下，明時建立，庵中有本静精舍，庵前有順親閣魯班殿等，即東嶽行宮之大殿旁也，庵右有錫善堂，係戒烟酒之社。

石浪庵 是庵建於明代，在龍光寺之西南，相距不及半里，庵前巨石，聳峙起伏，如層波疊浪故名，庵前石級下有仙人洗面池。

錫泉 在錫山北面半山中，清乾隆時，無錫邑令吳鉞掘地得之。

（乙）湖濱諸勝景

往遊湖濱之途有二，一自車站雇人力車，道經西門，過迎龍橋，乘汽車沿開原路至河埒口，與由惠山來此之路會合；一自車站逕乘人力車或汽車經通惠路至惠山，出廟巷至河埒口，沿途可登燦山，遊青山、明陽觀、復西行經陸莊、張巷、榮巷，公益中學，而至梅園，復自梅園西行，經徐巷至石埠山，登山望湖，風景絕佳，徒步行、經鷄坑、姚灣、而至湖濱華藏山，有華藏寺在焉，又自梅園南行經楊園、管社山、至萬頃堂，舍車登舟，或自梅園沿馬路，逕至小箕山、錦園，渡湖至黿頭渚，該渚風光，為湖濱景色最勝之處，遊覽既竟，陸路可循環湖路，經寶界長橋，遊漁莊蠡園而歸，水道可於萬頃堂前，另雇漁舟，經犢山浦嶺二門過五里湖，進大渲口，繞道梁清溪，復經仙蠡墩、太保墩、進西門吊橋而至城市。

太湖 太湖卽古之震澤、笠澤、具區、五湖也。

俗謂距邑城之西南十四里，實祇十里耳。湖之面積，三萬六千頃，周約六百餘里，跨江浙兩省之交，邑之富安、開原、揚名、開化、新安等鄉，皆濱斯湖，臨湖之地，計約四十五里，我國第三淡水湖也，水量因時季而異，冬季水量雖淺，然仍深於運河，故湖中之水，恆出注於運河，夏季西南諸水，多由運河而歸於湖，故水益深，湖面洋洋如海，沿湖之區，土壤肥沃，溝渠交錯，農桑水產之利，甲於他鄉，湖中島嶼羅列，著名者有七十二峯，水石園林之勝，天然入畫，故有洞天福地之稱。

五里湖 太湖之內有五里湖，一名漆湖，亦曰小五湖，跨揚名、開化、二鄉，北通梁溪，東通馬蠡港，南通長廣溪，西由浦嶺、犢山、二門入湖，濱西有項王廟，(詳後)東有高子水居之遺址，明高忠憲公，曾築別墅於此，光緒中葉，邑人裘廷梁，卽其遺址，醵資修建樓宇數楹，勒高公遺像於石，遊人每觴詠其間，惜燬於火，民國二十三年，就湖濱建環湖路，可以沿湖游覽矣。

開原路 為錫邑榮氏私人所建，路闊約二丈許，長四千餘丈，均用石片砌成，由湖濱直通惠山，及西城外之迎龍橋，凡接近市鄉及名勝之區，均設支路。

河埒口 為西鄉之一鎮，居戶多蔣姓，故又名蔣巷，鎮北有燦山，鎮南有蘇公津，蘇平嘗居於此，有蘇公祠在焉。

青山寺 在惠山頭茅峯南面之青山麓，距河埒口不遠，燦峯前屏，嶂嶺右峙，具區波光，可見一角，亦勝地也，舊祀水帝，今塑五百羅漢及佛像，季秋之初，香客極盛，寺中後園有青蓮臺，寺前燦山之麓，明高攀龍先生之墓在焉。

明陽觀 在燦山南麓，距河埒

口百餘武，原爲道院，宋紹興
間盧至柔所建，內有三茅殿，
殿中有宋大觀時勒賜額牒之勒
石，又紹興時李遠撰建觀之碑
文，觀前有池沼石梁，觀後原
有上臺，中臺，橫翠亭，半山
亭，望湖閣等，今皆廢矣，惟
柱石之基，略有一二存在，陸
羽記云，洞陽觀下有穴，潛通
太湖之包山，故以名觀，創於
蕭梁，廢於隋末，或曰，卽今
明陽觀址也，觀中有洞酌泉，
古詩云「杖策間尋物外天，攬
衣欲上翠微巔。盧亭坐愛雲深
處，石鼎茶烹洞酌泉」蓋指此
也，觀右有明顧洞陽父榮章之
墓。

陸莊　由河埒口至此，約二里
，莊設陸幷絲廠之後，前臨梁
清溪，由陸培之先生就九家基
故址所建，內有湖上草堂，憩
廬，九家亭，觀魚台等之建築
，池沼木石，佈置井然，遊人
咸賞識之。自陸莊西行卽張巷。

東大池　在張巷之北，有啓民
路，池廣二百畝，處嶂顧兩隴
之接壤處，本屬天然勝景，更
由陸君徐君等築池岸，建茅亭
，植桃柳，鑿白沙泉，極人工
之妙，遊無錫者，不可不至。
是池水清見底，魚可數，亂山
叢樹，倒影水中，其幽倩絕似
西湖一角，二三月間堤上紅桃
齊放，爛若錦霞，則尤勝絕矣
。

榮巷　在張巷之西，街市頗熱
鬧，鎭多榮姓，附近有大公圖
書館，農事試驗場，公益鐵工
廠，公益中學校，競化女學校
，皆榮氏宗敬德生先生昆仲私
人出資所辦也。

橫山　湖濱諸山，列若屏障，
而以橫山，管社山，犢山，三
山，充山，燦山，青山等爲尤
著；橫山在榮巷之西，突起於
平原，南北橫亙，故以橫名，
高數十丈，山頂有五高阜，故
俗名五頂山，相傳爲春秋吳越
時防湖戍兵之地，山之西南，
有東山，今梅園闢於此。

梅園　園址在鎭山獨目山之間
，東山之上，前面管社，後對
龍山，風景之佳，天然入畫，
民國元年，由榮君德生就清初
徐殿一進士桃園遺址所建，園
之左爲榮氏私立公益第二小學
，右有洗心泉，稍進爲松架，
中豎一石，上鐫榮君所書梅園
二字，兩旁偏植梅樹數千萬株
，其後地形漸高，有怪石數叢
，矗立廣場中，過小橋，穿假
山石洞，至天星臺，臺上有亭
，小溪蜿蜒曲折，環繞於亭之
四圍，更前有一泉，濬時得研
，因以研名，歷級而上，有軒
曰香海，南海康有爲所題也，

再進爲誦豳堂，係楠木所構，陳設備極雅緻。遊人多品茗此間，廊之右有玻璃花房，及餐館，堂側東向一室，額曰荷軒，軒前有荷池，依廊西出，有留月村及碑亭。壁間滿砌名人碑石，約三百餘方，堂後又有招鶴亭，爲園之最高處，有石危峙，面鐫小羅浮三字，背刊老梅一枝，據此俯視太湖，如在几下，復由此折而東上，聯按許山，沿途有庵有亭有松林，風景絕佳，再進爲太湖飯店，陳設雅潔，專供遊人餐宿其間，山頂有屋高聳，額曰宗敬別墅，東有讀書處，再東有豁然洞，避暑最宜，頂爲曬場，廣數十畝，四周圍以石欄，由此遙望滿山風景，較前尤勝矣，每年初春，賞梅遊客，日以萬計。

後灣山 一名後惠山，由梅園往錦園必經之地，登山一望，湖山風景，四圍環繞，刻下正在闢園，將來可居湖濱風景之冠。

開原寺 位於梅園附近，殿宇巍峨，氣象萬千，爲本邑惟一之新建禪林。

錦園 民國十八年，由實業家邑人榮宗敬先生斥資建造。有錦堤，堤長約里許，就湖濱築成，工程頗鉅，沿堤廣植桃柳，每屆盛夏，堤旁滿放紅白荷花，散步堤上，清香撲鼻，令人心曠神怡，實消夏最宜之地。荷池位錦堤兩側，闢池凡四，廣百餘畝，盛植紅白荷花，其西南一池，年放四並蓮，實不可多得之奇葩，每屆花放，遊人爭往玩賞，途爲之塞。荷軒位於荷池之南，用楠木構造，屋頂蓋琉璃瓦，尤爲壯麗，夏日臨池品茗，俗慮全消。復有別墅。位於錦堤盡頭處，爲園主人經營之別墅，建築盡仿西班牙式，室內空氣清爽，佈置井然，建築之細巧玲瓏，別具一格，臨窗開眺，湖中勝概，一望無餘，天際帆檣，往來如織，載沉載浮，出沒如沙鷗，較西子湖邊，實雄壯萬倍也。出別墅數武，爲平台，修廣二三丈，成正方形，時屆夏日，夕陽西下，登台小憩，荷香撲鼻，每令遊客樂而忘返。且有廣廳。凡七楹，適踞小箕山中心，式樣亦仿誦豳堂，而軒敞古雅則過之，遠望全園，頗似畫舫而是廳似畫舫之正艙也。有嘉蓮閣。位園之極東，當遊船登園處，建築之古雅精細爲全園冠，三面臨湖，風景絕佳，飛閣流丹，氣象軒豁。

石埠山 是山一名石步，距楊園約里許，明朗中華雲曾築山莊於此，今則廢矣。

華藏山 本名青山距城西二十五里，梅園西行約十里，地屬富安鄉，以華藏寺得名，面臨太湖，山頂曰蓮花峯，下有青山嶺，小嶺，塔子嶺，山舊有雲海亭，一名望湖亭，登此望洞庭夫椒，歷歷如畫。

華藏寺 其寺一名青山寺，在華藏山中，背山面湖，風景絕佳，宋紹興間太師張俊賜葬於此，因建寺墓，以奉歲祀，今墓雖廢而寺仍在也。每屆四月八日，寺僧舉行浴佛會，常有放生之舉，往遊者甚多，寺中有池，產無底螺。(詳物產)池上建有禪房，額曰棲禪室，備有素麵，以饗遊人。

管社山 管社山，與犢山相對，距城十七里，地屬揚名鄉，山臨湖畔，風景殊佳，下有項王廟，或云本為夏王廟，相傳犢山門為夏禹所鑿，故祀於此，後乃訛夏為項也，廟左為萬頃堂，由邑人楊君翰西等，集資就湖神廟舊址改建，東南即楊園。

萬頃堂 在東管社，距楊紫淵祠迤南百數十武，項王廟，湖神廟在其側，旁有劇樓廳事，均燬於火，丙午年，邑人集資修之，名曰萬頃堂，復由里人葺劇樓而新之，綠樹紅牆，隱約湖口，其地有虞美人崖，由城西至此，人力車汽車均可直達，現漸毀廢矣。

犢山 犢山居五里湖太湖之交，矗立湖中，北對管社山，為浦嶺門，俗名廟門，亦曰北犢山門，南對充山，為犢山門，五里湖水，自二門西達太湖，是山實當其衝，山頂有黿神廟。

閭江 華藏而西，道路較狹，遊客亦少，有韓灣，楊灣，孟灣，大雷，小雷，盤塢，夏墓等地，皆面湖背山，風景絕勝，約十五里而至閭江，江上有月牌山及章山，山下有泉，終年不涸，史乘稱之曰天津泉，有里社，額稱伍相祠，係吳大夫子胥之廟，章山西有胥山，山巔平而圓，蓋子胥嘗屯兵於此，江之西有古城基，即吳王闔閭之城，因閭城而有閭江之名稱也，江昔甚廣闊，今為小河，且屢經變遷，不可詳考矣，南望夫椒，如在足下，荒草迷離，僅見湖山之景色，然回想當年種種紛爭，皆成陳迹，不禁有無限滄桑之感也，章山中俗傳有孫伯符之墓。

楊園 楊園即楊紫淵公祠，在梅園之西約三里，即管社山之東南麓，地名東管社，為清初隱士楊紫淵所建，紫淵名維甯，性剛直，膂力過人，然終未嘗與人言武事，國變後，率妻子隱於此，名管社山莊，曾詠湖山雖好非吾有，天地無言痛亡國句，其心事可知矣，治生之暇，讀書賦詩，布袍草履，與漁樵者伍，客至非意所願者，輒拒弗納，意所可，則款之，因無俗客至其室，一夜，有盜十數人，潛入山莊，紫淵徒手敗之，自是數年來，山民咸安居，未嘗有盜患，園中原有翠勝閣、尙友堂、潛樂堂等，年前楊公後裔及族人，集資築屋以祀之，漸復舊觀矣。

小蓬萊山館 在中犢山南，民國十九年，由滎鄂生先生建造，面對三山，風景絕佳。

子寬別墅 在小蓬萊山館之西，由陳子寬先生所建，亭臺樓閣，頗有巧思。

三山 三山在犢山門外，鼎立湖中，東爲東鴨，西爲西鴨，大舤小舤在其西。

充山 充山一名衡山，又名南獨山，下有曹灣，曹灣而下，皆平壤，有巨石突入湖中廣約十餘丈，狀若半島，名曰黿頭渚，與小箕山相對，太湖出口處也。

黿頭渚 在萬頃堂南，充山之麓，俗名南獨山，有一地若巨臂，深入湖中，作半島形，俯瞰湖流，形如黿頭故名，近年公共汽車已可直達，並有渡輪至小箕山，遊客益衆，其地爲太湖出口之處，每值南風，波濤澎湃，奇石壁立，氣象萬千，有前無錫縣知事，巴江廖綸摩崖書「橫雲」及「包孕吳越」擘窠大字，渚上有燈塔，山麓建有橫雲小築，與涵虛、在山、兩亭，頗擅湖山之勝。涵虛亭前，有馬福祥（雲亭）題水天一碧匾額，亭北闢一山徑，于盡處建城樓一，曰小函谷，建有松下清齋，可供游客住宿，山下闢池塘，種荷甚多，臨池建淨香水榭，山半建有花神廟，廟後石壁成龕，內置石像，萬頃堂至此設有渡船，一葦可航，又由渚南行，有長生未央館，渚上風景勝絕，規模壯麗，而飛雲一閣，左挹湖光，右拍積翠，實佔全景之冠，山巔陶朱閣、廣福寺、小南海、退廬，皆新建，飛閣流丹，恍如仙界。

廣福寺 在一勺泉上，原名峭巖山，民國十三年由楊君翰西將山地捐給僧人量如，復由量如募建而成，寺內素餚頗屬適口。

太湖別墅 在廣福寺後，爲王心如昆崙喬梓所建，有七十二峯館踞山之巔，形勢宏壯，邑中於龍王山蓬萊閣外，無鶩其右者，奇境也。近年附設賓館。

鄭園　在太湖別墅之東，位於山灣中，爲邑人鄭君明山所建，石峯之衆多，路徑之曲折，爲湖濱各園之冠，下建鄭君生壙。

若園　在鄭園之後山，爲陳君仲言所建，滿植中西菓樹數十種，圃廣數百畝，風景亦佳。

榮氏植物園　土名桃園，離梅園僅半里許，園中桃樹千株，春季尤勝，有亭曰延爽，翼于峭壁之上，最爲幽邃。

陶朱閣　民國十四年由本邑工商各業集款公建，中祀越大夫范蠡畫像，面臨太湖，飛閣流丹，氣象軒豁。

退廬　在廣福寺左，計室五間，蔡君兼三所建，山景甚佳，朝暉夕陰，尤宜賞雨，內有臥室並可留賓。

蠡橋　在西門外仙蠡墩，面對九利化學廠，爲往湖濱要道，風景絕佳。

蠡園　蠡園在五里湖畔青祁，與梅園同稱名園，民國十七年，爲王堯臣禹卿昆仲所建，園中奇石突起，蔚爲大觀，長廊枕水，鷗鷺依人，曲岸紅欄，臨流俯影，湖上艸堂，面湖而開，隔岸諸峯，競入几坐，王維輞川，庶或近是，近年設有賓館，可供客寓。

漁莊　在蠡園對面，三面環湖，風景亦佳，民國十九年由陳梅芳斥資建造，佈置與蠡園相埒，假山甚多，頗有曲折。

寶界橋　爲無錫近代建築之一，位五里湖內外兩湖之腰束，由邑人榮君德生捐資建造，長一千二百九十尺，作六十環洞，長虹臥波，氣勢雄壯，且揚西謳渚兩風景線，從此聯絡，可無叫渡跋踄之苦，登橋憑眺，五里湖全入眼簾，無稍遁形，誠快事也。

茹經堂　位居寶界橋畔，爲交通大學師生紀念唐慰芝所建者，堂築山腰，式兼中西，面臨五湖，風景絕佳。

湖山草堂　爲明嘉靖邑中高士王仲山先生隱居之所，近加修葺，煥然一新。

雪泥洞　俗稱白泥洞，前因交通不便，知者尙鮮，近自環湖路完成，往遊者日衆矣，該洞離寶界橋約三里，人力車可直達，計分上中下三洞，下洞有泉，泉水甘美，他日修理完成，可與宜興二洞齊名也。

朱山寶界　充山東南有朱山寶界，東臨五里湖，西浸太湖，非好游者不至此，朱山係漢廣俊葬處，王莽拜俊爲司徒，俊不從而死，後光武以朱旛表其墓，故名，寶界即漆塘山，漆湖之東濱也，王仲山嘗於此處闢三十五景，今已不復見矣，山中以產枇杷楊梅聞。

高子水居 明高忠憲公攀龍之別墅，在漆湖之東濱，棲居其中者，垂三十年，自言几席湖山，衣被風月，食多圖史，皆此地也。

路狄山 錢武肅侵南唐時，嘗於夜半裹甲迷路於此，山脈自石塘南來，岩巒重疊，怪石嶙峋，上有石池，不溢不涸，龍王臨焉，故是山又有龍王山之稱，祠中風景極佳。

石塘山 自寶界循五里湖而南有石塘山，地屬開化鄉，山下有石塘鎮及石塘橋，元末莫天祐與明軍劇戰於此，橋南有旋水潭，深不可測，是山與犢山門均以要害著稱。

雪浪山 在石塘南，循長廣溪西行，經路耿許舍五浪山而至是山，距城三十五里，山之東麓有橫山祠，宋鄉賢蔣一梅故居也，山巔有雪浪庵，即公讀書處，今蔣子閣在焉，菴下有一仙人洞，面臨深澗，僅能容一人出入，漸進則漸廣云。

軍將山 在雪浪之西，南連軍嶂，較湖上諸山爲高，南唐嘗屯重兵於此，以防吳越，故名軍將山，形勢險要，北有甲仗塢，西有箬葉塢，南有官圭塢，山巔有眞武廟，上巳日，鄉民多往進香，殿下有龍湫，湫旁有龍寺，係宋淳熙間所立，石澗中產龍竹，幹細葉大，人皆珍之。

長泰山 在軍將山南，山有長泰古刹，相傳昔有異僧寓於寺之留笠閣，閣有鳥雀不至之書貓壁，雨後現形之羅漢像，及蘇東坡書金剛經等古蹟，今僅蘇字之石刻尙存矣。

(丙)城市諸勝景

公園 在城中公園路，清光緒三十一年，就洞虛宮之荒基開闢，名錫金公花園，民國成立，又拓其基。而改今名，全園黃沙爲路，綠草爲場。入門有巨石巍峙，最高者爲繡衣峯。右爲假山，山旁之池曰白水蕩，蕩北有軒曰蘭移，其側有敞軒一間。顏曰西社，社前有池，通白水蕩，池畔有軒三楹，曰池上草堂，係庚申新建也。園門之左爲守園人居，再左參議會，園之中心有多壽樓，樓後有池，上刻「隨水成池」四字，池後於民國十八年闢杏莊，風景頗清幽，西面草場花架中，有八角亭、六角亭、四角亭、茅亭、佈置其間，參議會之後，有土墩一，墩有大樹，狀若華蓋，覆於其上，舊有茅屋一所，築其上，其地名歸雲塢，每當夏日遊人乘涼品茗，恆集於此，凡國慶紀念，光復紀念，各界恆集會園中，舉行慶祝焉，園中餘地闢為戲院及商店。

于胥樂公園　在廣勤路北堍，民國十一年，由楊君翰西創設，園中附設教育館及體育場，近已毀廢。

崇安寺　在邑城之中，距光復門約半里，有馬路可通，前清光緒中，劃寺之一部份歸公有，改無量殿為學校及勸學所，以金剛殿招粵人設商店，於山門內之兩旁隙地，架屋設小菜場，改革以還，又從而擴充之，今僅存者，惟大雄殿、松隱院、萬松院、及北院之數楹，供寥寥佛像，以供僧徒誦經燒香而已，考景物略。「宋時寺中以六月十九為集、四方商賈成羣貨物來市、踵趾相接，月餘方罷，後漸衰，明時，每逢元宵節，日放爆竹、夜放火花，以嚮否多寡為賭賽，百戲雜陳，曰鬧元宵，」今每屆新年，則有耍百戲者，賣雜貨者，點綴其中，熙熙攘攘，殆猶有昔時景象焉。

黃埠墩　在北塘運河中流，原名小金山，相傳為吳王夫差濬芙蓉湖，樓船鼓吹，游讌之所也，清高宗駐蹕於此。有「兩水迴環抱一洲，不通車馬只通舟，到來俯視原無地，攀陟遙吟恰有樓」之句，墩小而圓，周約半畝，墩上有屋數楹，頗屬幽雅，民國十年燬於火，十五年由邑人唐保謙重修，今復舊觀矣。

芙蓉湖　一名無錫湖，面積一萬五千頃，其一千三百頃昆陵上湖也，一名射貴湖，南控吳縣，東接江陰，北掩武進，東西四十五里，深五丈，東流為五瀉，西北入揚子江，晉時張闓始塞湖為田，明嘉靖時。巡撫周文襄公忱大治圩田，名曰芙蓉圩，當年浩浩蕩蕩，今悉東南其畝，無復舊觀矣。

紅尖渚　在北門外北塘對岸，一名芙蓉尖，蓉湖中之大島也，四面環水，渚上多陶商，夏歷七月三十日，有燒地藏之舉，陶商每疊為燈，高至數丈，俗名燈塔，熱鬧一時云。

(丁)四鄉名勝

天上市公園　在天上市堰橋鎮，園中築有亭台，風景清幽，故往遊者頗多。

芙蓉山　在天下市東北塘，離鎮二十五里，山周約八里，高三十丈，每屆清明，士女咸集，故又名清明山，上有二土邱，曰龍井峯，天乙峯，有二石對峙，高約六七尺，俗稱石公石母山，下有繡球墩，當蓉湖香湮時，玆山近在湖上，故名芙蓉山，倪雲林讀書處及墓堂在焉，夏歷三月十八日，有迎神賽會之舉，頗形熱鬧。

斗山　離縣城東北四十里，脈起自江陰花山，長約九里，山頂自南至北，有土邱七，象北斗，故名，山多巳墨諸石，中有黃腰嶺，西通牛塘山，山之東爲回山，土人合名之曰斗山，其北有觀基山，洞虛宮故址存焉，又西有枝柚山，一名梔子山，多產苦梔，相傳北宋時梔花大如玉甌，香聞數里，名碧甌梔子，背回斗之支山也。

膠山　山在懷下市，嵊山之東北，周九里，高九十丈，相傳與惠山東西相峙，上有獸嚬痕，俗稱佤牛跡，舊產薯蕷充作貢品，山下人民世居之，其西峯曰鳳凰山，當鷄籠之東旁，有甌鼈山插旗山。

皇山　一名鴻山，在縣之東五十里，吳地記云，泰伯宅東九里有皇山，高十丈，劉昭亦云，縣東皇山，有泰伯塚，一名吳王墩，西郎梅男平墟，相距正九里，東嶺有泰伯井，滌硯池，或曰梁鴻居此，故又以鴻名。

陽山　富安鄉陸區橋，周安陽侯贄封地，旁有朝陽淸水等，其南麓有梁中書陸舉宅，今爲翠微寺。

歸山　富安鄉，吳人哀伍胥處，山下有資福菴米碑。

古蹟

康有為

遊覽名園 請吸名煙

無錫總經理處：新生煙號

地址：城外通運路一〇九號 電話：九三七號

古蹟

崇安寺 在城中公園右，（見名勝）考錫山景物略：「晉興寧二年，右軍王羲之舍第宅爲招提，宋太平興國初錫今額，迨後迭有興廢。」清光緒中改設機關學校。今王右軍洗筆之墨泉及唐刻尊勝呪石幢尙存寺中。

金匱山 縣志載金匱山高踰三仞；周三十丈，隆然中峙，四望道中均適，土中石玲瓏黑白；亞於昆山，元以後取石殆盡，而土亦耗減，塊若覆釜，復考錫山景物略。金匱山實負土而成，在六箭河上，相傳晉郭景純作理黃金符匱於山下，時有紫氣騰空。又名紫金山，元時爲豪民所占，立致萬金，明永樂時，邑令盧克敏復之，培土種松，松下構亭，四週咸植巨竹，萬姓頌之，自此人才日昌，民力漸裕，改革後，廢縣治之駢枝者，遂裁金匱縣，而金匱山已廢圮久矣。

專設諸塔 在城中大婁巷，距光復門約里許，人力車可通。當春秋時，吳公子吳，使專設諸刺殺王僚，專設諸爲甲士所醢，今巷中三椽瓦屋壘丹之壁，內有磚塔，供專設諸位，相傳其下卽瘞其尸者，俗以七月七日爲其誕辰，以其工魚炙也，邑中庖人奉之，昔時每醵資演劇香火甚盛，今則人心漸懈冷落不堪矣。

東林書院 在城內東門蘇家衖口，宋名龜山書院，元廢爲僧居名東林菴，神宗萬歷三十二年，顧憲成顧允成兄弟復構爲書院，憲成歿，高攀龍主其事，榜其門曰東林，當時海內講學者，咸以東林爲歸，天啓（熹宗年號）間黨禍作，詔毀天下書院，東林實居其首，崇禎初，有詔修復，清咸豐十六年毀於兵。同治光緒兩次修葺，稍復舊觀，清末葉改爲東林學堂，卽今之縣立小學也，人力車可直達。

高公止水 在城內水缺巷，明進士高攀龍，一代名臣，因闢邪說，扶善類，疏劾戚畹鄭養性等，忤崔呈秀，去官，旣而將逮獄，高公知之，衣冠自沈於此處池內，其地後歸他姓，清康熙初，高公從子世泰贖還，置祠其上，名止水。

將軍堰 在西門內西溪下，相傳唐單雄信以槍止水處。

堰帥府 在玉帶河，明水軍都督周遇吉駐兵地。

克保橋 在東門內熙春街，明邑宰王其勤斬子處。

妙光塔 在邑之南門外南禪寺內，負廊而立，考錫山景物略。「宋雍熙中所建，以怖神蛟，歷名萬中，有光自塔頂出，直干雲霄，故更名曰放光塔。」今里人稱曰南禪寺寶塔，亦錫山八景之一也，清光緒中，塔頂燬於火，後由邑人榮德生，重行修建。

保安寺 在南門外清名橋，梁時建有穢跡金剛等神，夏歷十月十三日會辰，寺旁有邵文莊東林菴基。

太保墩 在邑之西門外，舊爲秦氏別墅，落成時適主人晉太保故，故名，地勢三面臨水，繞以樹木，景頗幽勝，後改建爲水仙廟，清初又改爲劉侯廟，侯諱五諱，因有功於邑，歿後又著靈異，祀典今猶弗替，邑人概稱其地曰西水仙。

梁溪 即梁清溪，一名梁鴻溪，在邑之西南，梁大同（梁武帝年號）中重濬故名，或曰高士梁鴻曾隱於此，溪旁多魚池，年出甚豐，北通運河，南洩太湖，溉田數十百頃，有西定橋跨其上，洞凡五，建於明嘉靖中，今已傾圮無存矣。

芙蓉尖 在北門外缸尖渚，蓉湖中之大島也，相傳有孝子因尋父轉輾於此，夏歷七月晦日，舉行地藏香，塔燈等。

明陽館 在邑西開原鄉璨山之麓，觀有三清鐵像，及洞酌泉，風景殊佳。

仙蠡墩 在西門外，南濱梁溪，一名仙女墩，高出地面約十丈，廣約二畝餘，相傳范蠡曾載西施泊於此，舊有五相祠，後有張氏別墅，今又廢爲墓地矣。

開利寺 在萬安市洛社鎮，通火車，舊爲晉王右軍別墅，梁太清初，改建曰興福寺，宋景祐三年賜今額，其後迭有興廢，清康熙間諸生孫迪詢僧請，廣建院宇，乾隆間其子璽重建大悲經樓，并置寺田，咸豐時燬於兵燹，今係重建者，內有右軍滌硯池、觀鵝亭等遺跡。

古戰場 在青城五牧，宋末麻士龍尹玉戰死於此。

泰伯舊都 在車站東南四十里，北下鄉梅村鎮，春秋時吳泰伯所築，後改爲廟，宋元祐七年詔以至德額其門，內有泰伯宅，泰伯井。

清祕閣 在懷下市長大廈地方，元高士倪雲林故居，有雲林堂，朱湖館等，而以清祕閣爲最勝。

金蛾墩 在泰伯市大牆門口，南唐李煜之妃墓。

范蠡湖 在泰伯瀆湖，范蠡伐吳而鑿，又名蠡瀆。

教育

陸定一

中央信託局

營業要目

存款　匯款　放款　保險　購料　地產　倉庫

地址：勝利門內　電話一六六〇　一一六六一　八二二　電報掛號五六六五號

無錫縣銀行

營業種類

存款　放款　匯兌　押匯　承兌貼現　倉庫業務　代理收解　代理縣公庫

以顧客利益為前提
以穩健經營為方針
以服務社會為宗旨
以輔助農工為原則

行址：無錫中山路二六七號　電話一六三一　一六七三　電報掛號一六三一號

無錫麗新紡織印染整理公司錫廠

廠址　惠商橋麗新路

電話　二五〇

上海總公司　江西路三和里

電話　一五七〇三　一五七〇四

無錫辦事處　城內中市橋巷七號

電話　一〇二六

出品

雙鯉紗　20支　32支　40支　60支

雙鯉線　20/2支　32/2支　42/2支　64/2支

教育

（一）無錫各大學概況表

校名	地址	校長
省立教育學院	社橋頭	俞潤之
私立國學專修學校	學前街	唐文治
國立邊疆學院	開原鄉	孫慶宗
中央訓練團軍官十七總隊	河埒口	陶柳

（二）無錫全縣公私立中學概況一覽表

校名	地址	校長
省立無錫師範	學前街	顧琨
縣立中學	學前街	施之勉
縣立女中中學	小婁巷底	張鍾豈
縣立師範	梅村	蕭以何
私立競志女中	北禪寺巷	侯鴻鑑
私立輔仁中學	將軍橋	楊四箴
私立綱南中學	南上塘	錢殷之
私立積餘學校	積餘街	陳寄暢
私立無錫中學	羊腰灣	高昌運
私立錫鐘中學	光復橋	凋曉鐘
私立匡村中學	楊墅園	匡啓墉
私立胡氏中學	堰橋村前	楊孝瑜
私立輦智中學	禮社	
私立膠南中學	胡古渡	孫荊楚
私立道南中學	城中縣下塘	顧綱武
私立至善中學	大成巷	華襄治
私立自強中學	城中小河上	姚冬聲
私立錫光中學	城中覲前街	李耀春
私立錫南中學	南門外方橋鎮	錢濟華
私立蓉陽中學	北鄉毛梓鎮	過昭華
私立蓉北中學	北鄉八士橋	過質彬
私立涇臬中學	北鄉張涇橋	陳君璞
私立青城中學	北鄉前洲	許純舫
私立自治中學	北鄉玉祁	廉文熹
私立原道中學	天主橋	
私立懷仁中學	黃土塘	陳寶琨
私立安陽中學	新瀆橋	
私立中華中學	梅村	
私立明陽中學	安鎮	
私立酬志中學	南鄉南橋	

私立念椿中學	南鄉南橋	
私立揚東中學	南鄉盧村橋	
私立城中中學	城中三皇街	
私立洛社中學	洛社	
私立天一中學	北鄉陳家橋	
私立羣益中學	深巷	
私立振業中學	南方泉	沈顯芝
私立聖德中學	城中新街	
私立立人中學	胡埭	
私立甯紹中學	北門南倉門	
私立鵝湖中學	蕩口	
私立忠勤職校	社橋	陳大慶

(三) 城區公立國民學校一覽表

校名	地址	校長
中一鎮中心	東林	顧希炯
女中附小	小婁巷	胡育良
中二鎮第一中心	崇安寺	顧涇邨
中二鎮第二中心	白水蕩	葉潤
中三鎮中心	三皇街	孫曼石
中四鎮中心	連元街	周世傑
熙井鎮中心	亭子橋	王達奎
長街鎮中心	玉帶橋	辛蔭嘉
清名橋鎮中心	清名橋	龔學敏
西興鎮中心	棉花巷	徐在行
惠山鎮中心	惠山	張伯年
大安鎮第一中心	南尖	吳鈺
大安鎮第二中心	治坊場	陳蘭軒
惠勤鎮中心	周山浜	過志新
惠河鎮第一中心	南徐橋	戴萍
惠河鎮第二中心	社橋	姚守城
中一鎮第四保	冉涇橋	穆堅
梨莊鎮第十一保	梨莊	夏仁慶

(四) 城區私立小學一覽表

校名	地址	校長
明德小學校	跨塘橋	岳錫光
蔡氏小學校	蔡家街	張爾嘉
積餘小學校	大河池沿	趙應秋
唐氏小學校	大婁巷	秦權
廣勤小學校	廣勤路	唐冰
榮氏女小學	旗杆下	江鍾麟
楊氏小學校	永定橋	謝澤人
振秀女小學	貝巷上	吳秦英

城區小學校	三皇街	秦銳
續成小學校	貝巷上	林錫榮
崇文小學校	三皇街	姚詢芻
正業小學校	清名橋	劉鴻烈
秦氏小學校	大河上	秦振鍔
工職小學校	旱橋街	顧景照
崇實小學校	顧橋下	陳頌臯
培西小學校	太保墩	李國章
雅言小學校	東新路	瞿相成
大椿小學校	伯瀆港	郁寶鐘
竺氏小學校	駁岸上	鄭庭昌
培工小學校	清名橋	陳織雲
學藝女小學	映山河	王韻樓
菁莪初小	倉浜裏	蔡耀
志成小學校	定勝橋	王獨醒
崇正小學校	後祁路	徐文表
德慧女小學	虹橋堍	季寶眞
勉強小學校	小河上	孫春圃
陳氏小學校	東河頭巷	陳作霖
利民一小	南倉門	楊念農
原道小學	小三里橋	張維齊
類思小學	小三里橋	張維齊
履德初小	清名橋	薛秉章
競成初小	體育場路	汪軼千
申新小學	申新廠內	薛明劍

（五）全縣報社通訊社電台一覽表

名稱	地址	電話
錫報	大市橋一五四號	六八
人報	新生路一九二號	七〇及六九
大錫報	新民路二〇號	五四三及九一八
江蘇民報	大市橋街三八號	九二
無錫雜誌社	西門內序成橋二九號	一五三
工業通訊社	學前街四十一號	八九七
錫山通訊社	吉祥橋北首	四九〇
梁溪通訊社	盛巷內	
中華電台	盛巷街一二四號	一一五〇
軍政電台	大成巷	二三三
錫青電台	游泗弄內	
錫音電台	廣勤路第三支路八號	一一八九
凱聲電台	中山門內	
吉士電台	大市橋吉士照相館內	
國泰電台	漢昌路	

（六）全縣圖書館一覽表

名稱	地址	電話
縣立圖書館	崇安寺	五一九
踐四圖書館	社橋頭教育學院	
鍾瑞圖書館	玉祁鎮大墩自治中學隔壁	

鳴謝 徐昌文醫師

徐醫師主持普仁醫院肺科活人無算年青勤學尤富研究精神對于國外最新發明心領神會與號稱無錫保姆之李克樂院長相得益彰並有防癆治癆之遠大抱負實為本邑肺病患者之莫大救星對于後期肺病與結核性腦膜炎亦有豐富之臨床經驗敢為病家介紹

孔慶桓
薛禹言 仝啟
薛禹穀

樹德醫院

統治內外各科
特設戒烟科
及平民產科

院長陸宇安

院址

城中西河頭九號

實業

吳鼎昌

實業

甲 農業

(一) 農事機關

省立蠶絲試驗場　西門外德新橋
忠勤高級職業學校農場　社橋頭
省立教育學院農場　在通匯路社橋
中國蠶絲公司駐錫辦事處　在東門外南倉門
小麥試驗場　在藕蕩橋
惠康農場　在通匯路社橋
葑溪農場　在石塘灣
嵩山農場　在后橋嵩山允利石礦廠內
西生農場　在無錫城內學前學佛路魚腥巷
工餘養兔場　在西門中新勞工自治區
久生養鷄場　在城內沈果巷
旗站養鷄場　在南門旗站
無錫縣漁市場　在西城脚
墾業農場　在惠山寶善橋下
無錫除蟲菊種植場　在西鄉姚灣
永興牛奶棚　在城內四郎君巷十四號
克勤農場　在錢橋頭
止園培本學校農場　在堯灣
至善農場　在胡埭胥山灣
豐樂農場　在子灣第一灣
天樂農場　在孟灣
太湖農場　在華藏楊灣
四時公司　在華藏
三樂農場　在華麗灣
太湖水產公司　在西城脚

(二) 蠶種製造場(大半停閉)

大有八種　在惠山錫山路
民生　在石塘灣
舜耕　在張舍新莊
精益　在寨門鎮
豐年　在高車渡
大中華　在洛社上塘西
大生　在梅村
大陸　在東亭新塘橋

胡氏初中	在錫澄路堰橋鎮
安定	在堰橋
興華	在張涇橋
三五館	在旺莊鄉
新華	在堰橋
萬生	在榮巷陸莊
翼農	在嚴家橋
錫山	在南門外江溪橋南桐江橋
亞賓	在西水關黃石橋南
永生	在景雲市后賜坊前
大新	在無錫新橋鎮
利農	在南方泉吳塘門鎮
雙利	在秦巷楊家圩大俞巷
求新	在尤家坦
江蘇省立試驗場蠶課	在錢橋
裕農新記	在葑莊
光明	在駁岸上十二號
推興隆記	在北鄉長安橋
益友	在安鎮
東亭	在東亭曹家橋
阜民	在天上市北西漳樓下
勤生	在周涇巷車站南石基上
永言	在張舍
涇濱	在張涇橋
永泰二場	在錢橋

乙 工業

（一）紗廠

廠名	地址	經理人
中新三廠	迎龍橋	榮一心
慶豐	周山浜	唐星海
振新	太保墩	榮光亮
麗新	麗新路	唐君源
大福	梨花莊	葉翰亭
新中	羊腰灣	朱光華
錦新	亭子橋	范子安
民生	龍船浜	蘇嘉猷
公泰	跨塘橋	嚴厚載
中懋	南門外谿莊浜	陶子謙
益民	塔橋下	張品泉

（二）布廠

廠名	地址	經理人
聯華	亭子橋	楊毅芳
振興	吳橋盛岸浜	單翰卿
源康	梨花莊	吳星漢
德華	跨塘橋	王雅球
利達	惠農橋新市場	浦德元
廣裕	迎龍橋	王德潤
麗華	惠商橋	程敬堂
興業	冰池頭	穆瀚君
源康	惠農橋	吳星烜
新毅	熙春街	周雅峯
和新	丁埄里	黃培昌
利民	西水關	夏貢廷
同憶	惠商橋	曹涵美
錦華	金鉤橋	李毓嘉
新華	通匯橋	丁顯章
美豐	盛岸里	吳文軒
富來	東河頭巷	鮑甫康
大來	張家弄	惠　珊
天新	黃泥埄	許九如

恆豐	時郎中巷	黃健農
大綸	冉涇橋	浦慕達
華豐	光復門外	徐子淵
慶源	西水關	杜欽甫
泰隆	伯瀆港底	李錦棠
大明	北禪寺巷	劉泰康
大華	顧橋下	華逸云
錫昌	永定橋	朱誠伯
麗豐	西河頭	陳惠霖
振華	通濟橋	毛永健
同餘	進士坊巷	張仲濤
大達	石皮巷	吳士奎
光華	盛巷口	蔣鏡海
亞新	惠工橋	榮錫霖
利餘	城頭弄	奚鹿夫
豐裕	鎮巷	陸云全
公正	大虹霓橋	張劍書
慶利	東門外	戴煥章
新康	水溝頭	趙松隱
同和	前西溪	顧鴻軒
裕大	小婁巷底	陳啓祥
大業	小婁巷底	陳惠霖
美新	黃行街	許廷棟
九新	小三里橋	殷炳奎
震宇	惠農橋	劉滏朝
裕豐	小三里橋	朱庭槐
義和	駁岸上	王庭璋
大康	西門棚下	唐慎之
美新	胡橋下	胡頌濂
恆德	駁岸上	童時秀
新裕	學前街	翁廣才
大亞	東新路	丁顯章
南新	迎德路	唐德祥
永豐	新如路	錢海清
廣業	中市橋	胡綏清
榮記	壩橋下	蘇榮彬
同新	映山河	榮錫鈞
源昌	後西溪	李文華
盈豐	小婁巷	周子英
一大	大成巷	高祖慰
勤康	東城頭弄	華鶴茂
德順	中市橋	丁佩卿
寶新	棚街底	孫振西
中華	棉花巷	嚴竹霖
怡盛	留芳聲巷	強杏全
新綸	映山河	王全春
華新	留芳聲巷	吳祥瑞
久豐	新生路	劉裕仁
振新	南上塘	姚德大
明和	昇平巷	惠金才
勤新	西橫街	倪克勤
大德	大成巷	譚和尚
義和	棉花巷	王云偉
義盛	連元街	唐錦之
鴻新	牛棚頭	陸涇洲
三新	西水關	徐載庵
金龍	南下塘	郭壽齡
公餘	南市橋	譚和興
協豐	棉花巷	徐寶品
辛康	天主街	強鑑山

（三）麵粉廠

廠名	地址	經理人
茂新一廠	西門外太保墩	榮德生
茂新二廠	北門外黃埠墩	榮毅仁

永安廠	北門外蓉湖莊	張耀清
增豐廠	北門外茅涇浜	袁增根
民豐興	北門外蓉湖莊	浦慕達
振華公司	西門外壩橋下	錢鍾漢
裕甡	北門外蓉湖莊	錢錦章
順豐	北門外茅涇浜	華仲燕
泰豐	北門外丁降里	陸俊生
宏豐	北門外小三里橋	張南山
廣豐	廣勤路長豐鎮	任卓羣
華新	西門外小尖上	朱汝勳
天華	東門外亭子橋	王仲謀
錫成	周山浜	金仲峯
茂豐	財神堂	錢桂初
惠豐	北門外小三里橋	馬錫生
九福	北門外蓉湖莊	孫鏡波

(四)油廠

廠名	地址	經理人
正隆	西門外薔園浜	施演初
大豐昌	小三里橋	孫亮初
益昌	西門外丁降里	趙秉鈞
永昌	惠農橋	陳厚田
萬豐	江尖上	丁文鴻
天昌	西門外丁降里	李葆芳
正德	周山浜	楊少言
大昌新	西門外顯應橋	錢志達
成茂	江尖	陸德甫
元豐盈	顯應橋	蓋壽昌
德豐	西門外吊橋堍	屈光源
益茂永	西門外龍船浜	過錫增
正源	西門外龍船浜	沈文熊
正昌成	西門外興隆橋	俞紹昌
恆德	東梁溪路	浦勇達
潤豐昌記	北門外南尖	陳進立
大華同記	西門外興隆橋	張鶴麟
建成	茅涇浜	薛瑞申
三和豐	洛社	蔡文越
泰成	南倉門	單念華
恆豐	伯瀆港	過歷山
同協	西門外太保墩	陳尚中
正豐	西門外迎龍橋	王鴻祥
大豐	北門外長廣橋	郭煥本
天豐	北門外槽浜里	王鶴鳴
和豐永記	伯瀆港	吳元鈞
新昌	惠農橋	黃培昌
建新	楊墅園	錢亞良
莊源大	錢橋鎮	莊蘭芳

(五)針織廠

廠名	地址	經理人
新光	盛巷橋街	蘇晉範
裕豐	盛巷橋街	倪肇安
晉豐	後西溪	穆吉甫
中南	打鐵橋	尃國鈞
正德	圓通路二號	徐煒棠
偉成	迎迓里	屠器先
萬豐	盛巷內	朱君偉
明記	駐驄橋十一號	陳仲明
民新	師古河十四號	張金寶
利豐	師古河十四號	祝鳴聲
森泰	張成弄	孟殿劍
業勤	青果巷	鄧錫鑫
天豐	西大街	陳榮生
永生	東門外吊橋	吳愷堂

大隆	綠塔路萬壽堂	陳大明
匯康	胡家邊	吳惠初
昇利	魚行街	李讓選
利民	魚行街	呂頌聲
五豐	魚行街	計順榮
萬泰	新生路	居昌寶
勤餘	魚行街	凌茂昌
華成	魚行街	周庭華
合泰	西門棚下	卞錫昌
大豐	西門棚下	施明德
永利	西門棉花巷	李澄達
天生	西門棉花巷	史秉直
美新毛巾廠	西門棉花巷	張鴻康
榮康	西門棉花巷	惠錫榮
美新	西門棉花巷	顧松亩
振豐	西門棉花巷	王蓀蘭
茂豐	西門棉花巷	戴民生
聚興	西門棉花巷	戴南根
餘來	西門城脚	王廷樹
華新	長安橋橫街	卞伯甫
華豐	長安橋橫街	張志成
新新	長安橋橫浜口	丁福林
金城	江陰巷	夏振寰
寰球	西門外王巷	夏星寰
紅新	北塘米驛弄	戎松英
良友	小三里橋十二號	顧敍楚
大生	北門外黃埠墩	朱耀清
復成	北門外黃埠墩	朱新林
聯豐	北門外蓮橋下	宋仲良
恆裕	後祁街青石街	陳裕邦
利生	周山浜	項仲憲
元元	露華街	王廣元
天益	西門棉花巷	高靜芸
協豐	顧橋下	宋從良
利利	大婁巷	胡楨之
德新	南橋	周雅年
新華	通匯橋	徐棟才
九九	北門城一號	嚴仰寰
新聲	小婁巷	蘇景軾

（六）絲廠

廠名	地址	負責人
永泰	南門知足橋	薛爾康
國營中絲六廠	東門綠塔路	秦瑛
瑞綸	東門亭子橋	張恩深
江南	西門龍船浜	周元勛
鼎新	亭子橋	唐文銘
興昌	南倉門	胡耕堯
信大	跨塘橋	王月樓
天隆	南門上牌樓	何文欽
新甡	南門上牌樓	潘家槐
茂盛	南門黃垉橋堍	孫福高
公記永	跨塘橋	王少山
榮森		金道生
大昌	牛棚頭	王瑞麟
利生	張家巷口	秦桂芳
金城		陳明善
綸昌	清名橋上塘	顧酥若
國華	清名橋上塘	陸仲烈
協豐	南門賀弄	張克榮
企業	通揚橋	楊耀宗
務滋	癩團渚	張軼人
永生	癩團渚	王曉蓮
協成新記	江陰巷	丁錫麟

正　貿	工運橋	沈耀明
洽　豐	書院弄菩提浜	周增洪
恆　達	書院弄菩提浜	童時秀
大　隆	北柵口	陸炳元
富興絲業公司	一廠 東新路 二廠 百歲坊 三廠 西園弄	張國傑
增　興	周山浜	袁增根
美　新	東門外廟埄橋	王化南
恆　益	南門清名橋	袁祖德
永昌新記	南門知足橋	周玉麟
華　新	菩提浜	王成章

（七）機器廠

廠名	地址	經理人
茂豐合記	玻璃廠	王茂堂
振　益	惠農橋	孫益棟
工　盛	蘇華街	陸三寶
協成發記	西城脚	沈啓祥
廣　興	北柵口	楊益農
合　衆	光復橋堍	陶志良
協　興	前太平巷	孫志蒙
祥　興	清眞寺路	朱筱康
成　昌	惠農橋	忻杏生
陳榮昌	清眞寺路	陳全福
瑞　錫	光復路	徐榮昌
榮　鑫	南尖	許斌榮
巧　新	東城脚	吳福生
藝　人	周山浜	夏藝潤
中　一	通惠橋	王傳麟
盛　興	亮墻上	高和泉
順　興	西城脚	顧梅生
信　豐	日暉橋	邵文德
華　興	惠農橋	謝傳陞
民　生	北倉門	陸潤山
公　興	西城脚	胡志平
公義新記	惠農橋	過錦春
兄　弟	惠農橋	顧根生
周合興	北倉門	周伯根
錫　昌	西城脚	范錫章
福　興	光復門外	孫志傑
通　運	北倉門	方祖德
大　陸	東新路	胡方榮
中　國	惠商橋	龔興倫
協泰記	錫澄路	於夫生
工　昌	西城脚	周佛根
王泉興	西城脚	王泉林
中　華	惠農橋	孫志賢
公　益	後中正路	錢耀祥
同　豐	西城脚	張煥金
協　成	西城脚	吳潤祖
萬興丁記	西城脚	丁阿盤
裕　豐	惠農橋	鄧鳳泉
新豐云記	東新路	錢云祥
揚　子	惠農橋	尤文惠
祥豐長記	南倉門	陸興祥
和　平	亮墻上	朱瑞榮
友　聯	惠農橋	錢炳根
大　毅	羊腰灣	朱　楞
上海文記	通惠橋	毛文培
李發興	惠農橋	惠文虎
惠　新	惠農橋	方惠芳
戴勝林	惠農橋	戴勝林
工　業	惠農橋	陳榮福
程發記	惠農橋	程達發
大　來	惠商橋	張順昌
達　鑫	惠農橋	過鴻庚

興聯甫記	惠農橋	陳甫泉
新順興	惠農橋	陸林文英
戴惠源	惠農橋	戴志仁
勤中	惠農橋	黃菊生
永大	惠農橋	錢子楨
振達	惠農橋	秦來寶
寶豐	惠農橋	孫志傑
新中國	周山浜	方永清
振新	南星橋	呂[illegible]根
周仁記	亮壩上	周法泉
超記	東新路	朱超
協興黃記	惠農橋西	黃根香
協昌薛記	惠農橋西	薛仁南
中新	惠農橋東	朱伯英
俞寶昌	周山浜	俞祥生
勤興榮記	惠農橋	朱仲餘
利豐	前太平巷	孫志勇
建業	南倉門	汪伯良
顧聚興	西城脚	顧增祥
宏昌	惠農橋	顧鐘宏
錦新	西城脚	孫耀華
協茂	黃埞橋	吳金根

萬昌	惠農橋	胡維德
楊鴻興	西城脚	楊天承
永昌	西城脚	徐德清
信昌	通匯路	陳錫慶
同盛	東城脚	孫桂林
蕭熾昌	光復路	蕭文賢
茂新	東城脚	周馥馨
瑞鎔	惠農橋	俞瑞生
藝新	惠勤路	許爾璋
中錫	惠勤路	袁暢錫
茂昌	惠勤路	劉[illegible]發
立茂仁記	惠農橋	楊菊培
茂豐	惠農橋	倪偉茂
大豐	周山浜	吳云蔚
順裕	西城脚	顧福元
顧萬順	西城脚	顧阿根
協興公記	北柵口	顧壽福
聯華	西城脚	楊義方
利新	通惠橋	周惠祺
合興	惠農橋	
潤興	光復路	
大興	周山浜	
華昌合記	惠勤路	過亦欒
永華	惠農橋	王錫範
立成	玻璃廠	楊正坤
振藝	惠農橋	薛長庚
允利	東門亭子橋	王汝龍

（八）碾米廠

廠名	地址	經理人
泰來	西門外小尖上	張翰熙
德新	西門外醬園浜	陳榮卿
聚豐盛	北門外江尖上	畢維鎮
榮豐	北門外蓉湖莊	夏同椿
瑞大	同上	吳坤霖
大通	同上	洪卓人
裕生和	同上	錢錦章
恆茂	西門外丁埄里	溫鶴亭
協昌	北門外李家浜	蘇應龍
元益	同上	楊家穀
福源	同上	陳進立
生源新	西門外丁埄里	朱培榮
義豐	西門外醬園浜	夏鐵樵
瑞新	同上	過逸民

三元	西門外薔園浜	華柏和
元生	北門外南尖上	孫祖康
瑞豐	北門外茅涇浜	施邦藩
餘新	北門外南尖上	談方行
通業	北門外茅涇浜	朱永良
民興	北門外江尖上	吳紹元
萬興	北門外北栅口	過子藩
永餘	同上	江伯榮
王源興	北門外江尖上	王如淵
復新	同上	榮振卿
永大	同上	張海帆
鼎裕	北門外江尖上	周壽鴻
元興	北門外李家浜	王炳耕
新昌	同上	何沛霖
恆源	西門外丁埄里	鄧家鶴
允利	西門外壩橋下	薛禹言

(九)製冰廠

廠名	地址	經理人
允中	城內西河頭	薛禹言
三五館	北鄉旺莊	陸子容
中國蠶絲公司	南倉門	
大同	西水關十八號	
梁溪	東門外業勤廠舊址	

(十)石灰廠

廠名	地址	經理人
允利	西鄉大帝巷	薛惟一

(十一)毛織廠

廠名	地址	經理人
協新	惠商橋麗新路	朱文沅

(十二)磚瓦廠

廠名	地址
利農	嚴家橋
公大	嚴家橋
大同	姑頭廟

(十三)石粉廠

廠名	地址	經理人
鄒成泰	江尖上	鄒紀康
成大	蓉湖莊	
湖州	丁埄里	
永利	小尖上	吳邦周

(十四)電廠

廠名	地址	經理人
戚墅堰	戚墅堰	吳玉麟

(十五)電話

廠名	地址	經理人
交通部電信局	北城脚	李漢勳

(十六)電報

廠名	地址	經理人
交通部電信局	圖書館路	黃春泉

(十七)造紙

廠名	地址	經理人
利用	惠商橋	陳小蝶

(十八)鋸木

廠名	地址	經理人
中國	亭子橋沿河陳巷	
允新	西門外冰池頭	李漢興

(十九)香烟廠

廠名	地址	經理人

允中	西門內序成橋	胡壽明
明遠	北門外蓮餅沿河	
合昌	北門中正路	

(二十)橡膠廠

廠名	地址	經理人
鄒成泰	丁埄里	鄒紀康
友聯	惠農橋	錢煥根

丙　商業

各業商店統計

(食)

業別	全縣家數
米荳	二三九家
糧食	二九六家
礱米	三四家
麵粉麩皮	四二家
土麵	一四家
油行	一一家
茶葉	一九家
水果山貨	一〇四家
糕糰	一五家
醬酒	七九家
醬雜	一七七家
棉子油餅	二六家
南貨	二三〇家
麵飯館	四二五家
菜館	五三家
茶食	一一四家
瓜子	五家
腌臘火腿	二〇家
零鹽	二二家
麵筋	六四家
燻臘	一九家
麵食品	一二四家
油蔴	一八家
地貨	二三七家
磨坊	四家
豆腐	二一四家
茶館	三四六家
參燕	一〇家
魚行	二七家
猪行	六家
醬菜	五家
鷄鴨	七家
牛奶	一〇家
炒貨	二一家
糖果	七家
野味	一〇家
哺坊	五家
牛肉	五家
餅干	一五家
麵粉交易所	一家
腸作	六家
葷油	二家
冰糖	一〇家
糖棧	九家
糠粞	三〇家
糖坊	一九家
油廠	三六家

(衣)

業別	全縣家數
棉花	一八家
估衣	五九家

棉紗	二九家
綢布	三九家
皮貨	三家
皮衣	一一二家
零剪	二五家
布線	一五三家
肥絲	五九家
絲行	一八家
蠶蛾	一五家
蠶蛾廠	一七家
帽鞋	八七家
洗染	二六家
花邊	六家
皮件	一三家
價帽	二家
西服	二〇家
繭子	五家
皮鞋	八家
花線	一家
紗帶	二家
布廠	一七家
襪廠	二二家
鈕扣廠	一四家
絲廠	一九家
印花廠	二家
棉織廠	八家

（住）

業別	全縣家數
木行	六八家
竹行	二七家
松板	七家
漆店	二五家
漆作	五一家
磚灰	二三家
石鋪	二四家
木器	五九家
營造木作	一一二家
旅館	四八家
棕梯棕刷	二九家
茅蓬	二九家
蘆蓆	一二家
明瓦	六家
蓆帽	一一家
水泥瓦筒	六家
紅木	三家
銅鐵床	一二家
燒窰	六七家
磚瓦廠	二家

（行）

業別	全縣家數
雨傘	三四家
轉運	一八家
輪船	二二家
櫓板	一二家
黃包車行	五二家
汽車	二四家

（其他）

業別	全縣家數
樹行	八家
煤號	一六家
煤炭	六五家
皮箱	七家
煤鐵	一九家
紙箔	二九家
對扇	一四家

業別	家數
蘇綫	二八家
銅錫	五五家
滋器	一八家
陶器	一六家
皮毛骨	三家
浴室	二三家
煙雜	八二七家
五金	三五家
電料	八家
國藥	二八八家
西藥	一二家
廣貨	九五家
鐘錶	三一家
香店	一二家
香燭	三八家
花炮	一三家
泥人	五一家
電廠	一家
肥皂	九家
電話	一家
度量衡	七家
鐵鋪	一六六家
竹器	六五家
戲院	一五家
理髮	二六〇家
籐器	二五家
剪刀	三二家
骨器	一二家
壽板	三六家
花粉	一三家
眼鏡鑲牙	二五家
紙紮	三九家
白鐵	五二家
玉器	三家
刻字	四〇家
鏟刀	一〇家
舊貨	六五家
車木	二五家
紙匣	二三家
金魚	二家
鳥籠	四家
算盤	五家
燈籠	一五家
租賃	一八家
模樣	九家
笆斗	一九家
木梳	一二家
蒸籠	二二家
風箱	一五家
鏡箱	二五家
搪磁	五家
蘇袋	六家
化粧品	二家
顏料	二三家
石子	九家
柴行	二五家
羅篩	一〇家
瓶店	三家
油墨	一家
蒲包	五家
煉油	六家
鐵篩	三家
樂器	二家
賬簿	六家
銀樓	三二家
堆棧	一九家

筆墨	一九家
書籍	二二家
銀錢	二三家
印刷	四五家
裝池	五八家
機器翻砂	八五家
冶坊	四家
造船	二五八家
冰廠	五家
造紙廠	一家
磚瓦廠	三家
石粉廠	四家
石灰廠	一家

銀行業

行名	行址	電話
元昌錢莊	北塘東街	六六五
復元錢莊	北塘東街	八一三
增大錢莊	北大街	二六六
福裕錢莊	布行街	四八六
慎餘錢莊	北塘東街	一一六一
德豐錢莊	北塘東街	一五四九
源豐仁記錢莊	北大街	九一三
永恆豐錢莊	布行街	一五〇九
郵政儲金匯業局	中山路	五九九
太倉銀行	北塘東街	
亞洲銀行	布行街	一二四四
無錫縣銀行	中山路	一六三一
中國通商銀行	布行街	
金城銀行	布行街	五三八
中國實業銀行	布行街	一五九七
上海商業儲蓄銀行	江陰巷	一四五三
浙江興業銀行	江陰巷	九〇九 五五一
江蘇省農民銀行	竹場巷	八八〇
江蘇省銀行	竹場巷	一六〇二
中國農民銀行	布行街	六三五
中國銀行	前竹場巷	一二三〇
交通銀行	棋杆下三號	一六五九
中央信託局	中山路	一六六一 一六六〇

機關團體

漢民題

遊覽顧客好消息

茂豐遊覽輪船局

通匯橋樹巷裏三號（電話二三八轉）

茂裕汽輪　備客僱用　容客數十　清潔衛生　穩快便利　惠顧客商

茂鶴跑艇　遊玩名勝　座位寬暢　設備完善　取費便宜　極誠歡迎

祥興

地址 光復門內　電話 一三四四

修理風扇馬達　經售歐美電材

水電工程行

開鑿自流井泉
水源豐富清潔
無論大小深淺
負責修理通暢

承裝電氣工程
冷熱水汀水管
各式衛生設備
設計新穎週到

清泉自流井局駐錫辦事處

愼豐五金號

無錫漢昌路中　電話八五一號　電報掛號〇八五一號

經營

大小五金　白鐵水泥
電器材料　紡織附件
機油柴油　各種工具
定價低廉　運送迅速

特約經銷

中國申一膠帶廠出品
上等國貨申一橡膠帶
美國孟海皮帶公司出品
萬靈牌鏈節式構造
活用三角皮帶

機關團體

(一) 機關

名稱	地址	電話
三民主義青年團	城内二下塘一〇八號	六五一
中央黨部調查統計局無錫站	城内沈萁巷游泗弄三號	一四八七
江蘇區貨物稅無錫分局	三皇街三七號	一五四三
江蘇第五監獄	老縣前太平巷二號	一〇七三
江蘇省工業協會	學前街四一號	八九七
兵站司令部	工運橋	六一〇〇〇
兵站第九十分站	江陰巷四一號	八六〇
京滬綏靖督導第二分團	復興路七一號	五八六
後勤部汽車修理廠	大洋橋内河公司隔壁	八五三
後勤部糧第一〇二庫	北塘東街一一四號	一五三五
軍事委員會別動隊	中正路	一三
無錫縣警察局	時郎中巷六號	二三
軍政部汽車修理廠	火車站通勤路	一一六七
城區區公署	城内圖書館路二六號	五三二
直接稅無錫分局	布行弄底	一六〇七
無錫調查統計室	城内福田巷八號	一一九六
無錫縣政府	城内新縣前街	二一
無錫保安大隊部	新縣前街	一一四
無錫軍運辦公處	火車站郵局背後	一五五七
無錫縣地方法院	城内老縣前太平巷一號	五二一
無錫捐稅征收處	後書院弄三五號	七六二
無錫縣黨部	城内盛巷四二號	五九七
無錫縣參議會	公園路	
憲兵一五團本部	城内復興路	二六
警察局大隊部	城内時郎中巷六號	三二
無錫指揮所	城外太平巷	一〇四　一〇五
無錫軍警憲聯合稽查處	復興路憲兵團本部	二六

(二) 團體

(甲) 各業同業公會

名稱	會址

縣商會	三皇街
絲廠業同業公會	三皇街
紙箔業同業公會	江尖渚
綢布同業公會	南尖
繭業同業公會	西門城脚
衣莊業同業公會	河埒裏
國醫業公會	三皇街
花邊業同業公會	南市橋
機器戽水同業公會	後太平巷
第六區棉紡織公會	學前街四十一號
西裝業同業公會	推官牌樓
紙紮業同業公會	大市橋
蠶絲棧業同業公會	通漢鎮
輪業同業公會	工運橋
布廠業同業公會	黃泥橋
煤炭業同業公會	老戲館街
染廠業同業公會	
磁器業同業公會	北外吊橋
皮箱業同業公會	
菸兒業同業公會	北門大橋堍
油廠業同業公會	東新里
浴室業同業公會	崇安寺
照相業同業公會	崇安寺
醬酒業同業公會	駁岸上
麵粉業同業公會	小泗房街
鐫刻業同業公會	大市橋
山貨業同業公會	北塘財神街
印刷業同業公會	書院街
碾米業同業公會	江尖上
洋廣貨業同業公會	書院街
菜飯業同業公會	
書業同業公會	縣前街
油麵筋業同業公會	萬坊弄
理髮業同業公會	八兒巷
肉業同業公會	西門外棉花巷
大窰業同業公會	伯瀆橋
糕糰業同業公會	藥王廟街
人力車業同業公會	觀前街
熱水業同業公會	崇安寺
造船業同業公會	泗堡橋
旅棧業同業公會	南倉橋
糧食業同業公會	北門積餘堂

（乙）各業職業工會一覽表

名稱	會址
豆芽業職業工會	西新橋
染織布廠業產業工會	
碾米業職業工會	長安橋
絲廠業產業工會	大成巷九號
成衣業職業工會	沈果巷
新聞記者公會	人報館
漆作業職業工會	西門外吊橋
醫師公會	
營造業職業工會	三皇街
律師公會	
儲棧業職業工會	丁埄里
扛重業職業工會	接官亭
紡織廠業產業工會	
總工會	八兒巷七號
西醫聯誼會	控江門

慈善事業

黎元洪

黃陂黎氏

無錫X光診斷所

專家負責●診斷準確

設備完善●檢查詳細

檢查項目：心肺．胃腸．骨骼關節．牙齒．泌尿系．副鼻腔．胆囊等等．

增設：人工氣胸部　手術穩妥　取費低廉

前上海紅十會醫院、重慶中央醫院醫師專家陶國鑫親自主持

地址：城內新生路九六號　電話：六七八號

世泰盛綢緞莊

無錫城内大市橋街八十號

電話九九號

花樣艷麗

備貨充足

設計新裝

價格公道

大福糖棧

南北果品．山珍海味．中西罐食．川漢雜貨

專營大宗批發

自製

松花彩蛋……清水石碱……結晶冰糖……特等白糖……琥珀蜜棗

地址：勝利門外笆斗弄中　電話：五六五

慈善事業

救濟院及各所

救濟院 指導所屬各所辦理救濟事宜。

育嬰所 在東門內，辦理育嬰事業，內堂雇用乳媽十二人，外堂貼養小兒用費，遇疾病給藥，遇夭殤施材。

養老所 收養鰥寡老人在六十歲以上者，生給衣食，死施棺葬，每人酌給月費。

施醫所 聘請西醫二人，中醫一人，常年施醫及藥，夏季臨時加聘中醫一人。

平民習藝所 在南門外，民國十八年，由反日會經費撥充，收容乞丐常在三百人左右，設有工場，教以生產技能。

公私慈善團體

機關名稱	所在地點	成立年月	辦理現狀
無錫縣慈善團體聯合整理改進會	同仁堂	民國十八年八月十一日	各善堂合力整理舊有事業隨時共籌新事業發展
普濟堂	北區普濟橋	前清乾隆二年	施衣施米施藥外補助青莪學校及聯合會養老所經費
恆善堂	中區觀前街	前清道光四年	施米施衣施材外月給嫠婦口糧補助施醫所聯合會經費
同仁堂	東區新廟前	前清康熙年間	施痧藥除夕米黃病藥傷藥膏藥外補助聯合會育嬰所經費
廣益慈善社	廣勤路廣勤區	民國十七年六月	施米施衣施藥及其他善舉
溥仁慈善會	新生路希道院巷	民國十一年四月	養濟孤兒寡婦附設小學教養孤兒三十餘名此外施診施藥施粥年米修橋造路並與紅卍字會合設能仁醫院

中國紅卍字會無錫分會	進士坊	民國十四年六月	設有貸款於小本營業辦理掩埋施材施醫藥及賑濟事項
救生局	吳塘門	民國紀元前	每遇暴風冰凍時四出救濟行船與溺者
保墓局	惠山	民國紀元前	逐段繪圖禁止山民盜賣墓地
清節堂	學前	民國紀元前	爲寡婦貞女修養之所

醫院　公立醫院有縣衛生院，在八兒巷。著名者有普仁醫院，爲美人李克樂所辦，在南門內南市橋，電話三九四號。大同醫院，在通匯橋。同仁醫院，民國十六年成立，在光復橋境。兄弟醫院，民國十六年創辦，在光復路。縣立平民產院及縣戒煙所，均在八兒巷。陶涵醫院，在公園路。大公醫院，在南門外大公橋。大華醫院，在光復門內。宏仁診療所，在承裕弄內。東南醫院，在光復門外清眞寺路。益壽療養院，在光復門內新彩路。仁濟醫院在新生路。申新職工醫院，附設申新三廠內。每屆夏秋，則由縣市另設時疫醫院，以上各處，均通人力車。

醫師　西醫著名者有許松泉(新彩路)，錢保華(含秀橋)，秦秉衡(新街巷)，顧衡如(駁岸上)，張漢名(大河上)，寶鳳梧(新街巷)，陸宇安(西河頭)，夏子和(序成橋)。

中醫內科　有趙柏生(小婁巷)，趙玉書(三下塘)，沈保三(許家弄)，鄭際青(南貨公會)。

兒科　曹鍾英(盛巷)，強士奎(福田巷口)。

內外科　胡壽基(南貨公會)，諸竹生(南門)，楊秉卿(東大街)。

產科　錢葆眞(含秀橋)，候毓貞(冉涇橋)，汪璞涵(公園路)，楊慧君(太平巷)。

眼科　陸陶庵(公園路)，錢龍元(復興路)，許同英(東河頭巷)，趙振業(新生路)。

針科　吳耀明(東大街)，沈養卿(青菓巷)，尤簡亭(布巷弄)，殷濟良(煤場弄口)，華伯英(青果巷)。

傷科　陳德甫(崇安寺)，劉濟川(西門外)。

會館　寧紹會館(一名寧紹公所，在光復門外東城河)。淮揚會館(在光復門外)。靖江會館(一名靖江公所在城內盛巷)。新安會館(一名安徽會館，在新北門外通運橋下）。江西會館（在縣下塘豫章公所內）。沙永會館（在北門外天妃宮場）。鄉城公所（在七尺場）。

【義莊】有華氏（蕩口、西閣上、許家莊、城中、東浜）。過氏（八士橋）。薛氏（禮社）。錢氏（南延、北延）。秦氏（城中）。孫氏（石塘灣）。鄒氏（缸尖、嘯傲）。安氏（安鎮）。周氏（南橋、懷上）。陳氏（芙蓉塘橋）。蔡氏（北門外、西倉）。嚴氏（寨門）。袁氏（城中）。[illegible]氏（城中）。余氏（城中）。趙氏（鵝子岸）。顧氏（聖瀆、新開河）。須氏（黃莊）。莊氏（興塘）。楊氏（江溪橋、鞬板橋）。周氏（香山）。丁氏（張涇橋）。許氏（嵩山）。馬氏（仁里橋）。喬氏（喬巷）。浦氏（安基里、原橋）。胡氏（村前）。張氏（黃泥橋、丁埄里）。施氏（黃泥橋）。王氏（布行弄）。江氏（談渡橋。黃泥埄）。倪氏（坊前）。滕氏（南延、謝埭橋）等處，專養族中鰥孤寡獨等人，兼辦義塾，培植人才，津貼學費，補助學子。均有數百年之歷史矣。

著名物產

唐正

勤新釀造公司　榮譽出品：

九製蘿蔔

醬菜至尊

醬油大王

鮮美無匹

製造廠	地址 惠商橋北	電話 六〇二號
總發行所	江陰巷口	七四三號
一支號	寺巷口	一四一二號

著名物產

無錫地居京滬中心，灌漑便利，交通發達，農工商各業，平均發展，出產物除農產物外，工業品亦復不少，商品進口，精製品原料品均有，出口以生絲及農產物爲大宗；茲將重要物產及商品列表於后。

（一）重要農產物

類別	栽培	概況
稻類	粳稻	以晚熟粳稻爲主總面積約八十餘萬畝每畝平均米二石五斗約產糙米二百餘萬石
	秈稻	占全縣水稻栽植面積僅百分之五低區水田及貧苦農家栽植之產量極少
	糯稻	糯稻栽植面積在錫邑亦甚小普通農家栽植畝許供製糕餅等食品之用
麥類	小麥	小麥係冬作物栽植面積較水稻爲少蓋因過底或排水不佳之田不適栽植大約在六十萬畝左右每畝產量平均可八斗
	稞麥	稞麥栽植較小麥爲少大概占麥作栽植面積百分之五恆與苜蓿蠶豆等作物間作
豆類	蠶豆	蠶豆爲冬作之重要作物用途頗廣雖無大批栽植但塍地畦畔種植頗多
	大豆	錫邑夏作主要爲水稻大豆爲旱作物故栽植面積不廣且大部係屬臍豆油豆則甚少
	小豆	小豆有紅綠黃白之分供作食用惟栽植面積不廣
	豌豆	豌豆蔬菜之一多時栽培後充供飼料肥料者亦有之
	菜荳	菜荳有長荳扁荳等之別大都供爲蔬菜之用
菜品類	茭白	茭白在錫邑產量頗多供蔬菜之用附廓梨花莊一帶栽植者甚多
	青菜	各種青菜四季不絕品種甚多四鄉均產之
	菠菜	爲冬季之良好蔬菜四鄉均產之
	蓬蒿	爲春秋兩季之蔬菜四鄉均產之
	莧菜	爲夏季主要蔬菜四鄉均產之
	韭菜	爲全年常有之蔬菜僅嚴冬無四鄉均產之
	葱	爲全年常有之蔬菜四鄉均產之
	大蒜	爲春秋冬三季之蔬菜四鄉均產之
	水芹	爲冬季之蔬菜四鄉均產之
	西瓜	西瓜品種極多錫邑出產甜美稱著四鄉均產之
	甜瓜	同上
	黃瓜	黃瓜爲佐膳之品四鄉均產之
	東瓜	同上

絲瓜　同上
菱　菱品種極多錫邑產品頗著六七月中有紅菱八九月中有四角菱二角青菱太湖濱及梁溪河畔產品較著其他四鄉均產之
芡實　俗稱鷄荳萬安市龍塘岸等處產品頗佳
桃　近年西南各山彎栽植水蜜桃產品尙佳
梅　同上
栗　惠山桂花栗頗著名惟產量不多
松菌　產於惠山頗著名惟產量不多
麵筋　錫邑麵筋頗著名營此業者不下百餘家爲四季蔬食之重要品

水產類

魚　錫邑魚類極多產量亦不少梁溪河一帶飼魚養青、草、鰱、扁魚者面積極大運河及太湖天然所產亦多
蝦　四鄉運河均產湖濱尤著
蟹　四鄉均產以玉祁蟹爲最佳
蚌　四鄉運河均產太湖產者較大
海蛳　太湖中產之
甲魚　四鄉均產之
螺蛳　四鄉均產之太湖產最尤多
黃鱔　四鄉均產之

副產品類

泥人　泥人爲惠山鎮一帶農民之重要副業
惠泉酒　以惠泉釀成色白味淸頗有名
磚瓦　爲南門外一帶製者爲佳
黃草布　爲許舍一帶之重要副業
絲弦線　爲東北塘寺頭之重要副業
花邊　爲四鄉農村婦女之重要副業
小布　爲東北鄉農村婦女之重要副業
絲棉　爲南門外下甸橋一帶農民之重要副業
襪織　爲西南各鄉農村婦女之重要副業
蠶繭　蠶繭爲農產重要產品全邑產量極多在昔年値二千餘億元近年絲價慘落繭價低廉農村經濟影響極大
兔皮毛　分皮毛兩種爲錫邑最近新出品有合作社運銷日本法國等處

(二)特產品

香粳米　錫邑各鄉多產米，惠山之香粳米，尤爲著名，粒小而圓長，韌而堅實，用以煮粥，頗香膩可口。又南鄉揚名等處所產之糯米，色純白，釀酒最佳，亦爲他處所不及。

蓮心繭　邑中西北各鄉產蓮心繭，其形圓長如蓮子，絲量最富，色澤亦佳，實爲他種所不及。

茶葉一　太湖之濱，有雪浪山，山之陽多茶樹，鄉民採而焙之，味甚淸香，色亦甚美，雖廣福之雨前，六安之銀針，不過是也，近日榮氏植物園所產之茶

葉，堪與伯仲。

【蠶豆】邑中多產之，惟惠麓產者尤佳，結實亦較他處爲早，皮嫩肉甜，色暈碧而含芳，所謂惠山豆子者是也。

【楊梅】產於邑之太湖濱，色紫而形圓，味帶酸甜，用以浸酒，俗名楊梅酒，可爲藥用品。

【四角菱】產梁鴻溪畔者最佳，菱有四角，壳嫩而綠，質美可口，煮熟而食之，味尤甘美。

【芡實】產於鵝湖華氏祖塋之旁，地不及百畝，居民多取吳中所出，雜以入市，故眞者甚罕，近年萬安市之龍塘岸所產者，堪相伯仲。

【西瓜】產懷上市東湖蕩黃土蕩者最佳，甘美異常，有皮瓤子均白者，俗名三白瓜，尤爲優美。

【香瓜】產萬安市石塘灣，青皮綠肉，子細而少，味甚甘美，產於懷上市黃土塘者，皮色黃，俗名黃蜜羅，亦頗著名。

【蓮子】產於楊園者最著名，園中蓮花開時，游客咸集，迨結成蓮，剖而食之，味較產於他處者爲美。

【蘭花筍】產膠山萬玉亭前，色白如玉，淸香似蘭。

【茭白】產北郊二里許之梨花莊，拔而出之於泥中，截其毛根，剝其護葉，留其近根之段，莖直而堅，可作食品。

【桂花栗】產於惠山之第二第三塢間，以桂花開時結實故名，其味香甜而細膩非常，迥非他種栗子可及，惜所產不多，最貴時半斤須售二萬元，遠近來遊者，莫不爭購之。

【松菌】惠山之前有燦山，山多紫石，土石之間，多產松，松下產菌味甚鮮美。

【薄荷】產南門外保安寺者最著名，舊時以之作貢品，葉色嫩綠，味涼而性散，藥中要品也。

【紫蘇】產邑之東郭外，爲紫色之草本植物，性疏散，味稍甘苦，葉與莖皆爲藥用要品，每年產額甚多，遠近爭購之。

【魚】太湖、運河、梁溪、均產魚，依此爲生活者，類皆浮家泛宅，叢聚於西鄉大瀆小瀆等處，有築池畜魚者，則多在開原鄉及揚名鄉，所畜有青魚、鰱魚、鯿魚、鯽魚等，獲利甚厚。

【金眼鲂魚】產北塘之江尖西口，長僅二三寸，眼作金紅色，其鱗紅綠相映，味極鮮美。

【白魚】產於太湖，四時皆有，惟五月中梅雨時則更多，色白如銀，觸箸紛解，鮮美可口。

【銀魚】產南延市鵝湖附近茅塘橋之小港中，及北鄉胡家渡，湖濱入口處之小港亦均產之，色白如銀，兩目爲黑色，無骨骼，游泳甚捷，出水即死，煮而食之，味甚鮮美。

【鱭魚】濱湖之區多產之，以南鄉吳塘門爲最著，俗名湖鱭，味鮮美，頗適口。

【鵝魚】產五里湖，春秋始有，形如梭，頭有斑刺，味甚鮮。

【玉爪蟹】產青城市玉祁鎮之西龍潭，味較湖蟹蕩蟹爲佳，每當秋高九月，橙黃橘綠之候，正尖團均肥之時。

【溪蟹】此蟹居澄清之溪水中，又獲食江尖一帶漏入河中之穀類，故肉肥而味美，惟須西風起時，方能捕得，風息則無得，嘗其味者，僅沿溪一帶少數人家耳。

【無底螺】產華藏山之華藏寺，相傳寺中小沙彌，網湖浜螺欲食之，既切螺底，尚未入鍋，旋爲寺僧所悉，盡傾湖中，自後湖中之螺，皆爲無底，名乃大著云。

【村前黃雀】產天上市之村前，肉味香厚，名聞遐邇。

【鴻山花紅】產東北之鴻山山麓，味甘而大，爲他處所不及。

【油麵筋】以小麥麩皮製成，質清而軟，價又極廉，遠勝於他邑所產，遊客之來錫者，多願購之。

【惠泉酒】臘月間以惠泉釀之，色白味清，俗名三白。

【酥餅】俗稱臘燒餅，遊惠山者，多購作贈品。

【泥人】泥人亦爲錫邑特產，所作各種形狀，惟妙惟肖，惠麓人民，多藉此爲生涯，涉足惠山者，莫不購之。

【磚瓦】邑中每年磚瓦之出品甚多，而以南門淸名橋（係大窰）所產者爲最佳，次爲北下鄉堠山（係小窰）及其他各處。

【羅篩紗】羅篩布用小機織成，地白無花，質薄而光緻。

【黃草布】產邑之南鄉，用極細黃草，合絲縷織成，佳者較夏布更爽，故人多用之。

【龍鬚蓆】新安開化之間，居民田事稍閒，輒以織蓆爲業，行銷於滸墅關虎邱一帶。

【弦線】產北下東亭鎮，每年銷售上海各處，獲利甚多。

【絲線】產天上市塘頭鎮，各色具全，爲縫衣必需之物。

【兔毛】由土耳其恩哥拉傳入，爲近年新出品。

(三)重要商品(出口)

米、小麥、絲、紗、布、兔毛、豆油、豆餅、石灰、機器、炭酸鈣、炭酸鎂、紙、猪肉、鷄蛋。

允利機器廠

專製紡織機械

定造大小配件

礱穀機・碾米機

戽水機・軋穀機

承辦軍工器材

修理各式機器

廠址：東門外亭子橋

電話：八三七號

允利遊覽輪

專開

蠡園　漁莊
黿頭渚
梅園

船泊西門吊橋

可容百餘十人

歡迎團體預定

票價特別克己

接洽處

(1)東門外小粉橋堍 允利廠內 電話八三七號

(2)中山路錫報館 電話六十八號

(3)西門民船工會內胡君

介紹許錫文醫師

許醫師於一九四五年一月，研究癆菌接種及治癆新法，創治癆新紀錄，又在同年五月，發明並創製雙重迴轉式斜視接光眼鏡，有利于化驗工作，實非淺鮮，至其學術經驗，久為各界所敬仰，毋庸多贅，敢為病家介紹。

許醫師診所：新生路
電話：六六〇

無錫雜誌社敬啟

楹聯

慧山公園

拓地於湖山名勝之區，看風景今昔無殊，喜民物昭蘇，同涉園林成雅趣；
從政本桑梓敬恭之誼，正國家建設伊始，願英賢並起，漫耽泉石寄幽情。（孫祖基）

圍成不日，萬象更新，輪軌正交通，豈容燐火狐禪，総淪巖壑；
寺渺惠山，二泉猶列，竹罏好汲取，儘許郎童野叟，共話桑麻。（華文川）

明月清風，有客重登貫華閣；
小橋流水，何人更識映山庵。（孫揆均）

龍光塔影，蠡口溪聲，改造舊規模，十萬人家，偕來共樂；
池館晨花，橋梁夜月，佐成新氣象，百千客子，小住爲佳。（陸仁壽）

林園無俗情，最宜楊柳樓台，梧桐庭院；
江山留勝蹟，莫負海棠開後，燕子來時。（邱銘九）

谷陵變遷本無常，爲一姓報功，何若與萬民同樂；
巖壑幽深如有約，品二泉著錄，好留待三徑重來。（張軼歐）

風月本無邊，拾翠有人，一角園林宜小坐；
樓台多入畫，送青排闥，兩山錫惠此平分。（孫祖宏）

勝如天上坐；　宛在水中央。（尤鳴梧）

傍山水築園林，天然點綴九峯蓉湖八景；
就樓台成邱壑，地接二泉勝跡，五里香塍。（錢鑑瑩）

去試泉門五里而遙，聊從西麓荒祠，重築園林闢花徑；
與小金山一溪相隔，笑指北塘深處，萬家燈火照蓉湖。（許　棫）

山水清音，化私爲公新氣象；
春秋佳日，來青抱爽舊樓台。（姚滌新）

地鄰五里香塍，樓閣重新，大好林泉都入畫；
我愛九峯勝境，溪山依舊，無邊風月更怡情。（陳亮東）

有四時佳興同人，青山別墅，綠墅華堂，雖無杜厦千間，願庇孤寒開夏屋；
傍五里香塍闢地，茗碗風亭，藕花水榭，即此庾園數畝，凡教士庶上春臺。（范廷銓）

山門前

大哉王言，山爲第一泉第二；
巍然廟貌，宗以教孝祠教忠。（廖　綸）

□陽園

荇藻縈洄，三面波光提紫璧；
樹林陰翳，半園山色上朱欄。（秦旭農）

池含林采明於綺；　山貽苔華娟若鈿。（錢南周）

雜樹垂蔭，雲淡煙輕；
風澤清暢，氣爽節和。（翁同禾）

【雲起樓】騰兩邑之歡，千村稻熟；
據一山之勝，四照花開。(廖養泉)

圖書府半日閒偸，坐看雲起；
杖履中百年春在，更上層樓。(王成瑞)

【二泉亭】試第二泉，且對明亭黯竇；
擕小園月，分嘗山茗溪茶。(王成瑞)

奇蹟比中冷，回思萬馬浮江，洗甲銀河猶昨日；
嘉名分上苑，曾見六龍駐輦，題詩堤島憶春陰。(李鴻章)

十賢去不回，曾聽松風薦秋鞠；
二泉淸且冽，先分槐火試春茶。(孫保圻)

【龍光寺】靈氣春林，月華秋水；
晴光淑景，芳草遠山。(程德全)

看梅子熟時，個中人酸甜自得；
聞木樨香否，門外漢坐臥由他。(程德全)

【忍草庵】忍草禪枝，迴環古剎；
湖光山色，倒影叢林。(許靜士)

何人繼蒼粟大師，常攜詩酒名流，共登金粟界；
此地近碧山吟社，好趁春秋佳日，來話木樨禪。(范廷銓)

【青華閣】圖成滿院天香，客到共參金粟果；
認取舊時月色，所來補種玉梅花。(楊壽枬)

風月無情，側帽塡詞人已去；
烟霞不老，卷簾讀書我重來。(楊壽楣)

當年側帽行吟，伴桂子秋香，梅花夜月；
此地簾開靜坐，對九峯煙翠，萬壑雲濤。(許國鳳)

丈室擅淸幽，二百年文采風流，直接碧山吟社；
中天餘積翠，三層閣濤聲月色，曾來飮水詞人。(裘可桴)

閑消茗椀鑪薰，滿塢松雲，中藏一香界；
坐對秋牀雪被，空山蘿月，分照兩詞僊。(楊壽楣)

我來靑眼高歌，山虛水深，所思不見；
人似紅顏薄命，天荒地老，此恨何窮。(許國鳳)

香界依然，爲問閣中帝子；
名山無恙，來看嶺上梅花。(楊建綸)

松翠積中天，大好林泉，恰宜從佛地布金，重留勝蹟；
梅花吟古月，高寒樓閣，可還有詞人側帽，來證前身。(楊志濂)

前代事茫茫，贍松濤響月，苔石暝雲，彈指幾滄桑，文藻百年都寂寞；
後身緣草草，歎埋玉成塵，鑄金作淚，塡胸餘塊壘，精魂千劫不消沉。(楊壽楣)

高閣不勝寒，數歷歷靑峯，無限松濤鳴空谷；
名山誰與共，祇娟娟素月，猶移梅影照虛窗。(趙夔)

高閣近諸天，看下方雲樹煙花，應悟徹色空世界；

名山留片席，有後起詩人詞客，共蘇延香火因緣。（陶世鳳）
劉草庵半角，築香界三厨，當年韻事爭傳，可想見月夜譚詩，風前煮茗；
奉金粟一龕，攬桑榆八景，此日舊觀頓復，好唫眺蠡湖春漲，虎阜晴煙。（張文藻）
同來玩月人何在；獨上高樓思悄然。（楊春灝）
依舊雲山新畫本；此間高物屬詩人。（楊建綸）

萬頃堂

滿地干戈，故老傷春作寒食；
重湖風月，有人招隱結茆庵。（孫揆初）
簫鼓迎神，百道風帆來管社；
詠觴修禊，幾人妙墨寫蘭亭。（孫揆均）
如上岳陽樓，望萬頃湖光，重憶希文椽筆；
遙瞻吳越界，指一帆風影，可來蠡湖扁舟。（陸士奎）
洗盡舊胸襟，一水平鋪千頃白；
拓開新眼界，萬山合抱數峯青。（王　勃）
艤旅鎮梁溪，保障一方，敢對中流稱砥柱；
登堂觀浤渟，汪洋萬頃，竊期邊境絕萑苻。（蘇籛）
眼前圖畫新開，大箕山，小箕山，列岫晴湖，不數癡翁留妙筆；
世外仙源誰是，東管社，西管社，結廬翠麓，可有漁郎來問津。（秦虬農）
几席三山，萬頃波濤來海上；
湖天一角，重陽風雨自江南。（袁寒雲）
山水儘徜徉，異世同心，此間近接紫淵宅；
風塵方澒洞，問天搔首，吾老已過絳縣人。（許珏）
何處有桃源，且偷半日閒，來享湖山清福；
新鄰接梅嶺，會看十年後，定成世界名區。（顧潛）
天浮一黿出；山挾萬龍趨。（孫揆均）

廣福寺

臨具區三萬六千頃，烟水迴環，許看東接蠡湖，西聯黿頭，南屏馬蹟，北枕龍峯，聊憑棲息塵蹤，何必廣居正位；
聽蒲牢一百零八聲，凡緣解脫，祗有春花拈笑，夏雲多奇，秋波鏡空，冬松挺秀，即此清修長夜，無非福地洞天。（侯鴻鑑）
姑置身水雲光裏，昨非今是，香爇茶溫，正宜乘此清閒，相與談黿頭春濤，馬山秋月；
試放眼名利場中，攘往熙來，金銷裘敝，有誰頓開覺悟，知領略峯臺寺鼓，獅座晨鐘。（華藝三）
門前萬頃煙波，雲夢拍浮中，院宇莊嚴疑岳麓；
寺後四圍翠嵐，湖山深邃處，風光明媚勝杭州。（張　謇）
几席三山，得少佳趣；
波濤萬頃，滌盡塵襟。（蔣叔和）
偶然笠屐來遊，便覺山中無曆日；
靜聽鐘魚互答，不知門外有波濤。（楊千里）

見到淸淨法身，三萬六千頃，浩淼朝宗，無非德水；
解得如來實義，七十又二峯，靑葱羅拜，盡屬慈雲。 (倪家鳳)

湖光瀲灩疑花雨； 山籟空靈度梵音。 (楊翰西)

現大士全身，萬頃風波都入定；
是南朝舊寺，中元甲子又重新。 (孫鶴卿)

我何爲托號丰年，本願普渡衆生，指引迷途，莫上名場誇得意；
汝尙可及時懺悔，從此皈依三寶，波羅般若，豈猶苦海嘆無邊。 (趙秉成)

項王廟

拔地山雄，舊蹟猶留霸王廟；
平湖浪靜，名區接近美人崖。 (楊壽楣)

到此疑仙，蓬壺瀛洲方丈；
不知有漢，美人名馬英雄。 (汪文溥)

黿頭渚

衆山靚螺髻； 萬頃枕黿頭。 (邵松年)

別有一天地； 誰識此山河。 (王 勍)

花神廟

春色鬭燕支，天教萬紫千紅，都歸主宰；
濤聲吼黿渚，地勝十洲三島，合住神仙。 (殷松年)

橫雲小築

橫雲分疊嶂； 落日澹平湖。(曹衡之)

飛雲閣

突兀一樓，下臨無地；
汪洋千頃，文如其人。 (楊千里)

梅園

留此冰雪質； 不隨江山移。 (曾 熙)

風止松猶韻； 日晴花更新。 (唐浩鎭)

幾生修得到； 一半此勾留。 (嚴毓芬)

坦腹納震澤； 高懷偎惠山。 (康有爲)

大才被廣廈； 巧工刊天然。 (姚景綏)

梅品高千載； 園花趣四時。 (楊夢臺)

七十二峯靑未斷； 萬八千株芳不孤。 (孫揆均)

千樹梅花半輪月； 萬家燈火一帆風。 (宮 立)

此地端宜和靖住； 化身疑有放翁來。 (荆祖鐵)

太湖雲影晴如雨； 惠嶺泉聲冷若秋。 (楊 灝)

明鏡忽開塵世界； 疏帆欲斷自朝昏。 (凌學放)

臘屐東山疑謝墅； 流觴曲水仿蘭亭。 (榮如棻)

四面雲山都入畫； 五湖風月助題詩。 (張勉之)

萬頃煙波宜水月； 一生知己是梅花。 (陶古漁)

幾樹梅花，數叢怪石；
四圍山色，萬頃波光。 (錢葆珍)

登小羅浮，觀萬頃浪；
臨香雪海，賞千枝梅。 (薛李鍾瑞)

月下人歸川更廣； 山中梅解石敷功。 (龔導村)

四面有山皆入畫；
一年無日不看花。 (秦歧農錄祝京兆句)

有客題詩，問寒梅開未；
與誰煮酒，趁梅子靑纔。 (楊壽枏)

林下人來，今夕可談風月；

眼前指點，名園不負湖山。（榮汝棻）

樹木十平，此地合名小香海；
太湖萬頃，浮生直欲老煙波。（孫肇圻）

與物為春，近水遠山供點綴；
同人於野，暗香疏影共徘徊。（陸光嶽）

縱有風波，看去還是湖山好；
不愁冰雪，到此能回天地春。（吳　濤）

流水當琴，此間時得小佳趣；
團棋消夏，靜裏微聞自在香。（榮汝棻）

可是孤山，合補小亭閒放鶴；
好從管社，爭羅奇石仿眠鱷。（顧鳴鳳）

山色湖光，最好映一輪斜月；
香清雪潔，得閒看萬樹奇花。（鮑朗周）

老樹紛披，恍有龍蛇起大澤；
奇峯兀立，木來天地是洪爐。（王　琮）

手種梅花，如此主人眞不俗；
眼空震澤，看來山勢亦朝宗。（儲南強）

風送暗香來，幾擺動閣中清興；
天空日雲淨，數峯見湖上青山。（榮汝棻）

瓊障九光開，隔岸人家聚煙火；
星橋百枝動，繞城山色映樓臺。（唐浩鎭）

彷彿孤山，正宜月下來遊，雪中清賞；
蒼茫巨澤，欲乘長風破浪，斫地狂歌。（華山）

運會本無常，但看今日梅園，猶昔時桃嶺；
秀嶺原特異，况復四圍山色，萬頃湖光。（趙人鏡）

東望錫山，香雪有亭，百數年遠追佳話；
南臨震澤，湖光照檻，七二峯半可指名。（榮汝棻）

風味似孤山，手種梅花，前身合是林和靖；
芳隣接萬頃，胸羅丘壑，披圖彷彿李將軍。（秦寶璣）

吳越結芳隣，倘教踏雪騎驢，勝地特開新世界；
湖山留隱跡，何異築亭放鶴，寄閒權作小神仙。（陳霖溥）

歷長廣溪，曲曲清流，一水迴環，入室又通香雪海；
與東西山，遙遙對峙，片帆時渡，滿船合載洞庭春。（華文川）

梅放滿園春，欣看四圍山色，萬頃湖光，勝景遙輞川別業；
詩吟小香雪，媲美三徐黃花，千林紅葉，閒情有鄭尉高風。（過方冕）

天付名園，對萬頃湖光，挹四迴山色，涉亭臺幽雅，花石玲瓏，到此應消塵俗想；
地靈生傑，攜一壺春酒，看千樹梅開，正皓月當頭，綺懷滿腹，其人自有謫仙才。（方仁涉）

三萬頃湖波奔來眼底，臨流把酒，攪不濁，澄不清，列坐歡迎，佳客汪洋思叔度；
千百枝梅樹開到頭巔，索笑巡檐，山必深，林必密

，幾生修得，主人儻逸似逋仙。（朱祖謀）

誰是逋仙，萬頃波濤清詩骨；
居然鄧尉，四山風雪識冰魂。（丁雲軒）

指揮雲樹規全局；　研鍊湖山入壯圖。（楊仁山）

手種梅花，想見福幾生修；定有詩情能遠俗；
眼空震澤，不獨水如此好，卽看山勢亦朝宗。（儲南強）

一園占盡湖山勝；　數點能回天地心。（楊春湏）

園拓數十弓，人間是福；
梅開千萬樹，天下皆春。（田一夔）

聽黃鸝數聲，最好是雪後園林，湖邊樓閣；
有玉梅萬樹，應記取吟鷺懽事，放鶴幽情。（程柏堂）

開原寺

梵宇傍名園，隔牆花鳥共隨喜；
具區成佛海，潛水魚龍共聽經。（楊幼梅）

山水空明，靜參物表；
雲煙清寂，妙契天倪。（高　翔）

度盡萬頃；　傳燈十方。（孫揆均）

錦園

陽春召我以煙景；
吳越之間有具區。（儲南強集句）

雪浪山

高蹤紹濂雒；　傑閣名古今。（吳塈）

風行天上；　香滿人間。（顧光旭）

司文衡而星羅北極；
秉福德以位列天下。（鄒安鬯）

雪浪十重，禪味得真如之境；
涅槃三世，塵迷渡般若之航。

大千世界本微塵，到眼成滄桑，方知卽色卽空，卽空卽色；
十萬煙鬟如昨夢，問當頭明月，可是無人無我，無我無人。（書　禪）

請迴俗士駕；　恐受山靈嘲。（山門聯）

蠡園

千步迴廊聞鳳吹；
兩山排闥送青來。（華　祀）

訪蹟自西來，遠嶠霞丹繽紛，紅拖浙北；
問春將東去，環視煙波浩渺，綠滿江南。（田一夔）

鷗侶無猜，四面雲山誰作主；
鴟夷安在，五湖煙水獨忘機。（孫保圻）

山澤見招，何年雲壑容高隱；
湖天如畫，是處煙波憶釣徒。（高汝琳）

眼前風景不殊，宛披摩詰畫圖，別墅輞川開粉本；
湖上秋光如許，可有漁洋詩筆，夕陽疏柳寫新詞。（孫頌陀）

剪月裁雲，好花四季；
穿林疊石，流水一灣。（裘昌年）

一舸來時，正春水猶香，好山未老；
百花深處，有明月作畫，微風動裾。（孫揆均）

風月暢無邊，看遠山作障，近水通池，賓主人嘯傲

煙波，少伯高蹤廣絕代；林泉容小隱：喜曲榭宜詩，迴廊入畫，嘉賓從流連觴詠，右軍遺韻想當年。（華藝新）

大好湖山，平生能着幾囘屐；只談風月，與爾同銷萬古愁。（繆海嶽）

何必佛國仙家，洞天福地；是眞衣被風月，几席湖山。（無名氏）

百尺愛長廊，風景宛如遊北海；四時饒勝概，煙波不再憶西湖。（蔣士松）

煙水老漁情，任憑人事滄桑，且消受物外田園，眼前風景；湖山故鄉好，占得天然圖畫，更近傍舊廬門巷，覺舍絃歌。（蠡園主人）

萬頃漾澄波，正微雨晴初，曳將坡老筇杖，六曲迴廊楊柳峯；九峯浮遠渚，趁夕陽明處，著箇放翁艇子，數聲柔櫓水雲鄉。（高翔）

輕舸到青祁，看湖光瀲灧，樹影空濛，暢好似輩因風景；名園依綠水，羨家足稻粱，手移蒲柳，願常過何氏山林。（陳宗彝）

輞川秀絕人寰，琉璃世界，罨畫樓台，儼然在水一方，八景溪山都入妙；閬苑飛來天外，花木長廊，煙波別墅，願得浮生半日，五湖風月坐中看。（范廷銓）

大好湖山，紅蓼岸，白蘋洲，鼓櫂來遊，數聲煙靄入畫；不殊風景，杏花村，桃葉渡，攜樽對坐，幾人樓閣平分。（丁鵬振）

【漁莊】水聲觸耳觀魚躍；月影當窗呼酒烹。（華藝鄉）

竹雨松風梅月；琴聲鳥語詩情。（華藝薌）

眼睆鳥鳴止翠柳；

【公園】於物魚躍師靈沼。（青祁布衣庸庸）

可以息，可以遊，商略廿年，眞始願不及此；何處池，何處堂，蒼茫四顧，起古人而問之。（俞復）

園成公界，當具公心，望遊人護花繫鈴，務使長春不老；樓以壽名，允宜壽世，願來者紀壽延算，同為大陸眞仙。（華文川）

無錫四門謠

南門豆腐北門蝦，
西門柴擔密如麻，
只有東門嘸啥賣，
葫蘆茄子搭生瓜。

【註】此謠爲民間歌詠錫城四門物產之作。南門多豆腐店，出品細嫩，豆腐乾及百葉亦著聞遐邇；北門沿運河，近太湖五里湖，爲魚蝦之市集；西門外山巒屏峙，故多柴；東門外遍地菜園，全城蔬菜，均仰於此，故如是云也。「嘸啥」，俗語「無甚之意」，「一搭」即「一及」也。

南洋飯店

地址：無錫通運路有惠里口

電話：第五三四號

房間寬暢

招待週到

床鋪清潔

價目克己

中南飯店

地址：無錫通運路中

電話：第三五二號

交通便利

設備完善

定價公道

招待週到

附錄

孔祥熙題

皮膚，性病，泌尿科，專門

留日東京帝國大學

姚璋醫師

最新型電療機太陽燈設備

◎診所：圖通路十八號 ◎電話：一六六二

首屈一指：獨步梁溪

泰山飯店

地址：工運橋堍 電話：一三七〇 一七三一 一三九八 轉接各部

歡迎嘉賓★探梅季節

全部新穎★各地仕女

衛生設備★安息勝處

各房裝置

冷熱水龍頭

三層大廈

高尚堂皇

房間寬暢

佈置美觀

交通便利

空氣新鮮

設備完善

侍應週到

是旅客最合理想的寓所！

附錄

遊覽行程

一日遊程

(甲)陸路(汽車或人力車)

蠡園　漁莊　寶界橋　黿頭渚(渡湖)　錦園　梅園　東大池　惠山　第二泉　錫山　黃埠墩　公園

(乙)水路(汽船或遊船)

蠡園　漁莊　寶界橋　黿頭渚　錦園　中犢山　萬頃堂　梅園

(丙)專遊宜興兩洞(包用小汽車)

善卷洞　庚桑洞

二日遊程

第一日　蠡園　寶界橋　黿頭渚　錦園　梅園　惠山

第二日　宜興二洞——善卷洞　庚桑洞

三日遊程

第一日　蠡園　寶界橋　錦園　黿頭渚　梅園

第二日　桃園　東大池　公園　崇安寺　錫山　惠山　第二泉　黃埠墩

第三日　宜興二洞——善卷洞　庚桑洞

遊覽費用

遊艇　(大畫舫備有餐膳)每日約四十萬元

汽艇　甲種(可坐二十人)每日十六萬元

乙種(可坐十八人)每日十四萬元

丙種(可坐十四人)每日十二萬元

丁種(可坐十人)每日十萬元

民船　每日約三四萬元

汽車　每日約十萬元

人力車　約二萬元

宜興兩洞

江南多佳山水，其以巖岫勝，以林谷勝，以湖沼勝者，所在多有，無待贅舉。惟專以洞壑勝者，則頗罕見。有之當推宜興之善卷、庚桑。

兩洞之瑰偉幽邃，形勢天成，於江南諸勝中，獨標異致，不落凡蹊，境地奇絕，秀甲天下。昔以地處偏僻，年久就荒，湮沒無聞，今則公路直達，交通便利。最近又經宜紳儲南強君，傾産經管，銳意芟治，草萊悉闢，內外一新，民廿三年冬，修工告竣，遊人乃得暢步其間，窮極奧曲，而兩洞之名，由是大彰。中外人士聯翩往遊者，絡繹於途，其佳勝處感人之深，可以概見。識者目爲「異軍突起之東南勝蹟」，洵非虛語。茲將兩洞內容，縷述於后，以期普遍介紹於國人。

善卷洞

洞在宜興西南張渚境之龍巖山（一名善卷山），距縣城約二十五公里，相傳爲唐堯時善卷子隱居之地，蘇省古蹟，以此爲最先。晉祝英臺嘗讀書於此，唐鍾離權（卽世稱八仙中之一人），亦嘗居此修道。

山麓有坊，顏曰「善卷福地」，坊後有新築之屋數楹，其前部爲巢許堂，後部爲螺巖小築，過門前進數十步，卽抵洞口，是洞共分四部，上曰雲洞，中曰樓洞，下曰瀑洞，後曰船洞。上中二部相通，下後二部亦然，惟四部因巖石之間隔，別爲兩層，上中二部據高層，稱旱洞，餘據低層，稱水洞，遊者順序觀覽，必先中洞，次上洞，次下洞，次後洞，今依此序分述其勝。

中洞——高廣各四五丈，深二十丈，曠若廣廈，洞口內壁，鐫「萬古靈蹟」四大字，相傳爲唐李靖書。洞口內矗立若屏風者，爲天然生成之鉅大石筍，拔地二丈餘，上銳下豐，其端端有立形佛像一，峯身題「小須彌山」。（按「須彌」語出佛經，其義爲「妙高」，實則「喜馬拉亞」字音之簡譯也）。峯後洞壁陡直，左右對峙，壁面各有山鐘乳巖凸面波紋所結之獸形，高數丈，闊幾倍之，在左者肖象，題曰「象王」；其形皆出天然，無斧鑿痕，然驟視之，則恍若龐大之浮雕作品，爲狀奇絕。兩壁及洞頂巖漿，均作波譎雲詭之狀。傍該洞之出口處，半空石壁上，雕有羅漢遊戲之立像一叢，題曰「靈山一會」，雕鏤精湛，非俗手所能至。再進約百步，有磚牆一堵，粉堊猶新，中書「慾界仙都」四字，相傳爲晉陶弘書。中洞之遊止此

上洞——繼遊上洞，卽須秉炬而入，循中洞出口，拾級登磴道，道盡處，卽見另一廣大深杳之洞，寬廣約畝餘，復左折循磴道口之石級上，乃一平臺，如新月半規，範以石欄，儼如舞台中之觀廛。繞行至右磴道下，有列成品字形之巖石巨柱三，上豐下銳，如神龍倒掛，全洞因此三柱，區爲若干堂奧，此爲全洞之最奇特處。舉炬燭壁，惟見怪石森立四周，如鷹攫，如鳳舞，如獸奔，幻形萬變，各極其異。偶或謦欬，回聲四應。洞中雲氣迷漫，置身其間，如被甘浴，卽在深秋，猶覺汗出如瀋。據云此中氣溫，常與洞外相反。外炎暑，則內奇寒；外隆冬，則內奇暖。洞中

樹有小坊一，額題「冬暖」，其背則題「夏涼」，意卽指此。洞入口處，題有「雲口」二字，濃霧充塞處，則題「霧海」。洞壁上一處，深陷成覆釜之狀，下有榻痕宛然，旁題「黃髮窩」。

下洞——出旱洞，由右宅門循一百二十八級之磴道而下至水洞，巖壁間鐫「凝口」二字。磴盡處有橋，橋下有潭，潭外有兩山夾擁，潭上絕壁高數十丈，山花繚亂，燦若披錦。上鐫「雷音壑」三字。壁上又有潭，水由巖隙下注，穿橋歸洞。洞內道平如砥，泉注小澗，鳴聲琮琤。由洞口進百步至小橋旁，左旁上有絕大石柱，浮現壁面，拔地數十丈，表面石紋，彷彿松幹，幹端鐘乳層疊，披紛四偃，恍若虬枝針葉。幹上鐫「補天石松」四字。環洞四周，以及洞頂，峭壁巉巖，嶙石峠崿，頗極奇麗，洞壁一處，石紋委宛紆曲，爲狀至奇，題爲「魚龍曼衍之壁」。

後洞——出下洞不數十武，卽抵後洞。洞廣尋丈，怪石嶙峋，遍佈洞頂，其口形如半輪，下平上曲。口外緣徑高丈餘，洞僅高數尺。洞底卽爲深潭，據稱深約四十丈。遊者至此舍陸登舟秉炬而入。小舟蛇行洞中曲折輕航，第見洞頂及洞壁，均爲層層之頁巖所成，層折分明，排比如積書堆紙。巖漿結成之石筍，流出石隙間，形成無數小石筍。航十數分鐘，卽重覩天日而出後洞。仰望洞上飛巖突出巉峻約均百仞，女蘿薜荔多倒垂下掩。此石均爲千百層頁岩積疊而成，頗具偉觀。洞之出口形如偃月，其外淸水一泓，瀦爲小溪。

由此循溪登岸，卽見岸上有亭，覆一古碑，上鐫「碧鮮庵」三字，碑陰載誌此地爲碧鮮庵遺址，卽晉奇女子祝英台與梁山伯讀書處。庵內花木扶疏，竹樹交蔭，頗饒淸趣。

庚桑洞

是洞距宜城約十三公里餘，在縣南之張公山，由京杭國道之川埠站向西折入至二公里處後轉折向南，約四公里，卽至洞口。據云此洞爲周時高士庚桑楚隱居之所，曾著亢倉子九篇傳世。漢時張道陵居之，或云道陵四世孫名輔光者棲此，唐之張果老據稱曾隱於此，故又名張公洞。道書稱爲「天下七十二福地之第五十八洞天」，卽指此洞。前有朝陽道院，爲舊洞靈觀址之一部。淸初道士潘朝陽修道於此。山形圓如覆盂，四圍高山環繞。此洞分前後兩部，後洞口適居山麓，故遊者率先至此。洞口新建之屋，顏曰「盂峯山莊」。入內卽見月洞門，楣題「庚桑後洞」四字。入門，廓然寬敞，岩石上覆如屋頂，中寬可容數十筵席，四壁岩紋極波譎雲詭之致。此爲「後洞」之正室。再進數十步有石磴，陟而升，可數十級，旋又降而下，亦數十級，此爲洞中之行脊。至此則又豁然開朗，所謂「前洞」者，盡呈眼前矣。前洞較後洞寬廣尤甚，天光由洞口射入，仰望洞天，恍若置身絕大且深之井內。回視洞頂及四壁，則岩漿所凝之石筍，多至不可勝計，其大者約可四五人合抱，均倒垂於洞頂及壁間。遠望之如遍垂瓔珞，其絕大者二，分垂兩旁，地位勻稱，如殿宇中之懸燈，一若特爲點綴此洞而生成者，洵屬不可多得之奇觀。此洞後部，有人工修成之寬大石級二十餘層，各長六七丈，儼若御殿朝階，級盡處卽爲廣大之平台覆於其上之洞頂，外簷鐫「海王廳」三大字。岩壁隙處，各就其自然形態，鏤八仙神像 依其岩紋，配爲雲水之狀，态態各異，極生動有致。

前洞之西側有水鼻洞，內黝黑不可辨，備火炬曲折俯身入行數十步，卽有水阻。轉折，再入一洞，步石磴，上下升降，左右旋折，洞道忽寬忽窄，透光處則一線瑩然。身行此盤旋洞道，彷彿蟻穿九曲之珠。行三十分鐘，出一較大之洞口已抵前洞門之東洞口，其洞門題曰「盤腸洞」。儻由前洞之下方，拾級上登，則有曲屈之磴道可循，約二百餘級。轉折處均建有亭，其數凡四，可供遊者憩息。磴盡卽爲洞口，其地位適在近山巓處，人行磴道上仰窺洞口，卽見陽光朗佈處，亭台掩映半空，襯以山花燦爛，恍覩仙山樓閣。比出洞口，四望羣山環抱，太湖隱約可見。此爲洞之前門，亦卽張公山巓，有磴道通山麓。

華泰保險股份有限公司
無錫分公司

地址：壇頭弄長安橋南尖八號
電話：八四〇號
總公司：上海四川中路一四九號中興大樓四三八至四四一號室
電話：一九五四五　電報掛號：四七四二號

小兒科專家

強士奎醫師

地址：新生路小婁巷口
電話：一四一四號

先施水火保險公司無錫經理處

地址：北門外江陰巷口勤新釀造廠二樓　電話七四三號
負責人：胡燮仁或葉祖望先生

開辦最早　信用卓著　手續簡便　貼款迅速　資本充足　歷史久遠　如荷惠顧　毋任歡迎

無錫最富麗最高尚之大旅社
京滬
飯店
房間寬暢清潔！
茶役侍應週到！
地點適中便利！
設備富麗完善！
地址：通運路
電話
張房間七三一
二樓七三二・三樓一一八三
電報掛號
〇〇七九
內設
仙樂歌場
樂隊伴奏
歌星獻唱
環境幽美
刺激緊張
咖啡牛奶
日夜供應

中華民國八年七月初版
中華民國卅六年四月第十七版
無錫雜誌社第三種增刊　每册國幣壹萬元

發行者　薛明劍
印刷者　民生印書館

編輯者
李惕平　沈濟之　薛明劍
蔣坤寶　胡念倩　劉佐漢
華洪濤　陸貫一　李伯森
榮德生　孫毓銓　孫亮初
錢孫卿　鄭翔德　許榮卿
談家根　蔣憲基　李繼曾
吳敬人　薛惟一　孫鏡波
范惕生　榮一心　薛禹言
徐赤子　孫翔風　姚多聲
孫德先　范力琪　華晉吉
胡鳴虎　康文燾　楊履仁

校正者
竇慕儀　李漢興　莊耀初
錢子泉　諸鎬卿　李正明
朱文沅　李勝昌　薛禹穀
沈慕周　胡壽明　葉祖望

批發處　無錫雜誌社　建國書店
出售處　各大旅社　各大書局　各大餐廳　各大車站

如蒙轉載　請即註明　錄自本社　無錫指南
外埠函購　請寄無錫　西門內序　成橋29號

內政部登記證京警蘇字第五十七號

無錫長途汽車公司
遊覽綫
梅園
黿頭渚
小箕山
寶界橋
漁莊
蠡園
長途綫
中橋
南橋
周新鎮
華莊鎮
巡塘鎮
新安鎮
遊覽風景
迅速便利
地址 西門外通德桥
電話 一四八一

無錫風景

（民國）楊景煥 攝

《無錫風景》不分卷，（民國）楊景焕攝，民國九年（一九二〇）上海商務印書館印行，鉛印本。

楊景焕（一八九五—一九四一），一名慶頤，字蔚章，楊翰西長子，無錫人。上海同濟大學堂肄業，曾赴英、德留學。青年時即在楊氏廣勤紡織公司任職，並開辦企業。一度任山東省財政廳科長、隴海鐵路總收支處處長等，後從事金融業。抗戰時期曾兼任楊氏廣勤公司總經理、廣豐麵粉廠廠長等。《無錫風景》實爲楊景焕的攝影作品集。該書收録大量無錫近代風景園林照片並附簡短説明，定格了當時無錫太湖、横雲山莊（今無錫太湖鼋頭渚風景區主景點）、管社山、梅園、東大池陸莊、惠山古鎮、大運河吴橋、城中公園及東林書院等在二十世紀二十年代的概貌，具有重要史料、資料價值。

本書據民國九年（一九二〇）上海商務印書館鉛印本影印。

（沙無垢）

無錫風景

Views of Wusih

Kiangsu, China

上海商務印書館印行

弁言

無錫當滬寧孔道擅山水之勝中外人士之乘汽車來者朝發午至咸畢集於惠山之麓太湖之濱惠山以二泉名環泉之名蹟不勝縷數如雲起樓如竹爐山房如寄暢園皆著焉者也此外如黃公澗白雲洞若冰洞點易臺尤足發人思古之幽情其餘崇祠傑閣泉石池沼自小金山迤邐至五里香塍樓臺金碧與嵐翠爭輝游覽至此未嘗不嘆觀止也若夫太湖之濱自范大夫挾西施泛舟游此始明清間以高子水居管社楊園爲薈萃裙屐之所其後遭逢喪亂舊址僅存游者輒裹足不前今則漸復舊觀矣陸路由惠山而梅園而萬頃堂立車蓋松下麐虞美人崖獨山底柱於中流滚湖水分兩翼入具區駕小舟張布帆遂浪上下倏隱倏現乘勢出峽不啻張一幅天然圖畫也至水路則經梁溪至萬頃堂登黿頭渚當夫夕陽西下獨立涵虛亭間見天半雲飛變幻蒼狗野鳬閒鷗出沒水面忽焉風發波濤破空而來激盪石穴罅遠遠與萬木怒號聲相應答則一改嚮者幽秀之觀別具雄奇之勢誠內地所不經見者又豈獨俯視三山若几席足以豁胸襟遺素抱耶余於春秋佳日每放浪於山巔水涯以騁娛心志凡目之所遇苟得少佳趣胥攝影以歸積年得若干片黏之於壁意欲不出戶而臥游其中也友人見之謂余宜公同好俾饜已遊者之目作未游者之導庶不負梁谿佳山水云余韙之乃付諸珂羅板因誌其緣起如此

編者識

中華民國八年十月

無錫風景目次

1. Distant View of Wei Shan Creek　　(一)惠山浜遠景

在黃埠墩之南　登寶善橋遠眺　雲影波光　心目爽曠

(二) 黄埠墩

2. Huang Fou Tun

墩在蓉湖浜口 運河中流 憑樓眺望 山色撩人 遠水橋颿 横塘燈火 悉爲几案間物 中楹佛殿 周廊四匝 上有文昌閣 水月軒

(三) 惠山浜近景

3. Close View of Wei Shan Creek

4. Wei Shan Temple and Tablets

（四）惠山碑亭

亭在昭忠祠前下有金蓮池方數丈石梁貫之中有金蓮花黃色多幽香相傳宋沙門僧顯所植

惠山九峯聳起自東迤西下爲九塢最東曰白石塢第二泉在焉萬松矗立與望公塢水簾洞遙相對峙

6. Exterior View of the Patriot's Temple 祠忠昭（六）

昭忠祠爲惠山寺故址清同治間建祀淮軍將領極崇閎整麗

7. An Ancient Monument　　坊德報人千（七）

坊爲明鄒迪光建　背面書巖壑夔龍四字

8. Chi Ch'ang Garden　　寄暢園（八）

是園初名鳳谷行窩中多喬松古木假山石尤勝更引惠泉入園爲池九峯則屏列於外咸同間燬於亂今稍修復矣

（九）寄暢園假山

9. The Artificial Hill in Chi Ch'ang Garden

雲間張漣善疊石 技重天下 此即張氏所築

引二泉之流匯爲曲池 坐檻中仰挹山色 俛瞰游魚 檻東一石梁長十餘丈 臥波面 風景絕勝

10. The Fish Pond in Chi Ch'ang Garden （十）寄暢園知魚檻

12. The Tea House on Wei Shan 漪瀾堂（十二）

唐人陸羽品惠泉爲天下第二泉 泉水澄清 雖大旱不涸 上有二泉亭 左壁有趙孟頫書天下第二泉石刻

11. The Second Spring of China 惠泉（十一）

堂在二泉亭之前 堂前有廣池一 中蓄丹鯉 二泉水匯瀉池中 渟泓如鏡 遊人多於此品泉

14. A Temple on the Peak of Wei Shan 白雲洞（十四）

在惠山絕頂 左右皆奇石 有峭壁 高五六丈 周遭若城垣 中開一罅 形如雙門 名水簾洞 是處多羊齒類植物 俗稱牙牌草

13. Stone Gate on the Peak of Wei Shan 石門（十三）

在石門下 天生小石龕也 奉呂祖像 再下有九陽宮雷尊殿紫微宮張仙殿等 殿後有石壁 飛瀑濺激 如珠下垂 故名珠簾泉

（十五）黃公澗

15. Huang Kung Chien

(Famous for its Waterfalls)

黃公澗一名春申澗 春申君黃歇曾飲馬於此 每當山雨甫罷 飛瀑自峻嶺尋道下 聲若轟雷

洞爲唐僧若冰劚巖得之 洞下有泉曰若冰 水自洞流出於石罅 蓋惠山泉別源也 相傳洞可通宜興張公洞云

16. A Cave on the Hill （十六）若冰泉及若冰洞

17. The Garden Inside the Patriot's Temple

（十七）竹爐山房

明高僧性海製竹爐因題竹爐山房乾隆南巡賜額現歸昭忠祠上有雲起樓羅漢泉諸勝

19. An Old Stone Platform on Wei Shan 點易臺(十九)

錫山　惠山支隴也　當周秦時大產鉛錫　漢興錫方殫　因以號縣　山巔有龍光寺　龍光塔現廢

臺在惠山麓　明正德間邵文莊公寶所築讀易處也　崖上有石刻點易臺三大字

18. A Snow View of Hsi Shan 錫山雪景(十八)

20. A View of Hsi Shan Pagoda

（二十）五里香塍

五里香塍即綺塍街 爲自城至惠山要道 俗稱五里街

21. Wu Bridge

(二十一) 吳橋

在黃埠墩西　跨運河　安徽吳子敬獨力所建　上海求心廠造

(二十二) 東林書院舊址

書院在城東　始爲宋楊龜山先生講學之所　後闢爲書院

明顧憲成高攀龍復講學其中　光緒間改爲小學校

22. Au Ancient Monument outside the Tung Ling Primary School

(二十三) 無錫圖書館

23. Public Library, Wusih

在公園對面

公園民國二年落成拓地甚廣結縷平鋪花木蓊鬱西南隅有古木一株大逾十圍蔭覆數畝尤占全園之勝

24. The Pavilion in Wusih Park

(二十四) 公園之亭

25. Hay-roofed Pavilion in Wusih Park

（二十五）公園草亭

26. An Old Tree in Wusih Park

(二十六) 公園古樹

27. Willow Shade

（二十七）公園綠楊深處

28. The Monument in Wusih Park　　(二十八)公園紀念塔

29. Yen Pi Bridge

（二十九）公園涵碧橋

30. A View of Liang Ch'i River

（三十）梁溪

梁溪為遊太湖必由之道相傳梁鴻曾居此因名中流有仙蠡墩俗傳范蠡載西施所泊處濱溪居人多為魚池焉

31. Hsiang Hsi Hai (Sweet Snow Sea)　　(三十一) 梅園香雪海

園爲邑人榮氏所築　面臨漆湖　植梅數千株　花時尤勝

32. T'ien Hsin Pavilion　　（三十二）梅園天心亭

33. Lily Hall　（三十三）梅園荷軒

34. A Famous Stone in the Plum Garden　　梅園小羅浮（三十四）

(36. The Three Hills in the Tai Hu (Great Lake) 太湖三山（三十六）

管社山前臨具區　後引漆湖　山麓有項王廟　實夏王廟之誤　廟左爲湖神廟並劇樓　再左卽萬頃堂　此其全景

太湖中有三小山　峙出水面　遙望如笠

35. The Temple on Kuan Shui Shan 管社山全景（三十五）

(三十七) 管社山湖神廟

37. A View of Kuan Shui Shan

廟在山麓臨湖與獨山相對亦稱項王廟

(三十八) 萬頃堂

38. A Tea House on Kuan Shui Shan

在湖神廟左丙辰春重修門臨太湖風景絕佳

39. Front View of the Tea House

（三十九）萬頃堂全景

40. Umbrella-shaped Pine　　松蓋車（十四）

41. A View of Kuan Shui Shan

（四十一）浚美人崖

在獨山門項王廟旁

42. A View of the Five Li Lake

（四十二）五里湖之楊園

園在五里湖濱管社山麓 爲清初高士楊紫淵先生讀書隱居所 築有柳堤池沼層樓曲榭 掩映湖光山色中 故址尚存

墓在管社山麓　先生性剛直　樂善好施與　每布袍草履　與漁樵爲伍　膂力尤絕人　嘗於此誅太湖巨盜　然平素未嘗言武事也　有巨鐵鞭　子孫現尚寶藏之　丹陽蔣衡爲碑　記之極詳

楊紫淵先生墓（四十三）

43. Hermit Yang's Tomb

44. Hermit Yang's Temple 楊紫淵先生祠（四十四）

45. I Shao (One Spoonful) Spring

（五十四）一勺泉

此泉在充山　水亦清澈

46. Lu Hsia Pavilion (Falling Cloud)　　落霞亭（四十六）

此亭在充山之麓　位置亦勝

47. A View of Tai Hu Lake No. 2

(四十七)橫雲石壁

在充山麓並有石刻包孕吳越四大字巉巖交錯壁立數丈忽焉風發則波濤破空而來水石相激訇然有聲

(四十八) 楊氏私立植果試驗場

48. Mr. Yang's Fruit Garden

場在充山麓黿頭渚上所植以水蜜桃爲多

黿頭渚以山厓突出湖面形似黿頭故名由此遙望則全湖在目風帆上下氣象萬千

49. A View of Yüan Tou Peninsula (四十九) 黿頭渚全景

50. Yen Hsu Pavilion on Yuan Tou Peninsula

（五十）涵虛亭

此亭即在黿頭渚道上

（五十一）陸莊

51. Lu's Villa

（五十二）陸莊荷池

52. The Lily Pond in Lu's Villa

在梁溪陸井爲邑人陸培之別墅略有山石亭臺荷池廳事荷花盛放時消夏最宜

中華民國九年五月初版

（無錫風景一册）
（每册定價大洋肆角）
（外埠酌加運費匯費）

不准複製

編纂者 無錫楊景煥
發行者 商務印書館
印刷所 商務印書館 上海北河南路北首寶山路
總發行所 商務印書館 上海棋盤街中市
分售處 商務印書分館 北京天津保定奉天吉林龍江 濟南太原開封洛陽西安南京 杭州蘭谿安慶蕪湖南昌漢口 長沙常德成都重慶瀘縣福州 廣州潮州香港桂林梧州雲南 貴陽張家口 新嘉坡

無錫導遊

（民國）芮　麟等　編

《無錫導遊》不分卷，（民國）芮麟、倪厚齋、楊一村、華天谷編輯，民國二十三年（一九三四）鉛印本。

芮麟（一九〇九—一九六五），字子玉，號玉廬，别號草鹿詩人，無錫人。一九二九年江蘇省立教育學院畢業。早年從事社會教育和文學創作。一九三五年冬至青島，任山東省政府秘書兼魯西行營秘書等職；抗戰後期在重慶任農村部秘書、科長、代司長等。抗戰勝利後在青島創辦乾坤出版社、《青春》雜志社，擔任社長、總編輯。建國後從事教育和古典文學研究。著作有《無錫民衆課本》、《河南民衆讀本》、《自然的圖畫》、《東南環遊記》及詩集《戰事紀行詩草》、《莽蒼蒼行》等。《無錫導遊》由芮麟和朋友倪厚齋、楊一村、華天谷合作編輯，由無錫導遊社發行。全書分十三目：概説、區域、户口、名勝、古迹、教育、遊程、交通、食宿、機關、社會、物産、文藝，共二十萬字。卷首有二十四幀照片和無錫縣全圖、城區圖、遊覽交通圖、惠山鎮圖等四幅地圖。該書較全面、深入地介紹了當時無錫概況，具有一定資料價值。

本書據民國二十三年（一九三四）鉛印本影印。

（沙無垢）

無錫導游

無錫導遊目次

无錫導遊

二

序

無錫枕九龍而臨太湖，山水之勝，甲於東南。中外人士之來會是邦者，歲不可以數計。論者且擬之世界公園之瑞士。其爲人所重，蓋可見矣！惜以冠蓋雲集之區，猶尟湖山導遊之作，爲可憾也！間嘗發其意於朋好間，倪子厚齋，楊子一邨，華子天谷首韙其言，乃相與探巖壑，訪故拾，稽乘簡，分工纂輯，不逾月而書成，卽名之曰無錫導遊。爲目凡十有三：曰概說，曰區城，曰戶口，曰名勝，曰古蹟，曰教育，曰遊程，曰交通，曰食宿，曰機關，曰社會，曰物產，曰文藝。都二十萬言。俾吾錫之山川形勝，得傳諸異地，播諸人人，而來遊者有按圖而索之樂焉。顧同仁壓線之餘，匆促成書，闕漏必多，補苴修訂，請俟異日。

民國二十三年三月十四日，芮麟序。

東南第一長橋——無錫寶界橋

公園白水蕩

公園繡衣峯

梅園（一）

梅園（二）

蠡園（一）

蠡園（二）

(三) 蠡園

(一) 黿頭渚

（二） 渚 頭 黿

（三） 渚 頭 黿

鄭 園

太湖三山

小蓬萊山館

小箕山

萬頃堂

錫山

惠山寄暢園

惠山二泉亭

惠山公園

惠山白雲洞

惠山石門

惠山望公塢

黃埠墩

東大池

東林書院

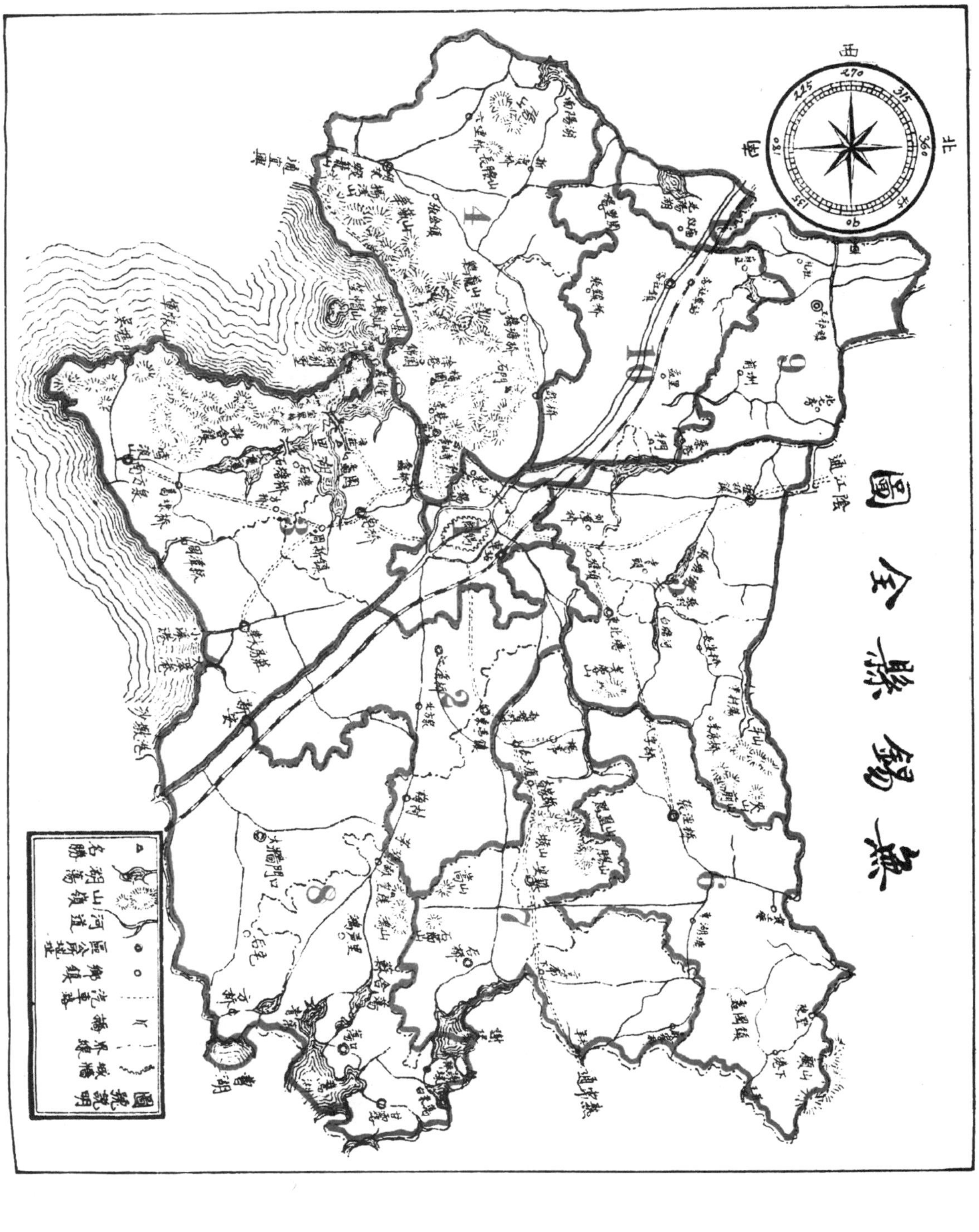
無錫縣全圖

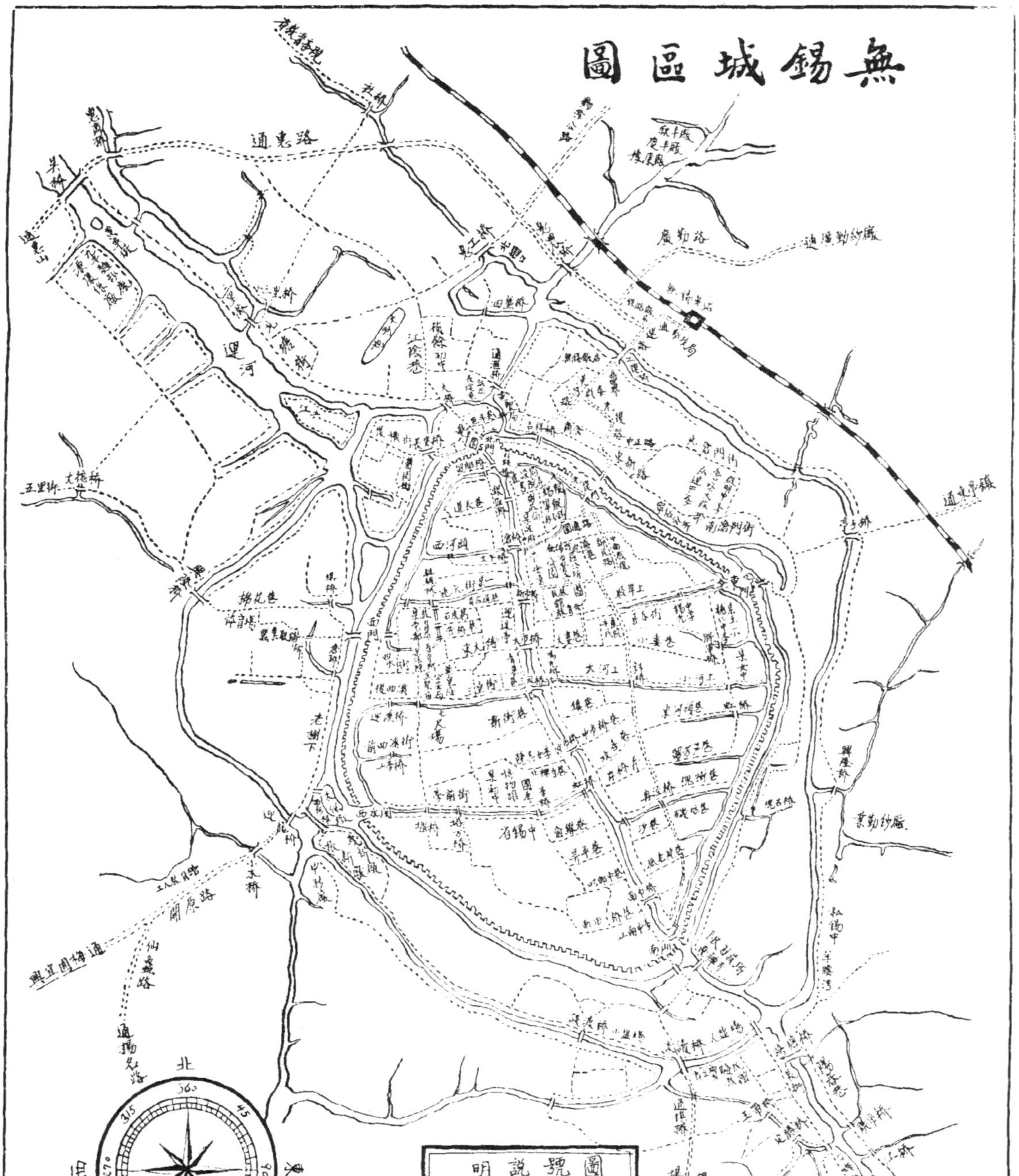
無錫城區圖
圖號說明
城牆
橋
鉄道
車站
街路
馬路
河道
北
南
東
西
運河
通東路
通南橋
錫鐘中學

遊覽交通圖
三區
四區
十四區
十七區
五里湖
開原路
通宜興
通南方泉
周新鎮
石塘橋
梅園
車站

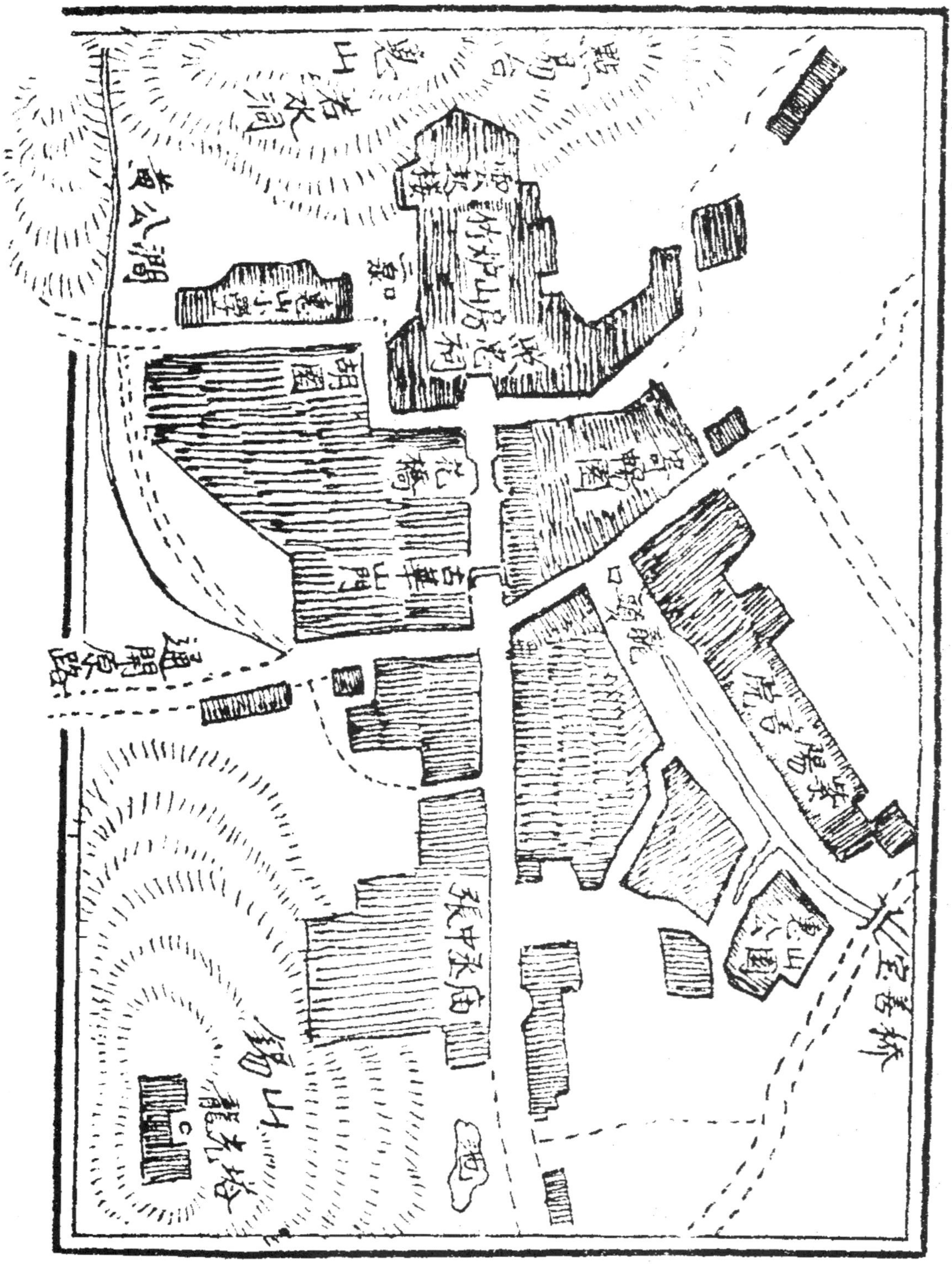

惠山鎮圖

概說

無錫戰國時爲春申君城。漢高祖五年，始名無錫。新莽時改稱有錫。後漢復爲無錫。元稱州，明仍稱縣。清雍正四年，分無錫東部爲金匱縣。民國元年，金匱縣復幷於無錫。十二年闢商埠。十六年省府劃無錫市爲模範市，尋亦罷。

無錫位於江蘇之東南，南瀕太湖，東南接吳縣，東北鄰常熟，北毗江陰，西連武進。東西相距凡百二十里，南北凡百十里。面積約三千六百五十方里。人口凡八十九萬三千八百三十二人。分十區。

邑城居中，東西二里許，南北三里許，面積約七方里有奇。城代有修築。嘉靖三十三年，知縣王其勤築城禦倭，七十日而成，周圍一千七百八十三丈六尺一寸，高二丈一尺。定四門之名，北曰控江，南曰望湖，西曰試泉，東曰靖海。其上各有樓。清康熙時又兩修之。光復時於東北二門間闢光復門，亦曰新北門。十七年於西門北偏另闢西成門，亦曰新西門。十九年冬，又改建望湖門。行人稱便。

山脈以錫山爲主峯。其脈自南嶺山脈之浙江天目山渡湖而來，自閶江入境，蜿蜒起伏於邑之西南境。最著者有惠山，青山，舜山，橫山，管社山，華藏山，安陽山，獨山，三山，充山，許舍山，南橫山，五浪山，軍帳山，長泰山，吳塘山諸峯。

河流以運河爲主。自武進縣界經橫林東南行入邑境，凡經九十里而東入吳縣界。

湖泊之較著者爲五里湖。在邑之西南，境周三十餘里，風景絕佳。鵝湖及苑山蕩，亦爲諸水之匯，裨益灌溉良多。

交通陸有京滬鐵道，錫滬，錫澄，錫宜，環湖諸路，水有運河梁溪諸水，交通便利，商務發達。出產以稻麥蠶絲爲大宗。

工業素以紗絲二業爲最著，惟近年以世界不景氣風潮之激盪，社會經濟之衰落，均有疲傯之勢。

教育向負盛譽。全縣分學區八，計公私立學校四百十七所，學生四萬五千餘人。公私立社教機關三十餘所，遍佈城鄉各地。

無錫背山臨湖，風景清麗，其最著者在湖濱有梅園，錦園，黿頭渚，小蓬萊，鄭園，萬頃堂，蠡園，漁莊，寶界橋，雪浪山，軍帳山等；在惠山有惠山公園，二泉亭，寄暢園，春申澗，貫華閣，龍光塔等；在城區有公園，崇安寺，黃埠墩，芙蓉湖，缸尖渚等。

綜上所述，卽無錫各方面之大概也。

無錫導遊

四

區域

無錫區域，故分二十二鄉。至明中葉，併成十三區。區分上下扇，計戶分里，隨漕定區。區攝都，都攝圖，圖攝甲。民國成立，重行劃分，人口滿五萬者爲市，不滿者爲鄉，定十市七鄉。十八年復改爲區，凡十七。二十三年又併爲十。茲將區別原名方里暨區內重要鎮名等列表於后。

區別	舊市鄉名	面積	區內重要鎮名
第一區	無錫市	九二·三方里	崇安寺
第二區	景雲市、北下鄉	三六〇·二方里	江溪橋、周涇巷、梅村、東亭、楊亭、長大廈、
第三區	揚名鄉、新安鄉、開化鄉	五八五·三方里	南橋、東埄、南方泉、許舍、石塘、華大房莊、新

安

第四區　開原鄉　富安鄉　四六三・三方里　錢橋、榮巷、河埒口、徐巷、張舍、楊墅園、新瀆橋、陸區橋

第五區　天上市　天下市　四二八・〇方里　堰橋、村前、寺頭、八士橋、東北塘、塘頭、長安橋

第六區　懷上市　二三〇・〇方里　張涇橋、陳墅、王莊、東湖塘

第七區　懷下市　北上鄉　四〇九・九方里　安鎮、羊尖、嚴家橋、大牆門、后宅

第八區　南延市　泰伯市　五二三・〇方里　玉祁、禮社、前洲、北七房

第九區　青城市　二七二・二方里　蕩口、甘露、鴻聲里

第十區　萬安市　二八五・四方里　洛社、石塘灣、張鎮橋、葑莊、西漳

全邑面積計三千六百五十方里。

無錫導遊　　六

戶口

無錫戶口，久無準確之統計，現今究有人口若干，無從可知。最近本縣保衛團區公所調查之戶口統計，刻已竣事，總計本邑人口八十九萬三千數百人。此實本邑比較可靠最新之確數。茲將各區情形，列表如左。

最新戶口調查統計表

民國二十四年一月

區別	戶數	人口 男	人口 女	人口 合計
第一區	二五五二三	九三九九九	七六四三二	一七〇四三一
第二區	一八一九〇	四三七三〇	三九四〇〇	八三一三〇
第三區	二七六四〇	六〇三八四	六四〇四四	一二四四二八

第四區	一六〇一五	三九九六六	三六三三一	七六二九七
第五區	二二二一〇	五六一八四	四九四五六	一〇五六四
第六區	一二五四五	二七五九四	二五六六一	五三二五五
第七區	一四九八〇	三三六五四	三〇〇三六	六三六九〇
第八區	二一四五六	四六六二一	四四六二五	九一二四六
第九區	一二二六三	三三三〇八	二八七二八	六二〇三六
第十區	一三七二四	三三五五三	三〇一二六	六三六七九
合計	一八四五六	四六八九九三	四二四八三九	七九八七五六

東南環遊記

芮麟著　實價四角　上海生活書店總經售

本書爲芮麟最近所撰遊記之總集。內有：一、三百里間春似海，二、軍帳山遊記，三、藕花香裏望鼋頭，四、偷閒又結獨山緣，五、揚州紀遊，六、馬蹟山遊記，七、京鎮紀遊等篇。遊蹤經杭州，莫干山，湖州，宜興，無錫，南京，鎮江，揚州諸地。原文均已在國內著名雜誌發表，深得讀書界之好評，現裒爲東南環遊記之甲集，由上海生活書店總經售，書印無多，欲購從速！

無錫導遊

八

名勝

（根據無錫指南增補）

（一）惠山風景線

惠山 在邑之西南五里許。考錫山景物略：「開山禪師名慧照慧惠也，以僧名名山，故名惠山。宋時名歷山。郡國志名九龍山，又名冠龍山。吳地志名華山。老子枕中記名西神山。陸羽記山有九龍，故名九龍山。隋大業時，有龍鬬於山，故又名鬬龍山。」又考慧山記：「東晉時有家於山下者，妻妊三年，生龍，色如銀，七日昇天去，龍母死，葬於山巔，即地成潭，因名龍潭山」。今通稱曰惠山。山有九峯，下有九塢，曰白石塢、桃花塢、擔鉤塢、王家塢、宋塢、馬鞍塢、望公塢、仙人塢、火鴉塢。峯巒起伏，神勢夭矯，周圍約四十餘里，高約百餘丈。登山之道，由二泉亭後，歷級而上，經文昌閣，三官殿，轉折而西，直達山巔。其上殿宇，有頭茅峯、二茅峯、三官殿、三茅峯等，皆羽流所居。登頭茅峯，卽見太湖，湖中諸山，若洞庭、夫椒、縹緲隱約，如蓬萊三島。帆檣點點，舟小如葉，載沉載浮，出沒如鷗，天際波光，萬頃一碧。東顧則平疇綠野，林烟蒼靄，渺無涯際。其第五峯巔宋塢之上，俗呼曰拔船灣，巨石盤錯，有鏡光石、涼棚石、天公足跡石、獅子石等，惟歲久字湮，不復能識別矣。諸石交互成臺形，足供小憩，每當春秋佳日，緣山爲市，賣錫天氣，沽酒人來，高踞其巔，一杯在手，臨風唱「大江東去」，大有「振衣千仞岡，濯足萬里流」之概焉。遊人歷全山者，多自石門下，石門在第七峯下，望公塢上。峭壁懸崖，孤絕奇險，兩巨石對峙，明邵文莊公書石門二字於其側。上有流泉下注，飛瀑濺珠，曰珠簾泉。有洞窅然，曰白雲洞，供呂仙像。由此下山，路窄澗深，石級蜿蜒，人以其盤旋曲折也，故呼之曰搖車灣。道旁有九陽宮、離垢庵、紫薇宮、張仙殿、眞武殿、雷尊殿等。過眞武殿以下，路漸平坦，松風澗水，聲韻淸幽，紆徊叢林中，凡數百武卽出山。磚衢南行，直達龍頭口，山盡處爲龍尾陵，俗呼龍山梢，有白龍潭在焉。按此山爲天目支脈，由九華穹窿迤邐而東，至此崛起，數百里內，山嶺悉歸宗焉。西北如嶂峢、大穹、青山、峨嵲、回抱、犢山、石塘、軍帳、諸山，蜿蜒盤礴，東西如鴻、嵊、膠、顧、斗、芙蓉、石室、諸山，峯巒相望，又有拱輔之意。若璨山、錫山，則獅伏其前，如門戶焉。其爲天下名勝也宜矣！

惠山寺　考諸家記載，惠山寺建自劉宋時，係長史湛茂之歷山草堂改建。初曰華山精舍，數經更改，至明初始名惠山寺。經五里街至九龍峯門，又一里許爲山門，山門左右有石幢二，近過郡馬祠者，爲唐乾符間物，上刻金剛經。近錢武肅王祠址者，爲宋時物，上刻楞嚴經。山門內有日月池，池上有香花橋。當年自古華山門至山麓一帶，皆寺基，其規模之宏大，殆難擬比。今則全廢。惟山門左右之二石幢，及香花橋下之日月池，昭忠寺內之金蓮池，得略窺一斑耳。他如佛殿僧房，已爲昭忠祠或宗祠等所占矣。

惠山公園　民國十八年夏邑人孫道始長縣篆時由李公祠改建。建築堂皇，亭臺深雅，迴廊曲折，怪石嵯峨，風景絕佳。

積書巖　積書巖在昭忠祠左側，清康熙時有顧貞觀者爲祕書典籍，晚年於顧端文公祠右芙蓉亭址，構軒曰暢詠堂，積書萬卷，吟誦其中。開軒面金蓮寺。今軒仍在，而積書巖則已徒有其名矣。

金蓮池 在昭忠祠內，池中產金蓮，相傳爲劉宋僧顯者所植。花似蓮而小，色黃而香。池水甚潔，邑人恆漂紗其間，故有濾塘浣沼之稱。

聽松石床 在金蓮池之上，橫臥亭內，石長約六尺，闊厚半之，盤偃有古色，爲東南各省著名之石床。有唐李冰陽篆文聽松二字鐫其上，唐皮日休所謂「松子聲聲打石床」，即指此也。迨後幾經遷移，荒棄草野，清康熙中，始遷於此。道光間李彥章建亭覆之，今壁間有碑，即敍石之始末也。

銀杏樹 石床之旁有數百年之銀杏樹，大三四圍，素不生果，上有一寄生之柚樹，獨結實纍纍，清秦琳有詩詠之云：「大雄殿下綠苔滋，銀杏濃陰覆石墀，笑指樹頭新結子，青青多在寄生枝。」

不二法門 在石床後，舊惠山寺之齋堂，明萬歷間改築者也。供眞武地藏酆都諸像。時有村嫗鄉婦來此進香，木魚清磬，常聒耳鼓，惠山寺毀後，一線梵音，徽此幾成絕響矣。今後園有碧露泉。

竹爐山房　在二泉亭右，後接昭忠寺。按明時惠山寺僧名性海者，風雅多與名流遊，王中祕紱寓聽松庵，常相過往。會湖州有竹工至，爲製竹茶爐，一時名流唱和之詩極多，此爐遂爲珍品，藏之庵中松濤軒，後軒毀於火，僧人遷之彌陀殿，改稱聽松山房。此爐幾經陵谷，終得復其原處，並將當日唱和詩及王紱畫竹刻於壁間。明萬歷時，鄒副使迪光更今名曰竹爐山房。乾隆間又遭火刼。重建後，復將搨本刻於壁，御賜頓復舊觀額。庚申又毀於洪楊兵燹，同治間再建之，並於庭前築戲樓焉。光緒末年，由邑人孫昌烈顧景璐等請於大吏，撥款改築。秦寶瓚恭摹御額，懸之廳事。王紱畫竹及諸名人題咏仍在；惟竹爐僅有繪圖遺蹟，藏之裴氏矣。廳後有羣賢畢至匾，則庚申後重建物也。今則游人罕至，蓋個中人常將廳事扃閉，祕守其刻石畫墨，以爲牟利地，殊可憎也。

寶翰閣　竹爐山房之右有寶翰閣，舊藏王紱竹爐畫卷，及先賢題跋，今出租與商人設寶華照相館。閣後有松泉，額爲王澍所篆。

雲起樓

在二泉亭上昭忠祠後，舊日惠山寺之天香第一樓故址也。清康熙間，邑令吳興祚建樓於若冰泉左，後移今地。危樓一角，聳出山麓，隔絕塵囂。入門迴廊曲折，緣山勢高下，名曰隔紅塵。拾級而上，曰聽松亭，舊名曰朱衣閣。亭下有泉曰羅漢泉，對面爲名山敬業堂舊址，最高層卽雲起樓。四面開窗。風景幽絕。樓下假山曲折。通昭忠寺享堂，羅漢泉之前有敞軒，當係舊日之養靜軒，惟入門有春水草堂之碑，嵌於壁間，不識其所自，姑待後日考補焉。

羅漢泉　一名朱衣泉，蓋取「羅漢本無我相，朱衣豈有名心」之意，明僧眞恩所鑿也。

第二泉

進古華山門約三百武，華坡之盡處，有門可入，假山嵯峨，豁然別有天地，亭榭池沼，花木泉石之勝，無不畢具。兩壁有天下第二泉額，右爲元翰林承旨趙孟頫所書，左爲清良常山人王澍所書。考錫景山物略：「泉在第一峯白石塢下，本名惠山寺，經唐人陸羽品定，置天下水之第二，始名第二泉，又名陸子泉。唐李德裕在中書時，酷好是泉水，置水遞餉轉不絕，泉山以是奔馳天下。源出若冰洞，伏流入方圓二池，曰上池中池，又伏流從螭吻出，匯於下池，曲匯斜分，迤邐暗流，入西溪雙河，溉田數十百頃。」下池蓄大魚，五色兼有，游人投以餅餌，則爭躍出水面攫食，唼喇有聲。其上曰漪瀾堂，宋時曰眞賞亭，明嘉靖初改今名。當時之名流碩彥，多觴詠於此，冠裳濟濟，詩詞唱和，極一時之盛。今則爲茶肆，遊人多憩遊其中，背山臨流，品茗觀魚，亦一樂也。中池味澀不可飲，上池占泉之上流，含礦質最足，游人喜投以錢，迴翔而下，淸澈見底，爭呼爲奇。實則錢有銅銹，投於水中，飲之有礙衞生，識者皆言宜禁止者。宋高宗南渡，飲其水而甘之，築亭於其上，牓曰源頭活水，今亭經毀後復建，此泉雖在，而牓額已廢。壁間有碑，鐫淸高宗詩云：「石甃淙雲乳，何從問來脈，摩挲幾千載，滌蕩合光澤，澄澈不受塵，豈雜溪毛碧，鴻漸眞識味，高風緬疇昔。」漪瀾堂下有海南觀音石，若慈航普渡之像。石之下半，刻有八分四言銘，款曰慧巖，係明顧可學別墅中物也。石之左右，有金童玉女兩石，若善才龍女拱輔之狀，殊可觀也。

若冰洞泉　由泉亭歷級而上，南行數十武，有洞廣方丈，上鑿若冰洞三字，係唐僧若冰劚成。其右有若冰泉，二泉之水，所自出焉。

文昌閣　二泉之上有文昌閣，爲登山必經之道，閣後有玉皇殿，殿旁有關帝殿。

玉皇殿　在文昌閣後，爲羽士所居。夏曆三月間來此進香者，不下數十萬人，亦著名之殿宇也。玉皇殿右有三官殿，三七兩月之望，舉行迎神賽會，頗稱熱鬧。殿後有道，可達山巔之頭茅峯等處。

牧雲庵　在尤祠右，一稱塔園，後有瘞僧骨之塔。

龍縫泉　在無錫縣立惠山小學校內。水自石縫中流出，深廣可三尺，泉旁有涵碧池及碧山吟社石刻。

黃公澗　在二泉亭右，惠山與錫山之間。按錫山景物略：「楚考烈王徙春申君黃歇於江東城，吳墟爲都，澗卽其飲馬澗也。」又名春申澗。澗水自山腰下迤，合錫山澗注於河。春秋間山水漲時，其流湍急，衝決而下，如瀑布，如晶簾，澎湃之聲，如萬馬奔騰，游人均搴裳跣足，陟其間以爲樂。旁有巨石，鐫臥雲二字，邵文莊手筆也。澗流至是曲折而下，匯成小潭。水流於平時，澄清可數水底石，若散髮披襟，石上高臥，則俗塵盡捐，飄飄乎有御風之概。惟水流急時，則擊石起波，浪花四濺，逼人難近。而臥雲石砥柱中流，歷經冲擊，悍然不爲少動，亦奇景也。

忍草庵　在惠山第一峯白石塢東，章家塢上。入庵之道，自泉亭，東南行，經學校前，跨黃公澗，越山坡，折而西，循山徑右行，不二百武，庵門見矣。庵建於明代，背倚崇巖，面俯絕澗，石壁峭立，古木拱抱，極擅清幽之勝。昔日每有風雅之士，觴咏其中，今則寥寥無幾矣。(按)章家塢在第一峯之背，白石塢東南，以其獨當一面，故不在九塢之列。

松苓泉　在忍草庵前之南麓，以泉畔產茯苓故名。

貫華閣　在惠山第一峯忍草庵之左，凡三楹，閣高三層，後倚峭壁，前臨絕澗，清納蘭容若，嘗與顧梁汾月夜登最高層，屛從去梯，清談竟夕。嘉道間閣燬。民國十四年冬，楊君味雲出資重建，由許君彝定主其事。楊君重脩貫華閣記有云：「憑檻而望，九峯晴翠，五湖烟雨，如在几席，帶以疏林怪石，曲澗清泉。」又云：「薜蘿幽深，外有白雲。」景物之幽邃可知矣。

蟹眼泉 在松苓泉東二三百武，是泉雙眼並列，終年不涸，味亦甘美。

猛將廟 在邵祠左，神劉姓，相傳爲治蝗者，廟本狹小，道光間賜福佑康年之額，不能容，遂建今廟云。

清涼泉 在五中丞祠之北，白衣殿內。

觀墩 在周祠前，明周忱以寺缺青龍而築。墩前可通通惠路。墩下之田約十八畝，所産荳莢，名聞遐邇。

點易臺 在惠山麓昭忠寺後之西偏，舊聽松庵竹園之故址，明邵文莊公寶建尚德書院，祀李忠定公。堂前壘石爲臺，象八卦形，故名點易臺。今惟亂石數堆，峙碑於前，刻點易台三字而已。尚德書院，創自邵文莊，有十五景。既燬於火，文莊孫涵初就原址復建之，增至二十三景，然不能如原來之位置焉。歷歲既久，荒草叢茸，且地址多半由右族佔爲祖墓，須於斷碣中剔苔細辨，始知孰爲點易台原址，孰爲太極石矣。

滴露泉　在點易臺，邵文莊闢。銘曰：「一滴一滴，有竅無竅，雲自地生，月從天照，青海未枯，黃河未倒，薰風南來，發我長嘯。」泉旁有太極鑑水逢源等石。有瘞卷邱，爲文莊督學江西試卷之埋藏處。泉上爲松壇，有研朱石，由壇而上，稱登岩道。有巨石三，一刻青壁丹崖人間天上，一刻風塵之表，一刻山水之間，皆文莊所題。然大都在荒煙蔓艸間，不易認識矣。

唐孝女墓　在滴露泉右，雲階之旁，孝女姓唐名素。

海天石屋　在點易臺巨石之上，屋中有石刻五賢遺像，石屋之上，有望闕岩新月岩南崖刻石等。

媧皇廟　在觀墩王祠左半里許，有磚道可達，是地屬桃花塢下，廟四周徧植栗樹，係明成化間馮泰求嗣還願而建，今修葺方竣，尙稱幽深。近則求嗣者常至是，故俗稱娘娘堂。廟前栗樹，秋間結實，芬芳甘美，卽桂花杜栗之珍品也。廟南有讀書臺者，係唐左僕射鄉賢李紳之讀書處，今古蹟全泯矣。

邵墓　在蝸皇廟北磚道旁，係尚德書院繡嶺之故址，爲邵文莊之母過太君墓。

秦墓　邵墓旁有明布政秦夔之墓，規模與邵氏等。

覺聖寺　在媧皇廟北循磚道而進，約里許可至寺前。寺一名奇緣禪林，俗稱茅蓬庵，山塢環列，蔥蔚如椅。寺中點綴尚佳，亦勝地也。又寺後有龍腰泉，天生石穴，水甚潔，忽晴忽雨之候，山中產紅色之朱血菌，爲惠山著名特產之一。

春申君廟　俗稱大王廟，春申君黃歇，徙封於江東城吳墟爲都，此廟蓋後人所立也。舊時在惠山麓黃公澗之上，後遷於此。唐人張繼詩云：「春申祠宇空山裏，古柏陰陰石泉中」，可爲證焉。考錫山景物略：「唐狄梁公毀淫祠，士人盧之，改爲土神廟，宋初封忠安王」。今爲里社，鄉人祀之惟謹。進秀嶂街不數步，即見朱門堊壁，廟額忠安大王者是也。

石林庵　在春申廟南行百餘武之村中。清初道人榮漣，嘗賦詠於此。當時有竹池等八景，今亦廢矣。

石浪菴 在錫山之陰，門向西闢，自秀嶂街，循石級而上，逕抵庵前，或自前山路來亦通。距龍光寺之背，僅三百餘武。登樓遠眺，一角湖光，清幽入畫，絕無市喧俗籟之聲。

寄暢園 秦氏之舊園墅也，故稱秦園，在河塘上。元時爲僧房，明正德初，秦端敏公金，改建曰鳳谷行窩，數轉而屬秦中丞舜峯，大事佈置，更名曰寄暢園。姜西溟有記曰：「古木輪菌離奇，計數十百章，長松偃蓋，作虬龍攫舞勢。有泉從惠山，淙淙溅溅，注爲清渠，日夜流不涸。小水澄泓，分爲細澗，幷涓潔可愛。大池一望浩淼，上爲飛梁，蜿蜒曲折，朱欄畫楯，下映綠波。綠堤行，草樹蒙茸，至山窮水盡處，忽折而別開一徑，景物儼然。至於峯巒之奇拔，巖洞之深靚，林樾之葱蒨，花竹之秀媚，廳堂之華敞，樓榭之疏峙，杖履所之，無乎不具。」一想見當年之勝概矣。迨後屢經更變，至前清高宗南巡，公裔清司馬介庵公修葺之，以駐聖駕，題咏甚多。故園中碑碣纍纍，世傳有寄暢園叢帖足與三希堂帖媲美之語，惜今多殘斷無從撫搨矣。數百年來，園政漸廢，荒烟蔓草，蒼涼不堪寓目。改革後，秦氏議與修之。近年來已楚楚可觀。卽舊凌虛閣翻造西式樓房三層，控河塘之衝，俯瞰園景，凭眺靑山，景物在望，秀色可挹。園中有大陂一，名錦匯漪，漪西之濱爲鶴步灘，漪北有七星橋，陂上有知魚檻，舊制也。迴廊宛轉，石梁屈曲，古樹蓊鬱，清泉狂瀉，幽靜修美，允爲惠麓園墅之冠。惟亭榭之結構，泉石之佈置，終不能如昔日之典雅耳。假山後有複道，澗流鑿底，殆郎舊制之懸淙也。凌虛閣後，有石巍崎，本曰美人石，清高宗更名曰介如石，昂藏卓立，風緻天然，亦奇物也。

千人報德坊

在寄暢園前，建於明，西面有明鄉賢鄒迪光書人傑地靈四大字，東西有巖壑夔龍四大字，北爲寺塘涇北岸，南爲寺塘涇南岸，再前有寶善橋，跨惠山浜之上，遊船多泊於附近。

龍頭口

在報德坊前，臨惠山浜，有石龍頭，終年吐水，爲惠山諸泉入河之處，俗名龍頭口。

通惠路工碑

在寄暢園街與通惠路接壤處，由此循通惠路，經吳橋越惠商惠工惠農等橋而達京滬車站。或沿山麓北走，可至石門下錢橋等處，可逕達宜興云。

許。

小荷花庵　在桃花塢下之強巷，俗名小觀音堂，由通惠路工碑循山麓北行，至此約半里

諭塋　在三周巷，即王家塢下，係明周子義之墓。塋之北有樹寶庵，均在大路旁，距通惠路約二里。

古錦樹林　在樹寶庵前三周巷之村梢，昔之錦樹庵，僅有地基等尚隱約可指，清初玉京道人卞賽葬此。吳偉業詩中所謂葬惠山祇陀庵錦樹林者也。

嚴家棚　在宋塢下之大村落，明秦夔嘗築五峯草堂於山中。

祝墓　在嚴家棚，明祝秀一，代父戍湖廣，永樂中積功至懷遠將軍，後征蒲東殺賊陣亡，此衣冠墓也。

圓通庵　在馬鞍塢下路旁，係過氏守墓而建。

過墓　在墓前山麓，係宋過孟玉郡馬之墓。

石門指路碑　在望公塢下路旁，碑之北百武外，有村曰張錢巷，巷中有關帝殿等。

逘子殿　在龍山梢卽仙人塢之下，殿旁有石砌道，可達錢橋藕蕩等鎭。如循山麓小道而西南，卽可至舜柯山及華蝌灣西大池等處。此地有回龍澗，轉輾至龍尾陵，而東入運河。

秦世墓　在火鴉塢下逘子殿後，秦雙孝之墓也。

龍尾陵　在秦墓之北數十武，峯形下垂，迴環如掉尾，相傳春申君闢以通黃城者也。陵上有深不可測之白龍潭，陵下有宋鄉賢蔣重珍之雲龍小隱。然時代變革，怪石聳峙，遺址所在，不可考矣。此地爲惠麓西北角之盡處，距古華山門約五里。

附李夔墓　在湛峴山，錢橋附近，距龍尾陵約三里，係宋李綱父母之塚也。楊龜山爲墓銘，綱嘗廬墓於此者三年，手植松柏至數十萬株云。

青墩　在望公塢下，山北大路旁，由石門下指路碑西進之地，距古華山門約三里餘。

觀音庵　在石門下，指路碑向山西進里許之處，庵東朱墓之後，有玉修殿，附近澗中產形如牙牌之草，葉上有孢子斑紋故也。

離垢禪院　在觀音庵之上，庵中有泉二，巨石爲隔，一曰洗心，一曰洗足，是地轉灣極多，均石級道，直達山巔，卽俗稱七十二搖車灣之處。

九陽宮　在離垢院偏西稍上之處，宮後怪石之右有鳳泉，以石上有靑質之鳳形而名。

張仙殿　在九陽宮偏西稍上之處，俗稱白鶴道院，殿中有栖雲處，松竹森鬱，朝霏夕陰，亦佳地也。

珠簾泉　在張仙殿後石壁之中，飛瀑濺激，下垂如珠，志乘稱曰珠簾泉，俗稱爲水簾洞。

雷尊殿　在張仙殿後偏東稍上之處，殿後有奇石，鵠立小峯之巔，俗名曰飛來峯。

紫薇宮　在雷尊殿上，宮後有筆架形之巨石。

白雲洞　在宮後石級之上，洞爲天生小石龕，龕中奉呂祖之像，相傳求籤奇靈。龕下有呂祖降亂文及榮璉白雲洞記之碑碣，洞外怪石林立，危峙若城垣，俯瞰蓉湖，帆形歷歷可數，亦惠峯之勝地也。

石門　在白雲洞後，峭壁懸崖，孤絕奇險，巨石翼峙，中虛一隙，明邵寶摩崖書石門二字，及淸廖綸疊峯棲雲等字皆在焉。石罅中常流微水，承以小潭曰悟空泉。蓋元趙孜鈞嘗築悟空精舍於附近也。明俞憲有詩云：「地脈逢溪斷，雙門據險開，朝昏常不掩，疑有玉人來。」自石門下指路碑至此，約二里餘。由此而上，道愈險峻，石尤怪奇，約半里而至三茅峯庵，道中有著名之映風石仙人石等。

古人題句石　在三茅峯庵前百步，怪石之巔，一面面南者，刻「石路縈迴九龍脊，水光翻動九湖天」等字，一仰天者，刻「三吳第一山」，萬歷秦某等字。春夏之交，來此採藥者甚衆，蓋山中產藥材有五十種云。

寶善橋　在惠山公園後，跨惠山浜之上，聯絡寺塘兩岸之橋也。橋洞西對報德坊，相距約半里餘，東對黃埠墩，相距約一里餘，風景亦佳。橋南多田，直通五里街。民國十八年改建。

潛廬　在龍頭口左岸，楊氏四褒祠之後園也。內有留耕草堂、叢桂軒等亭臺樓閣。池沼假山，點綴甚佳。

紫陽書院　在蔣祠左，又名鹺務公所，祀紫陽朱文公，院址係明賈應璧之栖隱園。院中池亭假山，佈置咸宜，瀕河有溪山第一樓，風景尤佳。

靈泉　袁祠右有東嶽廟，俗稱聖帝殿，殿之東廡，通張中丞廟，靈泉在焉。泉爲宋道士盧至柔所濬，壁間嵌有明王達及孟叔敬所書之靈泉記碑。又有玉靈護碑，鐫宋尙書省建王越祖廟之牒文，書法極佳。

利濟惠民侯廟　在嶽廟右，祀宋鄉賢王越祖，有像，相傳爲邑之土神，屢著靈護者云。

張中丞廟　離五里香塍百餘武，有廟曰張中丞廟，祀唐張巡。明成化間所建，卽舊清徽精舍故址。初曰忠精王，遵宋封也。清道光間，始改今名。曾燬於火，後重建，復祀許遠於廟右。高臺峻宇，廟貌堂堂，像面青色，從其死爲厲鬼殺賊語也。殿前有鐵脚，作長跪形，所以鑄賀蘭進明之奸，以報不救之憤，游人至此，每踐之。而一般鄉愚，又妄謂踐之可無足疾，故鐵脚光澤異常。廟後通東嶽行宮，廟前有雲泉。

五里街　由香塍坊外直通西城，風景絕佳。有「一枝楊柳隔枝桃，紅綠相映五里遙」之童謠。

五里香塍坊　在秀嶂街之東，俗稱圈門口，額曰九峯翠嶂。坊右爲龍光寺門，有石級山道，直達龍光寺。

孝貞女坊　在香塍坊外，爲邑人侯枚女，施仁未聘妻。

女中鐵漢坊　在香塍坊外，淸吳鉞立，邑人朱子遠，甫婚卽卒，妻陳氏，因有勸以再嫁者，卽自刎而殉。

貞節坊　在詩塚之右，一爲井水盟心坊，係周冕妻蔡氏之節孝坊，一爲馬貞女坊，坊後卽爲貞女墓。

錫山

在惠山之西，廣三里許，高數十丈，無錫之主山也。周秦時，山中產錫，故名。登山之道有二：一自五里街曰前山路，一自秀嶂街曰後山路。現有龍光寺僧，募資修前山路，石級嶄新，蜿蜒直達山頂，登臨較便於昔日。且每行數十武，卽有石櫈，可資憩息。山半有于忠肅公祠，山頂有龍光塔，卽在山中。

龍光寺 在錫山之巔，殿前有井，清秦眞茹題曰定心泉。寺供天王等像，禪房雅潔，到此無塵俗想矣。

龍光塔 在龍光寺內，明正德初，建石塔以鎮風水，所以像龍山之角，萬歷間改建磚塔題曰龍光塔，當時可梯而上，後因年久失修，荒草蔓生，珠網徧佈，游人不堪涉足。近已由邑人榮君德生等捐資重修。一塔巍然，雲表矗立，爲錫山風景增色不少也。

紫竹庵 在史祠前石級之下，明時建立，庵中有本靜精舍，庵前有順親閣魯班殿等，卽東嶽行宮之大殿旁也。

石浪庵 是庵建於明代，在龍光寺之西南，相距不及半里，庵前巨石，聳峙起伏，如層波疊浪故名。庵前石級下有仙人洗面池。

錫泉 在錫山北面半山中，淸乾隆時，無錫邑令吳鉞掘地得之。

(三)湖濱風景線

太湖 太湖卽古之震澤、笠澤、具區、五湖也。俗謂距邑城之西南十四里，實祗十里耳。湖之面積三萬六千頃，周約六百餘里，跨江浙兩省之交，邑之富安、開原、揚名、開化、新安五鄉，皆濱斯湖。臨湖之地，計約四十五里。我國第二淡水湖也。水量因時季而異，冬季水量雖淺，然深於運河，故湖中之水，恆出注於運河；夏季西南諸水，多由運河而歸於湖，故水益深，湖面洋洋如海。沿湖之區，土壤肥沃，溝渠交錯，農桑水產之利，甲於他鄉。湖中島嶼點點，著名有七十二峯。水石園林之勝，天然入畫，故有洞天福地之稱。

五里湖

太湖內有五里湖，一名漆湖，亦曰小五湖。跨揚名、開化、二鄉。北通梁溪，東通馬蠡港，南通長廣溪，西由浦嶺、犢山、二門入湖。湖西有項王廟，東有高子水居之遺址。明高忠憲公，曾築別墅於此。光緒中葉，邑人裘廷梁，即其遺址，醵貲修建樓宇數楹，勒高公遺像於石，遊人每觴詠其間，惜燬於火。近則又已修復矣。

開原路　爲錫邑市鄉馬路之冠，由湖濱直通惠山，及西城外之迎龍橋。凡接近市鎮及名勝之區，均設支路。

河埒口　爲西鄉之一鎮，居戶多蔣姓，故又名蔣巷。鎮北有燦山，鎮南有蘇公津，蘇平嘗居于此，有蘇公祠在焉。

靑山寺

在惠山頭茅峯南面之靑山麓，距河埒口不遠。燦峯前屛，嶂嶺石崎，具區波光，可見一角，亦勝地也。舊祀水帝，今塑五百羅漢及佛像。季秋之初，香客極盛。寺中後園有靑蓮臺。寺前燦山之麓，明高攀龍先生之墓在焉。

明陽觀

在燦山南麓，距河埒口百餘武，原爲道院，宋紹興間盧至柔所建。內有三茅殿，殿中有宋大觀時勅賜額牒石，又紹興時李遠撰建觀之碑文。觀前有池沼石梁，觀後原有上臺、中臺、橫翠亭、半山亭、望湖閣等，今皆廢矣。惟柱石之基，略有一二存在。陸羽記云：洞陽觀下有穴，潛通太湖之包山，故以名觀。創於蕭梁，廢於隋末。或曰：卽今明陽觀址也。觀中有洞酌泉。古詩云：「杖策閒尋物外天，攬衣欲上翠微巓，虛亭坐愛雲深處，石鼎茶烹洞酌泉」，蓋指此也。觀右有明顧洞陽父榮章之墓。

陸莊

由河埒口至此，約二里，莊設陸𤨏絲廠之後，前臨梁淸溪，由陸培之先生就九家基故址所建。內有湖上草堂、憩廬、九家亭、觀魚台等之建築。池沼木石，佈置井井，遊人咸賞之。自陸丼西行卽張巷。

東大池　在張巷之北，有啓民路可通。池廣數百畝，處嶂顧兩隴之接壤處，本屬天然勝境。更由陸君培之築池岸，建茅亭，植桃柳，鑿白沙泉，極人工之妙。亦遊無錫者，不可不至之地也。

榮巷　在張巷之西，街市頗熱鬧，鎭多榮姓。附近有大公圖書館，農事試驗場，公益學校，競化女學校。

橫山　湖濱諸山，列若屏障，而以橫山、管社山、犢山、三山、充山、燦山、青山等爲尤著。橫山在榮巷之西，突起於平原，南北橫亘，故以橫名。高數十丈，山頂有五高阜，故俗名五頂山。相傳爲春秋吳越時防湖戍兵之地。山之西南，有東山，今梅園闢於此。

桃園　在梅園東，佳種甚多，各色俱全，花發時堪稱大觀。

鎭山園　在鎭山灣。邑人胡雨人就鎭山築別業，風景極佳，惟尙鮮亭臺點綴。遊湖畫舫，類泊園前。

梅園

園址在鎮山獨目山之間，東山之上。前面管社，後對龍山，風景之佳，天然入畫。民國元年，由榮君德生，就清初徐殿一進士桃園遺址所建。園之左爲榮氏私立公益第二小學，右有洗心泉。稍進爲松架，中豎一石，上鐫梅園二字。兩旁徧植梅樹數千萬株。其後地形漸高，有怪石數叢，矗立廣場中。過小橋，穿假山石洞，至天星臺，臺上有亭，小溪蜿蜒曲折，環繞于亭之四圍。更前有一泉，濬時得研，因以研名。歷級而上，有軒曰香海，南海康有爲所題也。再進爲誦豳堂，係楠木所構，陳設備極雅緻，遊人之品茗者，多在此間。廊之右有玻璃花房及餐館，堂側東向一室。額曰荷軒，軒前有荷池。依廊西出，有留月村碑亭，壁間滿砌名人碑石，約三百餘方。堂後又有招鶴亭，有石危峙，面鐫小羅浮三字，背刊老梅一枝。據此遙望太湖，如在眉睫。復由此折而東上，聯接許山，沿路有庵有亭有松林，風景絕佳。再上爲太湖飯店，陳設雅潔，專供遊人餐宿其間。山頂洋房高聳，爲宗敬別墅。東有豁然洞，避暑最宜。頂上爲平場，廣數十畝。四周圍以石欄，由此遙望太湖風景，較前尤勝矣。園東有開原寺，尚在興築中。

石埠山　是山一名石步，距楊園約里許，明郎中華雲曾築山莊於此，今則廢矣。

華藏山　本名青山。距城西三十五里，梅園西行約十里，地屬富安鄉，以華藏寺得名。面臨太湖，山頂曰蓮花峯，下有青山嶺，小嶺，塔子嶺。山舊有雲海亭在其上，一名望湖亭，登此望洞庭夫椒，歷歷如畫。

華藏寺　其寺亦名青山寺，在華藏山中，背山面湖，風景絕佳。宋紹興間太師張俊賜葬於此，因建寺墓左，以奉歲祀，今墓雖廢，寺仍在也。每屆四月八日，寺僧舉行浴佛會，常有放生等事，往遊者甚多。寺中有池，產無底螺。池上建有禪房，額曰樨禪室。備有素麵，以饗遊人。

閭江　華藏而西，道路較狹，游客亦少。有韓灣、楊灣、孟灣、大雷、小雷、盤塢、夏墓等地。皆面湖背山，風景絕勝。約十五里而至閭江。江上有月牌山及章山。山下有泉，終年不涸，史乘稱之曰天津泉。有里社，額稱伍相祠，係吳大夫子胥之廟。章山西有胥山，山嶺平而圓，蓋子胥嘗屯兵於此。江之西有故城基，即吳王闔閭之城，因閭城而有閭江之名稱也。江昔甚廣闊，今爲小河，且屢經變遷，不可詳攷矣。南望夫椒，如在足下，荒草迷離，僅見湖山之景色。然回想當年種種紛爭，皆成陳迹，不禁有無限之感也。章山中俗傳有孫伯符之墓。

錦園　十八年由榮宗敬就小箕山建築，入園爲錦園路，接以錦堤，約里許，堤旁遍樹桃柳。兩側闢荷池凡四，盛植各色荷花。池南有荷軒，別墅及嘉蓮閣等，均三面臨湖，風景絕佳。荷花開時，其地尤勝。

楊園　楊園卽楊紫淵公祠，在梅園之西約三里，卽管社山之東南麓，地名東管社，爲清初隱士楊紫淵所建。紫淵名維寧，性剛直，膂力過人，然終未嘗與人言武事。國變後，率妻子隱於此，名管社山莊。嘗詠「湖山雖好非吾有，天地無言痛國亡」一句，其心事可知矣。治生之暇，讀書賦詩，布袍草履，與漁樵者伍，客至非意所願者，輒拒弗納，意所可，則款之，因無俗客至其室。一夜，有盜十數人，排入山莊，紫淵徒手敗之，自是數百年來，山民咸安居，未嘗有盜患。園中原有翠勝閣、尙友堂、潛樂堂等，今皆荒廢不復存矣。

管社山　管社山，與犢山相對，距城十七里，地屬揚名鄉，山臨湖畔，風景殊佳。下有項王廟，或云本爲夏王廟，相傳犢山門爲夏禹所鑿，故祀於此，後乃訛夏爲項也。廟左有萬頃堂，由邑人楊君翰西等，集資就湖神廟舊址所改建。東南卽楊園。

萬頃堂　在東管社，距楊紫淵祠，迤南百數十武，舊有項王廟，其側爲湖神廟，旁有劇樓廳事，均燬於火。丙午年，邑人集資修之，名曰萬頃堂。復由里人葺劇樓而新之。綠樹紅牆，隱約湖口，其地有虞美人崖。

犢山　犢山亦名獨山，居五里湖太湖之交，矗立湖中，北對管社山，爲浦嶺門，俗名廟門，亦曰北犢山門，南對充山，爲犢山門。五里湖水，自二門西達太湖，是山實當其衝，山頂有鼋神廟。南有小蓬萊山館。

三山　三山在犢山門外，鼎立湖中，東爲東鴨，西爲西鴨，大箕小箕在其西。

充山　充山一名銜山，又名南獨山，下有曹灣，曹灣而下，皆平壤，有巨石突入湖中，廣約十餘丈，狀若半島，名曰鼋頭渚，與萬頃堂相對，太湖出口處也。

黿頭渚　在萬頃堂南，充山之麓，俗名南獨山。有一石，狀若巨臂，深入湖中，作半島形，俯瞰湖流，形如黿頭，故名。其地爲太湖出口之處，每值南風，波濤澎湃，奇石壁立，氣象萬千。有前無錫縣知事，巴江廖綸摩崖書「橫雲」及「包孕吳越」擘窠大字。現爲楊氏私立植果試驗場。渚上有燈塔，山麓建有橫雲小築，與涵虛、在山諸亭，頗擅湖山之勝。亭北闢一山徑，於盡處建城樓一，曰小函谷，新建松下清齋，可供游客住宿。山下闢池塘，種荷甚多，臨池建淨香水榭。山半建有花神廟，廟後石壁成龕，內置石像。由萬頃堂或小箕山至此，設有渡船，一葦可航。又由渚南行，有長生未央館，館上有飛雲閣，風景最勝。再南約半里，有一勺泉，泉上有「天開峭壁，源頭一勺」題字，相傳爲前明王仲山所書，惟無款誌。近更添建楊公祠，澄瀾堂等，益覺湖山生色。東北通寶界橋。

廣福寺　在一勺泉上，原名峭巖寺，民國十三年由楊君翰西將山地捐給僧人量如，復由量如募建而成。山右有陶朱閣，爲本邑商家各業集款公建。面臨太湖，飛閣流丹，氣象軒豁。寺左有退廬五間，爲蔡君兼三所建，山景最佳。朝暉夕陰，尤宜賞雨，內有臥室，並可留賓。寺內素餚，頗屬適口。

退廬 在廣福寺左，山景頗佳。

太湖別墅 在廣福寺後，民國十八年由邑人王心如建造，背山面湖，景色絕勝。

鄭園 在太湖別墅之東，位於山灣中，爲鄭明山所築。石峯之奇，曲徑之幽，爲湖濱各園之冠。

若圃 在鄭園之後山，爲陳仲言所闢，雜植中西花果。東通寶界橋。

小蓬萊山館 在中獨山南，十九年由邑人榮鄂生建造，面對三山，波濤直撲山脚，幽靜中有壯偉之觀。

蠡園 在揚名鄉青祁，有馬路直達。臨五里湖濱，遠對長廣溪，形勢天然，風景入畫。民國十六年由邑人王禹卿建築。

漁莊 在蠡園對面，三面環湖，風景亦佳。十九年由陳梅芳建築。

寶界橋 無錫濱湖風景，以五里湖與太湖之阻，陸行不能週遊，憾莫大焉。自寶界橋成，而蠡園黿頭渚間之間隔已去，苟異日能於充山獨山管社山間或充山小箕山開構一長橋，則可所向無阻矣！寶界橋橫貫青祁村與寶界山，跨漆湖與太湖間，長凡一千五百英尺，由邑人榮君德生獨資創建，爲湖山路所有橋樑之最長最大者。橋北堍東通漁莊蠡園，西通鎮山園桃園梅園；南堍東通石塘橋，雪浪山，西通若圃鄭園黿頭渚等。波光山色，風景天成。民國二十三年秋告成，爲東南唯一之長橋。

朱山寶界　充山東南，有朱山寶界，東臨五里湖，西浸太湖，與蠡園有寶界橋可通。朱山係漢虞俊葬處，王莽拜俊爲司徒，俊不從而死，後光武以朱旛表其墓，故名。寶界卽漆塘山，漆湖之塘岸也。王仲山嘗於此處闢三十五景，今已不復見矣。山中以產枇杷楊梅聞。

高子水居　明高忠憲公攀龍之別墅，在漆湖之東濱，棲遲其中者，垂三十年。自言几席湖山，衣被風月，飲食圖史，皆此地也。

路耿山　錢武肅侵南唐時，嘗於半夜裏甲迷路於此。山脈自石塘南來，岩巒重疊，怪石嶙峋，上有石池，不盈不涸，龍王祠臨焉，故是山又有龍王山之稱。祠中風景極佳。

石塘山 自寶界循五里湖而南有石塘山，地屬開化鄉，山下有石塘鎭及石塘橋。元末莫天祐與明軍劇戰於此。橋南有旋水潭，深不可測。是山與獨山門均以要害著稱。

雪浪山 在石塘南，循長廣溪西行，經路耿許舍五浪山而至是山。距城三十五里，山之東麓有橫山祠，宋鄉賢蔣一梅故居也。山巔有雪浪庵，即公讀書處，今蔣子閣在焉。庵下有仙人洞，門臨深澗，僅能容一人出入，漸進則漸廣云。

軍將山 在雪浪之西南，一名軍帳，較湖上諸山爲高，南唐嘗屯重兵於此，以防吳越，故名軍將山。形勢險要，北有甲仗塢，西有箬葉塢，南有官圭塢。山巔有眞武廟，上巳日，鄉民多往進香。殿下有龍湫，湫旁有龍寺，係宋淳熙間所立，深澗中產龍竹，幹細葉大，人皆珍之。

長泰山 在軍將山南，山有長泰古刹，相傳昔有異僧寓於寺之留笠閣，閣有鳥雀不至之畫貓壁，雨後現形之羅漢像，及蘇東坡書金剛經等古蹟。今僅蘇子之石刻尙存矣。

(三)城市風景綫

公園　在城中公園路，清光緒三十一年，就洞虛宮之荒基開闢，名錫金公花園。民國成立，又拓其基，而改今名。入門有巨石巍峙，最高者爲繡衣峯。右爲假山，山旁之池曰白水蕩，蕩北有嘉會堂、蘭簃，其側有敞軒一間，額曰西社。社前有池，通白水蕩。池畔有清風茶墅，池上草堂。園門之左爲守園人居。再左爲區公所，園之中心有多壽樓，樓下爲縣立民衆教育館科學實驗室。樓後有池，上刻隨水成池四字。西面草場花架中，有八角亭、六角亭、四角亭、茅亭、九老閣布置其間。區公所之左，有土墩一，墩有大樹，狀若華蓋，覆於其上，其地名歸雲塢。每當夏日，遊人乘涼品茗，恆集於此。

于胥樂公園　在廣勤路北壩，民國十一年，由楊君翰西創設，園中附設教育館及體育場。

崇安寺　在邑城之中，距光復門約半里，有馬路可通。前清光緒中，劃寺之一部分歸公有，改無量殿爲學校及勸學所，以金剛殿招學人設商店，於山門內之兩旁隙地，架屋設小菜場。改革以還，又從而擴充之。今僅存者，惟大雄寶殿，松隱院，萬松院，及北院數楹，供寥寥佛像，以與僧徒唪經燒香而已。考景物略：「宋時寺中以六月十九爲集，四方商賈咸萃貨物來市，踵趾相接，月餘方罷，後漸衰。明時，每逢元宵節，日放爆竹，夜燃火花以饗否多寡爲賭賽，百戲雜陳，曰鬧元宵」。今每屆新年，則有耍百戲者，賣雜貨者，點綴其中，熙熙攘攘，殆猶有昔時景象焉。

黄埠墩

在北塘運河中流，原名小金山，相傳爲吳王夫差濬芙蓉湖，樓船鼓吹，游讌之所也。清高宗駐蹕於此，有「兩水迴環抱一洲，不通車馬只通舟，到來俯視原無地，攀陟遥吟恰有樓」之句。墩小而圓，周約半畝，墩上有屋數楹，頗屬幽雅。民國十年燬於火，十五年由邑人唐保謙重修，今復舊觀矣。

芙蓉湖

一名無錫湖，周萬五千頃，其一千三頃昆陵上湖也。一名射貴湖，南控吳縣，東接江陰，北掩武進，東西四十五里，深五丈，東流爲五瀉，西北入揚子江。晉時張闓始塞湖爲田。明嘉靖時，巡撫周文襄公忱大治圩田，名曰芙蓉圩。當年浩浩蕩蕩，今悉東南其畝，無復舊觀矣。

缸尖渚

在北門外北塘對岸，一名芙蓉尖，蓉湖中之大島也。四面環水，渚上多陶商，夏歷七月三十日，有燒地藏之舉。陶商每疊爲燈，高至數丈，俗名燈塔，熱鬧一時云。

(四)四鄉風景綫

村前公園　在堰橋鎮之村前，園中築有亭臺，風景清幽，故往遊者頗多。內有縣立村前圖書館。

芙蓉山　在東北塘，離城二十五里。山周約八里，高三十丈，每屆清明，士女咸集，故又名清明山。上有二土邱，曰龍井峯，天乙峯，有二石對峙，高約六七尺，俗呼石公石母山。下有繡球墩，當蓉湖未湮時，茲山近在湖上，故名芙蓉山。倪雲林讀書處及墓堂在焉。夏歷三月十八日，有迎神賽會之舉，頗熱鬧。

斗山　離縣城東北四十里，脈起自江陰花山，長約九里，山頂自南至北，有土邱七，象北斗，故名。山多白堊朱石，中有黃腰巔，西通牛塘山，山之東爲囘山，土人合名之曰囘斗山。其北有觀基山，洞虛宮故址存焉。又西有枝柚山，一曰梔子山，多產苦梔，相傳北宋時梔花大如玉甌，香聞數里，名碧甌梔子，皆囘斗之支山也。

膠山　在嵊山之東北，周九里，高九十丈。相傳與惠山東西對峙，上有獸蹄痕，俗稱金牛跡，舊產薯蕷，充作貢品。山下安氏世居之。其西峯曰鳳凰山，當鷄籠之東旁，有甑隳山，插旗山。

皇山　一名鴻山，在縣之東五十里。吳地記云：泰伯宅東九里有皇山，高十丈。劉昭亦云：縣東皇山，有泰伯塜，一名吳王墩，西卽梅里平墟，相距正九里。里嶺有泰伯井，滌硯池，或曰梁鴻居此，故又以鴻名。

陽山　在陸區橋，周安陽侯賨封地。旁有朝陽淸水等洞，南麓有梁中書陸舉宅。今爲翠薇寺。

歸山　在富安鄉，吳人哀伍子胥處，山下有賫福菴宋碑。

西高山　在堰橋鎭，東漢高俗墓地，有靈龜鳳凰等峯。下巳辰則迎神賽會。

古蹟

（轉載無錫指南）

崇安寺　在城中公園之右，人力車可通。考錫山景物略：「晉興寧二年，右軍王羲之舍第宅爲招提，宋太平興國初錫今額，迨後迭有興廢。」清光緒中劃其一部，改設公共機關及學校。今王右軍洗筆之墨泉，及唐刻尊勝呪石幢，倘在寺中。

黃埠墩　在北塘運河中，地勢頗占優勝，墩上建屋數楹，中立神龕，四面闢窗，東曰文昌閣，西曰環翠樓，南曰小金山，北曰水月軒。東望北塘，自南迤北，市廛櫛比，河中帆檣林立。西望惠麓則峯巒疊翠，樹木陰翳，九龍靈秀，彩生眉宇，繞廊綠柳婆娑，波光掩映，足以悅目怡神。昔燬於火，十四年由邑人唐保謙重建之。

金匱山　縣志載金匱山高踰三仞，周三十丈，隆然中峙，四望道中均適。土中石玲瓏黑白，亞於昆山，元以後取石殆盡，而土亦耗減，塊若覆釜。復考錫山景物略，金匱山實負土而成，在六箭河上，相傳晉郭景純曾埋黃金符匱於山下，時有紫氣騰空，又名紫金山。元時爲豪民所占，立致萬金。明永樂時，邑令盧克敏復之，培土種松，松下構亭，四週咸植巨柏，萬姓頌之。自此人才頓昌，民力漸裕。改革後，廢縣治之駢枝者，遂成金匱縣，而金匱山已廢圮久矣。

專設諸塔　在邑城中之大婁巷，距光復門約一里許，人力車可通。當春秋時，吳公子光使專設諸刺殺王僚，專設諸爲甲士所醢，今巷中三椽瓦屋堊丹之壁。內有磚塔，供專設諸位，相傳其下卽瘞其尸，俗以七月爲誕日。以其工魚炙也，邑中庖人奉之，昔時每醵資演劇，香火甚盛，今則人心漸懈，已冷落不堪矣。

東林書院　在城內東隅蘇家衖口。宋名龜山書院，元廢爲僧居，名東林菴，神宗萬歷三十二年，顧憲成顧允成兄弟復構爲書院，憲成歿，高攀龍主其事，榜其門曰東林，當時海內講學者，咸以東林爲歸。天啓間黨禍作，詔毀天下書院，東林實居其首。崇禎初，有詔修復，清咸豐十年毀於兵，同治光緒兩次修葺，稍復舊觀，清末葉改爲東林學堂，卽今之縣立第二小學也。人力車可直達。

高公止水　在城內水缺巷，明進士高攀龍立朝侃諤，闢邪說，扶善類，疏劾戚畹鄭養性等，忤崔呈秀，去官，既而將逮獄，高公知之，衣冠自沈於此處池內。其地後歸他姓，清康熙初，高公從子世泰贖還，置祠其上，名止水。

將軍堰　在西門內西溪，相傳唐單雄信以槍止水處。

周帥府　在城內玉帶河。明水軍都督周遇吉駐兵地。

克保橋　在東門內熙春街，相傳明邑侯王其勤斬子處。

妙光塔　在邑之南門外南禪寺內，負廓而立。考錫山景物略：「宋雍熙中所建，以怖神蛟，明萬歷中，有光自塔頂出，直干雲霄，故更名曰放光塔。」今里人稱曰南禪寺寶塔，亦錫山八景之一也。惟年久失修，鳥啄鳶剝，風雨侵蝕，清光緒中，塔頂又燬於火。近由邑人榮君德生，重行修建。

保安寺　在南門外清明橋，梁時建有穢跡金剛等神，夏歷十月十三日會辰。寺旁有邵文莊東林庵基。

太保墩　在邑之西門外，舊爲秦氏別墅，落成時適主人晉太保故名。地勢三面臨水，綴以樹木，景頗幽勝。後改建爲水仙廟，清初又改爲劉侯廟，侯諱五偉，因有功於邑，歿後又著顯異，祀典今猶弗替。邑人概稱其地曰西水仙。

梁溪　即梁清溪，一名梁鴻溪，在邑之西南，梁大同中重濬故名。或曰高士梁鴻曾隱於此。溪旁多魚池，年出甚豐。北通運池，南洩太湖，溉田數十百頃。有西定橋跨其上，洞凡五，建於明嘉靖中，今已傾圮無存矣。

芙蓉尖　在北門外缸尖渚，蓉湖中之大島也。相傳有孝子因尋父轉輾於此，夏歷七月晦日，舉行地藏香塔燈等。

明陽觀　在邑西璨山之麓，觀有三清鐵像，及洞酌泉，風景殊佳。

仙蠡墩　在西城外，南濱梁溪，一名仙女墩，高出地面約十丈，廣約二畝餘，相傳范蠡曾載西施泊於此。舊有伍相祠，後爲張氏別墅，今又廢爲荒地矣。

開利寺　在洛社鎮，通火車，舊爲晉王右軍別墅。梁太清初，改建曰興福寺，宋景祐三年賜今額。其後迭有興廢。清康熙間諸生孫迪詢僧請廣建院宇，乾隆間其子璽重建大悲經樓，幷置寺田。咸豐時燬於兵燹，今係重建者。內有右軍滌硯池、觀鵝亭遺跡。

古戰場　在青城市五牧，宋末麻士龍尹玉戰死於此。

泰伯舊都　在車站東南四十里，北下鄉梅村鎮，春秋時吳泰伯所築，後改爲廟。宋元祐七年詔以至德額其門。內有泰伯宅，泰伯井。

清祕閣　在懷下市長大廈地方，元高士倪雲林故居，有雲林堂，朱陽館等。而以清祕閣爲最勝。

金娥墩　在泰伯市大牆門口，南唐李煜之妃墓。

范蠡湖　在泰伯市漕湖，范蠡伐吳而鑿，又名蠡瀆。

徵求詩詞

旅行諸君，如蒙以游錫詩詞見惠，當酌贈本書，藉酬雅誼。大作於再版時刊入文藝欄。

無錫導遊社啓

教育

無錫教育，向稱發達，提倡亦絕早。清光緒二十四年，三等學堂，竢實學堂相繼成立，實開東南風氣之先。現全縣分爲八學區，公私立學校四百十七所，學級一千零四級，學生四萬五千一百十四人，教師一千八百零八人，全年經費六十一萬九千五百七十七元。縣立社會教育機關二十四所，私立社教機關十餘所。茲將社會教育，學校教育概況列左：

(一)全縣社教機關統計表

名稱	性質		職員數			全年經費	主辦事業	備註
	縣立	私立	男	女	合計			
民衆教育館	1		4		4	3314	科學實驗室，書報室，娛樂室，陳列室，民衆學校，問訊處，流動書車，演講時事，職業訓練班，現代民衆，科學公開試驗，民衆學術講座。	

圖書館	4		9	1	10	4410	巡迴文庫，陳列書籍，供衆閱覽。	
公共體育場	1		2		2	1442	球類，田徑賽運動，各項競技比賽，器械運動等。	
歷史博物館	1		1		1	502	陳列徵集，民衆閱報處。	
農民教育館	6		19		19	1092	民衆學校，茶園，特約農田，娛樂室，閱書報處，壁報，醫療處，問事代筆處，陳列室，演講，各項集會，合作社。	
工人教育館	1		2	1	3	1432	工人學校，閱書報處，娛樂室，壁報，識字欄，問字處，演講，醫藥處，合作社。	
民衆學校	64		141	19	160		國語，常識，黨義，算術，娛樂，家庭訪問，各項宣傳。	內包括各社教機關附設者十六級及本縣二十一年度推廣者四十八級
民衆茶園		7	18		18		茶園，改良說書，娛樂，演講，展覽會，書報室，各項比賽。	經費由教育局，區鎮公所，私人茶資撥充。

(二)全縣學校統計表

性質		學校數	學級數 高中	學級數 初中	學級數 高級	學級數 初級	學級數 合計	學生數 高中 男	學生數 高中 女	學生數 初中 男	學生數 初中 女	學生數 高級 男	學生數 高級 女	學生數 初級 男	學生數 初級 女	學生數 合計 男	學生數 合計 女	學生數 合計 總	教職員數 男	教職員數 女	教職員數 合計	全年經費 經常費	全年經費 臨時費	全年經費 合計
中等學校	縣立	2	16	16			16			531	331					531	331	862	45	10	55	26570	400	26970
	私立	12	16	57			73	515	114	1799	685					2314	799	3113	201	30	231	161862	800	162662
	合計	14		73			89	515	114	2330	1016					2845	1130	3975	246	40	286	188432	1200	189632
完全小學	縣立	7			31	18	49					1115	383	634	348	1749	731	2480	80	20	100	39251	1195	40446
	各區縣立	19			28	81	109					917	279	2970	899	3887	1178	5065	128	42	170	89498		89498
	已立案私立	28			56	92	148					1350	685	3716	1491	5066	2176	7242	200	78	278	77429		77429
	未立案私立	8			11	17	28					124	269	292	520	416	789	1205	29	21	50	18434		18434
	合計	62			126	203	334					3506	1616	7612	3258	11118	4874	15992	437	161	598	24512	1195	225707
初級小學	縣立	289				498	498							17163	3662	17163	3662	20825	658	117	775	167237	4200	171437
	已立案私立	23				47	47							1980	614	1980	614	2594	66	14	80	20983		20983
	未立案私立	29				36	36							1332	396	1332	396	1728	50	19	69	11818		21818
	合計	341				581	581							20475	4672	20475	4672	25147	774	150	924	200038	4200	104238
總計		417	16	73	126	789	1004	515	114	2330	1016	3506	1616	28087	7930	34438	10676	45114	1457	351	1808	612982	6595	619577

（附註） 全縣私立學校未列入統計者有未立案級初小學共計13校

(三)城廂內外社教機關一覽表

稱名	主任人員	地址
縣立民衆教育館	張志良	公園路
縣立圖書館	陳　然	圖書館路
縣立歷史博物館	秦毓鈞	學前街
縣立公共體育場	沉濟之	西門外倉浜
縣立工人教育館	徐祖謀	西門外小木橋
省立教育學院南門實驗城市民衆教育館	茅宗傑	南門外南新橋
崇安寺民衆茶園	鄭志良	崇安寺
城北社會服務處	毛君白	舟山浜
女工服務處	鄧裕志	舟山浜

(四)城厢内外學校一覽表

校名	校長	校址
省立教育學院	高陽	社橋
省立無錫師範學校	周毓莘	學前街
省立無錫師範附屬小學	潘仁	學前街
縣立初級中學校	李冠傑	學前街
縣立女子初級中學校	顧穀嘉	小婁巷底
縣立女子初中附設小學校	薛鴻坤	同右
縣立連元街小學校	程恩九	連元街
縣立將軍橋小學校	嚴少陵	蘇家街
中心小學區縣立中心小學校	顧涇村	崇安寺

中心小學區縣立三皇街初級小學校	顧　堅	三皇街
中心小學區縣立棉花巷初級小學校	孫曼石	西門棉花巷
中心小學區縣立通匯橋初級小學校	林　銳	北門通匯橋
中心小學區縣立冶坊場初級小學校	蘇渭濱	北門通匯橋
中心小學區縣立冉涇橋初級小學校	沈育才	南門冉涇橋
中心小學區縣立亭子橋初級小學校	王道南	東門外亭子橋
中心小學區縣立尤渡里初級小學校	周冠雄	東門外尤渡里
中心小學區縣立玉帶橋初級小學校	劉毓英	南門外虹橋
中心小學區縣立清明橋初級小學校	高一生	南門外清明橋
中心小學區縣立梨花莊初級小學校	陸之綱	梨花莊
中心小學區縣立南尖初級小學校	高　棟	北門外長安橋
中心小學區縣立惠山初級小學校	王冕英	惠山

中心小學區縣立黃巷初級小學校		黃巷
私立無錫國學專門學院	唐文治	學前街
私立無錫中學校	朱文沅	南門外羊腰灣
私立輔仁中學校	楊四箴	東門將軍橋
私立競志女子中學暨附設小學校	倪鴻鑑	北禪寺巷
私立江南初級中學校	錢殷之	北上塘
私立啓明商科職業初級中學校	趙章吉	東門外南倉門九十三號
私立錫光職業初級中學校	蔡　培	熙春街
私立錫鐘中學校	李耀春	南門外通揚路
私立弘達職業初級中學校	吳邦傑	東門外酒仙殿
私立疏雪女子初級中學校	過廷勳	城內映山河
私立明德小學校	岳錫光	南門跨塘橋

私立蔡氏小學校	張爾嘉	北門外蔡家弄
私立積餘小學校	莫善樂	大河池沿
私立唐氏小學校	秦　權	大婁巷
私立廣勤小學校	唐　冰	廣勤路
私立榮氏女子小學校	江鍾麟	旗杆下
私立楊氏小學校	謝澤人	永定橋
私立振秀女子小學校	吳秦英	北門外貝巷上
私立滌新女子小學校	程華貞	營橋巷
私立城區小學校	秦　銳	三皇街
私立績成小學校	林錫榮	北門外貝巷上
私立崇文小學校	姚詢芻	三皇街
私立正業小學校	劉鴻烈	清名橋

無錫導遊

五六

私立培新小學校	曹銓	崇安寺
私立秦氏小學校	秦振鍔	大河上
私立工職小學校	酈景照	旱橋弄
私立崇實小學校	陳頌皋	顧橋下
私立培西小學校	李國章	太保墩
私立雅言小學校	瞿相成	東新路
私立大椿小學校	郁寶鐘	伯瀆巷
私立侯氏小學校	鄭庭昌	駁岸上
私立業勤小學校	楊鼎炎	長安橋祝棧弄
私立培工小學校	陳織雲	南門外清名橋
私立學藝女子小學校		映山河南陽里
私立菁莪小學校	蔡耀	西門倉浜裏

私立志成小學校	王獨醒	南門外定勝橋
私立崇正小學校	徐文表	北門後祁路
私立德慧女子小學校	季寶眞	南門外虹橋堍
私立勉強小學校	孫春圃	小河上
私立陳氏小學校	陳作霖	東河頭巷
私立利民第一小學校	楊念農	東門外南倉橋
私立類思小學校	張維齊	小三里橋天主堂
私立甯紹旅錫初級小學校	陳寶時	光復門外甯紹公所
私立履德初級小學校	薛秉章	清名橋上塘
私立競成小學	汪軼千	體育場路

遊程

一日遊程

甲、陸道

上午九時由城内崇安寺雇人力車出發

蠡橋　蠡園　漁莊　寶界橋　若圃　鄭園　黿頭渚　錦園　梅園　惠山

下午六時返城，車價約國幣一元六角至二元五角。

乙、水道

上午九時由工運橋雇汽艇出發

蠡園　漁莊　寶界橋　黿頭渚　錦園　梅園

下午六時返城。船價約國幣十五元至二十元。人數多或團體遊覽，可走水道。

二日遊程

甲、第一日

公園　圖書館　民衆教育館　中心小學　崇安寺　錫山　惠山　桃園　梅園　華藏

錦園　黿頭渚　太湖別墅　鄭園

上午九時由崇安寺雇人力車出發，下午六時返城，車價約國幣一元六角至二元五角。

乙、第二日

上午九時由工運橋雇汽艇出發

高子水居　蠡園　漁莊　寶界橋　石塘　雪浪山　軍帳山

三日遊程

甲、第一日

教育學院　黄埠墩　惠山公園　寄暢園　黄公澗　惠山小學　二泉亭

惠山（由二泉亭登山歷頭茅峯二茅峯三茅峯至七十二搖車灣下山）

下午六時返城

乙、第二日

公園　圖書館　民衆教育館　中心小學　崇安寺　公共體育場　工人教育館　東大池　桃園　鎮山園　梅園　華藏　萬頃堂　獨山　黿頭渚　太湖別墅　鄭園　若圃　錦園

丙、第三日

高子水居　蠡園　漁莊　寶界橋　石塘　雪浪山　軍帳山

交通紀要

京滬路自武進東南行，經洛社石塘灣無錫北門南門旗站周涇巷而至吳縣之望亭。西達首都，渡江可由平浦路至北平，東達上海。又自火車站乘錫澄公共汽車，可達江陰，過江至靖江南通，亦甚便利。最近又有江南汽車公司之設，至溧陽宜興之交通，更形便利。內河輪船則在梁溪路一帶，遍設公司，如蘇州上海常熟江陰宜興溧陽湖州等處，均可直達。本邑與外埠之交通，已屬可觀，而邑人與當局諸公，仍努力建設，不日錫滬公路通車，行旅更便。至本埠交通，城區車道密佈，何庸紀述，即鄉鎮之築有馬路者，在開原鄉，有開原路，自城中通惠路至榮巷徐巷，開北路自惠山鎮經錢橋至藕塘橋。通惠路自河埒口通惠山。啓民路自榮巷通東大池。在揚名鄉則自南門過南橋至周新鎮爲揚名東路，自開原路至南橋及陳大巷爲揚名西路。在開化鄉則有開化路，自周新鎮(東埄)經方橋板橋葛埭橋通南方泉。景雲市有江坡橋路自南門伯瀆港通江溪橋北。下市有東亭路自工運橋至東亭，新安鄉有新安路自揚名路蔣浜斗至華大房莊。又有錫澄路自錫澄公路經過之塘頭起，經過天下市嚴埭東北塘八十橋至懷上市之張涇橋。不日錫常路通行，四鄉幹路縱橫，支路密佈，陸路交通，莫與倫比，即偶有不通車路者，仍有輪船航船以濟其急。至其他交通機關，如電話電報郵政亦組織完備，傳遞迅速，商旅稱便。今分別述其概要如左：

一、京滬鐵路

京滬路無錫站，建於前清光緒三十二年，東往上海，西達首都，又可與滬杭、津浦兩路通車，錫澄公路聯運，交通稱便。茲將行車時刻表及價目表列後：

無錫至各站價目表（三等車）

站名	價目	站名	價目	站名	價目	站名	價目

石塘灣	二角	洛社	二角半	横林	三角	戚墅堰	三角半
常州	五角	新閘	六角	奔牛	七角半	呂城	八角半
陵口	九角半	丹陽	一元零五分	新豐	一元一角半	渣澤	一元二角
鎮江旗站	一元三角半	鎮江	一元三角	高資	一元四角半	橋頭	一元五角
下蜀	一元五角半	龍潭	一元七角	棲霞山	一元八角	堯化門	一元九角
太平門	二元	和平門	二元	南京	二元零五分	無錫旗站	一角
周涇巷	二角	望亭	三角	滸墅關	四角	蘇州	五角五分
官瀆里	六角	外跨塘	六角五分	唯亭	七角五分	正儀	八角五分
崑山	一元	青暘港	一元零五分	陸家浜	一元一角	安亭	一元二角
黄渡	一元三角半	南翔	一元三角	眞茹	一元四角	上海	一元四角半

京滬路火車時刻表一(上行車)

車名＼站名	上海北站開	崑山開	蘇州開	無錫開	常州開	丹陽開	鎮江開	南京到
滬京二三四等	24:00	20:09	2:00	2:58	4:30	5:58	7:20	10:05
滬京夜特快	23:00	—	1:10	2:08	3:05	4:17	5:10	7:00
滬錫二三等	20:05	—	21:41	23:00	—	—	—	—
滬常混客車	18:30	18:36	20:01	21:36	22:45(到)	—	—	—
滬平聯運車	16:00	—	18:00	18:55	19:53	20:47	21:33	22:55
閘負特通車	13:10	14:22	15:06	15:56	16:50	17:41	18:24	19:45
嘉鎮混通車	11:00	12:40	13:47	15:06	17:20	18:39	19:40(到)	—
滬京快客車	9:00	10:28	11:23	12:39	13:48	14:54	15:53	18:00
滬京特快車	8:00	9:08	9:54	10:47	11:48	12:40	13:26	14:45
滬京三四等	5:00	7:06	8:35	10:09	12:08	13:44	15:00	17:25
滬常三四等	0:50	2:02	2:56	4:00	5:15(到)	—	—	—
錫京二三等				6:00	8:07	9:42	10:51	1:15

京滬路火車時刻表二(下行車)

車名＼站名	南京開	鎮江開	丹陽開	常州開	無錫開	蘇州開	崑山開	上海到
京閘特通車	8:00	9:30	10:12	11:06	11:57	12:50	13:30	14:30
京滬三四等	8:15	10:43	11:44	12:00	15:52	17:16	18:32	20:35
京滬快客車	9:30	11:40	12:38	13:56	15:15	16:27	17:12	18:25
京滬二三四	12:00	14:52	16:03	17:26	18:49	20:07	21:13	22:45
京滬特快車	17:00	18:29	19:07	20:01	20:53	21:46	——	23:30
京錫二三等	17:30	20:15	21:20	22:46	23:55	——	——	——
京滬夜特快	23:00	1:00	1:51	3:02	4:05	5:10	——	7:15
平滬聯運車	24:00	1:48	2:35	3:41	4:38	5:41	——	7:40
鎮嘉混通車	——	6:20	7:19	8:46	10:07	11:26	12:42	14:10
常滬混客車	——	——	——	6:00	7:13	8:31	9:45	11:35
常滬三四等	——	——	——	12:00	13:30	15:02	16:15	18:00
滬錫二三等	——	——	——	——	5:45	7:05	8:14	10:05

二、錫澄長途汽車公司

錫澄汽車，專在錫澄公路行駛。共十四站，總站設火車站，每日上午四時左右至下午六時，最多隔半小時開行一次，與京滬路及靖輪船，訂有聯運辦法，行旅稱便。

錫澄長途汽車客票價目表

公里 \ 票價 \ 站名	無錫	北柵口	塘頭	陳家橋	旺莊	胡家渡	堰橋	塘頭橋	青暘	戴莊	南閘	江陰
1	0.05											
4	0.10	0.10										
7	0.10	0.10	0.10									
8	0.10	0.10	0.10	0.05								
10	0.15	0.15	0.15	0.10	0.10							
12¾	0.20	0.20	0.20	0.10	0.10	0.10						
17¼	0.30	0.30	0.30	0.20	0.20	0.20	0.10					
22¼	0.40	0.40	0.40	0.40	0.30	0.30	0.20	0.10				
26¾	0.40	0.40	0.40	0.40	0.40	0.30	0.30	0.25	0.15			
32½	0.50	0.50	0.50	0.50	0.40	0.40	0.30	0.30	0.30	0.15		
37¾	0.50	0.50	0.50	0.50	0.50	0.50	0.40	0.40	0.30	0.25	0.15	

匯通輪局聯運客票

站名	無錫
璜塘	0.35
長壽	0.40
周莊	0.45

錫澄長途汽車公司京滬聯運客票價目表

		上海北站	崑山	蘇州	常州	丹陽	鎮江	南京
堰橋	3	1.65	1.20	0.75	0.70	1.25	1.50	2.25
	4	1.05	——	0.50	0.45	0.75	0.95	1.40
塘頭橋	3	1.75	1.30	0.85	0.80	1.35	1.60	2.35
	4	1.15	——	0.60	0.55	0.85	1.05	1.50
靑暘	3	1.85	1.40	0.95	0.90	1.45	1.70	2.45
	4	1.25	——	0.70	0.65	0.95	1.15	1.60
南閘	3	1.95	1.50	1.05	1.00	1.55	1.80	2.50
	4	1.35	——	0.80	0.75	1.05	1.25	1.70
江陰	2	3.40	2.50	1.60	1.50	2.60	3.10	4.60
	3	1.95	1.50	1.05	1.00	1.55	1.80	2.55
	4	1.35	——	0.80	0.75	1.05	1.25	1.70

三、江南汽車公司

江南汽車公司，於民國二十三年三月十日通車，專在錫宜公路行駛，可自本邑火車站經開原路直達宜興，接通京杭公路，達南京或杭州，其經過各站及價目表如下：

無錫——梅園——雪堰橋——槽橋——和橋——宜興——

{湯渡——長興——湖州——莫干山——杭州

{廣德——徐舍——溧陽——天王山——句容——湯山——南京

江南汽車公司客票價目表

站名	宜興	天主堂	昆亭橋	和橋	萬石橋	漕橋	黃堰橋	潘家橋	雪堰橋	閭港	楊灣	梅園
天主堂	0.16											
昆亭橋	0.34	0.18										
和橋	0.50	0.34	0.16									
萬石橋	0.64	0.48	0.30	0.14								
漕橋	0.86	0.70	0.52	0.36	0.22							
黃堰橋	1.00	0.84	0.66	0.50	0.36	0.14						
潘家橋	1.08	0.92	0.74	0.58	0.44	0.22	0.08					
雪堰橋	1.26	1.10	0.92	0.76	0.52	0.40	0.28	0.18				
閭港	1.38	1.22	1.04	0.88	0.72	0.52	0.38	0.30	0.12			
楊灣	1.58	1.42	1.24	1.08	0.94	0.72	0.58	0.50	0.32	0.20		
梅園	1.80	1.64	1.46	1.31	1.16	0.94	0.80	0.72	0.54	0.42	0.22	
無錫	2.2	2.04	1.86	1.70	1.56	1.34	1.20	1.12	0.94	0.84	0.62	0.40

四、開原汽車公司

開原汽車公司，創辦於十七年正月，爲本邑長途汽車公司之創辦最早者。公司地址，在第四區錢橋鎮，行駛路線，在開原路，自西門迎龍橋起，經關廟、河埒口、錢橋頭、榮巷、楊巷，而達梅園，共路六站，每站洋五分，全綫三角，每隔半小時一班。春秋二季，且直放小箕山。因其沿站停車，行旅甚便，營業亦盛。

五、錫滬公路

錫滬公路，民國二十三年夏籌築，起無錫周山浜，經常熟太倉嘉定南翔眞茹而達上海寶山路，全程長一百三十公里，有大小橋樑八十一座，水管三百零三道，涵洞五十三個，二十四年秋可通車。

六、無錫街車價目表（以銅元爲單位）

無錫導遊

終點 ＼ 價目 ＼ 起點	火車站至	工運橋至	吉祥橋至	南城門至	大河池至	斜橋至	書院弄至	東城門至	西城門至	迎龍橋至
大洋橋	10		12	30	16	22	15	18	22	30
吉祥橋	16	12		24	16	20	12	18	18	25
崇安寺	26	20	16	20	20	10	12	14	15	23
大河池	22	20	18	32		24	18	24	30	32
惠山	50			50	40					
梅園	100				100					
西水關	40									
東門	22	18	18	24	24	16	20			40
吳橋	35				22					
書院弄	20	18	14	22	18			20	16	28
棉花巷									12	
東亭	70				70					
南城門	38		24		32	14	22	24	20	38
斜橋	30	26	20	14	24			16	18	24
南市橋	35	30								
新縣前	22	15								
西城門	24	20	16	20	30	18	16	35		14
迎龍橋	32	30	25	38	36	24	28	40	14	
南黃泥橋	45	40	35	10	40	19	28	32	25	
清明橋	60	54	42	25	50	28	40	44	47	
廣勤路	14	12	18	38	20	30	22	20	36	36
惠農橋	20	16	22	38	16	22	25	18	32	
黎花莊	36	30	28	45	20	26	30	24	28	
火車站		10	16	38	22	30	22	20	26	32
塘頭	30	30	32							

七〇

黃泥橋至	42	25	30	35	40	28	10	19	25	32	45	
清明橋至	60	45	50	50	50	40	25	28	49	48	65	
惠農橋至	16	22	20	16	18	25	38	22	32	12	20	20
黎花莊至	30	28	25	20	24	30	45	26	38	18	36	18

七、無錫內河輪船一覽表

公司名稱	公司地點	船名	起訖	本邑停舶地點	過經地點	行駛時間
中華恆裕	梁溪路	恆發	無錫溧陽	工運橋	洛社 宜興 戴溪橋 徐舍 華渡橋 運村 和橋	錫溧 上午八時 六時
永固	同上	永固	同上	同上	同上	同上
中華恆裕	同上	新裕福	同上	同上	同上	同上
招商	同上	建元	同上	同上	同上	同上
永固	同上	永飛	無錫宜興	同上	洛社 戴溪橋 華渡橋 運村 和橋	錫宜 上午八時 七時
中華恆裕	同上	華新	同上	同上	同上	同上

無錫導遊 七一

無錫導遊

陽羨	同上	銅峯	同上	同上	同上	同上
利澄	同上	飛鯨	無錫江陰	同上	石幢 青暘 月城橋 南閘	錫上午十一時 隔日
招商	同上	泰昌	同上	同上	同上	同上
嚴東	同上	德和	同上	同上	同上	同上
利澄	同上	飛鵬	無錫周莊	同上	張涇橋 陳家橋 晃山橋 長涇 陸家橋 瓠岱橋	同上
東北	同上	祥裕	同上	同上	同上	錫下午二時
利澄	同上	新飛龍	無錫華墅	同上	張涇橋 陳家橋 晃山橋 習禮橋 北漍 南新橋 郁家橋	錫華上午八時半
東北	同上	新東北	無錫周莊	同上	同「飛鵬」「祥裕」	同上
同上	同上	學利	無錫東萊鎮	同上	張涇橋 陳家橋 晃山橋 習禮橋 北漍 欄干橋 新莊港	錫上午十時半 萊上午八時
同上	同上	祥源	同上	同上	同上	同上
新濟	同上	新康	同上	同上	同上	同上
太湖	同上	新太湖	無錫湖州	同上	大渲 西山 大錢	湖錫上午十一時

七二

同上	同上	飛雲	同上	同上	同上	同上
中華恆裕	同上	華恆	無錫周橋	同上	錢橋 藕塘橋 梢塘橋 張舍 胡埭 雪堰橋 周橋 潘家橋 分水墩	錫上午八時
同上	同上	華裕	無錫漕橋	同上	錢橋 藕塘橋 新瀆橋 大鴻橋 戴溪橋 天井橋 華大橋 許莊橋	錫下午二時 漕上午八時
利澄	同上	飛虎	無錫雲亭	同上	嚴埭 胡家渡 堰橋 北渚 璜塘 長壽 茂墅橋	錫下午二時
惠商	同上	惠源	同上	同上	同上	同上
利澄	同上	利澄	無錫北漍	同上	張涇橋 陳家橋 晃山橋 長涇	錫上午十一時
同上	同上	飛鴻	無錫河塘橋	同上	八士橋 西暘橋 門村 河塘橋	同上
同上	同上	利達	無錫璜塘	同上	嚴埭 胡家渡 堰橋 北渚	錫下午二時
新濟	同上	新濟	無錫顧山	同上	張涇橋 陳家橋 晃山塘 陳墅	錫下午一時半 顧上午七時
同上	同上	新永	無錫前州	同上	吳橋 秦巷 前州	錫上午十一時 洲下午四時
嚴東	同上	美利	無錫羊尖	同上	三壩橋 張涇橋 東湖塘 北窰 嚴家橋	上午七時半 下午二時
同上	同上	永利	無錫祝塘	同上	八士橋 方村 聚龍橋 白塊橋 西洋橋 塘石燕	錫下午一時

無錫導遊　　七四

錫南	同上	惠風	無錫吳塘門	同上	北橋　中橋　南橋　石塘　丁石橋　葛埭橋　南方前	錫下午一時
濟商	同上	永裕	無錫玉祁	同上	石塘灣　洛社　五枚　葑莊　禮社	錫下午二時　玉上午八時
華新	同上	華新	無錫甘露	同上	坊前　梅村　茅塘橋　張塘橋　新造橋　蕩口	錫下午一時　甘上午七時
同上	同上	華利	無錫蕩口	同上	同上	錫上午八時　蕩下午一時
源益	同上	源利	無錫安鎮	同上	新塘橋　鴨城橋	錫下午二時　安上午八時
普益	梅村	長風	梅村蘇州	梅村	茅塘橋　老馬橋　廟庵　河沿橋　瞻橋　方橋	梅上午七時　蘇下午二時
永盛	大有棧	永盛	無錫常熟	蓮橋	新塘橋　鴨城橋　安鎮　太平橋　馬口　廊下　羊尖　蓮橋	梅上午七時　錫下午二時
泰利		恆錫	無錫后宅	工運橋	新安　大牆門　雙板橋	錫下午八時　熟上
通達		利民	無錫南坊前	同上	北橋　中橋　南橋　石塘　葛埭橋	錫下午二時半
便民		鴻雲	無錫周潭橋	同上	北橋　中橋　南橋　東埄　長旺橋　廟橋　巡塘橋　楊塘橋	錫下午一時半
公商新記		公商	無錫楊墅園	同上	橋　石塘橋　西漳　張涇橋　洛社　高明	錫上午十一時　下午四
蘇錫		福泰	無錫蘇州	同上	新安　望亭　滸關	錫上午八時

鴻聲	鴻聲	無錫 葛埭橋	同上	北橋 中橋 南橋 蠡園 漆塘 石塘	錫上午十一時半
利益	新鴻盛	無錫王莊	同上	新塘橋 鴨城橋 石埭橋 九里橋 安鎮 馬口里 廊下 蠡橋 潘市	錫上午一時半
泰利	利商	無錫 南芹頭	同上	興塘 雙涇橋 和南橋 張維橋 東八字橋	錫下午一時半
利濟	利民	無錫焦溪	同上	石幢 四河閘 黃大壩 呈彩橋 北雙廟 雙涇 上石堰	錫上午七時 錫下午一時
新上	新民	無錫常州	同上	石塘灣 洛社 五牧 橫林 戚墅 堰丁堰	錫下午一時 常上午七時半

八、郵政

名稱	地點
一等郵政總局	火車站
第一支局	城內新市橋
第二支局	南門外跨塘橋
第三支局	北門江陰巷
第四支局	西門迎龍橋
三等郵局	蕩口 石塘灣 榮巷 洛社

代辦處 八士橋、東亭、羊尖、堰橋、前洲、嚴家橋、禮社、葑莊、張涇橋、南橋

楊墅園、陳墅、安鎮、西漳、秦巷、周新鎮、大徐巷、胡埭、陡門橋、新安鎮、華大房莊、方橋、南方前、張舍、寺頭、張村、長安橋、后揚坊前、梅村、博渚、錢橋、藕塘橋、新瀆橋、查家橋、許舍、河埒口、黄土塘、石塘、南雙廟、陸店橋、顧山、北周莊、后塍、漕橋、長涇、華墅、雪堰橋、長壽、陸家橋、陸區橋、戴滅灖、運村、洛陽、北橋、周橋、祝塘、石幢、崔橋、張鎮橋、南新橋、張家橋、西塘市、西暘橋、周潭橋、東湖塘、塘頭橋、江溪橋、楊亭、會龍橋、瓠岱橋、潘家橋、東北塘、梢塘橋、合興行（又歸蘇郵局管轄者有望亭、甘露、大牆門、西倉、鴻升里、后宅、后橋七處）

九、電報

電報局附設火車站郵政總局內，各分局亦均附設。每字華文三分，洋文六分，提前先發者爲加急電報，費三倍。

十、電話

電話公司在北城脚。石塘灣、洛社、河埒口、柴巷、梅園、黿頭渚、玉祁、南方泉、禮社、堰橋、八士橋、南橋、周新鎮、江溪橋、東亭、后揚坊前、毛巷街、塘頭、劉潭橋等鎮，均已裝置。武進上海南京蕪湖常熟及木瀆等電話局，均已接通。

食宿娛樂

一、菜館

無錫菜館，有京館，蘇館，錫館，徽館，西菜館數種。整席頃刻可辦，如無多客，以隨時點菜爲宜。京館以燒烤各菜最佳。徽館以紅燒各菜最佳。錫館以清蒸各菜爲最佳。茲將著名各菜館名稱地址電話等，分列於後。

菜館一覽

館名	味別	地點	電話	館名	味別	地點	電話
大華樓	京館	通運路	五九三	老聚豐	徽館	北外城脚	五一六
迎賓樓	同上	崇安寺	一〇三七	新聚豐	同上	北外城脚	六五八

聚商館	同上	通運路	九五七	太和園	同上	交際路	三五二
聚樂園	錫館	寺巷裏	八〇二	杏花邨	同上	檀頭弄	一〇三五
新福怡	同上	財神街	九五一	大中華	同上	萬全路	二九八
三怡樓	同上	吊橋下		喬治西菜館	西菜	廣勤路華盛頓	四五三
聚鑫園	同上	南長街	一〇五一	新世界	同上	通運路	五七三—四
惠泉館		惠山橫街		谷廬香	同上	崇安寺	
民生樓		火車站	七三六	菜根香	蔬菜	崇安寺	四九五

二、旅社

無錫旅館，著名者多在工運橋一帶，房金自數角起至數元止，各棧皆有接手，至船埠車站迎接旅客，欲往何棧，即將仿單收下，行旅點交接手，乘車先往，如有公文銀錢等，可交賬房，向取收條。大旅館有午晚餐之設備，每餐大洋三角，僅用白飯者，祇洋七分，茶房小賬除按房金加一之小賬外，如服侍週到，旅客須酌情另給小賬，倘茶房爭索，可報告賬房。如購物僱車及取送行李均可託茶房。玆將各旅社，列表於下。

旅社一覽

名稱	地點	電話	名稱	地點	電話
新世界旅社	工運橋堍	五七三—四	無錫旅館	馬路上	五六一
鐵路飯店	通惠路口	五八三—四	華商旅館	馬路上	二七七
華盛頓飯店	廣勤路口	四五三	惠中旅館	通運路	二一七
無錫飯店	工運橋堍	六五〇　六五二	第一旅館	馬路上	三一九
太湖飯店	梅園	三九五	新旅社	馬路上	五四〇
公園飯店	公園路	三〇八	梁溪旅館	通運路	五〇四
上海旅館	通運路	四一	蘇台旅館	光復路	三五三

大東旅社	馬路上	八〇九
交通旅社	工運橋堍	一二〇七
孟淵旅社	馬路上	二四三
啓泰棧	馬路上	八七〇
大中華旅社	車站路	一三四
東湖旅館	馬路上	三一八
陞昌旅館	光復路	二二三

房金價目，大都均有折扣，各房間均有價目單，折扣等均表明。

三、戲院

名稱	地址	電話
中南大戲院	公園路	一一七七
無錫大戲院	公園內	三十六
新光大劇院	光復門內	
慶陞戲院	東新路	
巴黎劇場	廣勤路口	
中東戲院	東新路	

無錫戲院，如中南大戲院，時開新戲，時開電影，做新戲時價目常在二角至八角，電影

時自二角至三角，公園內無錫大戲院，常開電影，價目自二角至三角，新光大戲院近來常做京劇，價目自一角至二角，慶陞戲院，常演京劇，價目自一角至二角止。其餘演新劇者，有巴黎劇場，中東戲院等。開演時間，各有不同，大半分午後一時起，四時起，七時起數次。

四、書場

書場分說書灘簧二種，有午後開演者，有晚間開演者，其價少者一百文，多至一角。北門有長興，同羽春，悅心，清園等，城內有迎園，新萬興，迎興園，近興，雅敍等處。

五、浴堂

浴堂有池湯盆湯二種，池湯價約百文，然不合衛生。盆湯價目，分三種，洋盆約小洋四角，官盆約小洋二角，客盆約一角。其中理髮，擦背，扦脚之人俱有，價均在二角左右，營業時間，大都在午後一時至夜間十二時，茲將較著浴室調查如下

名稱	地址	電話	名稱	地址	電話
天一池	漢昌路	七九七	清漣池	馬路上	二九五
玉泉池	金鈎橋	一〇五〇	浴春池	太平巷口	八六四
清泉浴室	老戲院弄口	一一五一	浴德池	大市橋	六七七
昇泉池	崇安寺	七四七	惠泉浴室	惠農橋	一〇一五
樂泉浴室	萬全路	七〇三	漣蓉浴室	灣巷裏	一一六八

六、理髮及洗衣

理髮店，隨處皆有，其較爲雅潔者，在通運路及公園路一帶，其價目各有差別，剪髮有三百數十文至二角者，修面有一百數十文至一角者，最近馬路上之大華理髮館，設備較佳，理髮價目，自四角起碼。旅客洗衣，在旅館中可交茶房。如西裝等，可交洗衣公司洗滌。

機關

名稱	地址	電話
縣政府	新縣前	一六八
縣黨部	駐驄橋	一六七
縣法院	老縣前	一一一三
縣監獄	老縣前	六八五
監獄分駐所	新縣前	八一三
縣公安局	老縣前	一一九
縣建設局	縣政府	八一四
縣教育局	駐驄橋	六八八
縣土地局	大成巷	九八六

名稱	地址	電話
公安第二分局	光復門外	二一二
公安第三分局	南長街	一二一
三分一派出所	上牌樓	
三分二派出所	清明橋	
公安第四分局	西門外	四四
四分一派出所	惠山	五五五
四分二派出所	迎龍橋	一二二四
公安第五分局	江陰巷	一二五

無錫導遊　　八四

縣清丈隊	通勤路	一二七六
硝磺局	吉祥橋	一一七六
縣府田賦處	後書院弄	一一一二
印花稅局	三下塘	
統稅管理所	光復門外	一一三二
屠宰稅征收所	觀前街	一一〇六
江南烟酒稅征收所	駐驄橋	五八二
營業稅局	東新路	一二〇二
鹽公棧	西外城脚	五九
水上公安第二區辦事處	駐驄橋	三〇四
緝私營部	棉花巷	八〇一
常區錫烟酒稅局	小婁巷	九五三

五分一派出所	吳橋	
公安第六分局	廣勤路	四〇六
六分一派出所	惠農橋	
六分二派出所	梨花莊	一〇九六
公安第七分局	蕩口	
七分一分駐所	甘露	
七分二分駐所	鴻聲里	
公安第八分局	周新鎮	二〇二一
八分一分駐所	夏家邊	
八分一派出所	南橋	
八分二分駐所	青祁	
八分三分駐所	華大房莊	

縣警察大隊部	東新路	八一二
縣款產管理處	縣政府	三一
第一區黨部	公園內	
第二區黨部	教育局	
第三區黨部	張涇橋	
第四區黨部	蕩口鎮	
第五區黨部	洛社	
第六區黨部	南橋	
公安直轄第一分駐所	東門外	五八七
公安第一分局	崇安寺	五〇八
一分一派出所	烈帝廟	九四四
一分二派出所	西水關	九四六

公安第九分局	河埒口	
九分一分駐所	錢橋	二六〇一
九分一派出所	武聖廟	
九分二派出所	榮巷	
公安第十分局	后橋	
公安第十一分局	大牆門	
公安第十二分局	八字橋	
公安第十三分局	堰橋	
公安第十四分局	張舍裏	
公安第十五分局	玉祁	
公安第十六分局	安鎮	

▲各區區公所詳載「區域」欄內▼

社會紀要

一、公營事業

無錫較著之公營事業，有自流井、電廠、小菜場四項

甲、自流井　無錫現有自流井三處，井水均經專家化驗，證明水質純潔，居戶咸樂飲用，茲將各井情形列表如下：

名稱	地點	深度	水箱容量	開鑿年月
第一自流井	城中公園路	三二三尺	一八〇担	民國十年
第二自流井	城中老縣前	四〇五尺	三〇〇餘担	民國十八年
第三自流井	城中書院街	三〇八尺	四〇〇餘担	民國十八年

乙、電廠　無錫市區電燈，大都由建設委員會戚墅堰電廠辦理（申新慶豐等廠自裝發電機）各鄉鎮以前亦間有設立電燈廠者，現均陸續收歸該廠辦理，總辦事處設城内劉撫院，西門外吊橋　惠工橋、麗新橋、鄧巷四處，各設變壓所一處。

丙、小菜場　無錫人口稠密，工商發達，小菜場所在都有，惠農橋、清明橋、周山浜等處，貿易均極發達，下表所列，經當局規定，貿易尤盛。

名稱	地點	貿易種類	時間
第一菜市場	城中崇安寺	菜蔬魚肉鷄鴨蝦蟹豆腐鹹貨等	上午
第二菜市場	西門外倉浜	同上	同上
第三菜市場	光復門外吉祥橋	同上	同上
第四菜市場	北門外大河池沿	同上	同上
第五菜市場	東門外熙春街	同上	同上
第六菜市場	南門外界涇橋	同上	同上

二、農業團體

甲、公立機關　公立農事機關，有下列四處

名稱	地點	電話	名稱	地點	電話
蠶業試驗場	錢橋	二〇四七	蠶業取締所	西門外倉浜裏	九五六
農業推廣所	西門外倉浜裏	九五六	蠶桑改良會	萬前路	一一七四

乙、私立農場

名稱	地點	創辦者	主要事業
惠康農場	社橋頭	華繹之等電話一三一二	乳牛，蜜蜂
華氏農場	蕩口	華繹之	蜜蜂，鷄
小麥試驗場	藕塘橋	顧震吉	試驗小麥
竣實植果園	黿頭渚	楊翰西	桃，李

公益植棉試驗場	榮巷	榮德生	棉花，小麥
廣勤植棉場	廣勤路	榮德生	棉
我華種植場	胡埭		除蟲菊
兆豐農場	新瀆橋	倪厚齋	蜂，果樹，雞

三、商業團體

甲、縣商會

名稱	組織	主席	會址	電話
無錫縣商會	委員制	楊翰西	太平巷	一八

乙、銀行

名稱	行址	電話	名稱	行址	電話
中國銀行	江陰巷口	一〇三八	交通銀行	北塘	三三七

中國銀行	江陰巷口	三〇〇
江蘇銀行	竹場巷	二九三
上海銀行	江陰巷口	三八三
農民銀行	江陰巷	九九五
大陸銀行	竹場巷	一一四八
實業銀行	竹場巷	二四二
上海銀行城內辦事處	公園路	二六二

四、工業團體

甲、無錫重要工業一覽表

類別	名稱	地點	電話
紡織類	申新第三紗廠	太保墩	六三六
	慶豐紗廠	周山浜	二八二
	廣勤紗廠	廣勤路	二三〇
	豫康紗廠	梨花莊	六三七
礱米廠類	仁昌餘礱米廠	江尖上	四三二
	寶新礱米廠	茅蓬沿河	四五一
	復新礱米廠	江尖上	四九二
	嘉禾礱米廠	龍船浜	四九七

業勤紗廠	東門外	四七
振新紗廠	太保墩	一五
麗新公司	惠商橋	二五〇
申新紡織廠	西門外	六三六
廣勤紡織廠	黃泥橋	二三〇
慶豐紡織廠	周山浜	四八〇
麗新染織廠	惠商橋	一二四五

絲廠類

華新製絲養成所	南水仙廟南首	九六八
民豐模範絲廠		六九二
永泰絲廠	知足橋	三二一 一七
乾甡絲廠	工運橋	一一〇
鼎昌絲廠	通揚橋	九八九

民生碾米廠	江米廠	八六二
永茂碾米廠	蓉湖莊	八七一
永茂第二碾米廠	小尖上	八二四
永益碾米廠	壩橋下	八八三
益新碾米廠	江尖上	二五五
恆源碾米廠	丁埄裏	一一五三
利新碾米廠	茅涇浜	七八八
德豐碾米廠	小三里橋	一一五八

油廠類

湧寶成油廠	西外吊橋	一二八
大昌油廠	西新橋堍	三五九
鄒成茂油廠	江尖上	五三二
潤豐油廠	南尖	三七四

瑞昌絲廠	北新橋	一一五
怡昌絲廠	南門塔塘橋	四二三
源康絲廠	高埠墩	一四五
大成絲廠	廟埄橋	一一〇九
大中華絲廠	廟埄橋	一二七二
振藝絲廠	清明橋	一八一
永盛絲廠	亭子橋	五三四
厚生絲廠	南倉門	七四
義生絲廠	羊腰灣	八九七
隆昌絲廠	亭子橋	二八九
元餘絲廠	長豐橋	四八六
德昌絲廠	梨花莊	八九八

恆德油廠	西村裏	五四九
同協油廠	太保墩	一一四五
襪廠		
八餘襪廠	西門外冰池頭	一〇六二
中華襪廠	顯應橋	六六〇
營美襪廠	東新路	一〇一〇
久益襪廠	南市橋上塘	一〇九三
大華襪廠	後竹場巷	五〇九
豫康襪廠	梨花莊	七八
大中襪廠	北外城脚	一一七一
翻砂廠類		
工藝機器廠	亭子橋	二七
廣勤製造廠	廣勤路口	五八〇
震旦機器廠	廣勤路	一〇五四

	錦記絲廠	倉浜裏	二五九
麵粉類廠	九豐麵粉廠	蓉湖莊	二一
	茂新麵粉廠	太保墩	一六
	茂新第二麵粉廠	惠山浜	四六八
	泰隆麵粉廠	西村裏	五一五
碾米類廠	鄒成泰碾米廠	江尖上	一三八
肥皂廠	大方肥皂廠	小尖上	一二六八
	鼎昌肥皂廠	亭子橋	六二〇
	慎昌恆記肥皂廠	顧橋下	六五三
製鎂廠	中國第一製鎂廠	惠商橋	三五〇

乙、無錫縣各業同業公會一覽表

	無錫鐵工機器廠	時郎中巷	七八〇
	永興翻砂廠	大平巷	五九五
	協興翻砂廠	太平巷	二〇二
	合衆鐵工廠	光復門外	一〇八二
	成昌翻砂廠	通惠路	一二三三
	成泰翻砂廠	通惠路	一〇一七
石灰廠	無錫第一石灰廠	大帝巷	九三五
	允利石粉廠	小尖上	一六五
造紙廠	利用造紙廠	惠商橋	三五〇

無錫導遊　九三

無錫導遊

名稱	會址	主席	名稱	會址	主席
綢布同業公會	南尖	錢保稚	麻業同業公會	西門城脚	張仲英
衣莊業同業公會	河埒裏	高鴻初	國醫業公會	三皇街	鄒克如
花邊業同業公會	南市橋	胡桐蓀	機器戽水同業公會	北新橋	屠克強
西裝業同業公會	推官牌樓	薛炳奎	紙紮業同業公會	大市橋	章　拯
絲繭棧業同業公會	通漢鎮	錢孫卿	輪業同業公會		錢孫卿
布廠業同業公會	黃泥橋	吳玉書	煤鐵業同業公會	壇頭弄	沈榮輔
絲廠業同業公會	三皇街	錢翼振	紙箔業同業公會	江尖渚	包魯藏
染坊業同業公會		許浩然	磁器業同業公會	北外吊橋	顧少坪
皮箱業同業公會		胡懋卿	菸兌業同業公會	北門大橋堍	李子均
油廠業同業公會	東新里	陳進立	浴室業同業公會	崇安寺	許少南
照相同業公會	崇安寺	謝竹均	醬酒業同業公會	駁岸上	楊履冰

麵粉坊業同業公會	祝棧街口	張子培
山貨業同業公會	惠山	胡燮仁
礱米業同業公會	長安橋	錢鑑塋
菜飯業同業公會		王菊亭
油麵筋業同業公會	萬坊弄	任國良
肉業同業公會	西門外棉花巷	陸宗儀
糕糰業同業公會	藥王廟弄	鍾亮卿
熱水業同業公會	崇安寺	蔣士珍
旅棧業同業公會	南倉橋	蔣仲良

丙、無錫縣各職業公會一覽表

鐫刻業同業公會	大市橋	楊伯受
印刷業同業公會	書院弄	吳襄卿
洋廣貨業同業公會	書院弄	朱庭塀
書業同業公會	縣前街	宋少雲
理髮業同業公會	八兒巷	陸保全
大窰業同業公會	伯瀆橋	馮錦山
人力車業同業公會	觀前街	蔣如江
造船業同業公會	泗堡橋	李仲華
糧食業同業公會	縣前街	

名稱	會址	常務理事	名稱	會址	常務理事
豆芽業職業工會	西新橋	龔寶卿	染織市廠業產業工會		諸炳榮
碾米業職業工會	長安橋	王嘉禾	絲廠業產業工會		
成衣業職業工會	沘果巷	朱若愚	新聞記者公會		孫德先
漆作業職業工會	西門外吊橋	石重勳	醫師公會		衞質文
營造業職業工會	三皇街	郞翼三	律師公會		會長許國鳳
儲棧業職業工會	丁塝里	陳直夫	縣農會		濮一承
扛重業職業工會	接官亭	張煜卿	教育會	公園路	李惕平
紡織廠業產業工會		陳祥春	民教促進會	公園路	朱若溪

五、公益及慈善機關或團體

名稱	地址	代表者

普濟善堂	北門外普濟橋	楊壽楣	榮宗敬	養老
同仁堂	新廟前	華日會	蔡振鎬	施米、棉、藥、棺等
育嬰堂	新縣前	同	上	收養棄兒
恆善堂	崇安寺東隔壁	蔣士松	華文川	
平民習藝所	南門塔橋下	吴邦周		收留平民教以工藝
溥仁慈善會	城内希道院巷	馬襄卿		平時給養殘廢鰥寡孤獨臨時施放急賑
清節堂	城内學前	孫祖羨		收守節婦女
孤兒院	東門青石橋	楊四箴		收容孤兒
世界紅卍字會無錫分會	東門田基浜	蔡文鑫	華文川	施米、衣、藥、惜字等
勞工醫院	城内八兒巷	總工會		施醫
千橋會	榮巷	榮德生		造橋

物產及商品

無錫地居京滬中心，灌溉便利，交通發達，農工各商業，平均發展，出產物除農產物外，工業品亦復不少。商品進口，精製品原料品均有，出口以生絲及農產物為大宗。茲將重要物產及商品列表於后·

一、重要物產

農產物

雜糧類　粳米　糯米　香粳米　小麥　大麥　玄麥　蠶豆　黄豆　青豆　綠豆　赤豆　豌豆　芝麻

蔬菜類　油菜　白菜　菠菜　茼蒿　莧菜　韮菜　萵苣　蕨萎　茭白（梨花莊）　松菌（惠山）　芥菜　筍

瓜菓類　冬瓜　黄瓜　南瓜　西瓜　絲瓜　香瓜　楊梅（湖濱）　桂花栗　梅子、桃子　李子
　　枇杷

禽畜類　猪　牛　羊　鷄　鵝　鴨　黄雀（村前）　蠶　蜂

水產類　鯽魚　青魚　白魚　銀魚　鰱魚　鱔　玉爪蟹（玉祁）　蝦

製造品　油麵筋　惠泉酒　黄草布（西鄉）　弦線（東亭）　絲線（塘頭）　木蘢（陳斗板巷）　豆
　　腐乾（東亭）　肉骨頭（南門）

工業產物

衣　類　紗　布　襪　絲

食　類　麵粉　豆油　豆餅

住　類　石灰　甎瓦

雜　類　戽水機　滅火機　軋米機　麵粉機　織襪機　打穀機　柴油引擎　肥皂　炭酸鎂
　　紙　石粉

二、重要商品（出口）

米　小麥　絲　豆油　豆餅　石灰　紗　布　機器　炭酸鎂　紙　肉猪　鷄蛋

寶光

新法照相

美術照相電光放大
出售各處風景照片
湖濱游泳設更衣室
特備男女游泳浴衣
代冲各種快鏡軟片
代銷各號柯達軟片
各種着色顏色新鮮
如蒙惠顧毋任歡迎

電話二〇〇九

文藝

遊記

春色滿江南

探梅漫記

～～～美人骨格高人趣，便是枝頭一點春～～～

車是僱到梅園太湖飯店。十里長途，寬坦馬路，曲折如蛇。無錫的鄉景有一特徵，卽遍地是桑田。這些桑田，不知幾時又變成滄海？翔兒和我坐一車，他對于無錫事前已有相當的認識，他贊美這桑田。他說：除了桑田外，還有一個特點，就是煙囱多。

經過了兩三個國旗飄揚的平野中的鄉村小學，輭塵一路足如飛的直達了梅園的大門，在一家太湖菜館放下，並不見太湖飯店。向公安分所一問，才回頭繞道進入山村的深凹處，蒼松夾道中，隱隱露出巍峨的樓台，一派西式建築那就是太湖飯店了。

層樓傑閣，高塔飛橋，氣象軒昂已極。迎面太湖湖光，在斜暉中閃鑠動搖，彩霞流麗，幻出各種的顏色。

樓上下客滿，由茶役設法開了樓下一間房，設備整潔，房金一元五角。

爲首要解决的問題便是吃飯。兩菜一湯，大洋八角。向來不離辣椒的，暢遊名勝，這些滿不在乎。飯後，便問茶役以去梅園的路徑。茶役笑道：

『這裏就是梅園哩！』

顯然表示第一次來遊的我們便向園中鑽入，否，不如說是向梅花中鑽入。因爲順着路走去，前後左右都是梅花，是梅花築的一條路，是梅花帶的路，花是開了一半了，都是單瓣子的白梅。走不多遠，彷彿梅花將路陡住了，一抬頭有一座亭子，亭子旁圍着梅花，亭前一塊空坪，夕陽中的太湖，眞美極了！亭後又有一帶梅林，便有一塊絕大的太湖石，鐫有『小羅浮』三字。羅浮爲我幼年時所遊，現在還留有一點殘影，覩此三字不覺回憶垂髫！

由亭南下，左邊是花房，右邊是一棟賣茶的精舍，有照相館。紅梅幾大缽，異香撲人。過此再南，兩邊都是一片梅林，白茫茫一片不知是雪是雲是海？中間一座高亭，有池有洞，亭前有一圓場，繞以冬青，雜植梅樹，兩塊高逾數丈的大石矗立其間。再前則爲梅園正門了。門內有私立公益小學一所。

這是梅園的輪廓。梅園佈置的整潔，林壑的幽美，建築的精審，不失爲江南名園；而其特好的地方，即在有一個太湖做背景。有這樣一個明湖做背景，還有什麽不美的呢？

我們從萬梅花中發見一個奇蹟，一輪亮晶晶圓溜溜的月亮出來了。人在梅花中月光下三重的皎潔，這月光好像要化作千萬朵梅花來分梅花的香，這梅花也好像要化作千萬輪明月來分月光的色。這人更好像要化作千萬朵梅花與千萬輪明月來分他的香與色。但我只需要：二分明月三分色，一瓣梅花半瓣香！

我們在梅林中如幾雙鶴兒蹀來蹀去，向月光明處行，向梅花深處尋，不覺繞到太湖飯店後面。這一帶的地勢如橫琴，地勢一層一層高，一層有一層不同的建築，層層皆可望太湖，層層皆有各種的花木。走到極東，我們談話忽聞有回答的聲音，靜聽才知是回響，翔兒今年不過十一歲，膽子很小，催我們歸去。我們略一探尋，才知道此間是一個極大的地下室，可惜不能進去。轉身西行，上最高層，絕大廣坪一座，完全高而夫球場佈置，另有大健身房一座。

凡馬路、花園、名勝、及其他附近于此一帶的建築，都是榮宗敬君的資本担負。我口占一詩：

榮園口占

名園一角似橫琴，建築東西雜古今。若使金錢無萬惡，除非到處築園林！

我不知道這一帶叫什麽，姑以『榮園』名之。因翔兒欲歸，遂返飯店。遠遠卽聞樓上絃聲歌聲，唱梅龍鎮，憶白玉蘭在長沙演此時，當時我們一般朋友，都恨裝正德皇帝的太不行，不過兩年，便有玉隕香消之感！因此對於樓上的歌聲更發刺耳；不僅如此，如此好月色不負，如此好梅花不看，如此好湖光不望，如此好春宵不管，竟自關着房門，練習跳舞，帶播音臺，開留聲機，鬧得一榻糊塗。江山清麗，竟充滿這些俗物！

我們不能再聽了，三個人又逃出來，由原先來的山路跑到梅園正門。正門鎖了，不能進去，只得在門外徘徊，入一小店買些糖果，給翔兒。

此時月色愈佳，馬路上靜悄悄的像一個初秋之夜。我們不一時仍信步踏月而歸。

回到飯店，立人帶翔兒進房休息，我一人幽幽再入梅花深處。

站在一柯最清瘦的梅樹下，想滌心淨慮，領會這當前的聖潔之景。因念我生鹿鹿三十餘年，飽經人世未有之憂患，既不爲名，亦不爲利，爲何擾擾紅塵？只緣人類的一點責任心，放卸不下，以故終日如負重荷，未嘗有一刻之安。塵念昏昏，亦未嘗有一日之清明。我深願做一個太平時代的釣叟，但不幸而逢大亂之秋，避世的思想爲不可能，歸田的幻夢仍歸於幻夢。只有抓着一刹那間的一點靈機，像清涼散，非興奮劑，對於自己的本性本體，或者能借梅花的孤高，月光的皎潔，明湖的寬涵，多少啓悟，一點智慧，也未可知，因此，我幽幽站在這柯梅樹下悽清的徘徊。

這時，我很不願有一點聲息，有一點波動，但願天地常淸，乾坤永靜，使此世界，恆久在梅香月光人影三者交輝之下而和美的生存。這時，有人想吹簫，有人想跨鶴，有人想飲酒，有人想踏雪。我斷了一切雜慮。稍遠的笑謔聲，革履聲，只當做是蟲鳴。似乎是一個女人經過瞥見我了，驚訝的疑我不知是人是鬼是花妖；而我一笑了，梅花和月光都笑了。這時，我差不多忘了一切，因爲一切忘了我了。

如此靜參了若干時，月，似漸漸的西沉；光，似漸漸的淡薄；梅，似溫溫的安慰我：『料峭春寒，歸去安眠吧！』不知不覺一人便走進自己所住的房裏，立人翙兒還在電燈下看書呢！

我便將剛才的情景心境率直的寫成一詩：

梅園望月歌

梅園種梅一萬株，株株皆是雪肌膚。入春含苞齊欲放，忽然一夜化爲無。云是歡迎處士去，處士不在孤山住。浪迹金焦等白萍，浮沈人海如飛霧。已入中年萬念灰，一朝忽向梅園來。梅花聞訊兼程至，一枝首放萬株開！此時花與花相笑，此時花向花爭報；留些殘雪見輕盈，帶點春寒添俊俏。太湖三萬六千頃，處處能容處士隱，薊北愴懷杜少陵，山中空念陶宏景。悄然獨立梅花下，幽香暗襲忽驚訝：『此中原有一詩人，徘徊花下何爲者？』梅花不語我不答，香氣翩然迴車駕，下車斂衽禮先生：『料峭春寒歸去也！』先生一笑不欲歸，仍留花下苦徘徊。再問：『先生果何俟？』先生云：『俟月光來！』『吁嗟乎！月光早候先生久，先生愛梅不回首。先生之影清且瘦，若非月光影何有？』先生大笑：『吾差矣！多謝月光情若此。』『如何不見我梅花？如此清宵涼似水！』吁嗟乎！梅花影裏覓明月，明月乃在梅花側；明月光中覓梅花，梅花乃葬天之涯！別妻攜子遊此地，徒令梅月相咨嗟！吁嗟乎！縱令天地盡咨嗟，人生原不愛繁華；願爲冷冷清清客，長傍幽幽淡淡花！

這晚，睡得很安。

次晨八時，吃麵後，卽同到梅園在大太湖石下拍照，出園，僱車到小箕山，車行如飛。走向太湖邊岸了，湖上的朝霧尚未收，隱隱如蒙薄紗。一帶的山景水景田景目不暇接，不二里就到了錦園。

此處是湖邊闢地數畝，新建精美的樓臺。湖邊荷花，堤上垂柳，培植井井有條。湖心一洲突出如黿頭，卽黿頭渚。由一個船娘擺渡過湖，小槳清波，朝陽薄霧。湖上帆影參差，像鷹翅插立，色帶蒼褐。不過十分鐘卽上岸，有小港專泊遊船。黿頭渚面積雖不甚大，而林木森森，花草翳翳，多由人工栽培而成。崇樓峻閣，飛紫流丹，極盡華貴氣象。現在新建築工程很多，寺堂別墅多突出山腰，懸懸欲墜。我有一詩：

黿頭渚

二里輕車赴小箕，精樓傑閣碧琉璃。忽聞隔岸黿頭渚，因憶前遊燕子磯。能以人工參物理，直將湖水與天齊。青松黃瓦莊嚴相，探勝翻疑越九溪。

又紀景詩一絕：

春日桃花夏日荷，錦園垂柳太湖波。輕舟擺渡黿頭渚，帆影山光映薄羅。

錦園春渡

我們在下面週遊一遍，在湖邊亂石磯頭，以太湖汪洋湖水爲背景照了一相。旋卽登山，直上到著名的廣福寺。因遊興太足，麵興未佳，故未照廈材的辦法——吃素麵。有一揚州和尚出而招待，先有楊紫淵鐵鞭約五尺餘，楊係明末清初人，何以能用如此巨鞭？但我見此鞭，不禁想起『着先鞭』的民族故事，現在的人都應該用這鐵鞭一抽！隨帶往陶朱閣，供的一幅山水畫着范蠡扁舟遊五湖的情景，舟中却少了一個西施，或者她坐在艙裏沒有出來吧？前面山坡上種有菜蔬，一些小太湖石塗有白灰，和尚說：『這是防止野兎來嚙菜的，山上兎子狠多哩。』

居高臨下，平眺太湖，良辰美景，心曠神怡，太湖的美處，不在他的通闊，而在他的幽靜。山巒縱橫點綴，尤爲此湖美觀。我生長中國第一大湖旁邊，開窗可望洞庭，侶魚蝦而不友麋鹿。又遊石鍾山，片帆掛明月于鄱陽湖心。中國大湖，曾經滄海，獨對太湖未能忘情！何以故？以此湖獨有他的妙相，非雄莽的洞庭與生疏的鄱陽可比。

坐眺移時，悠然神往。帶翔兒出來，就是要使這個可愛的兒童受湖山聖潔清明的洗禮，展他的心胸與天地通呼吸，鍛鍊他的體格使跋涉耐勤勞，而且使他深刻認識我們中國山河之美！

春日當空，我們一櫂輕歌又盪回來了。仍乘原坐的人力車回到梅園。船資小洋三角，車資每輛小洋五角。

隨便在太湖菜館午點，吃炒麵。一茶房傻氣甚重，許多中學生正圍桌而餐，取笑於他。我們吃麵後，僱人力車二輛，大洋一元，直奔車站，足有十七里路。

車上無可記的事。但覺梅園之遊，其意不在園而在梅，其心不在梅之花而在梅之意，然以梅之孤高，雖不欲人之聞其香，然香乃其本色，故花而非梅，梅而不香，都未免有些遺憾！想到這裏，復吟一詩：

偶成

梅園花事使人嗟，有色無香願已賒。還是虎邱山上去，冷香閣下弔梅花！

長途遼遠，到車站等了一刻，即乘快車，不過一小時就到了東方古豔的名城蘇州。

無錫記遊

茵麟

一、而今無錫是天驕

～～三百里間春似海之末三節～～

「占盡人才山水美，而今無錫是天驕！」這是易君左先生的兩句詩。

的確，只要提起無錫，不論什麼人，他的腦海裏，立即會浮起一幅美麗的畫圖來，立即會記起馳譽中外的惠泉山，清絕塵寰的黿頭渚來！

無錫二字，已經和惠泉山黿頭渚分不開了！同時，無錫二字，更和「美麗」，「幽秀」「雄奇」等字結不解緣了！

唉！美麗的無錫，幽秀的無錫，雄奇的無錫，你曾顛倒過多少的癡男怨女，你曾陶醉過多少的文人墨客喲！

在無錫孕育長大的我，與無錫朝夕相依的我，自三月三十日離開他，赴滬轉杭以後，實足在外十一天了，雖則是短短的十一天，但友好的眷注，館務的系念，竟沒有方法可以擺脫！今天，我又要投入他的懷抱了，又要投入他的温柔的懷抱了！我的心頭，該是多麽的快慰喲！

九日下午二時半，我們在青龍山站，踏上了宜錫長途汽車。

本來，今天下午預定要到張渚去的，問茶房，知輪船須下午一時半才來，不意十二點半就到了，我們來不及上船；同時，有本因身體太倦，急欲到無錫休養去，便决定善卷洞留待異日往遊，而自鼎山直接到無錫了。

到宜興，因旅客太多，添開汽車二輛，於是三輛車接連着，風馳電掣的向無錫駛去。

過雪堰橋，閶江口而東，經楊灣到梅園的數十里間，鑿山通道，風景奇絶險絶！汽車環太湖行，三萬六千頃的煙波，於夜色蒼茫中，全部呈顯在我們的眼前。有本高興得歡呼起來了。

這次我由錫而滬，由滬而杭，由杭而宜，由宜而錫，恰巧兜了一個大圈子。在乍浦海甯間，汽車全傍大海走，在長興宜興間，汽車全傍太湖走，風景都很莊麗，但同楊灣一帶比，則有霄壤之別了！

我想楊灣的風景，在不久的將來，一定會得給世人以最熱烈的贊美的！

到梅園，我逘有本朝暄至太湖飯店開定了房間，因天色不早，即匆匆僱車進城。

我又投入故鄉的懷抱了，該是怎樣的歡樂！可是想到了六天來同遊同息，且曾一同冒着狂風暴雨，黑夜步行上莫干山的兩位患難朋友，從今天起要分別了，心頭又是怎樣的難受啊！

我坐在車上，一路是淒淒然的。

這次在旅途中始終相依的竹君，也戀戀地跟我進了城。

在一個斜風細雨的傍晚，朝暄進城來看了我，他說：無錫的風景，是比西湖更合於藝術的條件的，他愛無錫勝於愛西湖。臨行我送了兩本最新出版的無錫導遊給他們。

於是，我們又分別了！

二、又向惠泉山下去

惠泉山，以泉名，但惠山的勝處，却在登山可以望遠近諸山，遠近諸湖，和遠近的一切！所以遊惠山者，必須登惠山，登惠山方能見到惠山的雄奇，見到惠山的秀美！

我，今年惠山究已到過多少次，連我自己都記不得了！

每逢休假，只要風和日麗，城裏是再也守不住的，縱使一個人，也要到寄暢園去獨坐半天。

我需要山水的靈氣！我想：看不見山，望不到水的生活，必得會很快地把我窒死，悶死！我是一個少不了山水，從來不肯辜負山水的人！

四月十六日早上，便和一郁決定了遊全惠山的計劃。十時，便驅車出發。

到五里街，那「一枝楊柳隔枝桃，紅綠相映五里遙」的五里街，卽覺不斷的嵐翠向面前撲來。微風中，枝頭曉霧未散，朝露猶滴。錫山，龍山，龍光塔，和無數的花影樹影，盡在水裏，栩栩欲浮上岸來。靈機動處，口號一絕：

綠楊如霧草如煙，不斷嵐光撲眼鮮。又向惠泉山下去，尋春不負好詩天！

惠山道中

到惠山公園走了一轉，出來，經龍頭下，直趨寄暢園。我覺得惠山名勝中，最清幽的便是寄暢園和隔紅塵，貫華閣和北茅蓬，也還不俗。可惜隔紅塵屢經駐兵，已破敗不堪，那樣好的去處不修葺起來，實在是我錫人之恥！

入門，見知魚檻已有人在，便到池南岸的茅亭內休憩。

寄暢園在從前是盛極一時的，後雖毀於兵燹，但因他的地位占得太好，整個的惠山，看來竟像在他園裏的，明山秀水，仍掩不了他妍麗的風度！

杏花，李花，桃花，正盛開着，搖曳於波光巒影間。

惠山頂上的人，像螞蟻般在蠕蠕地動，初看，還以爲是樹影呢。問茶役，方知今天原是上巳日，怪不得遊人這樣多！年來我比從前更愛山林了，也比從前更不宜於城市了，但生活的重擔壓着我，還得侷促城市，爲生活而苦鬥。自己想想，也覺可憐！感傷之餘，偶得一絕：

秦園茗坐偶成

還隨薄俗共浮沉，辜負天眞一片心，朝愛白雲宵愛月，此生只合住山林。

飯後，參觀園西的梁溪書畫展覽會。借住園內的畫家陳負蒼正在伏案作畫呢，我覺得他比我幸福得多了！

一時出門，買了許多甘蔗和荸薺，卽緩步向石門下走去。仰望山巓，只見擠滿了黑壓壓的人影，在慢慢向西擠去。

全惠山是不容易遊的，我在公商讀書時。曾與介湄，鳳城，導源，樂文遊過一次，那次是由二泉亭上山，經頭茅峯，二茅峯，三茅峯，到七十二搖車灣下山的，來囘步行，最後還登錫山。那時的足力才健呢？

普通登山，都在二泉亭，我們今天却別出心裁，由石門上去，到二泉亭下來。

將到石門下，迎面來了一羣時代姑娘，覿面時，中間的兩個，同聲的叫着「芮先生」，使我莫明其妙，眞的，在那裏教過她們，我已絲毫記不起了！

轉入石門下，耳邊便常繞泉聲。夾道的樹蔭，也是最足引人留連的。

到望公塢，遊人已如潮水般擁下來，都跑得滿頭是汗。沿路出售惠山花草的攤頭很多。望公塢上，路窄澗深，石級蜿蜒，以其盤旋曲折，俗呼曰七十二搖車灣，許多人在數着究竟有多少。道旁有雷尊殿，眞武殿，張仙殿，紫薇宮，離垢菴，九陽宮等。

石門懸崖峭壁，險絕塵表，瑰奇之狀，可以入畫。白雲洞邊，仕女如雲，據說那裏的籤書最靈，都在擠着求籤呢。誦范衡伯「白雲洞口少遊人，老樹荒菴祀洞賓，一瓣心香蓮座拜，靈籤私自問終身」詩，不禁爲之莞爾。我想，呂祖有知，這樣的此往彼來，也將不勝其煩了！

路太巉，只得慢慢的走，時時的歇。

回頭北望，麥隴菜畦，市房運河，歷歷已在目前。在搖車灣，得一絕：

甲戌暮春偕一邨自石門登惠山

忽向右盤忽左旋，衝風同上翠微巔。搖車好事從頭數，七十二灣記未全。

沿路乞丐很多。我因爲有好幾次，看見人家給了錢，一轉背，他們的詞色之間，便當你猪頭三的，所以向不願給錢。在石門上，遇見一個抱着剛出胎不久的孩子的婦人，破例給了錢。遠遠地，對面來了二十多個佛婆，我和一邨說，那個可憐的產婦，到那羣佛婆經過時，一定可以得到幾十枚銅元了。於是我們便立得遠遠的看她。出乎意外的，二十多個朝山進香的佛婆中，竟沒有一個投下一個小錢的。我們方才明白：佛婆的錢，原要送給和尙們化的！

到三茅峯已經下午四時了。回首舊遊，恍然若夢，感成一絕：

甲戌暮春重到惠山三茅峯有感

十年闊別又重遊，如夢前塵感未休。拋却閒愁千萬斛，且將山水豁吟眸。

南望三萬六千頃的太湖，竟小得如一個大水蕩，七十二峯，盡收眼底。水天合處，隱約可見湖州的一角。北望白湯圩如一條水溝，運河如一道白帶，通惠路如一撮黑綫。東望無錫城，活像一個蜂衙，五里街活像一條蚯蚓。西望錢橋，藕塘橋，數十里田野村落，都一一陳列面前了。

我們何嘗是在看山水，簡直是在看一個沙盤裏的「無錫地理模型」！

誰說惠山沒有什麽可看呢？他自己不會看，不懂看而已！遊惠山，原不在惠山的本身，而在惠山四圍的景色啊！遊山水原不在山水的軀殼，而在山水的情趣啊！

於三茅峯佇立久之，得一絕：

惠山三峯茅遠眺

長河如帶蠡如湫，眼底諸峯拍浪浮。望斷雲帆煙水外，青螺一點是湖州。

吃了一枝甘蔗，即緩步向東面二茅峯走去。當我把伏在山麓下好像一個土阜的錫山指給一郁看時，他笑着說：「不是你指給我看，我竟始終沒有注意到呢！」連錫山都不注意到，此間挺立之高，氣象之大，也就可以想見了！

於二茅峯下，我們睡了半小時，靜看白雲冉冉地過去。這時遊人很少了，難得遇到一兩個。我們便到頭茅峯，向二泉亭下去。

五時半，方到漪瀾堂，靜坐休息，看池裏悠遊自得的金魚，品名聞遐邇的天下第二泉。那泉，確是：「質重似滲稀藕粉，味香如嗅淡蘭花」，喝到嘴裏，覺得厚厚的。

漪瀾堂原已十分破舊，今春稍加修葺，便又煥然一新了。可見「人要衣裝」的話是不錯的。

六時，驅車返城。

夕陽影裏的五里街，龍光塔，另外有一番景象。

我沉浸在鎮天的回憶裏，無窮的歡樂裏！

三、子規聲裏到黿頭

無錫風景，黿頭渚應爲第一！

黿頭一角，可看三萬六千頃的太湖煙波，可望縹緲隱約的七十二峯，時而清波如鏡，時而濁浪滔天，氣象一刻萬變！宜花晨，宜月夕，晴遊固宜，雨遊亦宜，一年四季，無時不宜！

黿頭渚，我今年已到過許多次，偏這鶯聲將老，花事欲了的暮春時節，猶未能往！很巧，可一於五月六日由滬來錫，卽陪往一晤這送春天氣的黿頭渚。最巧沒有的，五月六日，恰是立夏節，我們眞的是來送春了！

早上八時，卽驅車出發。過小木橋，眼前便是一片綠野。車行綠野間，曉風陣陣，把我的詩興吹起來了。

麥田都已抽穗；桑葉也已披滿枝頭了。前幾天和一郇遊惠山時，桑樹還在透芽呢。眞是……幾日不曾出門去，桑田新綠嫩如煙！

錫山，惠山，都在薄霧籠罩中，面目依稀，我們如在披紗中望新嫁娘！

清晨的田野是那樣靜，那樣美！簡直是車行畫圖中了！

小箕山道中

一路，過鎮山園，桃園，梅園，到了柳影波光交織中的小箕山。得一絕：

恨不偷閒日日來，詩懷一度一爲開，小箕山下重經過，忘却今年第幾回。

湖邊小立，望黿頭渚，小蓬萊，萬頃堂，盡在畫裏。登渡輪，一聲汽笛，已入湖心。看四面山在水底，樹在水底，樓在水底，台在水底，船在水底，人在水底，天在水底，雲在水底，一切都倒映水底，眞是水天如畫，風光欲絕！可中，寫成：

一高吟着我的「江南占得春何處，半在西湖半太湖」的西湖詩，我給他引得發笑了。於渡輪

錦園春渡

一湖春水碧如油，無限風光眼底收。七十二峯何處是？子規聲裏到黿頭。

黿頭渚已不見了萬紫千紅，只是碧沉沉的一片。這顯示着春將歸去了，夏已來臨了！

癡立澄瀾堂下，望滿湖煙波，滿園綠陰，聽滿處啼鶯，滿林啼鳩，心頭充塞着莫名的感傷！

觸景生情，因得一絕：

甲戌立夏日重遊鼋頭渚

再來未改舊芳菲，滿目沉沉綠已肥。瘦盡殘紅千萬點，聲聲啼鴂送春歸。

鼋頭渚近正大加整理，新蓋了楊公祠，改建了澄瀾堂，水邊也添了好幾處亭台，金碧輝煌，益覺湖山生色！不久湖山路，寶界橋告成，使濱湖名勝，連成一片，必將更爲愛好山水者所激賞了！

本來，政府有劃太湖爲國家公園的倡議，我們但願這個倡議，能早日實現。

時間太早，遊人還不多，我沉浸在幽美靜穆的春海裏。快樂包圍着我們。

每次遊鼋頭渚，總是先到鼋頭，再折赴東北，遊廣福寺，太湖別墅的，今天却先遊西北，發現了一個新的最經濟的行程。

迤邐北行，登萬綠叢中的小函谷。倚欄望小箕山，小蓬萊，如在几前。帆檣千點，更歷歷可數。

北進，是一條最幽深，最曲折，最宜於詩人嘯傲，情侶密語的松徑。那松徑，直達廣福寺後。

傍太湖別墅東北行，逕趣佈置極新奇，而還少爲遊人所知道的鄭園。那裏，我要是到黿頭渚，是沒有一次不到的。

看了那種風致，看了那種色調，可一快樂得手舞足蹈的說：

「想不到這樣的荒山裏，還有一個這樣幽美的去處！」

由鄭園東行約里許，有一個若圃，依山築園，蒔花植果，局面和黿頭渚，小箕山等處完全不同，世間知者絕鮮，我也於去春才發現的。從鄭園前面濱湖登若圃南高台，不到半里，惜無大路，須攀援而上。我徵得了可一同意，便走那條捷徑。

這時太陽已在中天了，風是暖暖的，人也是暖暖的，我們於湖光山色間，一步步覓曲徑上山。

遊山，我不喜人步亦步，最愛獨闢蹊徑，我覺得獨闢蹊徑的風趣是與衆不同的，所看的往往是別人所沒有看見過的，所聽到的，也往往是別人所沒有聽到過的。

天地的奧祕，我喜歡自己發現去！

想不到在這送春時節，在這立夏佳節，會和可一同遊黿頭渚！更想不到會由湖濱走山僻小路，攀登巉絕險絕的南高台！何況，天氣是那麼迷人！風光是那麼媚人！

我，我們，都覺得陶然了！

途中，寫了一首詩：

甲戌立夏日自鄭園覓仄徑登若圃南高台途中示可一

如此快遊得未曾，坦途撇却向崚嶒。今朝合借春風便，與子同登最上層。

天太熱，走到半山，便在一棵大楊梅樹下，坐下休息。

四圍是綠樹青山，面前是白浪疎柳。風，薰人欲醉，雲，引人欲仙。可一嘆了一口氣，說：

「要不爲生活所壓迫，我眞想終老是鄉了！」我從心底同意着這句話。悵然久之，感成一絕：

浪聲拍拍鳥關關，未許耳邊片晌閒。尋得仙源同隱地，莫教他日負湖山！

若圃道中山半樹陰小憩

山下田裏的農夫已經歸去了，看表，知已十一時半，即再往上跑。十二時登若圃南高台。

若圃尚在興建中，南北二高台，地位均極好。佈置也還玲瓏淸雅。由此東行，便是五里湖了。有名的蠡園，石塘，雪浪山，和正在建築中的漁莊，都在五里湖邊。

軍帳山是無錫惠山以下最高最大，最雄奇的一座山，恰與這裏隔湖相對。山頂禪宇，望去隱約可辨。我的家，便在軍帳山的南面太湖邊。去春曾由此步行返家，發現了若圃。

這裏，東可望漆塘，寶界，五里湖諸勝；北可望獨山，梅園，萬頃堂諸勝；西可望黿頭渚，小箕山，大箕山諸勝；南則太湖汪洋萬頃，湖中諸峯，星羅棋布，一一都奔赴几席。景象實較他處爲雄闊！

徘徊久之　卽循山頂大路返充山。經太湖別墅，廣福寺，飛雲閣，澄瀾堂，而到波濤澎湃，氣象萬千的黿頭渚。這樣，全山都給我們走遍了。

這時麗日當空，湖上射出萬道金光，與天上的雲影相映照。眞是：波光劃日千層碎，嵐翠含煙一帶疏。當風披襟，飄飄欲仙。

走到湖水邊，枕石小臥，看飛雲，聽濤聲，幾疑身已隨黿浮去，再不知天南地北，人間何世了！讀胡介昌「天留勝境供狂生，滿眼湖山不記名，七二峯從雲外立，兩三船向浪中行，具區浩渺包吳越，變態離奇弄雨晴，最喜一黿浮未去，夜深時聽打魚聲」詩，益覺不忍遽去。而「狂生」二字，宛如爲我寫照了。

因可一急於赴蘇，不能久留，卽於依依不舍中，離開了黿頭渚，搭輪到小箕山。

一路，遊人正紛紛前來，我們却匆匆歸去了！

黿頭渚遊過了，東南半角的環遊完成了！

此次自三月十三日開始，至五月六日告終，前後共經二十八日，行二千餘里。西子湖，碧浪湖，黿頭渚的明麗，莫干山，道場山，惠泉山的雄奇，宜興庚桑洞的瑰怪，杭州九溪十八澗的幽秀，已牢牢印在我的腦海深處！將永永印在我的腦海深處！

中華民國二十三年，五月十五日，記於綠陰滿地的無錫古崇安寺。

軍帳山遊記

芮麟

一、一船人在畫中過

天，在飄着雨，但雨，沒有阻止我們的遊程，却反激起了我們的遊興！

五月二十日早上九時，一個汽艇，一條畫舫，分載着我們三十三人，在雨裏，出吊橋，經北橋，中橋，南橋，向我們今天的目的地，雪浪、軍帳鼓浪前進。

雪浪山位於石塘橋南，長廣溪西，湖光山色，天然入畫，是一個很幽秀、很清麗的去處。宋鄉賢蔣一梅曾讀書其上，現在還留有蔣子閣。

軍帳山一名軍將山，位於雪浪山的西南，危峯壁立，高插雲霄，其雄奇，壯麗，秀美，爲無錫湖濱諸山冠。南唐嘗屯重兵其上，以防吳越。因離城較遠，非遊興豪，足力健，且有充裕之時間者，平日不易到此。

我們今天，却要一探這平日不易到的軍帳山。

憑窗遠望，帆檣點點，往來如梭，野花叢叢，夾岸如錦，青山隱隱，環列如堵，微雨過處，帆檣，野花，青山，均如蒙上一層薄紗，隨波動蕩，綽約混茫，風光欲絕！我看得呆了，不覺高吟道：

梁溪雨泛

風帆片片疾如梭，四面青山映碧波。花點胭脂天潑墨，一船人在畫中過。

出梁鴻溪，入五里湖，景色更壯麗，更秀美。一泓清波，如碧綠的地毯，四面青山，如翡翠的圍屏，模糊雲天，如雪白的簾幕，一切都是靜靜的，我們却安穩地，睡在這大自然的搖籃裏，聽水聲，雨聲，和鳥語聲。我覺得遠近諸山，眞像爲了增加五里湖的嫵媚和嬌豔而特地安排的，今日的五里湖，也竟如爲了我們而特地裝扮得這樣嫵媚嬌豔的。

過蠡園，漁莊，在將近石塘橋時，那汽船忽地停下來了，一停便是一點多鐘。大家的心裏都在焦急着，預定的遊覽時間要被躭誤了，我却獨自悠然的看四圍的山光，水色！那期間，詩神尋到了我，逼我寫了一律：

蠡湖小泊

才從北固卸歸裝，又指吟鞭向雪浪。五里湖凝雙岸碧，九龍山抹一痕蒼。踏青節去悵何及，拾翠人來興欲狂。微雨絲絲風蕩蕩，看山正是好天光。

汽船停下也好，使我們在水天如畫的五里湖，多留了一點多鐘，多看了一點多鐘，多想了一點多鐘。

五里湖的秀美和清麗，實在是值得稱道的，現在已有高子水居，蠡園，漁莊諸名勝，將來環湖公路，寶界長橋告成，如再加點綴，益以天然的明山秀水，不知更將迷惑多少人，醉倒多少人！爲了發揚湖山的秀氣，保存天地的靈氣，這種責任，我們是不得不努力擔負的！

十一時，才過石塘橋，因時晏，經橫山橋，逕駛燒香浜。

我們原定船泊橫山橋，遊雪浪後，再開燒香浜，遊軍帳山的，因在城開船延遲了一時許，中途停頓了一時許，所以決定分組出發，一組遊雪浪，一組遊軍帳。我是選的軍帳一組。雪浪只能留待異日去了，好在我已到過三四次。

船抵燒香浜，恰是十一時三十分。

午餐後，兩組於分道處合攝一影，我們便由若倩兄引導，向軍帳出發。

那時，天，早已放晴了。

二、綠陰滿地不開門

軍帳山於每年上巳日，四鄉都要來進香，進香的船，均泊燒香浜，所以自燒香浜到軍帳山，是有着一條很寬闊的大道的。

我們於青山綠水間，過大帝殿，越亦石嶺，經軍帳塢，而到了清幽獨絕的成性寺。

成性寺創於宋淳熙間，內有龍湫，故又名龍寺。

龍寺的幽深，曲折，和清秀，極似杭州的韜光。韜光可以觀海，龍寺可以望湖。而龍寺的「清」「幽」「靜」，則遠非紅塵十丈，仕女如雲的韜光所可企及。

我因爲家裏離此較近，龍寺已到過好多次，但在我腦海中印象最深的，便是十八年春，與曉棠，菊清，竹銘在南方泉舉行識字運動，一天下午，抽暇遊雪浪後，再從許舍翻山到龍寺住夜，月下演習老王的覺悟的一幕。那天當我們在暮色蒼茫中，由山下一步一步走向寺前時，遠遠地望見獨立萬綠叢中，修髯如雪，道貌岸然，飄飄欲仙的道力老和尙，那風度，那氣概，眞使我們萬分神往了！可以說我對於「飄飄欲仙」四字的韻味，那天纔深深地領略到，而至今一看見「飄飄欲仙」四字，便會立刻浮起那時的道力老和尙的情景來的。可是，道力已經去世了，我們當日允許贈給他的照片，却始終未有機會交給他，今天舊地重臨，該使我感到怎樣的悵惘啊！

龍寺位於雙峯夾峙中，林菁茂密，雲樹陰翳，遠遠望去，只見一片濃綠色，不知寺在那裏，及離寺數十步，方見黃牆一角，透露於枝葉掩映間。到此已無鷄犬聲，人語聲，緊繞耳邊的只有澗水潺潺聲，好鳥關關聲，風吹樹木蕭蕭聲，覺得身子已入另一個淸靜淨寂的世界了！

道旁卽深壑，於萬山靜寂裏，澗聲淙淙，自濃枝密葉中透出來，令人心神俱遠。佇立靜聽，記之以詩：

龍寺聽澗

寂寂空山裏，淙淙亂石中。源因水母活，脈與龍湫通。林密祇藏鳥，澗深不到風。枕流欲洗耳，水去自匆匆。

過照牆，山門靜掩着，寺前是一片綠陰，那靜靜的，沉沉的一片綠陰，成了一片靜靜的沉沉的綠的海，我們都浴在靜靜的，沉沉的綠的海裏，日光都望不見了。洪濤十分興奮的說：「山門，是要這樣靜掩着才好啊！若是開着，便索然無味了。」我卽朗吟昔人『綠陰滿地不開門』句，洪濤搶着說：『詩人，畢竟是詩人啊，這時的情景，給你一句詩描摹完了！』引得大家都笑了！

我們沉浸在靜靜的綠海裏，眞如入了清涼世界，原來的熱和疲乏，都消歸九霄雲外了。徘徊再徘徊，久久不忍去，此時只有澗聲伴着我們了！口占一絕：

成性寺前綠陰滿地淸絕塵寰

耳邊祇賸水潺潺，一寺深藏萬壑間。滿地綠陰人不見，遲遲未忍叩禪關。

澗中產龍竹，幹細葉大，徑圓節直，是很名貴的，好多人下澗採了幾根，留作此行紀念。

由側門入寺，曲折登大殿，看俗傳係建文帝寫的「大圓滿覺」匾額，此事史乘無可考。殿後一門，開出來斜巖上在汩汩地瀉着水，四邊全是綠陰，人立其下，面目都變成綠色，人也變成一個綠人了。這，眞是仙境哪！

鐘樓旁有宋李剛書「勅建成性寺碑」，據秦效魯先生考證，此碑確係宋碑，無錫全縣，現有眞的宋碑，連此祇四方，實在是不可多得的。碑已中斷，這是拚湊而成的了。墨飛筆舞，字均不易辨認。這種天地間僅存的無上瓌寶，地方人士，應怎樣保護着才好啊！

庭中杷枇樹已經很大了，地上橫臥着的一段老樹，還是橫臥着，我們曾於月下坐在上面演過新劇的．睹物思人，不禁黯然！

最清雅的朝北三間小樓，蛛網塵封，好像許久未經收拾過的，與道力在時的整潔相較，竟判若兩地了！

齋堂裏，前年同春子來，還掛着道力遺像，這次連遺像都不見了！一僧粗眉赤眼，呆手拙脚，向人瑣瑣談山中事，也談不出什麼來，眞令人有「上方清淨僧偏俗」之感！唉！要求仙風道骨如道力者，再到那裏找去？

茗坐片刻，我們離了清幽獨絕的成性寺，循石徑到水母殿。在潭後峭壁上，力琪爲我和放兄合攝一影。

於是，我們便由新道盤旋上山頂去。

三、千峯萬壑拱軍將

上山時，毒日當空，人人跑得汗下如雨。

我自前年春天和春子同遊後，雖然家裏離此並不遠，却人事卒卒，三四年間迄未再來過，湖光山色，徒形夢寐，途中感成一絕：

自龍寺登軍帳山途中作

家山一別忽經年，巒影波光夢裏來。自識神仙難作得，且偷半日作「人」仙。

自龍寺至山頂的石徑，係近年新闢，過水母殿，未數轉，即見一片湖光，滿呈眼前，胸襟頓覺一寬！

這裏，比韜光壯闊雄偉得多了！韜光僅能隱約望見江海的一角，這裏却可歷歷指認湖山的全景。異日可能，必於此處構一茅亭，顏曰望湖，以與韜光的觀海亭相應。這時回顧龍寺，已隱入萬萬千千的濃枝密葉中，只露出幾條屋脊，給太陽晒了，閃閃發光。

日力太強，長衫脫掉了，汗還是不住的流。這時我們眞希望來一片烏雲了！

下午二時，方造山巔，入眞武廟，到湖山勝覽堂休息品茗。

上山時看見的太湖，實際還是東南的半角，到此方把整個的太湖，盡收眼底了。

湖裏帆檣點點，往來不絕，峯巒起伏，如忽高忽低的波浪一樣。登此望太湖，望湖中諸

山，其氣象的雄奇，波瀾的壯闊，遠出惠山三茅峯之上●

這是我今天才發現的！

去春放兄於登軍帳後，盛道軍帳之勝，非惠山所能望其項背，我總以爲他是一種偏見，今天看了龍寺的幽深，清秀，太湖的雄偉，壯闊，和滿山鬱鬱葱葱，蒼翠欲滴的樹木，方知他的話實在是並無絲毫誇張，可以完全置信的！遊無錫而不登軍帳的人，未免太可惜，太冤枉了！

生平遊軍帳山已不知多少次，但一路興會之豪，所見景象之奇，除前年春天外，今天應是首屈一指！喜極，得一絕：

軍帳山真武廟湖山勝覽堂茗坐

天遣畫圖四面開，湖光撩亂滿樓台。勝遊若許從頭說，此是今生第二回！

坐了許久，談了許久，看了許久，聽了許久，即到寺後空曠處閒眺。

我最愛那可以飽覽一切的空曠處！

前春和春子來此，也曾在這裏草地上坐過半天。

在這裏，南望吳塘，白旄，北望羊祁，大浮。小箕山的樓台，黿頭渚的燈塔，也隱約可辨。

東望雪浪，路耿諸山，都匍匐脚下，若聽驅使者然。而南方泉許舍鎮兩大市集，看去竟如一堆黑壓壓的瓦礫。只有三萬六千頃的太湖，仍不減其壯麗和雄偉！七十二峯，被怒浪衝激着，似欲浮到湖邊來了。

獨立山頂，對無恙湖山，念屯兵往事，追昔撫今，感成一律：

軍將山爲南唐屯兵防吳越處甲戌五月二十日到此獨立山頂感而有作

千峯萬壑拱軍將，獨立浩茫接上蒼。白眼觀他塵世界，青山養我道心腸。險夷到此都成幻，哀樂何妨便兩忘。邦國廢興緣底事？敢將消息問南唐！

陽光照在湖裏，反射出千萬道的金光來，眩眼欲迷。天上一塊塊的烏雲，映在湖裏，使湖上印着一塊塊的黑影。船過處，水面便劃出一條條的長痕。白日堂堂，輕風拂拂，金波粼粼，交織成一幅天然的大畫圖，我便在那幅天然的大畫圖裏，陶醉着，謳歌着，眞的「且偸半日作人仙」了！

三時半，我於依依不舍中，隨大隊下山，經二天門，頭天門，而到靈官殿前樹蔭下休息。沿途是呼呼不絕的松濤澗聲，步步不同的天光野色。

四時，大隊循原道回燒香浜，搭輪返城：我却獨自一人，越黃泥嶺，經蝦蟇塢，走向溫暖甜蜜的家。

精神的勞倦被忘却了，縈迴在腦海裏的，只是湖光山色，盤旋在腦海裏的，只有湖光山色！

中華民國二十三年五月二十四日·遊後四日記。

藕花香裏望黿頭

一四〇

芮麟

又是荷花開時。

七月十七日，是我們的例假，午後一覺醒來，鐘已兩句有半，忽然心血來潮，斗的想起了小箕山的荷花必已盛開。小箕山本是以荷花著名的，我近年雖也去過了許多次，但以怕熱，獨於荷花開時，尚未一到，實在厚負湖山，厚負名花！今日天氣比較涼爽，又係例假，便決定獨往探荷。匆匆披衣出，遇恨厂師，即邀請同行。雇了兩輛人力車，講明每輛來回車資大洋八角。雙輪轉處，回望鐘樓，恰指三點。

今天雖涼爽，但城裏的風，吹到身上是熱烘烘的。城市生活眞不好過，尤其在夏天！我每見大街小巷，於夕陽影裏，坐着或躺着橫七豎八的人，涼風全無，但聞汗臭，總有說不盡的感想！

車過小木橋，涼風才習習吹來，令人身心頓快！而綠野一片，嵐光萬道，交馳於轆轆聲裏，尤覺別饒清趣。誦當代詩豪易君左過淮河。「淮河橋畔人如蟻，千里車聲掛夕陽」句，深深體會到「千里車聲掛夕陽」句的神妙！

前天在公園白水蕩，見荷花已開足十分，非復含苞欲放光景；而花落實垂，蓮房無數，也已搖曳於熱洪烘的城市涼風中。因此想起小箕山的荷花，恐怕也已爛漫過後，日近粉褪香消的時候了。口占一絕：

小箕山訪荷途中

枝枝交葉葉交枝，想見亭亭出水姿，此去也知遲十日，已非香嫩綠肥時。

在車中看了一節曼殊大師的斷鴻零雁記，猛抬頭，小箕山忽已突現眼前了。長堤一帶，垂楊百樹，車過其中，如入畫裏。而撩人柳絲，下垂及地，風前輕擺，一若表示其歡迎的熱忱！感得一絕：

小箕山柳堤

一路垂楊碧似油，依依臨水弄輕柔。高枝怕是風霜早，萬縷千條盡倒抽。

車停後，即徘徊於荷塘邊，細細領略荷花的色香味。荷塘在長堤兩旁，以地形關係，天然劃分爲四，近湖的極盛，靠北的只疏疏朗朗的幾枝。今日風浪過大，荷葉都被風吹得翻轉來，有的甚至卷成一圓筒！荷莖則被浪打得東傾西側，零亂不堪。我有一聯是：「枝枝浪擊渾難直，葉葉風翻不得平」，的是記實之作。

我在車上時，見兩岸荷池中，已開的荷花寥寥無幾，以爲此地荷花較晚，尚未盛開；及俯池細看，方知一部確已開過，因爲風浪太大，早已凋謝。西池的南岸邊，有一處荷葉特別碧，荷莖特別高，顯現出特別英雄的樣子，想是那塊地特別肥沃的關係。在同一荷池中，有不同的遭遇，得不同的結果，盛的極盛，衰的極衰，思之憮然！

小箕山命名錦園，實不知其用意所在。我覺得小箕山的妙處在荷在水，所以名命必須就荷就水二點上着想，一題錦園，便覺絕好風景，意味索然。此事曾語恨厂師，亦深以爲是。

我們徘徊兩小時，所遇游人，不足三十，想起公園裏人山人海，到處是鬧，到處是臭，到處是亂，到處是熱烘烘而人咸趨之若鶩，此間是這樣的清涼世界而竟這樣淸淸涼涼，不覺感慨係之。成錦園訪荷二絕：

荷塘夕照影層層，水閣香來冷不勝。怪底錦園無俗客，此花風骨竟如冰！

傲骨天生故折磨，殘紅零落逐芳波。花開莫訝今年少，浪打風吹謝已多。

悄立池邊，對滿池綠葉，一望無際，池外湖水綠，山色綠，雲天亦綠，只覺一片綠色，幾不辨是天，是雲，是水，是山，是荷葉了，得「荷葉連雲綠到天」一句，覺於當時物景，心景，尚能逼肖。又有小算山對荷二律云：

三年私願半朝償，獨對名花悵夕陽。百畝蓮搖香細細，萬頃波蕩影茫茫。性難諧俗寡知己，生不入時愛淡妝。縱使夜深風露冷，孤高只合住湖塘。

不宜小圃不宜盆，開到此花品最尊。清淨福修依水國，繁華夢斷住江村。暗香動撲遊人鼻，冷豔欲銷客子魂。悄對湖天成獨契，此心原亦一乾坤！

池邊徘徊既久，即移榻「岸船」東側。涼風拂面，溽暑全消。乃令人煮香茗二杯，靜靜的看湖波，雲影，山光，水色，千變萬化，無時或息。隔湖望黿頭渚倒影，水中歷歷如繪，輕波動處，栩栩焉幾欲浮近身來。我覺得小箕山得湖山人工的雙料裝點，濱湖風景，確已指當首屈，而隔湖望黿頭渚倒影，尤稱獨絕！我和恨厂師悄然默坐，但聞風聲，水聲，鳥聲，波濤拍岸聲，和自己的鼻息聲相應；只覺山空，水空，香空，色空，連自己一切皆空！直忘時在盛夏，地在人間，而與萬有而俱化了。此情此景，俗人決不易領悟，也決不會參透，細察二十多個遊客中，均走馬看花，無一足語及此。因空氣久久沉寂，我乃高唱田漢遊太湖詩中「一片天風吹細柳，萬頃駭浪吻長蘆」句，恨厂師爲之莞爾。我作錦園小坐一絕：

湖光帆影去悠悠，近水清涼夏若秋。難得浮生閒半日，藕花香裏望黿頭。

末句恨厂師屢稱極縹逸，而我自己覺得，此詩欲彷彿當時情景於萬一而猶不可得，我每遊好山水，常感自然的偉大，人類的渺小，和文字語言的呆滯板執，今天又是使我自頂至踵的愧恧了一次！

至六時，歸帆點點，炊煙縷縷，浮動繚繞於碧波江村間，我和恨厂師便再到池邊，重親芳澤，以留一臨別紀念。而傍晚荷塘，景象又已與午後迴別，萬綠千紅間，滿籠着稀迷迷的薄霧，白茫茫的輕烟。而晚風過處，落紅四散如雨。因得一聯云：「風起亂飛千瓣雨，日斜輕裊一塘煙」，句雖不工，景則十分逼真。

六時一刻，登車返城，於暮色蒼茫裏，看遠水近山，疾向後移，而忘其方位，心裏空空洞洞的一無所有。我的萬慮千念，都消到那裏去了？歸途云：

轉眼繁華未足憑，志行蕭散冷於僧。磯頭覓句歸來晚，十萬人家半上燈。

歸來後四日記，時民國二十二年七月二十一日也。

偷閒又結獨山緣

芮麟

無錫湖濱多山。

獨山在梅園西南，一名犢山。居五里湖太湖之交，矗立湖中，北對管社山，爲浦嶺門，南對充山，爲獨山門。上有小蓬萊山館，以交通不便，遊人絕少。我於去秋曾和道中邦健等無意中到過一次，覺得環境幽靜，風物清麗，別饒佳趣。癸酉八月十一日，特與可君作第二次之遊。

下午二時一刻，由崇安寺雇人力車出發，到迎龍橋，改搭汽車，三時許至梅園，再雇人力車至小箕山。當時可君主張走萬頃堂，我想走小箕山，順便再看一次荷花，結果終於和車夫說定到小箕山了。路上太陽的威力還是很猛烈，幸有清風一陣陣的吹來，所以還不致十分難受。到管社山下，車子逕向萬頃堂的路上前進，可君在前面不作聲，我也只得隨他了。前月我和恨厂師遊小箕山時，荷花還未盛開，滿想過幾天再去一次，不料此次已到此間仍未能前往。我覺得人生一切都是不可理解的，雖不敢說是「有數存乎其間」，但即如一山一水，一花一木之微，你要欣賞，也是要有「眼福」才能獲得機會的，否則總有許多旁的事物來絆住你的脚，使你達不到欣賞的目的。我於此次濟南之行，更遇到好多例證，使我相信冥冥中眞像有數存乎其間似的。

四時到萬頃堂，古木參天，松陰夾道，絲毫不覺得熱，大有「雲樹森森夏亦寒」的樣子。從前凡到黿頭渚，必經萬頃堂，所以過去十餘年間，萬頃堂曾盛極一時。近以小箕山開闢錦園，遊人均到小箕山，萬頃堂便頓時「門前冷落車馬稀」，現出極端淒涼的況味。這也是萬頃堂的命運使然吧？思之慨然！

渡船攏岸，我們卽登舟向獨山前進。一片茫茫，水天如畫；而小箕山，黿頭渚，萬頃堂，中獨山的樓臺的倒影，都盪漾於天水空濛間。十分鐘便到了中獨山。蟬聲如雨，好像歡迎我們似的。我有獨山渡中一絕：

瀕湖隱隱盡樓臺，逼眼山光撥不開。烟水一篙輕似葉，亂蟬聲裏到蓬萊。

上岸後，於綠油油的葡萄架下，休息片刻，路旁有一籐椅，可君坐着，我因天氣太熱，脫去了長衫。這時南邊遠遠地走來一個人，定睛一看，知是從前公商中學的校工，現在却爲小蓬萊山館的園丁的雪芳。彼此招呼了，便一同向小蓬萊山館緩步走去。在路上，我告訴可君，雪芳是在我認識的校工中最好的一個，他會寫講義，他會種花，他的爲人更謙和有禮貌。從前齊魯交戰時，公商中學曡駐軍隊，地方秩序全被破壞，校裏師生工人都走了，只他一人在校送往迎來，於萬難中應付了一個多月，校舍校具，得無重大損失，由是更得全體師生的敬佩。可君對他的印象也很好。他和石永等於前月到小箕山，因爲衣服穿得老實一點，生來帶有「狗眼」的茶房，竟連茶都不肯泡，並且鐵青了一副要理不理的冷淡面孔，他們氣憤得不了。後到中獨山，遇到了雪芳——名字是今天我告訴了才知道的——那種謙和與誠懇的態度，給了他們一個不易磨滅的深刻印象。知道茶房中也儘有不生着以衣服爲看人標準的狗眼的人，同時證明了「人」這種東西，他的有沒有「人心」，與他的職業的關係也不一定是絕對的。

入小蓬萊山館，闃無遊人，園爲余與可君獨占，喜號一絕：

偸閒又結獨山緣，占得蓬萊便欲仙。一事年來堪自慰，看山從不讓人先。

園內驕陽斜照，熱不可當。到半山，由雪芳開了門，因爲我們貪涼，貪看風景，特移榻廊下，靜靜的談心，靜靜的領略湖光山色，雪芳去泡了一壺茶，拿了一盆面水來，坐在旁邊閒談。談起了後在教育局服務的另一個公商的校工，喜歡穿得很摩登，可君有一次在輪船裏碰到他，看見他穿了十分華貴的衣服在伺候先生們，雪芳說了幾句很有趣的話。他說：「一個人穿的衣服是應該和他所做的工作相配的！否則你雖沒有錢，因爲衣服穿得太好了，很容易使盜賊生心，弄出許多不便來。尤其穿了十分華貴的衣服去伺候他人，簡直是辱沒了那身華貴的衣服！』他說時表示着很大的慨嘆。這種思想，固然也不一定是十分可以稱許的，但「自存自心」是我國一般民衆的處世哲學，要是這種「自存自心」的哲學，眞能普及於社會人士，社會上也許可以減少很多糾紛呢。從雪芳的嘴裏，知道他從前在秦有成先生担任通俗教育館館長時，曾經做過一個時期的館工，而我們先後均在民衆教育館担任過館長，並且到現在我還是戴着這個館長的頭銜的，益覺於友誼上親切起來。他每月工資十餘元，一個人收拾一個花園，確已很忙，每月要遇到天雨或者找到替人方能回家一次。中獨山居戶很少，山上有一個娘娘廟，旁邊有另一個花園，除了廟祝，園丁，附近村民或外來遊人外，簡直沒有其他的閒人。他常是一個人靜悄悄地度了一個鎭天一個鎭天的。他的伴侶是蒼松翠柏，他的工作是澆花種竹。他已安於這種生活，他也樂於這種生活。他不慕榮利，不求富貴，只要能平平安安，淸淸閒閒的過他的一生。我聽了他許多話，覺得他這種生活是我日夜所夢想要得到的，但我却得不到；同時我也可憐他的主人，費了好許多錢，闢了這個園亭，却沒有他那樣終日終年消受清風明月的福氣。我覺得他不是一個眞正的園丁，而是隱於園丁的一個看透了世界和人生的眞人。

湖中三山起伏，若筆架；兩面的小山，幾與水平。馬蹟山橫列眼前，做了我們的屏障。風帆點點，不絕地自來自去。小箕山好像浮在水面的一樣，遠遠望去，只有崇臺傑閣矗立着，柳堤荷塘，盡收眼底。前天我和恨厂師遊小箕山，見中獨山矻立湖中，小蓬萊山館一覽無餘，別無蘊藉曲折，使人回味留戀的去處，覺出錢開闢園林的人，未免太缺少審美眼光，太不會選擇園林地點。那知今日到此，獨對三萬六千頃，怒浪直撲山脚，其雄偉壯闊的氣概，遠非梅園遠望太湖，一切渺渺茫茫的景象可比；也非小箕山地低山小，湖波緊趨膝下，不能高瞻遠矚的景象可比；更非黿頭渚遊人如織，使人坐不定，立不安的境地可比。中獨山是一個具備着「靜」「幽」「清」三種條件的絕好山嶺，小蓬萊山館是一個具備着「靜」「幽」「清」三種條件的絕好園林，不是具備着「靜」「幽」「清」的性格的人是不配住的。而回顧小箕山，則匍匐湖邊，更覺一覽無餘，方知「易地則皆然」，不特爲人然，卽看山水亦然，此後再不敢輕易下斷語，以免「以蠡窺天」之譏了。山上建築，去秋均已完全參觀過，所以今天我們只是坐着談，坐着看。我覺得在中獨山看小箕山的樓臺，楊柳，蘆葦的倒影是最富有靜趣的。得立小蓬萊山館望小箕山一絕：

湖天一碧絕塵寰，片片風帆自往還。等是園林新入畫，小蓬萊對小箕山。

湖邊天水連處，風帆漸漸逝去，而白雲在青山缺的地方，因爲後面襯着湖水，格外透出亮光來。仔細看去，眞有說不出，猜不着的趣味。

五時，天上濃雲四合，湖光也變成黯淡的顏色；雷聲響了數過，括起大風來，雪芳急急把各處的簾子去捲了起來，因爲那種大風是最容易括壞簾子的。滿山樹葉被大風括得蕭蕭作響，枯葉更向天空亂飛，正是「山雨欲來風滿樓」的光景。漸漸的太湖的南邊白漫漫起來，那片白漫漫的天幕，漸漸的再向北面移，頃刻間雨脚便到我們身邊了。我們便避入室內去。

我覺得湖山煙雨是最悲壯的，也是變化最迅疾，最難描寫的，我從前在中學讀書時，曾與導源光烈等冒了雨雪遊華藏寺，歸後用了十分的力，寫成雲天雨痕一篇，但對於湖山煙雨的情景，實未能彷彿於萬一，可見人力總輸於自然了！不久雨過，四圍的空氣好像輕了一些，身子也像輕了些的，樹葉花卉，都似增加了一股生氣，特別蒼翠可愛，雨珠不絕地從枝頭葉底滴下來。成中獨山小蓬萊山館遇雨一律：

書劍卄年兩不成，偷閒再度到蓬瀛。帆從急水斷邊沒，雲向亂峯缺處明。萬頃風來波欲立，一天雨過氣何清。胸中無限傷心事，獨對湖山訴不平！

看了中獨山的雨景，看了大風浪時的太湖，知道此地的妙處，並不單這「靜」「幽」「清」，還在雄偉悲壯。此地非但合宜於情侶們偎依着低低地互訴衷曲，并且合宜於愛國英雄們的慷慨悲歌！唉！偉大啊湖山！偉大啊自然！

門前兩缸荷花正開得極盛，那種清豔的風韻和骨格，是最令人依依難舍的。園內葡萄己熟，雪芳去摘了二枝，且談且啖，味極可口。爲了雪芳，使我勾起了無限的回憶資料：我的如何進公商中學，如何發憤用功，如何和鳳城寒梅交好，又如何不好，如何組織春潮社，又如何解散，如何招他人嫉忌，以及公商如何爲革命而停頓，一切的一切，都像電影般一幕一幕在腦海裏複映了一遍，結果是發出了「往事如夢」的嘆聲。可君不曉得我的心事，很奇怪我當此良辰美景，而竟發出不必要的嘆息聲來。唉！可君，可君，你那知我心頭的苦悶呢？往事啊！不堪回首的往事啊！你讓我忘懷了吧！忘懷了便是幸福！

雨止後，我們到山頂娘娘廟去跑了一週。說到娘娘廟，總不能忘懷去秋和道中等的趣事。去秋我們到娘娘廟時，看見有一間房間，一切陳設，絕像一個妙齡女郎的香閨，繡牀，衣橱，鏡台，粉盒，香水等一應俱全，看慣了江湖奇俠傳說部，火燒紅蓮寺影片，聽慣了許多深山寺院闢密室藏匿少女的傳說的我們，陡的想起了莫非那間也是廟裏和尚的暗室，後來一想，方知是娘娘的寢宮，不禁啞然失笑，而自覺半日中的那些小說，電影，傳說的毒太深了。此次尋到那房間，已遠不如去秋之整齊華麗，大概娘娘也隨着世界的不景氣，和中國農村的衰落，而感到經濟的拮据了罷？我將此意告訴可君，他爲之撲嗤一笑。

走出娘娘廟，順着石級走到半山亭，在石磴上坐了許久，談了許久。直到山下農家冒着一縷縷的炊煙，方重返小蓬萊山館。

五時半，和雪芳告辭下山，到渡頭，渡船已守候好久，卽放棹向萬頃堂去。是時夕陽已坐水上，天上有金光萬道，雲彩萬疊，水中也有金光萬道，雲彩萬疊，隨着金波的蕩漾，血紅的夕陽，撩人眼光的金線，千變萬化的雲彩，都上下跳動，栩栩欲活起來，頃刻間夕陽不見了，雲彩和金光也漸漸淡下去，慢慢消散了。而小箕山邊的菱歌，仍隱隱隨風送來，令人不忍遽去。遠處天和水已不能分別，只覺白茫茫一片。我有萬頃堂晚渡一絕：

天茫茫接水茫茫，天水茫茫失夕陽。隔岸菱歌收不住，一聲聲入水中央。

上岸後所有萬頃堂，項王廟，都和來時一樣，沒有進去，因爲我們此遊的目的是中獨山，別處不想去，也沒有時間去。

離萬頃堂，已暮色蒼然，人力車早已一輛都沒有了，我們便安步當車，向梅園緩緩走去。楊園成了菱塘，來時有二三人在塘內採菱，此時不見了，只賸一湖煙水一塘菱，逐漸讓夜之舞衣披上去。我很奇怪楊氏後裔，很多有錢足夠修理楊園的，爲何這樣任其荒廢着？

在中獨山時，我曾好幾次向可君表示願意終老此間的話，不料二三小時後，身子又在管社山下，重認歸途了，心中感到莫名的惆悵！而天氣一忽黑一忽，我倆借着星光，螢火，慢慢的走。可君刻刻叫我再走得慢些，以便在這樣天地俱寂的靜境裏多留一刻，我們的心上要說的話，也可多談一刻。我有獨山晚歸一絕：

驚心依舊踏紅塵，難向蓬萊老此身。入晚湖山如入定，一天螢火兩歸人。

到梅園，搭最後一次的汽車返城，到崇安寺已八時二十分，在山門口小飯館吃了一次暢快的晚餐。

這次的印象，在我的腦海裏是永遠不會消失的；可惜這篇遊記寫成時，已在遊期後一月又十八日，而同遊的二人，也已一個天南，一個地北了！

難道人生只是這樣的嗎？唉！

詩

公園竹枝詞

范廷銓

名園綠水月黃昏，士女乘涼入苑門。竟體芳蘭膚似雪，不曾眞箇已銷魂。

蘭湯浴罷晚涼天，一曲清歌雜管絃。電炬通明花倍好，無人不是廣寒仙。

蘭簃西畔草堂東，姊妹花枝集幾叢。情話依依酬稔客，櫻桃香口笑春風。

茗椀籐牀夜宴開，藕花池畔立徘徊。蘭紗衫子輕羅袴，疑是楊妃出浴來。

同學青年意倍親，文明昏約自由身。茅亭深處談心曲，不避生人避熟人。

女權解放愛情癡，籐帽弓鞋握手時。白話連篇新體格，背人偸賦定情詩。

碧玉年華近破瓜，翩翩裙屐社交花。別來倘欲通芳訊，記取門牌第幾家。

荷塘風露話中宵，杯酒談心細語嬌。涼月漸低人漸散，夜深還坐冶春橋。

咫尺蓮船踏淺莎，女娃更比女生多。可憐急色登徒子，袖角裙邊取次過。

雙雙鴛侶綠莎廳，密語還防隔座聽。錫地風光同歇浦，花園夜市此雛形。

胡介昌

遊黿頭渚

渚號黿頭名不虛，我來正遇嫩晴初。波光劃日千層碎，嵐翠含煙一帶疏。綯石漫疑神女鍊，「橫雲」重認古人書。布帆出沒渾無際，飽看何年築室居。

天留勝境供狂生，滿眼湖山不記名。七二峯從雲外立，兩三船向浪中行。具區浩渺包吳越，變態離奇弄雨晴。最喜一黿浮未去，夜深時聽打魚聲。

遊太湖

田　漢

方從南海嘆遺珠，又對斜陽看太湖。一片天風吹細柳，萬頃駭浪吻長蘆。老僧勤向名媛笑，詞客偏尋怪石呼。忽憶故人椰葉下，盈盈紅淚溼羅襦。

惠山第二泉品水

易君左

奔雷疾電走輕車，第二名泉細品茶。質重似滲稀藕粉，味香如嗅淡蘭花。崎嶇山徑荒蕪殿，浪漫遊姬寂寞鴉。莫歎繁華多夢幻，由來夢幻即繁華！

五月四日自洛社返梁溪呈舟中諸同人

易君左

軌，別夢梁溪客倚欄。何日弦歌聲四起，桑麻雞犬遍人間。懸知胡馬又榆關，老我殷憂未許閒。古道高風懷泰伯，忠肝義膽弔文山。春波洛社車同

黿頭渚呈楊翰西先生

易君左

天開畫面聳煙巒，到此甘心不願還。多謝主人情意盛，睜開巨眼看湖山。

遊黿頭渚

易君左

破曉湖光入早茶，欄干十二又天涯。穿林猶自深依戀，拾遍青梅又落花。

柳葉舒眉躑躅香，看花來到太湖旁。煙波雲水風帆鳥，寄與深閨當八行。

贈別無錫諸君子

易君左

眞情熱淚酒中燒，事業文章意氣高。占盡人才山水美，而今無錫是天驕。

黿頭渚和君左先生韻

蔡子平

來從霧裏數峯巒，一棹煙波去復還。待得天風清朗日，與君立馬看吳山。

錫山雜詩

王心存

十六年前此嘯歌，重來有客到巖阿。青山無恙人非昨，池上行吟感慨多。（漪瀾堂）

惠麓公園結構宜，一花一石擅清奇。時移世變流風邈，誰識當年傅相祠。（惠山公園）

細雨斜風到小箕，青峯七里望中迷。憑欄三面饒煙景，看水看山此最宜。（錦園）

雨中泛棹渡清溪，雨後登山路未迷，黿渚風光仍如昔，偶來僧寺動禪機。（黿頭渚）

惠山遊春詞

宋雲孫

杏花天氣聽餳簫，楊柳東風舞纖腰。通惠路中人似織，馬龍車水過吳橋。

臨水垂楊繫畫船，遊人駐馬盼嬋娟。當筵歌到傷心處，淚溼紅衫劇可憐。

暮春花落亂紛紛，流水無言照夕曛。麥飯紙錢空弔祭，何人更上玉京墳。

每思浩刼淚滂沱，漪瀾堂前不忍過。小坐石欄傷往事，金魚戲水已無多。

遊人乘輿踏花來，泉水澄清品一杯。小販殷勤頻勸售，葡萄乾與陳皮梅。

風氣年來競尚奢，美人也學坐包車。何如郫女新鞋好，五里香塍踏落花。
桃花三月滿煙郫，遊女登臨到石門。山路崎嶇渾不管，皮鞋還喜着高跟。
蓬鬆雲鬢舞裙長，衫子淡紅闊緞鑲。第一炫人裝飾品，指頭鑽戒是金剛。
烽煙遍地歎荊蓁，何處桃源好避秦。預祝他生兜率住，與郎同到隔紅塵。

二十年三月一日全家買舟遊梅園黿頭渚率成五絕

秦�瞻

惠山崔嵬錫山底，寶塔上聳霄漢齊。落日登臨試眺望，萬家燈火照梁谿。
輕寒陣陣拂林梢，一角山頭雪未消。爲約今朝湖上去，臨風雙槳打春潮。
闔座家人笑語譁，推蓬指點過前涯。兒童不解春遊樂，只愛船頭看浪花。
千樹梅開一色同，暗香送自嫩晴風。小羅浮下春如海，花徑人來似畫中。
萬頃波光水接天，遠山隱隱隔晴煙。兩山峽口風帆直，吳越中分落照邊。

登蔣子閣步義皇上人原韻

孫恨厂

老樹婆娑綠影重，參天帖地鎖高峯。疊雲閣上吟懷舒，獨露堂前曲徑封。
幾叩禪關幾下榻，一聲佛號一聲鐘。靜聽耳畔微風裏，獨奏笙篁響古松。

雪浪峭澗

孫恨厂

神工鬼斧出深溝，絕壑駭人不可留。一路陂陀多曲折，千層石骨四圍周。
閒雲無意岫間起，瀑布有源狹處流。容我登高遙眺矚，橫山頂上可銷愁。

軍嶂積雪

孫恨厂

老眼頻搓且遠瞻，寒風一夜儘多添。花飛六出冷如許，時值三冬凍不燂。
平地已消冰點點，高峯猶剩玉纖纖。青山從此增顏色，彷彿梅花嶺上黏。

登貫華閣

賀天健

扈從入去月依然，樓閣滄桑又一天。底事山阿又寂寞，女蘿絡石拂荒煙。
風流誰繼狂生德，意氣如虹亦我師。也與空王爭一席，歲時香火走村兒。

拱木一龕孰後先，荒唐漫說再生緣。匆匆三百年間事，縱使相逢亦惘然。

塞上孤魂孰解愁，歸來萬事已消休。於今且莫歌金縷，風雨燈前我亦憂。

飄零每被才名誤，身世何知燕客心。我輩登臨解作賦，風華以外更無吟。

早春獨遊梅園

芮玉廬

爲貪幽靜獨尋春，入畫園林入眼新。冷絕羅浮空闊處，萬梅花下一詩人。

遊東大池

芮玉廬

波光一碧淨無塵，兩岸柳絲撲眼新。除却自然懷抱裏，更從何處見天眞？

嶺梅萬點掩樓臺，風送鶯歌伴客來。若得此中容小住，何須世外覓蓬萊！

嵐光彩泛水縈縈，數點歸鷗出淺汀。香雪滿亭凝柳碧，春潮拍岸抱山青。

小箕山賞荷

芮玉廬

十里山塘盡種蓮，我來六月正田田。水爭瀲灧山爭翠，柳鬬輕盈月鬬妍。幾縷暗香移檻外，一身花影落尊邊。者番相見休輕別，再到花開又一年。

看花人當似花年，獨立蒼茫思悄然。風起亂飛千瓣雨，日斜輕裊一塘煙。蓮房心苦憑誰訴，水閣涼生正好眠。如此色香清澈骨，最宜微月淡雲天。

心是冰霜質是煙，一生愛好住湖邊。疏枝壓水寒侵骨，浮葉連雲綠到天。啼斷靚妝猶綽約，飛來綺夢太纏綿。此間入夏香如海，不是鴛鴦不許眠。

殊色當前費品評，看花眼奈欠分明。枝枝浪擊渾難直，葉葉風翻不得平。夢轉欲量珠萬斛，魂銷錯認月三更。自憐玉潔冰清質，恥共凡香俗豔爭！

癸酉暮秋泛舟芙蓉圩徐白蕩即景

芮玉廬

清溪百曲柳千行，小舫中流自在橫。怪底紅塵飛不到，人家都住水中央。

滿隄煙柳碧蕭蕭，舞罷千條更萬條。只恐枝頭風力勁，朝朝瘦損女兒腰。

桃源經歲少人來，村北村南長碧苔。爲愛瀟瀟秋夜雨，柴門半傍綠楊開。

圍圩故事說初闌，九月江村驚小寒。水底倒搖千樹出，紛紛清影上欄杆。

一船人在水中天，到此飄飄直欲仙。知是畫圖難作得，描將輪廓入詩篇。

蒼茫暮色罷歸舲，徐白蕩邊再小停。行到板橋橫斷處，半池山影壓浮萍。

晚煙漠漠水蒼蒼，兀倚船頭看夕陽。四面荷花三面柳，幾疑重到小滄浪。

十里芙蓉一色秋，清波盪盡古今愁。他年圓得山林夢，小築三間到白頭。

庚午仲春偶游梅園士女雲集歸而賦此

劉谷僧

淺口皮鞋高後跟，斗蓬裹體避寒侵，中衣都着舶來品，閨女何無愛國心。（大家閨秀）

隣家姊妹伴游行，不避旁人喚小名，今日春寒怕中冷，頭繩圍頸最文明。（小家碧玉）

衣裙短窄稱身裁，胸掛徽章結隊來，難得星期逢戊祭，羅浮高處共徘徊。（女校學生）

面施脂粉未調勻，線襪絲鞋半染塵，莫笑阿儂妝飾儉，清貧猶是女兒身。（鄉裏姑娘）

短髮垂肩粉撲香，金絲跳脫效時裝，本來面目都忘却，錯認誰家夜度娘。（絲廠女工）

甲戌中秋前五日游蠡園雜詠

劉谷僧

入門步屧響長廊，萬頃煙波盡在望，風景宛如游北海，元卿聯語最相當。

（第三句用園中蔣遇春先生聯語）

環居雲水自清幽，左右閒房雅客留，欲把湖光收眼底，摳衣更上景宣樓。

瓜皮艇子泛湖塘，男女爭先打槳忙，今歲旱乾水清淺，汽船停在水中央。

亭午村家炊飯香，相招廚子作羹湯，名園臨水知魚美，無奈烹調未擅長。

秋風搖落水中蓮，蓮葉東西猶鬥妍，蜀客南游曾寄足，書題小島話田田。

蔓延菱角裏湖濱，採入晶盤餉衆賓，我已叉牙妨咀嚼，草堂閒坐看游人。

楹聯

慧山公園

拓地於湖山名勝之區，看風景今昔無殊，喜民物昭蘇，同涉園林成雅趣；
從政本桑梓敬恭之誼，正國家建設伊始，願英賢並起，漫耽泉石寄幽情。（孫祖基）

圜成不日，萬象更新，輪軌正交通，豈容燐火狐禪，終淪巖壑；
寺渺惠山，二泉猶冽，竹罏爭汲取，儘許郵童野叟，共話桑麻。（華文川）

明月清風，有客重登貫華閣；
小橋流水，何人更識映山庵。（孫揆均）

龍光壒影，蠣口溪聲，改造舊規模，十萬人家，偕來共樂；
池館晨花，橋梁夜月，佐成新氣象，百千客子，小住爲佳。（陸仁壽）

林園無俗情，最宜楊柳樓台，梧桐庭院；

江山留勝蹟，莫負海棠開後，燕子來時。（邱銘九）

谷陵變遷本無常，爲一姓報功，何若與萬民同樂；
巖壑幽深如有約，品二泉著錄，好留待三徑重來。（張軼歐）

風月本無邊，拾翠有人，一角園林宜小坐；
樓台多入畫，送青排闥，兩山錫惠此平分。（孫祖宏）

勝如天上坐；　宛在水中央。（尤鳴梧）

傍山水築園林，天然慧麓九峯，蓉湖八景；
就樓台成邱壑，地接二泉勝跡，五里香塍。（錢鑑瑩）

去試泉門五里而遙，聊從西麓荒祠，重築園林闢花徑；
與小金山一溪相隔，笑指北塘深處，萬家燈火照蓉湖。（許棫）

山東淸音，化私爲公新氣象；　春秋佳日，來靑抱爽舊樓台。（姚滌新）

地鄰五里香塍，樓閣重新，大好林泉都入畫；

我愛九峯勝境，溪山依舊，無邊風月更怡情。（陳亮東）

有四時佳興同人，靑山别墅，綠墅華堂，雖無杜厦千間，願庇孤寒開夏屋；

傍五里香塍闢地，茗椀風亭，藕花水榭，卽此庾園數畝，且教士庶上春臺。（范廷銓）

山門前

大哉王言，山爲第一泉第二；　巍然廟貌，宗以教孝祠教忠。（廖綸）

寄暢園

荇藻瀠洄，三面波光映紫壁；　樹林陰翳，半園山色上朱欄。（秦如農）

池含林采明於纈；　山貽苔華媚若鈿。（錢南周）

雜樹垂蔭，雲淡煙輕；　風澤清暢，氣爽節和。（翁同和）

雲起樓

騰兩邑之歡，千村稻熟；　據一山之勝，四照花開。（廖養泉）

圖書府半日閒偸，坐看雲起； 杖履中百年春在，更上層樓。（王成瑞）

二泉亭

試第二泉，且對明亭黯竇； 攜小團月，分嘗山茗溪茶。（王成瑞）

奇蹟比中冷，囘思萬馬浮江，洗甲銀河猶昨日；

嘉名分上苑，曾見六龍駐輦，題詩瓊島憶春陰。（李鴻章）

十賢去不囘，曾聽松風薦秋鞠； 二泉清且冽，先分槐火試春茶。（孫保圻）

龍光寺

靈氣春林，月華秋水； 晴光淑景，芳草遠山。（程德全）

看梅子熟時，個中八酸甜自得； 閘木樨香否，門外漢坐臥由他。（程德全）

古寺號龍光，香火一龕，淸夜聞鐘醒俗夢；隔湖望黿渚煙，波萬頃，幾時打槳去閒游。（谷僧）

惠麓結芳鄰，看煙火萬家，儘有園亭足欣賞；名山留古刹，對香塍五里，幾多裙屐此登

臨。（谷僧）

忍草庵

忍草禪枝，迴環古刹；湖光山色，倒影叢林。（許靜士）

何人繼蒼粟大師，常攜詩酒名流，共登金粟界；

此地近碧山吟社，好趁春秋佳日，來話木樨禪。（范廷銓）

貫華閣

圖成滿院天香，客到共參金粟果；認取舊時月色，我來補種玉梅花。（楊壽枏）

風月無情，側帽塡詞人已去；煙霞不老，卷簾讀畫我重來。（楊壽楣）

當年側帽高吟，伴桂子秋香，梅花夜月；

此地簾開靜坐，對九峯煙翠，萬壑雲濤。（許國鳳）

丈室擅淸幽，二百年文采風流，直接碧山吟社；

中天餘積翠，三層閣濤聲月色，曾來飲水詞人。（裘可桴）

閑消茗椀鑪薰，滿塢松雲，中藏一香界；
坐對冰牀雪被，空山蘿月，分照兩詞僊。（楊壽枅）

我來青眼高歌，山虛水深，所思不見；
人似紅顏薄命，天荒地老，此恨何窮。（許國鳳）

香界依然，爲問閣中帝子；名山無恙，來看嶺上梅花。（楊建綸）

松翠積中天，大好林泉，恰宜從佛地布金，重留勝蹟；
梅花吟古月，高寒樓閣，可還有詞人側帽，來證前身。（楊志濂）

前代事茫茫，賸松濤響月，苔石暝雲，彈指幾滄桑，文藻百年都寂寞；
後身緣草草，歎埋玉成塵，鑄金作淚，塡胸餘塊壘，精魂千刼不消沉。（楊壽枏）

高閣不勝寒，數歷歷青峯，無限松濤鳴空谷；
名山誰與共，祇娟娟素月，猶移梅影照虛窗。（趙夔）

高閣近諸天，看下方雲樹煙花，應悟澈色空世界；

名山留片席，有後起詩人詞客，共縣延香火因緣。（陶世鳳）

割草庵半角，築香界三層，當年韻事爭傳，可想見月夜譚詩，風泉煮茗；
奉金粟一龕，攬桑榆八景，此日舊觀頓復，好啞眺蠡湖春漲，虎阜晴煙。（張文藻）

同來玩月人何在；　獨上高樓思悄然。（楊春灝）

依舊雲山新畫本；　此間風物屬詩人。（楊建綸）

萬頃堂

滿地干戈，故老傷春作寒食；　重湖風月，有人招隱結茆庵。（孫揆均）

簫鼓迎神，百道風帆來管社；　詠觴修禊，幾人墨妙寫蘭亭。（孫揆均）

如上岳陽樓，望萬頃湖光，重憶希文椽筆；
遙瞻吳越界，指一帆風影，可來蠡湖扁舟。（陸士奎）

洗盡舊胸襟，一水平鋪千頃白；　拓開新眼界，萬山合抱數峯青。（王勃）

整旅鎮梁溪，保障一方，敢對中流稱砥柱；

登堂覩宸澤，汪洋萬頃，竊期邊境絶佳苻。（蘇簾）

眼前圖畫新開，大箕山，小箕山，列岫晴湖，不數癡翁留妙筆；
世外仙源誰是，東管社，西管社，結廬翠麓，可有漁郎來問津。（秦334農）

几席三山，萬頃波濤來海上；　湖天一角，重陽風雨自江南。（袁寒雲）

山水儘徜徉，異世同心，此間近接紫淵宅；
風塵方澒洞，問天搔首，吾老已過絳縣人。（許珏）

何處有桃源，且偸半日閒，來享湖山清福；
新鄰接梅嶺，會看十年後，定成世界名區。（顧潛）

天浮一黿出；　山挾萬龍趨。（孫揆均）

廣福寺

臨具區三萬六千頃，煙水迴環，試看東接蠡湖，西聯黿頭，南屏馬蹟，北枕龍峯，聊憑棲息塵蹤，何必廣居正位；

聽蒲牢一百零八聲，凡緣解脫，祇有春花拈笑，夏雲多奇，秋波鏡空，冬松挺秀，即此清修長夜，無非福地洞天。（侯鴻鑑）

姑置身水雲光裏，昨非今是，香爇茶溫，正宜乘此清閒，相與談黿頭春濤，馬山秋月。

試放眼名利場中，攘往熙來，金銷裘敝，有誰頓開覺悟，知領略峯臺暮鼓，獅座晨鐘。（華藝三）

門前萬頃煙波，雲夢拍浮中，院宇莊嚴疑岳麓；

寺後四圍翠嵐，湖山深邃處，風光明媚勝杭州。（張謇）

几席三山，得少佳趣；　波濤萬頃，滌盡塵襟。（蔣叔和）

偶然笠屐來遊，便覺山中無曆日；　靜聽鐘魚互奮，不知門外有波濤。（楊千里）

見到清淨法身，三萬六千頃，浩淼朝宗，無非德水；

解得如來實義，七十又二峯，青葱羅拜，盡屬慈雲。（倪家鳳）

湖光瀲灩疑花雨；　山籟空靈度梵音。（楊翰西）

現大士全身，萬頃風波都入定；　是南朝舊寺，中元甲子又重新。（孫鶴卿）

我何爲托號丰年，本願普渡衆生，指引迷途，莫上名場誇得意；

汝尚可及時懺悔，從此皈依三寶，波羅般若，豈猶苦海嘆無邊。（趙秉成）

世事口難言，何處名山容小隱；　老來心好靜，欲來此地演眞乘。（谷僧）

世事積愁雲，猶見湖中游畫舫；　豪情付流水，偶來嶺上聽寒鐘。（谷僧）

項王廟

拔地山雄，舊蹟猶留霸王廟；　平湖浪靜，名區近接美人崖。（楊壽楣）

到此疑仙，蓬壺瀛洲方丈；　不知有漢，美人名馬英雄。（汪文溥）

黿頭渚

衆山靚螺髻；　萬頃枕黿頭。（邵松年）

別有一天地；　誰識此山河。（王勃）

花神廟

春色鬬燕支，天教萬紫千紅，都歸主宰；
濤聲吼黿渚，地勝十洲三島，合住神仙。（殷松年）

横雲小築

横雲分疊嶂；　落日澹平湖。（曹衡之）

飛雲閣

突兀一樓，下臨無地；　汪洋千頃，文如其人。（楊千里）

梅園

留此冰雪質；　不隨江山移。（曾熙）

風止松猶韻；　日晴花更新。（唐浩鎮）

幾生修得到；一半此勾留。（嚴毓芬）

坦腹納震澤；高懷偃惠山。（康有有）

大才被廣廈；巧工刊天然。（姚景綬）

梅品高千載；園花趣四時。（楊夢臺）

七十二峯青未斷；萬八千株芳不孤。（孫揆均）

千樹梅花半輪月；萬家燈火一帆風。（宮立）

此地端宜和靖住；化身疑有放翁來。（荆祖鐵）

太湖雲影晴如雨；惠嶺泉聲冷若秋。（楊灝）

明鏡忽開塵世界；疏帆欲斷自朝昏。（凌學攽）

蠟屐東山疑謝墅；流觴曲水仿蘭亭。（榮汝棻）

四面雲山都入畫；五湖風月助題詩。（張勉之）

萬頃煙波宜水月；一生知己是梅花。（陶古漁）

幾樹梅花，數叢怪石；四圍山色，萬頃波光。（錢葆珍）

登小羅浮，觀萬頃浪；臨香雪海，賞千枝梅。（李毓珍）

月下人歸川更廣；山中梅解石敷功。（龔導村）

四面有山皆入畫；一年無日不看花。（秦歧農錄祝京兆句）

有客題詩，問寒梅開未；與誰煑酒，趁梅子青纔。（楊壽枏）

林下人來，今夕可談風月；眼前指點，名園不負湖山。（榮汝棻）

林木十年，此地合名小香海；太湖萬頃，浮生直欲老煙波。（孫肇圻）

與物爲春，近水遠山供點綴；同人於野，暗香疏影共徘徊。（陸光嶽）

縱有風波，看去還是湖山好；不愁冰雪，到此能回天地春。（吳濤）

流水當琴，此間時得小佳趣；園棋消夏，靜裏微聞自在香。（榮汝棻）

可是孤山，合補小亭閒放鶴；好從管社，爭羅奇石坊眠鷗。（顧鳴鳳）

山色湖光，最好映一輪斜月；香清雪潔，得閒看萬樹奇花。（鮑朗周）

老樹紛披，恍有龍蛇起大澤；　奇峯兀立，本來天地是洪爐。（王琼）

手種梅花，如此主人眞不俗；　眼空震澤，看來山勢亦朝宗。（儲南強）

風送暗香來，幾輩動閣中清興；　天空白雲淨，數峯見湖上青山。（榮汝棻）

瓊障九光開，隔岸人家聚煙火；　星橋百枝動，繞城山色映樓臺。（唐浩鎮）

仿佛孤山，正宜月下來遊，雪中清賞；　蒼茫巨澤，欲乘風破浪，斫地狂歌。（華山）

運會本無常，但看今日梅園，昔時桃嶺；
秀嶺原特異，况復四圍山色，萬頃湖光。（趙人鏡）

東望錫山，香雲有亭，百數年遠追佳話；
南臨震澤，湖光照檻，七二峯半可指名。（榮汝棻）

風味似孤山，手種梅花，前身合是林和靖；
芳鄰接萬頃，胸羅丘壑，披圖仿佛李將軍。（秦寶瓚）

吳越結芳鄰，倘教踏雪騎驢，勝地特開新世界；

湖山留隱跡，何異築亭放鶴，寄閒櫂作小神仙。（陳霖溥）

歷長廣溪，曲曲清流，一水迴環，入室又通香雪海；

與東西山，遙遙對峙，片帆時渡，滿船合載洞庭春。（華文川）

梅放滿園春，欣看四園山色，萬頃湖光，勝景逾輞川別業；

詩吟小香雪，媲美三徑黃花，千林紅葉，閒情有鄧尉高風。（過方罴）

天付名園，對萬頃湖光，挹四迴山色，涉亭臺幽雅，花石玲瓏，到此應無塵俗想；

地靈生傑，擕一壺春酒，看千樹梅開，正皓月當頭，綺懷滿腹，其人自有謫仙才。（方仁涉）

三萬頃湖波奔來眼底，臨流把酒，撓不濁，澄不清，列坐歡迎，佳客汪洋思叔度；

千百枝梅樹開到頭巔，索笑巡檐，山必深，林必密，幾生修得，主人俊逸似逋仙。（朱祖謀）

誰是逋仙，萬頃波濤清詩骨；　居然鄧尉，四山風雪盪冰魂。（丁雲軒）

指揮雲樹規全局；　研鍊湖山入壯圖。（楊仁山）

手種梅花，想見福幾生修，定有詩情能遠俗；

眼空震澤，不獨水如此好，卽看山勢亦朝宗。（儲南強）

一園占盡湖山勝；　數點能回天地心。（楊春灝）

園拓數十弓，人間是福；　梅開千萬樹，天下皆春。（田一夔）

聽黄鸝數聲，最好是雪後園林，湖邊樓閣；

有玉梅萬樹，應記取吟鷺權事，放鶴幽情。（程柏堂）

梅花千樹白（趙師秀句）

修竹萬竿青（吳寬句）（谷僧）

開原寺

梵宇傍名園，隔牆花鳥共隨喜；　具區成佛海，潛水魚龍共聽經。（楊幼梅）

山水空明，靜參物表；　雲煙清寂，妙契天倪。（高翔）

度盃萬頃；　傳燈十方。（孫揆均）

錦園

陽春召我以煙景；　吳越之間有具區。（儲南強集句）

雪浪山

高蹤紹濂雒；　傑閣名古今。（吳堃）

風行天上；　香滴人間。（顧光旭）

司文衡而星羅北極；　秉福德以位列天下。（鄒安鬯）

雪浪十重，禪味得眞如之境；　涅槃三世，塵迷渡般若之航。

大千世界本微塵，看到眼滄桑，方知卽色卽空，卽空卽色；

十萬煙華如昨夢，問當頭明月，可是無人無我，無我無人。（書禪）

請迴俗士駕；恐受山靈嘲。（山門聯）

蠡園

千步迴廊聞風吹；　兩山排闥送青來。（華昶）

訪蹟自西來，遠瞻霞日繽紛，紅拖浙北；問春將東去，環視煙波浩渺，綠滿江南。（田一夔）

鷗侶無猜，四面雲山誰作主；鴟夷安在，五湖煙水獨忘機。（孫保圻）

山澤見招，何年雲壑容高隱；湖天如畫，是處煙波憶釣徒。（高汝琳）

眼前風景不殊，宛披摩詰畫圖，別墅輞川開粉本；湖上秋光如許，可有漁洋詩筆，夕陽疏柳寫新詞。（孫頌陀）

剪月裁雲，好花四季；穿林疊石，流水一灣。（裘昌年）

一舸來時，正春水猶香，好山未老；百花深處，有明月作畫，微風動裾。（孫揆均）

風月暢無邊，看遠山作障，農水通池，賢主人嘯傲煙波，少伯高蹤賡絕代；林泉容小隱，喜曲榭宜詩，迴廊入畫，嘉賓從流連觴詠，右軍遺韻想當年。（華藝薌）

大好湖山，平生能着幾兩屐；只談風月，與爾同銷萬古愁。（繆海嶽）

何必佛國仙家，洞天福地；是眞衣被風日，几席湖山。（無名氏）

百尺愛長廊，風景宛如遊北海；四時饒勝概，煙波不再憶西湖。（蔣士松）

煙水老漁情，任憑人事滄桑，且消受物外田園，眼前風景；

湖山故鄉好，占得天然圖畫，更近傍舊廬門巷，鬢舍絃歌。（蠡園主人）

萬頃漾澄波，正微雨晴初，曳將坡老笻杖，六曲迴廊楊柳岸；

九峯浮遠渚，趁夕陽明處，著箇放翁艇子，數聲柔櫓水雲鄉。（高翔）

輕舸到青祁，看湖光瀲灩，巒影空濛，暢好似聖因風景；

名園依綠水，羨家足稻粱，手移蒲柳，願常過何氏山林。（陳宗彝）

輞川秀絕人寰，琉璃世界，罨畫樓台，儼然在水一方，八景溪山都入妙；

閬苑飛來天外，花木長廊，煙波別墅，願得浮生半日，五湖風月坐中看。（范廷銓）

大好湖山，紅蓼岸，白蘋洲，鼓櫂來遊，數聲煙雲入畫；

不殊風景，杏花村，桃葉渡，攜樽對坐，幾人樓閣平分。（丁鵬振）

漁莊

水聲觸耳觀魚躍；　月影當窗呼酒烹。（華藝鄉）

竹雨松風梅月；　琴聲鳥語詩情。（華藝鄉）

睍睆鳥鳴止翠柳；　於牣魚躍師靈沼。（青祁布衣庸庸）

公園

可以息，可以遊，商略廿年，眞始願不及此；

何處池，何處堂，蒼茫四顧，起古人而問之。（俞復）

園成公界，當具公心，望遊人護花繫鈴，務使長春不老；

樓以壽名，允宜壽世，願來者紀壽延算，同爲大陸眞仙。（華文川）

黃埠墩重建落成兼祝唐保謙先生六十壽

崇樓疊閣，傑構重新，宛在水中央，看一片秋光，能招來惠麓烟霞，梁溪風月；

畫棟珠簾，游蹤戾止，莫作濠上想，卽萬間宏願，儘堪與羡門比壽，王喬爭年。（谷僧）

東大池萬福禪院

耽禪默念西方佛；結件同游東大池。（谷僧）

萬佛名經，好向禪門參偈語；福聖承道，重開法會說華嚴（谷僧）

軍將山眞武宮

嶧嶂著威靈，朝三萬頃，恩波仰面；武當分氣象，冠七二峯，頑石點頭。

中華民國廿三年四月初版
中華民國廿四年三月再版

無錫導游（全一册）
實價銀三角五分

編輯者　芮麟　楊一郵
　　　　倪厚齋　華天谷
發行者　無錫導游社
總發行所　無錫導游社
印刷者　民生印書館
批發處　城區　寺巷內樂羣書局
　　　　惠山區　二泉亭老寶華照相館
　　　　梅園區　梅園內太湖飯店
　　　　蠡園區　蠡園賬房
代售處　各書局　各旅社
　　　　各名勝區

後記

無錫是中國吴文化的發祥地。七千多年悠久歷史與文明，造就了『梁溪明秀之區，衣冠禮樂甲於江左』的城市人文傳統和深厚的歷史文化底藴。數千年來，文脉綿延，永世流芳。邵寶在《錫山遺響》序中曾經這樣描述：『錫之爲邑，在三吴間。山水清麗豐曠，生其地者，多沉雅秀整，以文名家，代不乏人。』文化已經成爲這座城市最本色的氣質。爲傳承吴地文明，建設文化名城，進一步彰顯無錫城市内在精神特質，經過幾年的精心策劃，旨在全面整理地方文化典籍的《無錫文庫》編纂出版工作於二〇一〇年全面啓動，二〇一一年起陸續與讀者見面了。

無錫的城市文化曾經爲中華文化寶庫作出過巨大貢獻。顧愷之、倪瓚、王紱、鄒一桂、賀天健、徐悲鴻、錢松喦、吴冠中，如松秀群嶺，在中國繪畫史上擁有很高的地位；華秋蘋、楊蔭瀏、劉天華、華彦鈞（阿炳），乃韵動天籟，對中國音樂發展發揮了重要作用；李紳、蔣防、尤袤、蔣捷、陳維崧、顧貞觀、嚴繩孫、周濟、劉半農，皆胸懷錦綉，在中國文學史上可謂各領風騷；計六奇、顧祖禹、顧棟高、秦蕙田、嵇璜、錢基博、錢穆、錢鍾書、錢海岳，可稱堂奥廣庭，學造淵源，在中國學術史上卓然大家；顧憲成、高攀龍之東林，唐文治之『國專』，徐霞客之游記，徐壽、華蘅芳之『格致之學』，陳翰笙、錢俊瑞、孫治方、薛暮橋之經濟學，都堪稱中華文化史上的一座座高峰，至今閃耀着炫目的光芒。

深厚的歷史文化底蘊激發了無錫城市的文化自覺。市委、市政府滿懷對鄉土誠摯之情、對文化敬畏之感，以義不容辭的責任擔當，致力於文化强市建設，以科學的理念和方式對歷史文化遺產作全方位的觀照、深層次的發掘、系統性的保護，匯四海之智，舉全市之力，共襄文化建設盛舉。二〇〇六年十二月，無錫市成功申報國家歷史文化名城，標志着新一輪文化意識的覺醒，并迅速轉化爲文化自覺的實踐。近年來，我市全面啓動惠山、清名橋、小婁巷、榮巷、蕩口等五個歷史文化街區和十個古村落保護修復工程，『護其貌，顯其顔，鑄其魂，揚其韵』；鴻山遺址成功保護的經驗被國家文物局譽爲大遺址保護『無錫模式』，并被授予首批國家考古大遺址公園，闔閭城遺址考古發現則確立了歷史上無錫曾作爲吴王闔閭都城的地位；建成開放六十餘座博物館、名人故居和紀念館；對無錫的非物質文化遺産予以重點保護；每年春天舉辦的中國（無錫）吴文化節、中國文化遺産保護論壇成爲文化亮點，享譽海内外。這些舉措遵循規律，探索文化建設體制和機制的創新，形成了寶貴的『無錫經驗』，得到海内外學者、專家的一致肯定。

在注重保護歷史文化遺存的過程中，發掘、整理無錫歷史文獻著作，展示和弘揚無錫城市的思想精神世界，自然而然成爲大家關注的重點。二〇〇六年，市委宣傳部組織無錫文史專家、學者編撰的十七册三百萬字的《無錫文化叢書》正式出版，引起强烈反響，出版後供不應求，在二〇〇八年再版加印。《無錫文化叢書》集中反映了無錫城市文化精華，展示了無錫城市文化特質，彰顯了無錫歷史文化的厚重，同時也告訴人們，文化精神的傳遞是文化繁榮發展的重要内涵，一旦擦去歲月蒙塵，優秀的歷史文化就會轉化成爲取之不盡的精神財富。

爲了進一步彰顯城市歷史文化底蘊，二〇〇七年，市委、市政府將全面系統整理無錫文化典籍擺上工作議事日程，明確提出編纂《無錫文庫》。由于無錫歷史文化底蘊深厚，卷帙浩繁，内容豐富，編纂工作千頭萬緒，要想整理出一部簡明扼要而又内容翔實、主旨鮮明而又文質彬彬的文獻集成，難度遠大於預想。爲此，我們先後成立了《無錫文庫》工作委員會和編輯委員會，加强對編纂出版工作的組織領導與統籌協調，在尊重歷史、尊重規律、尊重科學、尊重專家的基礎上，積極推進文庫編纂工作。編輯委員會經過反復論證，明確原則，綱舉目張，有條不紊地開展工作。充分憑借地方文史專家的優勢，充分發揮高校人文學院、研究機構的作用，充分依靠出版機構的專業經驗，并邀請國内外著名文史專家指導、把關，形成了文庫編纂的工作合力。

在編輯過程中，我們力求使《無錫文庫》成爲經得起歷史考驗的鄉邦文獻集成。

全面規劃又保持開放結構。面對豐富的歷史文化積澱，没有規劃就不可能形成清晰的編纂思路。在前期編纂工作中，編輯委員會經過二十餘次的論證會和專題研討會，形成并確定了《無錫文庫》總書目，明確了收録範圍和内容主體，立足無錫市區，兼顧江陰、宜興，主要體現無錫本土内容，突出人文科學，適當兼顧其他門類。據此，《無錫文庫》收録圖書五百五十餘種，分爲五輯：第一輯『官修舊志』，收編無錫地方志（含江陰、宜興）；第二輯『地方史料專著』，收編反映無錫地方史料的專著與筆記；第三輯『年譜家乘』，收編無錫（含江陰、宜興）地方名人年譜和望族的家譜；第四輯『無錫文存』，收編歷史上無錫作家詩文和專著的精華；第五輯『近現代名家名著存目』，編撰無錫近現代名家名著的書目提要。爲使文庫具有更大的開放度和包容量，《無錫文庫》注重整體設計，在框架分類上既注意整合，又突出重點，考慮到文庫的涵蓋面和系統性；在書目選擇上既注重經典性，又强調代表性，兼顧到圖書本身質量和作者特點；在出版方式上既總體規劃、循序推進，又采取較爲靈活的方式，成熟一批出版一批，不編序號，爲今後增補書目預留空間。

尊重歷史又反映時代特色。《無錫文庫》注重歷史性與時代性相結合，以嶄新的學術角度和現代學科理念對城市歷史文化進行整理和弘揚。編纂工作充分體現對歷史傳統的尊重，儘可能減少評述性成分，杜絶截割、改篡、增删圖書内容，對節選本祇采取作者的自選本。與此同時，以現代學術視野來看待傳統史料，增加收録有價值的歷史資料和文獻，如對民國時期的一些稿本、期刊、會刊、紀念册也予以應有的關注，收入了部分重要的民間史料。

保持原貌又便于讀者查閲。《無錫文庫》除第五輯外，全部采用原版影印方式，力争選擇最優版本作底本，保持文獻著作的歷史面目。爲了便於閲讀、查證、使用、研究，每一輯均撰寫編輯説明，每種書撰寫提要，并編撰《文庫》書目索引。通過這樣的方式，使《無錫文庫》兼具工具書檢索的作用，增强文化典籍整理的實用功能。

如期完成又精益求精。《無錫文庫》作爲一項重大文化工程，編纂工作面廣量大，必須集中力量，一鼓作氣。我們明確，從編纂工作全面啓動開始，花三年時間完成《無錫文庫》出版工作。《無錫文庫》總書目形成後，五輯的書目編纂工作同時開展、整體推進。我們要求，《無錫文庫》編纂出版工作要强化精品意識，力求思想精深、内容精彩、選編精當、學風精良、裝幀精美。文庫編纂出版的每個環節都反復論證推敲，確保經得起歷史檢驗。

《無錫文庫》的編纂出版工作，得到了鳳凰出版傳媒集團的大力支持，鳳凰出版社在版本選擇、編輯出版方面做了細緻的工作；由於《無錫文庫》收録的資料有三分之二散落在全國各圖書館中，中國國家圖書館、上海圖書館、南京圖書館等一批國内知名圖書館爲此提供了積極的幫助；應邀擔任《無錫文庫》學術顧問的專家，都是無錫籍的文化名人和國内一流的古籍研究專家，他們有的不顧年事已高，有的不顧自身工作繁忙，爲《無錫文庫》的編纂工作付出辛勤勞動；《無錫文庫》工作委員會和編輯委員會成員以及編務人員在文庫編纂出版過程中做了大量的工作。在此，謹向他們表示崇高的敬意和由衷的謝忱！

由於《無錫文庫》收録内容涉及範圍廣、時間跨度長，部分書目已經散佚，可利用資料受到限制，加之編輯委員會水平有限，《無錫文庫》的編纂工作難免會有一些疏漏和錯誤，不當之處敬請讀者指正。

王立人

二〇一一年一月